教育部哲学社会科学系列发展报告
MOE Serial Reports on Developments in Humanities and Social Sciences

中国文化产业年度发展报告2017

The Annual Development Report of Chinese Cultural Industries 2017

叶朗 主编

北京大学出版社
PEKING UNIVERSITY PRESS

图书在版编目(CIP)数据

中国文化产业年度发展报告.2017/叶朗主编.—北京：北京大学出版社,2017.11
（教育部哲学社会科学系列发展报告）
ISBN 978-7-301-28952-5

Ⅰ.①中… Ⅱ.①叶… Ⅲ.①文化产业—研究报告—中国—2017 Ⅳ.①G124

中国版本图书馆CIP数据核字(2017)第285372号

书　　名	中国文化产业年度发展报告2017
	ZHONGGUO WENHUA CHANYE NIANDU FAZHAN BAOGAO 2017
著作责任者	叶　朗　主编
责任编辑	胡利国
标准书号	ISBN 978-7-301-28952-5
出版发行	北京大学出版社
地　　址	北京市海淀区成府路205号　100871
网　　址	http://www.pup.cn　新浪微博　@北京大学出版社
电子信箱	ss@pup.pku.edu.cn
电　　话	邮购部62752015　发行部62750672　编辑部62765016
印　刷　者	北京溢漾印刷有限公司
经　销　者	新华书店
	730毫米×980毫米　16开本　27.5印张　479千字
	2017年11月第1版　2017年11月第1次印刷
定　　价	78.00元

未经许可，不得以任何方式复制或抄袭本书之部分或全部内容。
版权所有，侵权必究
举报电话：010-62752024　电子信箱：fd@pup.pku.edu.cn
图书如有印装质量问题，请与出版部联系，电话：010-62756370

总　　序

　　哲学社会科学的发展水平,体现着一个国家和民族的思维能力、精神状态和文明素质,反映了一个国家的综合国力和国际竞争力。在社会发展历史进程中,哲学社会科学往往是社会变革、制度创新的理论先导,特别是在社会发展的关键时期,哲学社会科学的地位和作用就更加突出。在我国从大国走向强国的过程中,繁荣发展哲学社会科学,不仅关系到我国经济、政治、文化、社会建设以及生态文明建设的全面协调发展,而且关系到社会主义核心价值体系的构建,关系到全民族的思想道德素质和科学文化素质的提高,关系到国家文化软实力的增强。

　　党的十六大以来,以胡锦涛同志为总书记的党中央高度重视哲学社会科学,从中国特色社会主义发展全局的战略高度,把繁荣发展哲学社会科学作为重大而紧迫的任务进行谋划部署。2004年,中共中央下发《关于进一步繁荣发展哲学社会科学的意见》,明确了新世纪繁荣发展哲学社会科学的指导方针、总体目标和主要任务。党的十七大报告明确指出:"繁荣发展哲学社会科学,推进学科体系、学术观点、科研方法创新,鼓励哲学社会科学界为党和人民事业发挥思想库作用,推动我国哲学社会科学优秀成果和优秀人才走向世界。"2011年,党的十七届六中全会审议通过的《中共中央关于深化文化体制改革、推动社会主义文化大发展大繁荣若干重大问题的决定》,把繁荣发展哲学社会科学作为推动社会主义文化大发展大繁荣、建设社会主义文化强国的一项重要内容,深刻阐述了繁荣发展哲学社会科学一系列带有方向性、根本性、战略性的问题。这些重要思想和论断,集中体现了我们党对哲学社会科学工作的高度重视,为哲学社会科学的繁荣发展指明了方向,提供了根本保证和强大动力。

　　为学习贯彻党的十七届六中全会精神,教育部于2011年11月17日在北京召开全国高等学校哲学社会科学工作会议。中共中央办公厅、国务院办公厅转发《教育部关于深入推进高等学校哲学社会科学繁荣发展的意见》,明确提出到2020年基本建成高校哲学社会科学创新体系的奋斗目标。教育部、财政部联合印发《高等学校哲学社会科学繁荣计划(2011—2020年)》,教育部下发《关于进一步改进高等学校哲学社会科学研究评价的意见》《高等学校哲学社会科学"走出去"计划》《高等学校人文社会科学重点研究基地建设计划》等系列文件,启动了新一轮"高校哲学社会科学繁荣计划"。未来十年,高校哲学社会科学将着力构建九大体系,即学科和教材体系、创新平台体系、科研项目体系、社会服务体系、条件支撑体系、人才队伍体系、现代科研管理体系和学风建设工作体系,同时,大力实施高校哲学社会科学"走出去"计划,提升国际学术影响力和话语权。

当今世界正处在大发展大变革大调整时期,我国已进入全面建设小康社会的关键时期和深化改革开放、加快转变经济发展方式的攻坚时期。站在新的历史起点上,高校哲学社会科学面临着难得的发展机遇和有利的发展条件。高等学校作为我国哲学社会科学事业的主力军,必须充分发挥人才密集、力量雄厚、学科齐全等优势,坚持马克思主义立场观点方法,以重大理论和实际问题为主攻方向,立足中国特色社会主义伟大实践进行新的理论创造,形成中国方案和中国建议,为国家发展提供战略性、前瞻性、全局性的政策咨询、理论依据和精神动力。

自2010年始,教育部启动哲学社会科学研究发展报告资助项目。发展报告项目以服务国家战略、满足社会需求为导向,以数据库建设为支撑,以推进协同创新为手段,通过组建跨学科研究团队,与各级政府部门、企事业单位、校内外科研机构等建立学术战略联盟,围绕改革开放和社会主义现代化建设的重点领域和重大问题开展长期跟踪研究,努力推出一批具有重要咨询作用的对策性、前瞻性研究成果。发展报告必须扎根社会实践、立足实际问题,对所研究对象的发展状况、发展趋势等进行持续研究,强化数据采集分析,重视定量研究,力求有总结、有分析、有预测。发展报告按照"统一标识、统一封面、统一版式、统一标准"纳入"教育部哲学社会科学发展报告文库"集中出版。计划经过五年左右,最终稳定支持百余种发展报告,有力支撑"高校哲学社会科学社会服务体系"建设。

展望未来,夺取全面建设小康社会新胜利、谱写人民美好生活新篇章的宏伟目标和崇高使命,呼唤着每一位高校哲学社会科学工作者的热情和智慧。我们要不断增强使命感和责任感,立足新实践,适应新要求,以建设具有中国特色、中国风格、中国气派的哲学社会科学为根本任务,大力推进学科体系、学术观点、科研方法创新,加快建设高校哲学社会科学创新体系,更好地发挥哲学社会科学认识世界、传承文明、创新理论、咨政育人、服务社会的重要功能,为全面建设小康社会、推进社会主义现代化、实现中华民族伟大复兴作出新的更大的贡献。

教育部社会科学司

2012年7月

《中国文化产业年度发展报告2017》编委会

一、指导单位

教育部社会科学司
文化部文化产业司
北京大学社会科学部

二、编撰单位

北京大学文化产业研究院
国家文化产业创新与发展研究基地

三、顾问团队

于　群（中华人民共和国文化部党组成员、部长助理）
吴江波（中华人民共和国文化部文化产业司司长）
叶　朗（北京大学文化产业研究院院长、文科资深教授）
王　博（北京大学副校长、哲学系主任）

四、专家委员会

王一川（北京大学）
陈少峰（北京大学）
向　勇（北京大学）
熊澄宇（清华大学）
金元浦（中国人民大学）
花　建（上海社会科学院）
肖永亮（北京师范大学）
胡惠林（上海交通大学）
张胜冰（中国海洋大学）

范　周（中国传媒大学）

魏鹏举（中央财经大学）

王育济（山东大学）

李　炎（云南大学）

李向民（南京艺术学院）

顾　江（南京大学）

张晓明（中国社会科学院）

祁述裕（国家行政学院）

王向华（香港大学）

李天铎（台湾实践大学）

佘日新（台湾暨南国际大学）

李永求（Hankuk University of Foreign Studies，Korea）

五、编委会

主编：

叶　朗

副主编：

陈少峰　向　勇

执行主编：

张立波

编委（按姓氏笔画排序）：

王齐国	王国华	邓丽丽	叶　朗	向　勇	刘结成	沈望舒	张立波
张胜冰	陈少峰	陈　刚	林　一	周庆山	周城雄	赵成国	胡　艳
钮沭联	修　斌	徐文明	唐金楠	彭　锋	薛　旻

撰稿（按姓氏笔画排序）：

王　帅	王国华	王　璇	石　俊	成　琪	毕绪龙	吕晓彦	朱　萌
任　婷	刘志芳	齐　骥	花　建	吴　倩	何文义	何　毅	余　爽
宋　菲	张立波	张振鹏	陈少峰	尚光一	罗潇丽	郑洋洋	郑瑶琦
胡　艳	侯杰耀	姚洁洁	徐文明	郭　彬	黄锦宗	曹志杰	韩东庆
雷为尧	路新杰

目 录
Contents

总报告 1

总报告 3

行业报告 17

行业报告一　出版传媒产业年度发展报告　19
行业报告二　电影产业年度发展报告　33
行业报告三　广播电视产业年度发展报告　51
行业报告四　演艺产业年度发展报告　67
行业报告五　动漫产业年度发展报告　78
行业报告六　游戏产业年度发展报告　97
行业报告七　广告传媒产业年度发展报告　111
行业报告八　新媒体产业年度报告　129
行业报告九　艺术品和工艺美术业年度发展报告　147
行业报告十　文化创意与设计服务业年度发展报告　161
行业报告十一　会展节庆业年度发展报告　174
行业报告十二　文化旅游产业年度发展报告　191
行业报告十三　教育培训业年度发展报告　202
行业报告十四　体育产业年度发展报告　219

专题报告　　　　　　　　　　　　　　　　　　　　　　241

专题报告一	自贸区3.0:国家试验与打造中国文化对外开放的新优势	243
专题报告二	"一带一路"文化贸易发展研究	257
专题报告三	文化文物单位的文化创意产品商业模式	267
专题报告四	"互联网＋"时代电影产品差别定价及层级市场的构建	278
专题报告五	文化创意视角下历史文化街区的更新路径	286
专题报告六	中国非物质文化遗产保护传承与发展创新模式研究	296

案例报告　　　　　　　　　　　　　　　　　　　　　　309

案例报告一	跨越海峡的书香:大陆出版物在台湾的阅读与传播	311
案例报告二	青岛出版集团:传统出版的业务转型	323
案例报告三	《我在故宫修文物》:匠心品牌与中国故事	333
案例报告四	阅文集团:立足内容构建商业帝国	345
案例报告五	黑晶科技:中国VR/AR教育领军品牌	355
案例报告六	西山居:历久弥新的游戏品牌	369
案例报告七	虎扑体育:体育产业O2O之路	378
案例报告八	网易云音乐:打造"音乐＋社交"新生态	390
案例报告九	"得到":新媒体下终身学习引领者	401

附录　　　　　　　　　　　　　　　　　　　　　　　　409

2016—2017年度文化产业大事记(成琪)	411
编写说明	432

总报告

总 报 告

陈少峰 侯杰耀[*]

文化产业是目前中国经济转型升级的重要领域,因此也是市场结构调整、产业形态创新的经济模块。在2016年,我国文化产业在政策引导、技术革新、需求变动等多种因素的影响下又展现出新的产业动态,成为我们分析关注的焦点。在此,我们聚焦于中国文化产业在2016年的主要发展特点,剖析当前中国文化产业的利弊得失,思考中国文化产业的未来发展趋势。

一、年度发展概况

(一)产业运行的基本现状

在2016年,中国文化产业总体稳中有进,其产业数据继续表现出了经济发展增长点的良好势头。根据国家统计局公布的统计数据,2016年文化产业增加值为30254亿元,首次突破3万亿元大关,文化产业占GDP的比重为4.07%,首次突破4%。文化及相关产业十个行业的营业收入保持增长,特别是文化服务业快速增长。据对全国规模以上文化及相关产业5万家企业调查,2016年企业实现营业收入80314亿元,比上年增长7.5%(名义增长未扣除价格因素),增速比上年加快0.6个百分点。文化及相关产业10个行业的营业收入均保持增长,文化服务业快速增长。其中,实现两位数以上增长的3个行业分别是:以"互联网+"为主要形式的文化信息传输服务业营业收入5752亿元、增长30.3%,文化艺术服务业312亿元、增长22.8%,文化休闲娱乐服务业1242亿元、增长19.3%。[①] 具体各产业的营业收入情况可以参考表0-1。

---

[*] 陈少峰,北京大学文化产业研究院副院长、教授,主要研究文化产业与文化管理哲学等;侯杰耀,北京大学博士在读,文化产业研究院研究助理,主要研究文化企业管理等。

[①] 数据来自国家统计局,2017年2月6日,http://www.stats.gov.cn/tjsj/zxfb/201702/t20170206_1459430.html。

表 0-1 2016 年全国规模以上文化及相关产业企业营业收入情况①

	绝对额(亿元)	比上年增长(%)
总计	80314	7.5
新闻出版发行服务	3061	5.0
广播电影电视服务	1496	5.1
文化艺术服务	312	22.8
文化信息传输服务	5752	30.3
文化创意和设计服务	9854	8.6
文化休闲娱乐服务	1242	19.3
工艺美术品的生产	15045	3.2
文化产品生产的辅助生产	8926	5.4
文化用品的生产	30219	7.0
文化专用设备的生产	4407	2.7
东部地区	59766	7.0
中部地区	13641	9.4
西部地区	5963	12.5
东北地区	943	－13.0

注:1. 表中速度均为未扣除价格因素的名义增速。
2. 表中部分数据因四舍五入的原因,存在总计与分项合计不等的情况。

(二) 文化企业的投融资

从投融资角度看,2016 年文化产业领域的投融资十分活跃,我国文化、体育和娱乐业投资额达到 7830 亿元,比上一年增长 16.4%②,这充分显示出资本市场对文化产业未来发展的信心,也说明了文化企业具有较好的发展潜力与增长空间。

具体看文化企业的上市情况,据新元文智统计数据显示,截至 2016 年 8 月底,上市文化企业数量达 215 家,其中 2016 年新增 15 家,占比 6.98%。较 2015 年同期,上市数量同比下降 31.82%,但单个企业首次公开募股(IPO)上市融资额均显著增长,总融资规模同比增加 17.51%,是 2015 全年上市融资额的 1.03 倍。

---

① 数据来自国家统计局,2017 年 2 月 6 日,http://www.stats.gov.cn/tjsj/zxfb/201702/t20170206_1459430.html。
② 数据来自《中华人民共和国 2016 年国民经济和社会发展统计公报》,2017 年 2 月 28 日,http://www.stats.gov.cn/tjsj/zxfb/201702/t20170228_1467424.html。

上市文化企业IPO融资能力显著提升。① 目前,文化企业通过公开上市渠道融资逐渐成熟,文企上市主要有IPO、借壳与介绍上市三种途径。2016年6月,证监会发布《关于修改〈上市公司重大资产重组管理办法〉的决定(征求意见稿)》,对借壳上市监管趋严,部分拟借壳文化企业可能受到影响。因此,上市公开融资已经成为文化企业的重要融资渠道。此外,文化企业在上市后仍可以通过多种途径扩大市场占有,上市文化企业可以通过并购、股权投资、新设子公司等方式,实现经营规模的扩张,进一步提升自身综合竞争能力。② 通过上市等方式投融资对于国有文化企业的转型升级尤为重要。2016年国有文化企业迎来一个上市的"小高潮",中国电影、广西广电网络、新华网等8家上市。③ 上市融资可以提高国有文化企业的市场占有率,也可以利用市场资本推动国有文化企业的自我革新,我们需要继续鼓励支持国有文化企业的上市融资。

从行业领域看,目前互联网文化产业是投融资的热门领域。据中国文化产业投融资数据平台显示,2016年,互联网文化产业通过上市、新三板、股权、并购、众筹渠道流入的资金达到3418.43亿元,相比2015年同期(2832.14亿元)增长20.7%。其中并购渠道贡献最大,流入资金1316.62亿元,占同期总流入资金的38.52%;规模上千亿元的渠道还有股权渠道,流入资金1019.46亿元,占比29.82%;此外,2016年上市后融资渠道为互联网文化企业带来878.17亿元资金,贡献较大。在"全民创业"的背景下,互联网文化产业融资多点开花。对比2015年同期,IPO首发融资、上市后融资、股权融资、新三板融资金额出现了不同幅度的增长,增长比例分别达到了362.65%、59.63%、24.10%、23.35%。④ 互联网文化产业的资本活跃显示出"互联网+"的发展模式越来越成为中国文化产业自身革新的核心途径,只有与互联网相结合,文化产业才能找到新的价值增长点与市场开拓空间。

二、"互联网+文化"的融合

在"互联网+"的投资热潮下,互联网产业在2016年继续展示出磅礴的发展之势,在巩固原有发展基础之外,2016年,互联网文化产业在移动平台、智能技

---

① 参见晓波、刘晓哲:《2016年上市文化企业报告出炉》,《中国出版传媒商报》2016年11月11日第13版。
② 同上。
③ 张玉玲:《2017年中国文化产业发展趋势》,《光明日报》2017年1月7日第12版。
④ 刘晓哲:《2016年网生文化产业流入资金》,2017年4月5日,http://news.tuxi.com.cn/news/11032199999990121387/13874504.html。

术、影视产品等方面展现了新的发展特征,表明了科技与文化的融合趋势。

(一)移动平台的多样化发展

在2016年,互联网要素在文化娱乐领域中的作用愈发凸显,影视、游戏、文学诸领域的文化娱乐活动都离不开互联网平台的媒介功能与互联网技术的内容创新。特别是,截止到2016年12月,我国手机网民规模达6.95亿,增长率连续三年超过10%①,移动端上的娱乐产品成为当前互联网文化娱乐产业的重中之重。手机游戏产业是娱乐移动化的典型代表。据中国文化产业投融资数据平台显示,在互联网文化细分领域中,2016年移动游戏最受资本欢迎,流入资金高达950.83亿元,占互联网文化产业当期总流入资金的27.81亿元,与位居第二位的软件业相差584.44亿元。②投资者对移动游戏的投资热情充分表明了该领域的发展潜力。作为增长核心的移动游戏在用户规模和使用率增长的同时,行业营收也全面超越PC客户端游戏。③PC客户端游戏营收增长已接近停滞状态。如果说PC客户端游戏是互联网娱乐在起步阶段的市场引擎的话,那么移动游戏的超越意味着互联网娱乐已经跨越了传统的PC端入口,而进入到以智能移动手机为入口的新阶段。网络直播的兴盛是娱乐移动化的另一体现。截止到2016年12月,网络直播用户规模达到3.44亿,占网民总体的47.1%,较2016年6月增长1932万。其中,游戏直播用户使用率增幅最高,半年增长3.5个百分点。④虽然PC客户端也是网络直播的重要入口,但移动端的网络直播是主要发展趋势,特别是出现了许多移动网络直播和移动视频社交等新的直播模式,我们现在经常会看到举着手机在进行现场直播的人,手机移动端不仅是观看直播的流量入口,而且是直播内容的生产平台,手机正在生产供给与消费需求这两端改变着文化娱乐的产业形态。

与文化娱乐向移动客户端的转移相类似,生活服务应用的发展也与移动客户端紧密关联,特别是移动支付的普及化为生活服务应用在移动客户端的延伸创造了良好的平台基础。截止到2016年12月,我国手机网上支付用户规模增长迅速,达到4.69亿,年增长率为31.2%,网民手机网上支付的使用比例由57.7%提升至67.5%。手机支付向线下支付领域的快速渗透,极大丰富了支付场景,有

---

① 中国互联网络信息中心:《第39次中国互联网络发展状况统计报告》,2017年1月22日。
② 刘晓哲:《2016年网生文化产业流入资金》,2017年4月5日,http://news.tuxi.com.cn/news/11032199999990121387/13874504.html。
③ 中国互联网络信息中心:《第39次中国互联网络发展状况统计报告》,2017年1月22日。
④ 同上。

50.3%的网民在线下实体店购物时使用手机支付结算。① 可见,手机支付已经成为人们的一种生活方式,这正体现了互联网作为一种生活方式的产业发展理念。在手机支付的支持下,互联网正不断深入到人们日常生活的方方面面。例如,在交通领域,网络预约专车用户规模为1.68亿,比2016年上半年增加4616万,增长率为37.9%。②

各大网约车平台积极探索新的利益增长方向,为公司转型做铺垫。2016年,滴滴出行一方面致力于推行海外租车业务,另一方面在共享自行车领域进行战略投资,此外还推出小巴业务,主推短途拼车,目前已经涉及出租车、专车、快车、顺风车、代驾、试驾、公交等9大业务体系。③ 在餐饮领域,网络外卖的发展势头良好,截止到2016年12月,我国网上外卖用户规模达到2.09亿,年增长率为83.7%,占网民比例达到28.5%。其中,手机网上外卖用户规模已达到1.94亿,使用比例由16.8%提升至27.9%。④

(二)智能技术的快速变革

人工智能是当前的产业热点。2016年,中国人工智能市场规模达到239亿元。其中智能硬件平台占比高于软件集成平台,达到了63.8%。中国人工智能市场细分结构中各类产品分布较为均衡,占据前二位的是服务机器人和智能工业机器人,2016年市场规模分布为70.5亿元和62亿元,占比为29.6%和26%。⑤ 无论在智能硬件平台还是软件集成平台,互联网企业都拥有多样的参与渠道,互联网技术都可以推动人工智能(AI)的产业创新,事实上,人工智能产业也得到了国家政策的强力支持,2016年5月,我国发布了《"互联网+"人工智能三年行动实施方案》,提出以重点领域智能产品创新为主的七大重点建设工程,该方案特别强调了"互联网+"与人工智能的融合发展,凸显了互联网企业在人工智能产业的重要地位。从实际的市场动态看,包括互联网企业在内的诸多企业已经注意到人工智能的产业前景。据 Wind 数据统计,目前30余家上市公司布局人工智能产业链,主要包括软件算法核心系统、图像语音识别技术、计算机视觉及传感器,以及人工智能+金融、安防等领域。⑥ 更具体地讲,无人驾驶是谷歌、百度等IT巨头争夺人工智能领域的制高点。2017年3月1日,百度宣布,对现有业务及资源

---

① 中国互联网络信息中心:《第39次中国互联网络发展状况统计报告》,2017年1月22日。
② 同上。
③ 同上。
④ 同上。
⑤ 向阳:《2017年人工智能产业发展分析与预测》,《中国信息化周报》2017年3月20日第14版。
⑥ 欧阳春香:《多家上市公司布局人工智能产业链》,《中国证券报》2017年3月21日第A07版。

进行整合,成立智能驾驶事业群组(IDG)。①

除了人工智能,VR产业是另一个"互联网+"的全新发展空间。VR技术被誉为IT行业的下一波浪潮,将在影视、旅游、教育、广告、购物等行业得到广泛应用,通过与诸多文化子产业进行深度融合,VR技术将把体验经济推向一个前所未有的高度。② 2016年,国内有逾60家上市公司宣称跨界VR行业,2016年也因此被称为中国VR起点年。无论是VR电影、VR广告,还是随处可见的VR线下体验店,VR的身影越来越多。然而到去年下半年,行业发展开始趋缓。无论是技术还是内容,都成为制约这一行业发展的瓶颈。③ VR技术之所以获得众多企业的重视,关键不是VR技术自己的盈利空间,而在于VR技术拥有与其他文化板块相结合的融合特性,这是典型的"技术+文化"的融合案例。笔者认为,VR技术会对互联网文化的商业模式带来深刻影响,如同智能手机客户端,VR也能够成为客户端,引导人们进入各种各样的文化娱乐或生活服务产品,这也正是阿里巴巴如此看重VR技术与购物平台相结合的原因所在。

(三)影视产品的内容升级

2016年中国电影产业发展良好,实现了稳健增长。2016年中国全国电影总票房达457.12亿元,同比增长3.73%;观影人次为13.72亿,同比增长8.89%;国产电影票房为266.63亿元,占票房总额的58.33%;国产电影海外票房和销售收入38.25亿元,同比增长38.09%。④ 但在肯定成绩的同时,我们也需要注意到,对比2015年的数据:2015年全国电影总票房为440.69亿元,比2014年增长48.7%,创下"十二五"以来最高年度增幅,2015年全年观影人为12.6亿,同比增长51.08%。⑤2016年电影总票房、观影人次的增速都有大幅下跌,特别是电影总票房的增速不及2015年增速的十分之一。这说明中国电影产业已经逐渐度过了产业扩张时期,接下来,单纯地增加荧幕与电影数量已经无法带来产业增长,提升以电影水平为核心的产业质量将成为未来中国电影产业的发展之重。我们注意到,2016年11月7日《中华人民共和国电影产业促进法》于十二届全国人大常委会第二十四次会议上正式表决通过,中国电影进入了质量发展时代。

---

① 任明杰:《人工智能产业并购潮涌》,《中国证券报》2017年3月21日第A07版。
② 中国民营文化产业商会:《2016年文化产业八大热点,2017年持续升温》,2017年3月22日,http://news.ifeng.com/gov/a/20170322/5489195_0.shtml。
③ 于帆:《VR电影:未来发展前景可期》,《中国文化报》2017年3月15日第7版。
④ 任敏海:《2016年中国电影票房457.12亿元》,《中国新闻出版广电报》2017年1月3日第1版。
⑤ 新华社:《2015年中国电影总票房跃升至440.69亿元》,2015年12月31日,http://news.xinhuanet.com/fortune/2015-12/31/c_1117643234.htm。

与电影产业密切相关的是互联网影视产品,互联网影视产品既是传统影视产业的竞争对象,同时也在重新塑造着影视产业的新面貌。网络视频资源除了在传播形式上呈现出移动化趋势,在内容上,网络视频自制内容在向精品化发展,且会员付费收入增长态势明显,视频生态圈逐步形成。2016年1月1日到11月30日,视频网站备案的网络剧为4430部,共计16938集,节目数量与2015年相比呈现井喷式增长。[①] 人们不仅仅需要以移动客户端为代表的更加便捷的传播平台,也需要更加高质量的视频内容产品,只有平台与内容共同提升的文化娱乐产品才能在互联网文化市场上立于不败之地。

IP改编仍是当前影视产品制作的一大趋势,2016年,IP继续呈井喷之势,互联网、影视等各类资本强势进驻IP产业链,使得IP成为目前影视作品的重要内容来源,很多网络小说与网络游戏都被搬到了荧屏之上,同时与"粉丝"经济相结合,借助于网络平台的营销推广催生了像《锦绣未央》《大唐荣耀》《三生三世十里桃花》《择天记》等众多2016年的热门IP剧。IP剧依靠"粉丝"力量往往能收获很好的收视结果,成为当前影视投资的热门,但从舆论上看,观众已经开始越来越看重影视作品的制作质量与演员的演技水平,吐槽"小鲜肉"的演技也是观众的舆论热点。因此,随着IP剧当前资本扩张热潮消退与观众需求水平的提升,投资者与制作者将更加意识到内容质量的重要性,"内容为王"指的不是IP数量与"粉丝"规模,而是IP的改编技术与制作水平。

三、传统文化资源的转化路径

如果说技术与文化的融合趋势是互联网等现代科技所塑造的新的文化产业业态,那么传统文化的创新问题就是要不断探讨传统文化资源如何在这种新业态中生存下去,并保有自己的竞争优势,在2016年,我们发现政府与企业都更加重视传统文化资源的创新开发。

(一)文物遗产的保护与开发

2016年,国家出台了一系列有关文物保护与开发的政策。有关文物保护,2016年12月发布的《国家"十三五"文化遗产保护与公共文化服务科技创新规划》明确到2020年,我国将基本建成文化遗产保护与公共文化服务的科技创新体系。有关文物开发,2016年5月发布的《关于推动文化文物单位文化创意产品开发的若干意见》对文化文物单位文化创意产品开发工作做出部署。2016年12月

---

① 中国互联网络信息中心:《第39次中国互联网络发展状况统计报告》,2017年1月22日。

10日召开的全国文物科技工作会议发布了《国家"十三五"文化遗产保护与公共文化服务科技创新规划》和"互联网＋中华文明"三年行动计划》。"互联网＋中华文明"的行动计划表明了利用互联网等现代技术创新传统文化资源的发展思路：实施"互联网＋中华文明"三年行动计划，支持各方力量利用文物资源开发文化创意产品，推出一批具有示范带动作用的文化创意产品和优秀企业。到2020年，打造50个博物馆文化创意产品品牌，建成10个博物馆文化创意产品研发基地，文化创意产品年销售额1000万以上的文物单位和企业超过50家，其中年销售额2000万以上的超过20家。①

在重视互联网的平台效应的同时，文物遗产的开发还不能忽视内容创新，目前，博物馆文物的创意产品开发是文物开发的主阵地。博物馆在开发文物创意产品时要重视消费者的需求，开发消费者喜欢的产品。例如为了吸引年轻消费者，博物馆可开通网络商店平台，产品也应该具有流行元素，像台北"故宫博物院"推出的"朕知道了"胶带就很受年轻人欢迎。以故宫、国家博物馆为代表的文化文物单位已经开始探索尝试，朝珠耳机、顶戴花翎防晒伞、"朕就是这样的汉子"折扇都深受消费者欢迎，苏州博物馆的秘色瓷莲花碗曲奇饼干、南京博物院的"镇馆之宝"西汉金兽橡皮是地方博物馆的文化创意产品的成功代表，仅2016年上半年故宫文化创意产品销售额就突破7亿元②，由此可见文化创意产业与传统文化遗产的结合蕴含了巨大的经济潜力。

（二）戏曲艺术的传承与发展

与文物等物质文化遗产不同，戏曲艺术属于非物质文化遗产，其开发保护具有自身的特点。"非遗"的经济价值来源于两类文化产品和服务——"非遗"核心技艺产品（和服务）和"非遗"衍生产品（和服务）。"非遗"核心技艺产品是利用"非遗"的核心技艺生产出来的产品，蕴含显著且完整的"非遗"文化价值。"非遗"衍生产品并不是直接利用"非遗"核心技艺，而是利用"非遗"的相关文化元素开发出的衍生产品，这类产品的文化价值相对较低，在整个产业中经济价值的影响大于其文化价值。在开发利用时需区别对待，形成"非营利性＋营利性"的双轨利用模式。③ 因此，一方面我们要继续支持戏曲艺术的传承，例如，2016年11月23日文化部组织开展了全国落实《关于支持戏曲传承发展的若干政策》情况自查工作，大半年来，全国各地纷纷贯彻落实《若干政策》，多个省（自治区、直辖市）先后出台本

---

① 参见《国家文物事业发展"十三五"规划》，《中国文化报》2017年2月22日第6版。
② 参见范周：《互联网时代，文物文创产品开发路在何方？》，《人文天下》2017年第1期。
③ 刘鑫：《非物质文化遗产的经济价值及其合理利用模式》，《学习与实践》2017年第1期。

地实施意见,提出了支持本地戏曲传承发展的具体政策措施,目前,共有安徽、辽宁、湖南、青海、河南、云南、河北、四川、浙江、湖北、山西、山东、内蒙古、北京、甘肃、江苏等地陆续出台了相关实施意见;另一方面,我们要利用新平台、新技术挖掘传统曲艺的市场价值,戏曲表演单位与文化影视企业可以在互联网平台上传播戏曲作品,但传播手段的创新只是互联网转型的初级阶段,还需要以"互联网+"思维在内容上全面创新戏曲艺术,例如可以把戏曲艺术融入网络影视作品、网络游戏产品等互联网产品,不断延伸非物质文化遗产的衍生品范围。

(三)艺术品市场的改善与提升

从艺术市场运行情况看,据雅昌艺术市场监测中心统计,2016年上半年全国文物艺术品拍卖成交额243.6亿元,同比小幅下降2.3%;据中国拍卖行业协会统计,2016年春拍10家公司共举办202个专场拍卖,上拍33419件(套),成交24219件(套),成交率72.44%,成交额为98.83亿元。由于北京匡时十周年庆典成交额上升幅度较大,假设剔除北京匡时,其他9家公司合计73.25亿元,与其2015年春拍(75.01亿元)、秋拍(72.54亿元)基本持平。从全年的数据看,我国拍卖市场在调整过程中保持平稳,顶级作品比较抢手,一般作品少人问津,"减量提质"的特点表现明显。[①]

当前我国艺术品市场有两个主要趋势,其一是艺术品市场的管理制度与市场机制不断获得改善,逐步建立起规范的艺术品交易市场秩序。2016年2月,文化部发布了新修订的《艺术品经营管理办法》,《办法》坚持对内容的底线管理,调整了监管范围,对艺术品市场实行全方位内容监管,将网络艺术品、投融资标的物艺术品、鉴定评估等纳入监管领域。《办法》还明确了担保、鉴定、信用监管、尽职调查、专家委员会等制度。其二是"互联网+艺术品"带动下的艺术品市场的互联网创新不断成熟。互联网技术、VR技术以及电子商务发展带来了网络拍卖、移动终端拍卖、电子可视技术拍卖等新的拍卖形式。据不完全统计,在线艺术品交易在过去12个月销售总额达30.27亿美元,同比增长24%,中国嘉德、北京保利、广东崇正以及国际拍卖行佳士得、苏富比等传统拍卖公司也开始在线上交易领域发力。中国嘉德秋拍共有24场专场开通实时网络竞投,北京保利也推出"常君实旧藏信札"专题网拍,实施"线下展线上拍"新模式,该场网拍共成交157件,成交额共20余万元。[②] 目前网络竞拍平台建设已经比较成熟,再加上严格的艺术品监管

---

① 参见《2016年中国艺术市场十大事件》,《人民政协报》2016年12月29日,http://www.rmzxb.com.cn/c/2016-12-29/1249870.shtml。
② 参见《2016年中国艺术市场十大事件》,《人民政协报》2016年12月29日。

制度与新兴的 VR 等智能技术,网络竞拍是艺术品市场交易的未来希望。

四、区域文化产业的发展机遇

推动区域文化产业的发展是 2016 年文化产业的热点问题,根据发布的"中国省市文化产业发展指数(2016)",综合指数排名前十的省市中,除四川、江西以外,其余省市都位于东部地区;而生产力指数排名跟去年相比整体上变化浮动较小,前十名的省、直辖市中,除了四川、江西、河南外,其他均来自东部地区。① 可见,我国目前文化产业发展仍不平衡,中西部的文化产业仍落后于东部地区,推动区域文化经济的平衡发展具体表现在特色小镇、休闲农业、文化扶贫等 2016 年的热点话题中。

(一) 特色小镇的文化建设

浙江省的特色小镇建设走在全国的前列,在 2014 年,浙江形成了一批"独立于市区,具有明确的产业定位、文化内涵、旅游功能、社区特征的发展空间载体",并因杭州云计算产业生态小镇——云栖小镇的引人瞩目而催生了"特色小镇"这一称谓。② 在 2015 年 7 月,住房和城乡建设部、国家发展改革委、财政部联合发布的《关于开展特色小镇培育工作的通知》提出:到 2020 年培育 1000 个左右各具特色、富有活力的休闲旅游、商贸物流、现代制造、教育科技、传统文化、美丽宜居的特色小镇。特色小镇在 2016 年逐渐进入实践操作阶段,住房和城乡建设部公布了第一批中国特色小镇名单,共有 127 个镇进入名单,各省市也开始制定自己的培育特色小镇的发展政策,特色小镇正在中国大地遍地开花。

文化建设是特色小镇的重中之重,文化产业是建设特色小镇的主要产业支持。从第一批中国特色小镇名单中我们可以发现:在首次入选的 127 个小镇中,有 100 个特色小镇开发与文旅产业有关,占到特色小镇的 78.74%;尤其是中西部地区特色小镇,基本上都与文旅产业开发有关。③ 这充分说明了建设特色小镇必须重视自身的文化资源,并开发文化资源的经济价值,文化产业对缺少资金、技术等传统区位优势的中西部落后地区尤为重要,文化产业可以帮助中西部小镇找到自己的发展着力点。所以,我们一定要避免把特色小镇变成传统的房地产开发

---

① 数据来自北京市文化创意产业促进中心:《2016 中国省市文化产业发展指数和文化消费发展指数》,2016 年 11 月 2 日,http://business.sohu.com/20161102/n472128163.shtml。
② 周晓虹:《产业转型与文化再造:特色小镇的创建路径》,《南京社会科学》2017 年第 4 期。
③ 魏鹏举:《回顾 2016 中国文化产业结构性调整》,中国经济网,2017 年 1 月 3 日,http://www.ce.cn/culture/gd/201701/03/t20170103_19338451.shtml。

模式,特色小镇一定要以文化产业的发展为主要思考对象,不能再束缚于原有的房地产思维,而要考虑各种文化要素的市场价值,特别是不能以文化产业的名号进行房地产"圈地",现在很多地方的文化园看起来很热闹,但实际上都是在"圈地",因为这些园区里的文化企业根本没有竞争力,也缺乏有价值的文化主题或文化资源。所以,特色小镇一定要把文化建设放在第一位,各地政府与文化企业必须首先考虑今后是否拥有优质的文化资源、是否具有完善的文化产业规划、是否具有广阔的文化消费市场,房地产建设只是特色小镇的一个环节,绝不是特色小镇的发展核心。

（二）农业文化产业的机遇

农业文化产业是区域文化经济发展的另一个重要模块,也是城乡平衡发展的一个途径,由于农业经济在中西部落后地区仍占有较大比重,基于本地区的农业经济,发展以农业为主题的文化产业成为焦点,其中休闲农业旅游是主体业态。

为了进一步支持农业文化产业的发展,国家在2016年出台了系列扶持政策。2016年9月发布了《关于大力发展休闲农业的指导意见》与《乡村旅游扶贫工程行动方案》,各地也出台了落实措施,安徽、山西等省已相继出台了推动休闲农业发展意见,大部分省还编制了休闲农业的发展规划,湖北、山东、广东、四川、新疆等地都安排了专项财政资金支持休闲农业发展。截至目前,全国共创建休闲农业和乡村旅游示范县328个,推介中国美丽休闲乡村370个,认定中国重要农业文化遗产62项。① 在相关政策的支持下,当前我国休闲农业旅游发展状况良好,2016年全国休闲农业和乡村旅游接待游客近21亿人次,营业收入超过5700亿元,从业人员845万,带动672万户农民受益。《中国休闲农业和乡村旅游发展研究报告（2016年度）》显示,据不完全统计,上规模经营主体达30.57万个,比上年增加近4万个;休闲农业和乡村旅游成为旅游投资新亮点,投资金额约3000亿元,比2015年增加400亿元。整个产业呈现出发展加快、布局优化、质量提升、领域拓展的良好态势。② 但同时我们需要注意到资金与技术仍然是制约农业文化产业发展的主要因素,研究表明:引导农户参与农业文化旅游仍将是培育生计资本的基础工作,尤其是增加金融资本和物质资本。③ 我们仍需继续加大对农业文

---

① 中华人民共和国农业部:《释放农村经济新动能——休闲农业和乡村旅游发展综述》,2017年4月6日,http://www.moa.gov.cn/zwllm/zwdt/201704/t20170406_5551097.htm。
② 参见《去年休闲农业和乡村旅游接待游客21亿人次》,《人民日报》2017年4月12日第9版。
③ 张灿强、闵庆文、张红棒、张永勋、田密、熊英:《农业文化遗产保护目标下农户生计状况分析》,《中国人口资源与环境》2017年第1期。

化产业的资金支持力度,同时实践"互联网+农业"的发展思路,支持农村地区充分利用互联网平台拓展农业休闲旅游的市场空间。

(三)精准文化扶贫的思路

文化产业地区间发展不平衡是当前我国文化产业的一个基本实情。2016年,东部地区规模以上文化及相关产业企业实现营业收入59766亿元,占全国74.4%,中部、西部和东北地区分别为13641亿元、5963亿元和943亿元,占全国比重分别为17%、7.4%和1.2%。① 可见中西部和东部地区的文化产业仍落后于东部发达地区的发展水平。但我们也要注意到,中西部的文化产业高速发展、势头正猛:2016年西部地区增长12.5%、中部地区增长9.4%,均高于东部地区7%的增速。② 这显示了在精准文化扶贫的思路下,中西部文化产业获得了绝佳的发展机遇。

当前,资金仍是文化扶贫的关键。从文化企业的投融资情况看,北京、广东、上海、浙江四大省市是上市文化企业主要分布地,与上市文化企业数量分布类似,北京、上海、广东三省市上市文化企业融资规模居于前三。其中,北京以1290.97亿元居首,占比39.29%;其次为上海,融资规模为557.91亿元,占比16.98%。北京、上海、广东文化产业相对发达,上市文化企业众多,因此吸引资金实力明显强于其他省市,部分省市诸如福建、广西、山东、天津等融资规模有限,部分省市如海南尚未有上市文化企业进行融资。③ 因此,除了当前已有的文化扶贫资金与文化产业专项资金,我们还要充分发挥民间资本在文化扶贫中的作用,PPP(公私合营模式)是一个可以利用的方法,文化行业已经纳入了国家PPP推广战略,2017年将进入实施阶段,民间投资可以顺利进入公共文化领域,提升公共文化服务质量与市场效益。

除了资金,我们仍需创新文化扶贫的思路,实践"互联网+文化扶贫"的扶贫战略。我们需要从生产与消费这两个角度思考区域文化产业的互联网转型。首先,从文化生产的角度看,针对当前政策所覆盖的区域文化资源,文化企业要通过互联网平台整合各地区的文化资源,形成经济合力。其次,从文化消费的角度看,针对各区域所拥有的广阔文化消费市场,文化企业可以采取的资源整合方法是整

---

① 数据来自国家统计局:《2016全国规模以上文化及相关产业企业收入增7.5%》,2017年2月6日,http://www.stats.gov.cn/tjsj/zxfb/201702/t20170206_1459430.html。
② 同上。
③ 晓波、刘晓哲:《2016年上市文化企业报告出炉》,《中国出版传媒商报》2016年11月11日第13版。

合消费,利用互联网平台的跨时空特性拓展文化市场的消费需求。

总之,进入"十三五"时期以来,中国文化产业进入了崭新的发展阶段,改革创新始终为中国文化产业输送着发展动力。值得肯定的是,当前我国文化产业的体制改革不断取得新进展,不断释放文化市场活力:2016年财政部对文化产业发展专项资金管理模式作出重大调整,加快由无偿向有偿、由直接分配向间接分配转变,努力实现市场化配置目标;2016年度中央文化产业发展专项资金实施方式确定为"基金化＋重大项目"的模式,其中,基金化是指引入市场化运作模式,培养遴选一批中央、地方和市场的优秀文化产业基金,引导和撬动社会资本支持文化发展;重大项目主要支持党中央、国务院有明确要求,或者宣传文化部门确定的重要工作。"基金化"的市场配置工具可以极大地调动文化企业作为市场主体的积极性,充分发挥财政资金对社会资本的杠杆和撬动作用,使得政府政策性资金发挥更大的产业引导作用。据统计,2016年国家财政部安排10亿元参股全国14只优秀文化产业基金,直接撬动其他各类资本120亿元,同时聚焦"双创"融资难题,首次探索开展债权投资扶持计划,形成财政出资引导、文投集团配套跟进的全新投入机制,依托北京文投、陕西文投两家全国领先的省级文投集团,中央财政出资5.6亿元、带动配套46.8亿元。① 文化产业发展专项资金管理方式的改革只是当前中国文化产业市场体制改革的一部分,今后,中国文化产业的参与者仍将在改革创新之路上继续前行;各级政府应不断完善文化产业市场管理体制,为企业打造活力饱满、健康守法的良好市场秩序;文化企业应珍惜文化资源,创新产业技术,不断增强文化产业的核心竞争力。

---

① 中华人民共和国财政部:《中央财政文化产业发展专项资金加快向市场化配置转型》,2016年10月12日,http://www.mof.gov.cn/zhengwuxinxi/caizhengxinwen/201610/t20161012_2433616.htm。

行业报告

行业报告一

出版传媒产业年度发展报告

罗潇丽[*]

2016年出版传媒产业受到国家政策大力支持,出版各类报纸394亿份,各类期刊27亿册,图书86亿册(张),人均图书拥有量6.27册(张),数字出版营业收入达到5300亿元。全国规模以上文化及相关产业企业新闻出版发行服务营业收入绝对额为3061亿元,越来越多的出版物和出版企业走出国门,海外影响力与日俱增。出版传媒产业包含多个细分产业,本文针对报业发行、图书出版、网络文学和数字出版四个产业具体分析,点面结合把握整体产业发展状态和趋势。

一、出版传媒产业发展环境

2016年是"十三五"规划开局之年,出版传媒产业发展进入新阶段,全民阅读、数字化转型和技术升级等是新时期的主要任务。出版传媒产业始终坚持把社会效益放在首位,实现社会效益和经济效益相统一,在政策引导、经济支持下,出版传媒产业发展环境不断优化。

(一)政策环境

出版传媒产业作为文化产业的重要分支,一直都受到高度重视。在《中华人民共和国国民经济和社会发展第十三个五年规划纲要》中,针对出版传媒产业提出了许多新要求,例如"增加公共服务供给"项目中,明确提出"读书看报";"加快网络文化建设"中,提出"大力发展网络文艺";"深化文化体制改革"中,明确要求"开展新闻出版传媒企业特殊管理股试点"。

国家新闻出版广电总局先后制定了以下发展规划用以鼓励扶持出版传媒产业发展。

2016年5月出台《"十三五"国家重点图书、音像、电子出版物出版规划》。为

---

[*] 罗潇丽,中国海洋大学国家文化产业研究中心文化产业管理专业硕士研究生,主要研究出版传媒、文化经济等。

进一步提高精品出版能力，不断提升我国新闻出版总体实力和核心竞争力，增强中华文化软实力，推出国家重点出版物项目，包括图书和音像制品、电子出版物两大部分11个子规划，充分发挥国家规划的示范、引领作用。

2016年6月出台《关于支持实体书店发展的指导意见》，以加强城乡实体书店网点建设，创新实体书店经营发展模式，推动实体书店与网络融合发展，提升实体书店信息化标准化水平，加大实体书店的优秀出版物供给，更好发挥实体书店的社会服务功能。

2016年12月出台《全民阅读"十三五"时期发展规划》，主要目标是：各类全民阅读活动蓬勃开展，全民阅读氛围更加浓厚，全民阅读理念更加深入人心，优质阅读内容供给能力显著提升，全民阅读基础设施建设更加完善，阅读推广人队伍更加壮大，各类阅读推广机构不断涌现，全民阅读法制化建设取得积极进展，全民阅读工作体制机制更加健全，基本形成与全面建成小康社会发展要求相适应的以人为本、面向基层、惠及群众、兼顾重点的全民阅读推广服务体系，推动国民素质和社会文明程度显著提高。

2017年1月出台《版权工作"十三五"规划》，确立了加快版权强国建设，为建成中国特色、世界水平的版权强国奠定坚实基础的总体目标；量化各级版权行政管理部门版权重点工作指标：国家版权局每年组织开展2次全国性的版权执法专项行动，5次全国性的版权执法培训及7次全国性的软件正版化工作培训，每年新授予1至2家全国版权示范城市、15家至20家全国版权示范单位、3至5家全国版权示范园区（基地）。

2017年3月出台《"十三五"推进基本公共服务均等化规划》，在新闻出版方面，推动全民阅读，加强残疾人等特殊群体的基本阅读权益保障。扶持实体书店发展，加快推进实体书店或各类图书代销代购网点覆盖全国所有乡镇。完善农家书屋出版物补充更新工作。加强"三农"出版物出版发行。推动少数民族语言文字及双语出版物出版发行、数字化传播和少数民族语言文字作品创作。

除了指导规划之外，《新闻出版许可证管理办法》和新修订的《出版物市场管理规定》分别在3月和6月施行，两部行业规定对于新闻出版许可证的设立、设计、印刷、制作与发放，均进行了具体说明；规定国有发行单位和民营个体发行单位、内资发行单位和外资发行单位在市场准入方面享受完全一致的条件，对发挥市场决定作用、降低准入门槛、打破区域壁垒将起到重要推动作用。

（二）经济环境

国家统计局公布的《2016年国民经济和社会发展统计公报》显示，全年国内生产总值为744127亿元,比上年增长6.7%。其中,第三产业增加值384221亿元,增长7.8%;第三产业增加值比重为51.6%,比上年提高1.4个百分点。第三产业增速高于第一、二产业,第三产业增加值占国内生产总值的比重也逐年增加。全年国民总收入742352亿元,比上年增长6.9%,全国居民人均消费支出17111元,扣除价格因素,实际比上年增长6.8%;城镇居民人均消费支出23079元,实际增长5.7%;农村居民人均消费支出10130元,实际增长7.8%;全国人均用于文化娱乐消费占消费支出11.2%。总体来看,经济发展平稳,第三产业发展态势良好,为出版传媒产业发展提供了利好的经济环境。

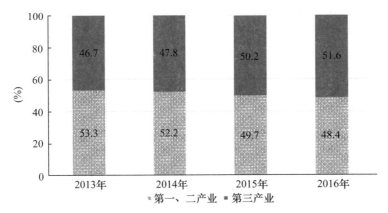

图1-1-1　2013—2016年三次产业增加值占国内生产总值的比重

财政部2016年文化产业发展专项资金44.2亿元,推行"市场化配置＋重大项目"双驱动,实现三个首次①:一是首次大幅引入市场化运作机制,出资15.6亿元完善参股基金等股权出资模式,创新通过重点省级文投集团开展债权投资路径,提高资源配置效率;二是首次取消一般扶持项目,其他28.6亿元全部投入重大项目,聚焦媒体融合、文化创意、影视产业、实体书店等八个方面,着力提高财政推动文化领域供给侧改革贡献度;三是首次建立牵头部门负责制,其中国家新闻出版广电总局牵头负责加快推动影视产业发展、推动广电网络资源整合和转型升级、继续扶持实体书店发展和推动传统媒体和新兴媒体融合发展四个重大项目。

---

① 王婷:《财政部2016年文化产业发展专项资金改革"三个首次"》,《中国出版传媒商报》2016年8月9日第1版。

二、出版传媒产业发展概况

2016年出版传媒产业各主体认真贯彻习近平总书记系列重要讲话精神,牢牢把握正确舆论导向,营造良好舆论氛围,坚持两个效益统一,实现出版传媒产业"十三五"良好开局。管理部门依法依规加强管理,有效规范发展秩序;出版改革继续深入发展,企业活力进一步释放;产业融合发展成常态,跨界融合显成效;主题出版物畅销长销,精品力作比例大大提升;走向西方主流国家有新进展,"一带一路"获新成果。

根据国家统计局快报统计,2016年年末出版各类报纸394亿份,各类期刊27亿册,图书86亿册(张),人均图书拥有量6.27册(张);全国规模以上文化及相关产业企业新闻出版发行服务营业收入绝对额为3061亿元,较去年增长5%。艾瑞咨询发布的《2016年中国数字阅读行业研究报告》显示,我国数字出版营业收入达到了5300亿元,较2015年增长20.4%;2016年数字阅读PC用户规模达到2.17亿人,移动用户规模达到2.65亿人数据,中国数字化阅读率达到64%,已超过传统纸质图书。

出版传媒产业整体发展态势,在出版传媒企业的年度营业收入数据中也有所体现。2016年,16家出版传媒产业上市公司共实现营业收入906.11亿元,同比增长10.86%,增速较2015年有所放缓;16家出版业上市公司平均营业收入规模为56.63亿元,较2015年增加了5亿多元。16家公司中,长江传媒营业收入达137.89亿元,位居榜首。除长江传媒外,2016年营业收入超过百亿元的公司还有3家,分别是中文传媒127.76亿元、中南传媒111.05亿元、凤凰传媒105.47亿元。营业收入增长最快的企业是中文在线,同比增长率为54.14%。作为一家以数字出版和在线教育为主营业务的公司,虽然企业规模与国有控股的大型出版集团不可同日而语,但中文在线代表的新兴业务是出版业转型升级、融合发展的大势所趋。其他14家公司,2016年营业收入同比增长率在10%—16%的有长江传媒、皖新传媒、城市传媒、时代出版、中国科传、新华文轩、大地传媒、中文传媒和中南传媒;南方传媒、出版传媒和凤凰传媒3家公司2016年营业收入同比增长率在10%以下。新华传媒和读者传媒则出现了负增长,尤其是读者传媒,负增长率为9.01%,其《年报》中称,营收减少的主要原因:一是手机等数码产品贸易额和代理广告收入的减少;二是《读者》杂志、教材销量减少。①

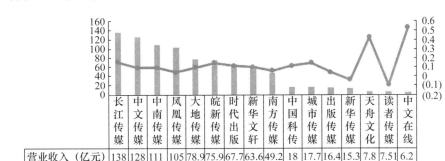

图 1-1-2　2016 年出版业上市公司营业收入及变动情况

2016 年出版传媒产业"走出去"战略取得了重要成就。首先是有"儿童文学的诺贝尔奖"之称的国际安徒生奖由我国儿童文学作家曹文轩获得,这是中国作家第一次获得此项殊荣。其次主题出版读物《习近平谈治国理政》在海外以多语种出版发行,受到国际图书市场和国际主流媒体持续关注,截至 2016 年年底已发行到全世界 100 多个国家和地区,全球发行量突破 620 万册。② 最后出版机构和出版企业走向国际也取得了新成就。出版机构走出去在海外设立分支机构成为热点,本土化战略成果显著:中国人民大学出版社以色列分社成立,广西师范大学出版社集团成功收购英国 ACC 出版集团,人民出版社旗下东方出版社东京分社挂牌,社会科学文献出版社俄罗斯分社——斯维特出版社成立,青岛出版集团完成日本渡边淳一文学馆 100% 股权的收购,中国社会科学出版社智利分社在圣地亚哥揭牌。走出去的出版企业在海外影响力日益提升。《全球出版企业排名报告》显示,中南出版传媒集团、凤凰出版传媒集团两家公司进入了全球出版企业十强,中国出版集团、浙江出版集团、中国教育出版集团等进入二十强。

三、出版传媒细分产业分析

出版传媒产业作为一个大类,其中包含着许多具体小的门类。研究出版传媒产业,不仅要了解整体大趋势,也要关注细分产业的具体情况,点面结合,才能把

---

① 周贺:《2016 年出版业上市公司业绩大盘点》,《出版商务周报》2017 年 4 月 27 日,http://www.3023.com/3/558058806.html。

② 参见《2016 年度中国出版业十件大事》,《中国新闻出版广电报》2017 年 1 月 17 日第 3 版。

握出版传媒产业未来的发展趋势。下面将具体分析报纸发行、图书出版、网络文学和数字出版四个细分产业。

(一) 报纸发行

阅读报纸曾经是人们获取信息的重要来源,但是随着移动互联网和新媒体的冲击,我国报纸发行量正处于逐年递减的态势。根据国家统计局的数据显示,2016年我国新闻纸总产量291.9万吨,比去年350.2万吨的产量下降58.3万吨,下降幅度为15.6%。①

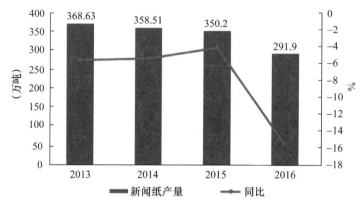

图 1-1-3　2013—2015 年新闻纸产量比较

报纸作为传统媒体走向式微是一种不可避免的趋势。互联网时代信息传播速度极大增快,报社从获取信息到排版印刷再流通到用户手里,报纸上的新闻已经变成了"旧闻"。传统报纸盈利来源是发行量大小以及刊登广告收入。互联网和手机移动客户端能够随时随地提供来自全球各地的最新资讯,同时还能满足用户个性化定制需求,这些都是报纸无法满足的,因而选择阅读报纸来获取信息的用户越来越少,报纸的发行量一降再降。随着发行量减少,报纸版面曝光度降低,广告投放自然也随之变少,2016年《京华时报》《东方早报》《太阳报》等多家报纸宣布休刊。

虽然整个报业市场都十分不景气,但也有例外。2016年《深圳晚报》全年广告收入比2015年增长12.23%,发行收入也同比上升2.22%。《深圳晚报》能够逆势上扬,主要归功于融媒体转型升级。《深圳晚报》先是与移动阅读平台ZAKER合作,推出深圳ZAKER直播,打造深圳最热门的新媒体营销场景,成为新媒

---

① 赵新乐:《纸报共发遵义宣言吁合作御寒》,《中国新闻出版广电报》2016年12月9日第3版。

体营收利器。截至2016年11月21日,深圳ZAKER直播频道进行了近350场直播,其中近6场直播参与人数达到100万,2场直播参与人数达到1000万,"深晚直播"已形成具备强大市场号召力的互联网品牌,成功实现晚报融媒体转型,分享移动互联网广告红利,新媒体广告营收达600万元,同时带动报纸广告的正增长。①《深圳晚报》下一步的目标是同网易合作,改变传统媒体过去对用户把握不准的问题,借用网易的成熟盈利模式、数据分析模式和相关的模型来进行改造,改变传统媒体的运作方式。

除了《深圳晚报》之外,还有许多报社在内容、技术、媒介融合和经营管理方面做了创新尝试。例如《华西都市报》通过对新闻的全面产品化和精准定制化,强调产品导向、原创到底、互动引领,打造一张"大众化高级报纸"。《齐鲁晚报》则进行内容区分,把海量、即时的信息交给新闻客户端等新媒体,让主流、权威、纯净、有用的新闻回归报纸。《中国日报》实现世界首例人工智能视频采访,通过整合人工智能技术,采访真人而制作虚拟视像,可全天候、全方位回答全球受众的提问;《人民日报》融合新技术,全程线上直播"新疆哈密传统刺绣品牌战略网络新闻发布会"。在推进媒介融合进程中,《中国青年报》在头版文章后面附上二维码,使传统的纸质版面与新媒体进行融通;越来越多的报纸推出移动APP,2016年2月发布的《中国传统媒体新闻客户端发展报告》显示,主流传统媒体的新闻客户端数量已达231个。虽然有刊物陆续休刊,但仍有一些报纸瞄准社区报、老人报、经济新区、新兴行业等市场空白逆市进行创刊,开辟新的盈利点。总的来看,虽然报业发行处于一种下降的趋势,但是随着报纸在内容、技术方面的不断创新,寻找与新媒体融合的着力点,未来报业市场将开辟纸媒之外的新板块。

(二)图书出版

依据CIP数据统计,2016年全国出版单位共申报出版319147种图书,较2015年同期增加7928种,同比增长2.5%,相比往年增长态势明显放缓。按中图法分类(五级)划分,马列主义、毛泽东思想、邓小平理论类图书565种,哲学类图书8106种,社会科学类图书248355种,自然科学类图书58802种,综合性图书3319种。按中图法分类(一级)统计,9个大类同比增长,13个大类同比下降,与2015年相比,增长大类有所减少。

---

① 陈莹:《复盘2016年,收入增长的报业先行者》,《中国出版传媒商报》2017年3月28日第3版。

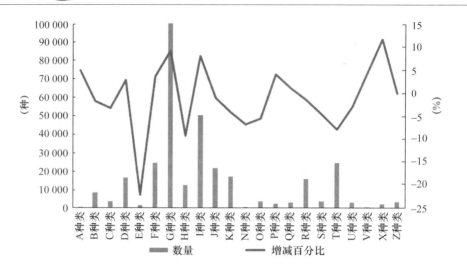

图 1-1-4 2016年图书申报出版种类分类及增减百分比统计

(注：A—Z类依次代表马克思主义、列宁主义、毛泽东思想、邓小平理论、哲学宗教、社会科学总论、政治法律、军事、经济、文化、科学、教育、体育、语言文字、文学、艺术、历史地理、自然科学总论、数理科学和化学、天文学地球科学、生物科学、医药卫生、农业科学、工业技术、交通运输、航空航天、环境科学安全科学、综合性图书。)

变动幅度上，受生态环境选题图书拉动，环境科学、安全科学（X类）异军突起，增幅居首，文化、科学、教育、体育（G类）和文学（I类）增幅分列第二、第三位；因抗战军事类选题锐减，军事（E类）较去年降低22.2%，降幅最大，语言、文字（H类）和工业技术（T类）位列其后。

从图书种类的增减数据可以看出，我国图书出版整体受政策影响较大。2015年是世界反法西斯战争暨抗日战争胜利70周年，因此军事类图书出版增多，而随着2016年到来，军事类图书出版明显减少。2016年主题出版出现了"一减一增"态势，与主题出版物申报出版量大幅减少相对，重点主题出版选题入选比率成倍上升。这一变化，反映出主题出版减量提质初见成效，契合了"十三五"时期主题出版提质增效的内在要求。受益于"一带一路"倡议，图书"走出去"持续发热。CIP数据统计显示，截至2016年12月27日，有关出版单位共使用26种语言申报出版2664种本土外文图书，较"十二五"时期走出去图书年均出版量增加了802种。语种分布上，多语种对照占据榜首，国际通用语言英文稳居第二，日文位列第三，阿拉伯文图书凭借"中国经典阿拉伯语译丛"系列实现了快速增长，位居第四。曹文轩、杨红樱、刘慈欣、张悦然等知名作家的作品被译成多种文字对外出版。①

我国毫无疑问是一个图书出版大国,但是还不能称得上图书出版强国。在学术方面,在国际上有较大影响力的图书还很少;国际上衡量学术成果的一个主要标准是文献引用率,我国的比例还处于较低水平。在大众阅读方面,没有出现具有国际影响力的知名图书,在世界图书排行中还无法看到中国图书。在教材方面,除了汉语教学的教材,很少有其他教学教材被其他国家普遍使用。②图书出版产业下一步应当把提高质量放在首位,从选题和内容方面进行优化,一方面满足国内阅读需求,满足人民的精神文化需求,另一方面积极走向国际,塑造良好国家形象。

(三)网络文学

《第 38 次中国互联网络发展状况统计报告》数据显示,2016 年 6 月,网络文学用户规模达到 3.08 亿,较上一年年底增加 1085 万,占网民总体的 43.3%,其中手机网络文学用户规模为 2.81 亿,较上一年年底增加 2209 万,占手机网民的 42.8%。基于艾瑞咨询对 6 家网络文学网站平台的监测,截止到 2016 年 10 月,累计网络文学作者数量超过 140 万。网络文学作品数量也不断增加,以阅文集团为例,2016 年集团旗下新增网文作品 50 万部以上,直逼 2015 年全国图书出版总量。③

近几年,网络文学产业发展迅速,市场容量不断扩大。2016 年网络文学市场最为显著的特征是产业生态化和版权正规化。首先,产业生态化主要体现在以网络文学为核心 IP 来源的产业生态逐渐形成,不断丰富了自身盈利模式。网络文学作品依靠互联网便捷传播的优势积累了大量用户,这部分用户在网络文学作品向影视剧、动漫、游戏等领域的改编过程中成为潜在用户,网络文学作品的用户越多,作品商业价值越大。网络文学产业盈利模式不再是仅仅依靠付费阅读和图书出版,全版权经营开发衍生产品,使盈利来源更加多元化。其次,网络文学市场的版权保护进程得到持续推动。国家版权局、国家网信办、工信部、公安部联合开展打击网络侵权盗版"剑网 2016"专项行动,重点整治网络文学版权秩序,查处网络侵权盗版行政案件 514 件,罚款 294 万元,关闭侵权网站 391 家,涉案金额 2 亿

---

① 徐来:《图书出版 2016 走势与 2017 态势》,《中国新闻出版广电报》2017 年 1 月 12 日第 9 版。
② 刘夏夏:《出版物质量问题的现状及其应对策略》,《传播与版权》2016 年第 11 期。
③ 阅文集团:《2016 网络文学发展报告》,2017 年 2 月 13 日,https://mp.weixin.qq.com/s/qSzYuiDEBd5jUYzD27v4Cg。

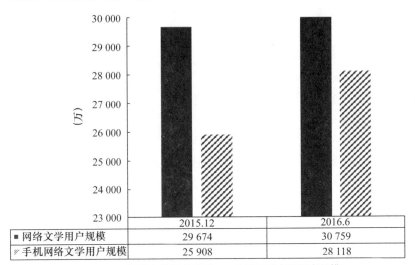

图 1-1-5 2015 年 12 月—2016 年 6 月网络文学/手机网络文学用户规模

元,网络版权治理初见成效。① 国家版权局办公厅出台《关于加强网络文学作品版权管理的通知》,进一步增强对网络文学版权保护意识、加大侵权处罚力度,督促提供网络文学作品的网络服务商建立健全侵权作品处理机制。咪咕数媒、掌阅科技、阅文集团等 30 余家单位共同发起的中国网络文学版权联盟宣布成立,并制定《中国网络文学版权联盟自律公约》鼓励网络文学的创作与传播,保护网络文学著作权人的合法权利,规范网络文学服务提供者和网络文学从业者的行为,保障网络文学内容提供者和网络文学服务提供者的合法权益,促进网络文学行业健康、繁荣和可持续发展。

网络文学产业的发展逐渐迈上正轨,产业化化程度不断增强,对版权及版权保护越发重视,陆续有优秀的网络文学作品通过互联网传播到国外,在海外市场掀起一股"网文热"。未来网络文学产业要继续把优化内容和保护版权放在首位,提升衍生产品质量,努力开拓海外市场,为用户提供更多优秀作品。

(四)数字出版

根据国外数据统计互联网公司 Statista 发布的针对 2016 年全球数字出版领域的报告,2016 年全球数字出版市场规模 153 亿美元,我国的数字出版市场收入

---

① 中华人民共和国国家版权局:《版权领域:新数据呈现新进展》,2016 年 12 月 22 日,http://www.ncac.gov.cn/chinacopyright/contents/518/311367.html。

为14亿美元,占全球市场收入9%左右。Statista统计的数字出版市场包括电子书、数字期刊、数字报纸等。从细分领域来看,中国数字出版市场发展最快的领域仍然是电子书,预计2021年复合年增长率将达5.5%,数字期刊和报纸相对来说不如电子书受欢迎,增长率将分别为2.5%和2.8%。

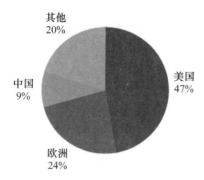

图1-1-6　2016年全球数字出版市场规模分布

我国数字消费需求逐年攀升,产业规模持续壮大,已经成为出版传媒产业中增速最快、最有潜力的领域。2016年数字出版领域的变化首先体现在产业结构和产业格局发生巨大变化,市场主体日趋多元。互联网企业、电子商务企业、传统出版单位纷纷布局数字出版产业,整体实力大大增强,逐步实现产业化、规模化、集约化。其次,国家对于新兴业态给予了更多重视。在"十三五"规划中明确提出"加快发展网络视听、移动多媒体、数字出版、动漫游戏等新兴产业"。国家财政用于推动新闻出版业数字化转型升级、融合发展的资金逐年加大,扶持专项日益增多。国家新闻出版广电总局评选了两批170家数字出版转型示范单位,为全行业的转型升级起到了积极带动作用。最后,数字出版产业环境日趋向好,出版企业参与数字出版的热情和主动性日益增强。传统出版单位逐步找到了转型升级的方向与路径,从观念到行动都发生了转变,在数字出版方面的投入越来越多,主动性越来越强,通过建平台、揽人才、创产品、拓渠道、创模式,着力提高数字出版实力和赢利能力。[①]

根据《新闻出版业数字出版"十三五"时期发展规划》,在未来5年中,我国传统新闻出版业数字化转型将初见成效,并将在人员、理念、模式、市场和服务等更高层面全面完成数字化转型升级。具体包括:在教育出版领域,实现由教育出版

---

① 王飚:《数字出版:前方风景无限好》,《中国新闻出版广电报》2016年4月14日第2版。

商向教育服务商转型；在专业出版领域，实现向知识和专业信息服务商转型；在大众出版领域，加大内容资源IP（知识产权）运营开发力度，实现向综合文化服务商转型；在音像电子出版领域，实现向全媒体产品服务商转型。数字出版作为出版传媒产业新业态，未来将在提高社会效益、增加经济效益两个方面发挥更大作用。

四、出版传媒产业存在的问题及发展建议

纵观2016年出版传媒产业发展态势，传统出版媒体与数字新媒体不断跨界融合，原有业态焕发出新的活力，新业态发展势头良好，共同构成出版传媒产业的繁荣。但是出版传媒产业的发展之路并非完美无缺，在内容、数字化、人才和版权方面还存在诸多的问题。未来想要继续保持良好发展，出版传媒产业还需不断改进，提升产业整体水平。

（一）内容质量良莠不齐

出版传媒产业最重要的功能就是提供内容，无论是传统出版物还是数字出版物，都是内容的载体。我国无论是报纸图书还是网络小说和数字出版，在出版数量上都占据绝对优势，但是在质量方面却鲜少精品出现。内容方面良莠不齐主要原因有两方面。对传统图书而言，出版社可以分为两大类：一是国有出版，二是民营出版。国有出版社注重图书品质和社会影响力，但是机制僵化、文化基调沉闷，不能很好地适应市场变化。民营出版社正好相反，为了满足市场和用户需求，出版种类更加多样，但同时也容易为了经济利益牺牲社会利益。对网络文学而言，在互联网这样一个开放和共享的平台之上，网络文学准入门槛低促使网络文学作品基数庞大，但由于许多网络作家并不具备较高的文学素养，导致网络文学精品不多。网络文学初期收入全部来自用户订阅，作家们为了获得更高关注度，写作题材选择往往都是扎堆当下的热门题材，同质化现象十分严重。

想要提高出版物的内容质量首先需要引导作者和出版社自觉践行社会主义核心价值观，传承和弘扬中华优秀传统文化，坚决取缔传递不良价值观的作品。同时积极开展优秀出版作品和出版单位评选工作，发挥国家出版基金、"五个一工程"奖等扶持项目的积极作用，为出版传媒产业树立榜样标杆。另外要持续推动中国出版走出去，形成知名品牌，让世界更了解中国，无论是优秀传统文化读物还是流行网络文学小说，都对塑造我国的国际形象和增强文化软实力有重要作用。

（二）全民阅读任重道远

阅读使人智慧，是获取知识、传承文明的重要方式。"全民阅读"被写入国家"十三五"规划，提升到了国家战略的高度。开展全民阅读对于提高公民思想道德素质和科学文化素质,培育和践行社会主义核心价值观,传承中华优秀传统文化,满足人民群众日益增长的精神文化需求,都具有重大而深远的意义。根据中国新闻出版研究院发布的《第十四次全国国民阅读调查报告》,2016年我国成年国民人均图书阅读量为7.86本,远远落后于欧美日韩等国家和地区的人均阅读量。

实施全民阅读要把握两个关键点:第一是全民覆盖,深入基层。大力推进全民阅读进农村、进基层,无论是经济发达地区还是经济欠发达地区,都要积极开展全民阅读活动。充分利用农家书屋、社区书屋、职工书屋等各类阅读设施,为群众营造良好的阅读氛围。扶持实体书店发展,为群众提供多元化的阅读场所。第二是促进少年儿童阅读。培养阅读习惯不是一朝一夕能够实现,需要长久的过程,读书也要从娃娃抓起,通过家庭阅读、校园阅读培养少年儿童良好的阅读习惯。重点保障农村留守儿童、城市流动儿童、贫困家庭儿童等弱势群体的基本阅读需求。对于不同年龄阶段的少年儿童,开展与其心理状况相适应的阅读活动,借鉴国外阅读能力测试、分级阅读等科学方法,探索建立中国儿童阶梯阅读体系,加快提高我国少年儿童的整体阅读水平。

(三)数字化方兴未艾

2014年国家新闻出版广电总局、财政部联合发布《关于推动新闻出版业数字化转型升级的指导意见》以来,新闻出版业数字化转型升级工作一直稳步前进。转型升级、融合发展和数字化阅读是出版传媒产业数字化未来几年发展的重点。

一方面要继续推动出版传媒企业加快完成数字化转型升级,在技术装备、数据管理工具等方面优化升级,对内容资源精细化加工,实现出版流程再造。另一方面尽快建立配套的行业服务系统,推进数字出版标准化工作,不断完善支持数字化内容生产、传播与服务的标准体系,加强数字出版专业人才和复合型高端人才培养机制。融合发展在报业体现最为明显,传统报纸媒体需要顺应互联网传播移动化、社交化、视频化等趋势,积极运用大数据、直播等新技术,引领媒体融合发展,驱动媒体转型升级。关注用户需求,精准投放信息,推动传统媒体和新兴媒体在内容、渠道、平台、经营、管理等方面深度融合。除此之外,为配合"全民阅读"规划,数字化阅读也是出版传媒产业接下来发力的重点。数字化阅读内容来源包含传统出版物数字化转化和网络文学两部分。大力推进数字化阅读,需要充分利用数字技术,建立起全民阅读数字阅读资源平台。政府层面加强公共电子阅览室、图书馆和全国文化信息资源共享工程网络建设,企业层面引导传统出版单位数字化转型升级和扶持网络文学原创精品,改善数字化阅读内容,为公众提供海量且优质的数字化内容。

(四)版权保护迫在眉睫

版权保护是文化产业可持续发展绕不开的问题,我国的目标是建设版权强国,全面提高版权创作、运用、保护、管理和服务能力。2016年版权保护工作取得了一定进展,但是出版传媒产业版权保护总体环境还是不容乐观。首先,立法和行业规范不够。现行有关版权的法律体系中并没有专门针对网络版权的法律法规,数字化发展趋势之下,网络版权问题越发受到关注,应当及时弥补这一部分空白。其次,侵权成本低,维权成本高。我国对于盗版行为处罚主要是行政处罚措施,以警告和罚款为主,相比盗版行为背后巨大的利益,行政处罚无法起到警示作用。而高昂的维权费用、跨度较长的维权周期以及相对较低的经济赔偿,也让维权活动难度增加。最后,公众对于版权还不够重视,没有形成自觉尊重他人智力劳动成果的习惯。以网络文学产业为例,2016年全年,盗版网络文学如果全部按照正版计价,PC端付费阅读收入损失达到29.6亿元,移动端付费阅读收入损失达50.2亿元,合计79.8亿元。①

出版传媒产业版权保护离不开政府和行业相互协作。政府应当健全相关法律法规,完善诉讼赔偿机制,强化执法队伍建设,特别要加强网络监管力度,从技术层面阻止侵权行为的发生。行业则要充分发挥行业协会的作用,中国报业协会版权委员会、中国网络文学版权联盟等行业协会,要致力于为本行业从业人员提供全方位的专业版权服务,坚决抵制侵权盗版行为,必要时建立企业黑白名单。通过政府和行业的规范与宣传,逐渐在全社会普及版权意识,培育公众对版权的认同,自觉尊重他人智力劳动成果,坚决抵制盗版侵权行为,为出版传媒产业发展提供良好的版权环境。

---

① 艾瑞咨询:《2016中国网络文学版权保护白皮书简版》,2017年4月7日,http://www.iresearch.com.cn/report/2970.html。

行业报告二

电影产业年度发展报告[*]

胡 艳[**]

2016年全国电影总票房达457.1亿元,同比增长率3.73%,全国新增影院1612家,新增银幕数9552块。与新增影院数量和新增银幕数量规模相比,电影总票房增势并未实现单位产出的增加,连续三个季度的票房下滑以及全年的涨幅明显放缓现象,不仅与观众观影水平与观影要求不断提高、电影创作体系发生改变有关,同时也与电商票补潮退却等多重原因相关。随着2015年大繁荣态势背后虚高的部分资本泡沫挤出,电影市场或将重回冷静,票房数据也逐步回归理性。

一、电影产业政策和市场概况分析

电影产业市场的发展离不开政策法规环境和消费市场环境的基础作用,2016年相关部门制定了一系列电影产业相关政策法规,在鼓励产业发展的基础上,规范市场主体,监管生产销售过程,构建电影产业市场良性生态。另一方面,尽管年度总票房、影院数量、银幕数量等均呈现增长,但是增长率大幅度回落,单位产出降低,电影产业整体消费市场重回冷静,随着累积的资本泡沫挤出,增长态势逐步放缓。

(一)产业政策

2016年,文化产业作为国民经济支柱产业之一继续前行,在社会效益和经济效益两方面都有显著提升,电影产业作为文化产业发展中的重要部分,也备受重视,相关部门出台一系列政策,从顶层设计的角度为电影产业保驾护航。其中最重要的,2016年11月7日,经全国人大常委会三次审议,《中华人民共和国电影产业促进法》(以下简称《电影产业促进法》)表决通过,自2017年3月1日起施

---

[*] 教育部人文社科项目"移动互联背景下微电影商业模式创新的路径与策略研究"的阶段性研究成果。
[**] 胡艳,中国海洋大学国家文化产业研究中心文化产业管理专业研究生,主要研究电影产业、互联网文化产业。

行。《电影产业促进法》全文近 8000 字共六章 60 条,对电影创作、摄制,电影发行、放映,电影产业支持、保障,法律责任等分别作了详细规定,尤其明确了虚报瞒报票房收入的法律责任和处罚方式。作为我国文化产业领域的第一部促进法,其出台是我国电影产业发展的里程碑,是全面深化改革在文化领域的突破,也是全面依法治国在文化领域的落实。更重要的是,《电影产业促进法》的通过实施,为电影产业未来持续健康的生态建设、繁荣发展提供了制度保障上的信心,也展示了一种积极的探索。

具体来看,《电影产业促进法》将从多个方面对产业市场产生影响。首先,将电影产业纳入国民经济和社会发展规划,使电影产业成为拉动内需、促进就业、推动国民经济增长的重要产业;其次,加快转变政府职能,简政放权,降低电影行业准入门槛,调动全社会参与热情,激发市场活力;再次,加大财政、税收、金融、用地等方面的扶持力度,对电影产业给予立体的制度支持;另外,通过扩大监管范围、完善监管措施,细化监管程序,加大打击力度等,进一步规范产业发展和市场秩序;最后,明确电影的正面导向作用,维护观众合法权益,鼓舞创作热情,满足人民群众日益增长的精神文化需求。

(二) 市场概况

据国家新闻出版广电总局电影局数据显示,2016 年全国电影总票房达到 457.1 亿元,与 2015 年 440.6 亿元的成绩相比,同比增长率为 3.73%。其中,城市院线观影人次为 13.72 亿,同比增长率为 8.89%。从 2011 年到 2016 年的票房走势可以看出,近十年来年度票房的增速均在 30% 以上,尤其是 2015 年总票房达 440 亿元,约为 2014 年票房的 2 倍,增幅达 49%。与之相比,2016 年的票房并未如预期增长,最终总票房也只是稍稍高出 2015 年的总票房数。

另一方面,2016 年全国新增影院 1612 家,新增银幕数 9552 块,目前全国影院数目超过 7600 家,高居全球首位,银幕数则高达 41179 块,超过北美市场(约 39000 块),成为全世界银幕数最多的国家。据统计,2015 年全球银幕数增加了 11260 块,增速为 8%,总计 15.2 万块,而中国银幕增加占比近 70%。综合年度票房增长和影院、银幕增长情况来看,2016 年国内电影产业单放映场次产出、单银幕产出、单影院产出等均出现了 20% 左右的下滑,分别为 614.03 元、111 万元和 591.36 万元。①

---

① 新传智库:《2016 年中国电影产业报告》,《文化产业导刊》2017 年第 1 期。

表 1-2-1　2011—2016 年电影产业发展状况统计

指标\年份	2011	2012	2013	2014	2015	2016
年度总票房(单位:亿元)	117.9	134.4	214.4	294.1	440.6	457.1
上映影片数量(单位:部)	228	310	254	309	335	402
上映影片总场次(单位:万场)	1311	1898	2884	3839	5441	7510
影片平均票价(单位:元)	50.2	36.06	34.96	35.28	34.80	33.13
银幕数量(单位:块)	9286	13188	18195	23579	31627	41179

(数据来源:时光网专业版,www.mtime.com)

相比而言,2016 年北美上映电影 724 部,票房累计达 112.5 亿美元,这个成绩与去年基本持平,整体来看,成熟的北美影市少有大起大落,基本保持着一个稳定的状态,票房与观影人次的涨跌幅基本上都不超过 10%[①],与国内电影产业市场态势呈现较大的区别,也是我国电影产业市场的发展目标之一。

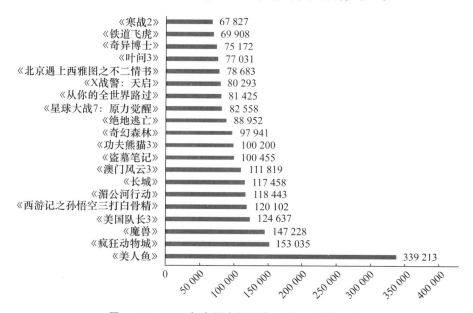

图 1-2-1　2016 年电影市场票房 TOP20(单位:元)
(数据来源:艺恩电影智库,www.cboo.cn)

从影片角度来看,2016 年年度票房前二十位中,国产片和中外合拍片共占 13

---

① 孙嘉潞:《2016 年电影票房最全数据》,搜狐网,2017 年 1 月 6 日,http://www.sohu.com/a/123604584_502878。

部,年度票房前十位中,国产片和中外合拍片则包括 7 部,整体来说具备一定的优势。然而,年度票房前五位中,进口片则占据了其中三部,也包括《疯狂动物城》这类既叫好又叫座的影片,2016 年排名前十的电影总票房 130.10 亿元,较 2015 年前十影片总票房达到的 152.65 亿元有一定缩水,单部票房在 13 亿元以上的影片从 2015 年的 7 部下降为 3 部。从这一表现可以看出,目前国产片依然存在数量优势大于质量优势的局面,除了《美人鱼》《湄公河行动》等现象级影片,依然缺乏更多的、能够带动各档期电影消费市场的内容产品。

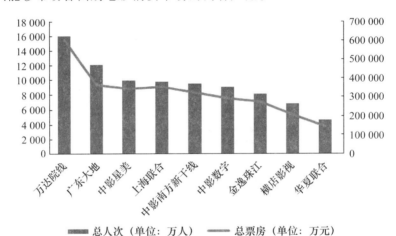

图 1-2-2　2016 年院线年度观影人次和票房排名

(数据来源:中国电影报)

从院线角度来看,年票房产出超过 60 亿元的万达院线依旧以绝对优势位列全国各大院线榜首,前五位中的广东大地、中影星美、上海联合、中影南方新干线则以超过 30 亿元的成绩组成庞大的第二集团,中影数字和金逸珠江之后,排名第八的横店影视则是勉强挤进 20 亿元的层次。[①] 另一方面,包括中广国际、四川峨眉、华夏新华大地、华夏天山等在内,年度总票房产出未过亿元的院线则有 12 家,占据全部院线数量约 1/4。

二、电影产业市场各领域发展态势分析

2016 年电影产业市场从不同方面呈现出新的发展态势,具体来看,包括以下

---

① 姬政鹏:《经历过并购重组,尝试了分线发行,2016 年中国电影院线排名》,搜狐网,《中国电影报》,2017 年 1 月 6 日,http://www.sohu.com/a/123539976_388075。

几点：

（一）在线票务领域

目前国内电影产业在线票务市场整体处于市场启动期，2016年网络购票方式占比75.66%，较2015年有明显提升①，各在线票务企业都在积极拓展上下游业务，积累电影出品、发行的经验，系统化的覆盖对用户一系列观影行为的大数据累积。另一方面，电影产业消费核心群体与网生代在线购物用户群体特征契合，这一群体是在线票务领域的市场消费主力军，其注重娱乐休闲消费和社交，移动化趋势和即时消费取向明显，尤其是1990年出生至今的这一代人，逐渐成为经济成熟并具有独立消费能力的主体人群，这是在线票务平台在消费者领域的发展基础和条件。

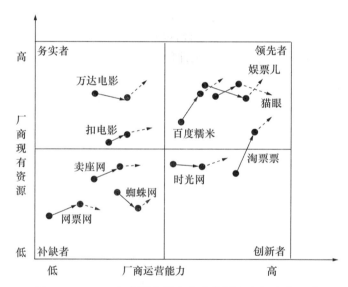

图1-2-3　2016年中国电影产业在线票务市场实力矩阵
（数据来源：易观智库）

根据易观智库《2016年中国电影在线票务市场实力矩阵专题研究报告》，包括猫眼电影、娱票儿、百度糯米，以及新进入的淘票票在内，处于市场领先者层次的在线票务企业，往往在商业模式创新或产品服务创新性上拥有较强的独特性，同时具有很好的系统执行力，能够利用现有资源打造强劲市场运营能力，获取较

---

① 《关于2016年全年票房数据，你需要了解的都在这里》，2017年1月7日，http://www.sohu.com/a/123652385_157635。

高的市场份额。以淘票票为例，阿里在布局其电影全产业链时，使阿里影业和淘票票之间进行资源互补、协同合作，同时，基于其认购的部分大地院线股份，同广宇沃美院线合作，共同为电影放映渠道铺平道路。

1. 鼓励与监管并行

为了鼓励"互联网＋电影"业态进一步发展，国家新闻出版广电总局批准电商平台获得电影发行经营许可证，更多的互联网企业深度介入电影产业市场，与传统电影企业在商业模式上创新融合，在线电影票务平台从电影宣发的辅助手段和协同渠道，变成电影产业市场生态链的重要环节和主体，充分实现其主动性。另一方面，针对电影市场票房乱象，成立了全国电影市场专项治理办公室，对全国票房进行监管。同时，颁布《电影院票务系统（软件）管理实施细则》，《细则》规定，电影院（含电影票网络代售商）须于每次售票操作完成后的10分钟内，将每张电影票的相关原始数据上报至国家数据平台，电影院须于当日12时前向国家数据平台上报前一营业日统计数据，上报的统计数据应包含前一营业日所有放映活动的数据。

2. 多层次市场结构布局

首先，在"互联网＋电影"大背景下，对电影售票入口的接入不仅仅是电影产业的重要布局，互联网公司也看中这一高频次消费领域背后巨大的流量价值，纷纷增加线上电影购票通道。例如视频网站爱奇艺，除了视频服务之外，已上线在线购票功能。其次，影院除了与在线电影票平台合作、布局自己的线上购票平台以外，在微信端利用微信公众号重建自己的会员体系，成功将影院会员机制转移到线上。整体来看，利用视频场景＋导航场景＋支付场景，电影产业在线购票模式将会呈现更加多元化的态势，以猫眼电影、娱票儿为代表的在线票务专业平台、以万达电影为代表的院线自有票务平台，以及基于微信公众号的会员购票体系平台，共同构成电影产业在线票务市场竞争结构。

3. 精准发行模式竞争

作为泛娱乐布局重要环节的在线票务平台，其本身的宣发能力越来越受到市场和片方的关注。在线票务平台可以根据观众不同的消费行为、画像数据的积累，有针对性地进行影片发行，有效触达用户；同时根据用户的观影偏好，也可以实现反向指导制片方创作出符合大众消费口味的影片。这也意味着，发行能力将成为衡量在线电影票务平台市场价值的重要指标，而在线电影票务平台市场的核心竞争也将从粗放地占领市场份额阶段过渡到对宣发能力的竞争。这一趋势可以从两个主体角度来看。一方面，对于在线票务"独角兽"企业来说，以大数据为基础的精准发行能力，或将需要大体量资本和先进技术算法进行支撑，面对以BAT为首的互联网巨头企业竞争挤压，这也将成为其面对的最大发展阻碍；另一方面，对于互联网巨头企业来说，将在线票务环节纳入企业生态化布局的战略推进势不可当，对电影全产业链的掌握，可以更高效地实现产业链上下游的协同融合，提升市场占有能力。

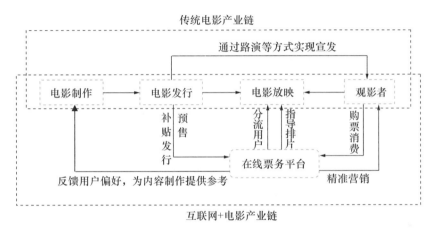

图 1-2-4　互联网＋电影产业链结构图

4. 衍生品环节成为业务蓝海

电影产业衍生品市场成为在线售票平台新盈利点，对用户消费习惯的长线培育是衍生品市场成熟的核心要点。衍生品市场是围绕电影内容的再开发，在国外电影市场消费结构中占有重要的分量，但在国内始终不温不火，这与国内市场用户消费习惯传统有一定关系。但是，随着用户消费观念和消费行为的不断成熟，衍生品市场越来越呈现出新盈利点的发展态势，各大在线售票平台也纷纷布局衍生品商城，有的甚至渗透到下游衍生品设计制作，随着在线售票平台的供给刺激，或将给衍生品市场带来新的发展刺激。最典型的案例是时光网，由于该网本身是基于电影咨询平台的转型，它在海外的认可度和品牌影响力较强，在布局在线选座票务平台的基础上，于 2015 年上线衍生品商城，并获得迪士尼、漫威等多家国际影视公司的衍生品版权，实为国内电影产业衍生品市场的深耕者，其与金逸、万达院线的合作方式，使得衍生品线下门店进驻影院，在其 2016 年 7 月被万达收购之后，有望实现创新发展，更优组合或更能盈利的衍生品商业模式也具备实现的可能性。

（二）资本市场领域

2016年电影产业资本市场领域的主要发展态势表现在两个方面，一是国有电影企业纷纷上市谋求变革，二是与2015年的并购大潮不同，2016年的影视并购整体呈现放缓的格局，热钱也在逐渐退出电影市场，资本市场有望重新恢复理性和冷静，这对于以内容生产创意为核心竞争力的电影产业来说，或将是十分有利的市场局面。

1. 国有影企上市谋变

8月9日，中影集团旗下的中国电影股份有限公司挂牌上市，紧随其后仅仅一周的时间，8月17日，上影集团旗下的上海电影股份有限公司在上交所上市，连续两家国有影视公司登陆A股市场。这意味着原来的国有传统电影企业，在探索摆脱历史积淀和问题，跟其他活跃的民营电影企业和民营资本站在同一起跑线上，开始进行新一轮的竞争。值得注意的是，对比两者的上市业务结构可以发现，中影将其影视制片制作、电影发行、电影放映、影视服务等打包上市，而上影则仅仅将其电影发行、电影院线、营销传媒、影院投资运营、电商平台和影视科技等主营业务上市，未涵盖上影集团旗下的制片及其衍生业务。

究其原因，一方面，根据目前国内电影市场分账制度，扣除约9%的电影专项基金和税费后，"制片＋发行"与"院线＋影院"的分账比例通常为43%:57%[1]，这意味着制片方需要获得至少2.5倍的票房收益才能勉强保本，而院线端则拥有强势的分账比例、经营收益和现金流，呈现稳健的优势地位，因此上影基于其"四海电影发行联盟"、全国院线和加盟影院在市场的高单位产出业务结构，选择先将发行和放映作为其上市重点发展业务。另一方面，中影拥有进口影片引进和发行权上的垄断市场地位，其拥有的电影频道（CCTV-6）市场占有率也十分可观，这是其目前在电影产业市场中具有独特优势的部分，但是随着民营资本的活跃，进口影片的引进发行或将最终对民营电影企业实现有限开放，这对中影的业务发展也将提出挑战。因此，中影和上影通过对自身业务结构的分析，有重点有区别地选择上市谋求变革，长远来看，是符合市场发展形势的最佳选择。

2. 并购放缓，热钱泡沫挤出

根据Wind统计，2016年传媒类上市公司并购278起，平均每32小时便有一次并购。以瞩目的院线并购为例来看，2016年前6个月，阿里向大地影院和博纳

---

[1] 参见《上海电影登陆A股，优先发行扩建影院》，网易财经网，2016年8月18日，http://money.163.com/16/0818/05/BUNR1RVR00253B0H.html。

影业投资约21亿元,8月又花费1亿元收购杭州星际影城80%的股权;9月完美世界以13.53亿元交易作价收购今典集团,将其旗下的217家影院收入囊中;10月中影IPO后第一笔投资即收购大连华臣70%股权,收购价为5.53亿元。[①]

从某些方面来看,2016年的资本活动依然活跃,但是值得注意的是,与2015年相比,明星证券化的运作明显受阻。另外,电影产业收购运作也并非完全顺利,包括乐视网、万达院线等在内,均出现了失败的并购案例,其中最重要的原因就是监管政策的收紧,对明星证券化行为的严格控制和募资合理性的多层把关,是防止新的资本泡沫产出、挤出目前的资本泡沫的重要手段。收紧的监管政策使得热钱在市场逐步退出,资本市场或将恢复冷静,这也有利于保证优质内容的正常生产周期和营销推广。

3. 电影众筹不断发展

2016年影视众筹成交额超过4.06亿元[②],包括蓝筹、艺恩汇、淘梦网、云筹网等在内的一系列影视众筹平台都获得了天使轮或A轮投资。由于电影众筹在我国兴起不久,加之相关市场、法律条件并不是十分完善,导致诸多的众筹平台制式混杂,运营模式有交叉又有区别,但是整体来看,我国电影众筹类型结构包括三种:预售型众筹,众筹的影视项目通过产品预售的方式,以精神回报或实物回报为主;私募型众筹,即通过熟人之间私募的形式,以电影收回风险投资收益作为回报;类似保险的理财模式,以向片方索求固定收益率作为回报,典型的如娱乐宝。作为一种新兴的电影金融模式,众筹打破了以往电影工业生产的壁垒,实现了更有效地链接用户和生产者,其之于电影产业的意义并不仅止于融资,其在营销方式、市场调研方面也提供了新的渠道和改观,但是也要看到,尽管电影众筹在不断发展成长,但是其仍然存在专业人才缺乏、行业市场不够规范等诸多问题亟待解决。

(三)电影生产领域

2016年共创作生产故事影片772部、动画影片49部、科教电影67部、纪录电影32部、特种电影24部,总计944部。故事影片数量和影片总数量分别比上年增长12.54%和6.31%。[③]整体来看,2016年制片领域保持稳健发展,呈现类型

---

① 林琳:《2016年影视公司净利润上升,并购遇阻资本热钱退出》,亿欧网,2017年1月17日,http://www.iyiou.com/p/37878。
② 参见《2016年影视众筹交易额达4.06亿元,但缺乏专才,项目亏损仍是迈不过去的坎》,虎嗅网,2016年12月16日,https://www.huxiu.com/article/174836.html。
③ 国家新闻出版广电总局:《坚定文化自信 提升创作质量——2016年中国电影盘点》,《中国电影报》2017年1月9日。

多样化的态势。

1. 传统电影企业格局稳健

以中影、博纳、华谊等为代表的传统电影企业发展格局相对稳健,基于其在电影产业市场中已经积累的渠道和内容资源,各大企业均在各自的优势领域获得了有效产出。从横向维度对比来看,中影的资本背景和引进发行资质,使得中影能够利用其制作、发行和放映等一系列上下游服务产业链,参与成熟的具备较高市场竞争力的电影项目,其与华夏电影一样,在进口片引进的市场领域能够获得较高的收益;与之相对,在民营资本中,表现最为突出的则是光线,由于其对市场年轻观影者消费习惯的准确把握,其在喜剧、青春、爱情等热门题材领域具有一定的优势,《美人鱼》《从你的全世界路过》《大鱼海棠》以及《火锅英雄》等电影均实现了较高的市场回报。此外,博纳、华谊等公司则基于各自的优势领域资源,实现了稳健发展,前者的《湄公河行动》在主旋律电影打开观影市场中做出了跨越性的实践,后者则在后"去电影化"时期,大幅度拓展了综艺节目、艺人经纪、音乐板块、数字影院、实景娱乐、互联网娱乐等业务环节的布局和收入,力求主营业务结构的顺利转型。

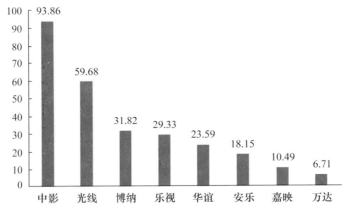

图 1-2-5　八大公司参与投资 1000 万票房以上电影国内总票房①(单位:亿元)

(说明:1. 只计算参与投资的电影,不包括纯发行的电影;2. 华谊投资了的好莱坞电影,其中两部未在国内上映,因此未计入票房;3. 万达的票房统计里未计入收购的传奇影业;4. 因各家参与投资各片的份额未知,盈亏不一,产业链迥异,因此票房总和只作为各方面的参考。)

---

① 参见《2016 影业江湖:华谊万达沉寂,光线稳当老大》,36 氪,2016 年 12 月 29 日,http://36kr.com/p/5060636.html。

2. 互联网影业生态化布局

互联网资本深度介入电影产业,带来产业市场结构的破局重塑,具体来看包括以下几个方面。

(1) 内容竞争为本

各大互联网影业纷纷进入市场,并从横向和纵向上生态布局。例如,腾讯视频针对优秀独播网络电影作品推出整合营销传播计划,即"百部独播计划",通过一次性买断播出权或者保底分成的合作方式,上线独播网络大电影,以内容阵营和定期输出的双重策略增强观影市场的黏性,着重打造制作精良、品类多元的影视作品,以专业化、细分化作为市场发展战略。

再如,2015年3月,王晶与爱奇艺签署6部影片的战略合作协议,2016年7月7日上线的《我的极品女神》,正是双方合作推出的第一部网络大电影。这部影片和以往的网络大电影最大的区别在于高成本+大明星的"精品化"制作,这也让它上线仅仅一周播放量就达到3615万。① 这意味着,网络大电影和院线电影在今后的核心区别,将主要体现在宣发渠道和销售方式上,内容生产的低廉特质不再是网络大电影的市场标签,互联网影业也可以以院线电影的投资和规模来生产影片,并借助网络渠道的优势,或将实现更高的市场产出,内容竞争依然是网络大电影的本质。

(2) 数据结算系统支撑

包括爱奇艺、搜狐、乐视等在内的视频平台纷纷建构了自身的播放结算数据系统,通过这一系统,制作方可以登录查看影片的付费分成数据,包括播放分成、累计时长分成、会员订单分成等。其中,爱奇艺是分成系统最为成熟的一家视频平台,它不仅允许制作方查看有效点击量,同时,实时更新的会员行为,可以为制作方提供更多影片生产参考条件,及时调整选片策略和方向。

数据结算系统的发展成熟将产生两个方面的影响。首先,数据的公开化和透明化是提高影片质量和影响力、规范网络大电影市场的重要基础,对于视频网站和影片制作方来说,具有双赢的效应;其次,用户行为和消费习惯的有效利用具备可能性,大数据不再是虚无缥缈的口号,而更多的具化为制作方生产行为的重要考量信息,可增强有效产出,避免市场绕道。

---

① 娱硬智库:《全面盘点2016年网络电影十大事件》,界面新闻,2017年1月3日,https://www.jiemian.com/article/1049203.html。

（3）付费观影成为主流

2016年视频平台付费市场全面爆发，各个平台付费会员均有不同程度的增长，付费观影基本成为主流，其背后原因是多方面的：第一，内容生产的提升。正如前文所说，网络影视内容质量的不断提升，带来市场竞争力的增长，对用户的吸引力逐渐增强。第二，差异化的会员服务。各个不同的视频网站，通过差异化的会员服务深度挖掘用户刚性需求。第三，用户消费习惯的逐步养成。从音乐、文学到影视，各产业领域内容消费从野蛮生产阶段走向成熟，针对内容付费的消费习惯逐步养成。第四，支付方式的便捷性。包括微信钱包、支付宝等在内的支付平台，通过手机二维码等方式，极大地增强了付费的便利性，简化支付程序，为付费观影提供了快捷的支付场景。第五，版权监管的规范化。从2015年开始的版权监管，一方面促使视频平台上架正版资源，杜绝盗版和非授权资源；另一方面，也降低了用户对盗版内容的可获得性，反过来促使其付费观看正版影片。

3. 类型片生产开拓市场

包括《长城》《铁道飞虎》《大唐玄奘》《百鸟朝凤》《寒战2》《火锅英雄》《从你的全世界路过》《北京遇上西雅图2》《七月与安生》《追凶者也》《28岁未成年》《罗曼蒂克消亡史》《一句顶一万句》《我在故宫修文物》等不同题材、类型、风格和样式的影片在内，电影产业市场的多元化要素愈发明显。具体来说，以《美人鱼》《西游记之三打白骨精》《盗墓笔记》等为代表的国产奇幻类型片，在年度票房数据上均排名前十位；以《湄公河行动》《寒战2》《使徒行者》等为代表的影片，脱胎于香港动作片，但是从不同的方向进行了题材的挖掘，尤其是《湄公河行动》，兼具主旋律气质和优质故事内容，在强势的口碑效应作用下，成为国庆档的票房冠军；《路边野餐》《罗曼蒂克消亡史》《追凶者也》《塔洛》《七月与安生》等文艺片的市场表现也十分突出，虽然难以与商业大片相提并论，但从纵向维度的投入产出比来说，依然呈现了乐观的探索趋势；以《北京遇上西雅图之不二情书》和《从你的全世界路过》为代表的都市浪漫类型片，一直是国产电影类型中最容易收回成本的一种，虽然一般表现为创意和突破性的缺乏，但其具备稳定的观影群体也是不争的事实，集中表现爱情、亲情、友情的轻类型片，对于国内电影市场来说是稳健的刚需。

4. IP改编热度不减

2016年IP改编电影依然是市场热点之一，从数量上看，文学改编的电影达到45部，真人事件改编18部，其中文学改编的IP电影平均票房在2.2亿元左右，由真人真事改编的IP电影平均票房在0.9亿元左右，而由电视剧改编的IP

电影平均票房在 3 亿元左右。① 从类型上来看,仍然是奇幻、动作类型的 IP 电影的收益较高;而剧情、爱情类型的 IP 电影,却远远达不到预期的收益。

表 1-2-2　2016 年国产 IP 电影

票房排名	电影名称	累计票房(万元)	改编类型
3	西游记之孙悟空三打白骨精	12010018	名著
6	盗墓笔记	10042975	小说
9	从你的全世界路过	8138238	小说
14	使徒行者	6061178	电视剧
15	大鱼海棠	5634518	FLASH
17	我不是潘金莲	4334155	小说
18	爵迹	3826833	小说
21	致青春·原来你还在这里	3352455	小说
24	熊出没之雄心归来	2877511	动画片
25	封神传奇	2833535	神话
26	微微一笑很倾城	2757880	小说
32	谁的青春不迷茫	1798618	小说
33	驴得水	1726616	话剧
35	七月与安生	1663728	小说
37	夏有乔木雅望天堂	1561729	小说
40	睡在我上铺的兄弟	1278229	歌曲
41	极限挑战之皇家宝藏	1255140	综艺

(数据来源:伟德福思)

(四)电影消费领域

电影产业的发展最重要的要素之一就是观影者,其也是电影产业链的核心环节之一。观影者在电影消费领域的表现,为电影产业生产制作领域提供了有效的市场参考信息,观影者的目标取向也是其最直接的产品和服务定位依据。

1. 城市票房结构化增长

从地域维度来看,票房超过 10 亿元的省份与 2015 年持平,共 16 个,其中广东省再次成为全国票房冠军,票房总量达到 66.57 亿元,也是唯一一个超过 60 亿元的省份。票房在 40 亿—60 亿元、30 亿—40 亿元、20 亿—30 亿元的省份共六

---

① 伟德福思:《2016 年 IP 电影现状和未来发展趋势》,搜狐网,2012 年 12 月 21 日,http://www.sohu.com/a/122186890_502878。

个,占据全部省份比例最高的还是1亿—10亿元的省份,高达14个。

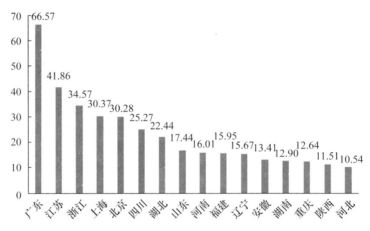

图 1-2-6　2016 年各城市票房总量(单位:亿元)

(数据来源:1905 电影网,www.1905.com)

从城市等级来看,一线、二线城市的票房和票房占比均在下滑,一线城市累计票房不足百亿元,三线城市的累计票房较 2015 年也有较大幅度缩水,这些城市的低迷或许正是 2016 年影市发展不如预期的原因之一;反观三线以下的城市,票房却大幅增长,票房占比达到 26.79%,涨幅达到 74.36%,成为 2016 年大盘能够维持增长的真正发动机,如果继续保持这样的增速,三线以下城市在接下来的时间里,有望超越二线城市成为全国最大的电影市场。

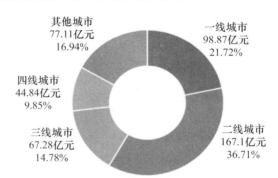

图 1-2-7　2016 年各层级城市票房总量及比例

(数据来源:1905 电影网,www.1905.com)

正如数据所显示的,与在此之前从一线到五线城市票房普涨的态势不同,电影产业市场在新的发展阶段,电影票房或将进入结构化增长阶段。一、二线城市以下的区域票房增长或将持续提升,直至人口红利消失,这背后既有电影消费习惯和消费理念下沉的影响,也有硬件设备扩容、互联网企业开拓市场的作用,也是国内电影产业消费市场跨越发展的必然阶段。

2. 放映结构稳中求变

2016年国内电影产业市场从放映结构角度来看,基本呈现稳中求变的发展态势,主要体现在两个方面。放映结构的稳定是基于长期以来我国电影市场的基本放映形势而言的,与发达电影市场相比,我国的多元放映结构尚未成熟;另外,在巨鳄资本在电影产业市场影响力不断深化的条件下,全产业链一体化程度不断加深,部分院线具备差异化排片的能力和需求,或将探索放映结构的变革。

具体来看,目前国内电影市场尚未形成规模的轮次放映、分区放映或艺术院线的多元放映结构,加之数字拷贝又降低了发行成本,因此几乎每部电影都是全国统一上映,内容供给高度同质化,密集上映带来的后果必然是很多电影沦为一日游、一周游,票房潜力还未充分释放就被新片挤掉。事实上,中国的近五十条院线,定位、地理位置、目标人群均不相同,从根本上说,放映同样的内容是不符合市场规律的。然而,在2016年年底出现了华谊和万达多次就排片比例问题进行论战,引起各方关注。且不论这一事件背后的真实原因是什么,但是可以看到,出现这一局面的前提在于丰富的电影资源让万达不至于无片可排,以及万达投资与发行放映一体化的格局。另外,短期内国内应该没有出台类似《派拉蒙法案》的征兆,因为从目前票房占比来说,万达院线距离垄断和寡头尚有差距,而且这种方式或许可以让院线更早获得电影自主选择权,只要市场占有率不超过某个范围,相关部门也许并不会过分干预,这也是符合目前国内电影产业市场发展现实的。

三、电影产业市场发展问题及对策分析

2016年电影产业市场发展稳健,在许多领域出现创新态势,也有很多为市场带来积极效应的影片涌现,但是,要注意的是,整体增长局面并不乐观,包括内容生产和市场规范等方面,都存在一定的问题,这是在接下来的发展过程中需要着力改变的,具体来看:

(一)问题分析

1. 电影内容质量参差不齐

2016年中国电影市场中既有口碑票房皆佳的作品,也不乏口碑不佳的案例,甚至某些影片虽然内容质量并不优秀,依然依靠强势的营销手段和明星效应获得了一定的市场票房。在IP改编电影风靡的市场状态下,一系列跟风作品、靠明星

人气支撑缺乏艺术内容的作品上映,使得电影市场呈现良莠不齐的态势。而票补的减少,使得用户在观影选择的过程中更加谨慎,内容不具备市场竞争力的电影会逐步被市场淘汰,这也是2016年电影市场维持稳定的重要原因之一。

从网络电影的角度来看,这一现象更加严重,目前网络电影呈现同质化严重的态势,擦边球、惊悚题材扎堆,依靠片名等要素实现博眼球的目标,只要用户点击进影片,而并不在意是否能够产生后续市场效益。

2. 票房乱象依然存在

2016年,包括《叶问3》在内的一众影片都陷入票房造假的泥淖,也有一部分电影深受被偷票房之苦。对电影预期收益进行证券化运作,以P2P金融为杠杆,不断放大成一个击鼓传花的游戏,最终泡沫破裂,是2017年票房降温很重要的原因。事实上,电影市场并非不能有保底发行这样的金融创新,一旦目标是利用观众对电影的预期不择手段地获利,而非利用正常的金融手段提升电影本身的质量,就会破坏行业的发展和市场的良性生态。

这一现象也是《电影产业促进法》中专门对票房统计环节作出规定的重要原因,只有从法律上对其进行规范,才有可能减少直至杜绝票房乱象的产生。

3. 互联网评分机制的双面性

在互联网企业越来越深度介入电影产业的条件下,电影产业全产业链都受到了互联网资本和技术的影响,观影者也基于互联网平台实现了话语权的变化,通过一系列社交网站、电影评分网站,以及在线选座网站,用户可以通过打分或者评论对影片表达自己的态度,以此影响他人的观影选择。

随着这一机制的逐渐成熟,2015年《西游记之大圣归来》的自来水营销大获成功,也为不少电影行业从业人员带来了灵感,通过互联网反馈机制,为自身的影片实现口碑营销成为一种常用的方式。但是,当影片内容能够带动后续的观影者自发宣传时,这一方式将带来良好的效应,然而当影片内容无法达到受影响观影的用户的预期时,结果或将会适得其反。尤其是部分影片宣发不仅仅给自身影片刷高分,甚至给同档期其他影片恶意打低分,对市场良性发展和观影者的自主观影带来了极其恶劣的影响。

4. IP领域的"跑马圈地"

从2015年IP元年正式开启至今,电影IP的改编进程不断加快,但是在这背后也存在严峻的问题。相当一部分电影企业早已开始竞相购买内容IP,尤其是在互联网资本的深度介入下,资本大体量的特征使得IP购入的盲目性,也在某种程度上不断增加,跟风现象仍十分严重。内容IP的"跑马圈地"带来的影响就是只注重 IP 的市场号召力，而不注重改编开发过程中的创意投入，许多影片空有 IP 之名，而无内容之实，最终无法成为口碑和票房俱佳的影片。

事实上，好的 IP 未必就会是一部好的电影，IP 改编并不是降低投资风险、弱化创作作用的关键，这其中最重要的因素是，如何将一个积累了一定观众或者读者数量的 IP 转换为合格的、优质的电影作品。寄希望于 IP 或粉丝来驱动票房、赚取口碑的逻辑并不成立，好的 IP 加上好的内容是核心和根本，内容创意环节的投入才能真正转变成电影产品的市场产出。

（二）对策性思考

针对目前电影产业存在的一系列问题，市场各方都应该从自身出发，积极进行对策性思考，具体来看包括以下方面。

1. 执法有效性的增强

在电影产业市场目前仍不规范的现实条件下，一味提倡增强立法的有效性并不强，虽然立法工作也需要同步推进，但是更重要的是执法的有效性，因此，我们在面对电影产业市场出现的一系列票房乱象、证券化运作和销售不规范等行为时，在敦促相关部门尽快制定政策法规的基础上，要更加注重这些政策法规的执行部门，在"有法可依"的前提下，做到"有法必依"和"执法必严"，这一过程需要各相关管理部门自身的努力，也需要市场各企业主体和观影者的共同作用，只有真正培养出电影产业市场的良性生态，才能促使产业的可持续发展和稳步增长，保障内容生产者的创作热情，增强电影市场的生机和活力。

2. 内容创新竞争为本

电影产业作为文化创意产业的代表性产业之一，其本质是内容创新的竞争，内容本身是影片的核心市场竞争力，因此，无论客观条件如何变化，保证内容创造的周期性和有效性，才是电影生产制作最重要的环节之一。

尤其需要注意的是，包括部分电影产业市场主体在内，以"平台为网"和"渠道为王"作为自己的核心战略原则，这并不是错误的，尤其是在互联网深度介入电影产业的市场条件下，平台和渠道更是内容产品成功输出的核心要素之一，但是，也应该对这两个原则的成立前提有更加深入的了解和研究。无论是"内容为王""平台为王"还是"渠道为王"，其各自成立的前提都是其他要素的平等，即同样的两个内容产品，在平台和渠道资源相同的条件下，内容更优秀的产品更容易占据市场；在内容质量类似的条件下，平台或者渠道更具优势的产品更容易让受众获取。之所以出现许多宣发成本较低的优质电影作品，并最终成功地在电影市场中占据一席之地，成为口碑佳作，也正是基于这一原因。因此，内容创新竞争依然是电影产业市场的竞争本质,这一点在可以预见的时间内,不会发生重大的改变。

3. 提高产业链开发效能

在一体化和产业链衍生开发理念逐步成熟的电影产业市场,无论是传统的电影企业还是新兴的互联网电影企业,都纷纷布局电影产业各环节业务,尤其是大体量的互联网资本,往往希望从横向和纵向两个方面实现一体化格局,这一战略的积极效应在于,大大降低了各环节之间的协同成本,有利于电影产品的系列化开发和衍生周边开发。然而其不利之处在于,一味地追求全产业链开发,也有可能导致开发效率降低,单位产出减少,市场效能反而更低。例如,部分企业或影片制作方,虽然试图开发影片 IP 衍生周边产品,或构建实体演出和旅游地产项目,但是其本身的电影内容质量并不足以支撑庞大的衍生开发体系,缺乏具有市场号召力的符号,或者是在衍生开发过程中只看到短期效应,产品服务质量未尽筛选,最后只能是无谓地消耗粉丝忠诚度和用户黏性,无法实现长期的良性变现。

4. 规范电影投融资体系

国内电影产业市场化发展起步较晚,虽然发展趋势保持较高的增速,但是也在过程中体现了先天的弱势部分,尤其是在 2016 年增速放缓的条件下,更应该思考电影市场的结构性问题。在诸多问题中,最为突出的一点就包括电影投融资体系。与成熟的美国好莱坞市场和日韩电影市场不同,目前国内电影投融资体系依然缺乏完全成熟的、多元化的结构体系,这给电影市场带来的影响就是,部分影片因为资金链的断节,一再推迟成品时间,降低市场效率,甚至最终无法完成全作。另外,不规范的电影投融资体系也是电影市场资本泡沫产生的重要影响原因之一,以电影生产或电影众筹为噱头,实际上进行证券化运作,对市场生态危害颇深,在资本泡沫的挤出过程中,事实上也浪费了大量的市场资源,影响了观影者的消费积极性,最终不利于电影产业的健康发展。

行业报告三

广播电视产业年度发展报告

郑洋洋[*]

2016年是"十三五"规划的开局之年,为响应"十三五"规划中国民经济整体目标的规划,广播电视管理部门、行业组织出台实施了诸多法律政策及行业规范。随着供给侧改革在广播电视行业的持续推进,国家有关部门在原有的政策上也做了一系列的调整,以促进广播电视行业健康、稳定可持续的发展。纵观全年,全国广电基础设施建设持续推进,广播电视公共服务更加优化,制播内容更加丰富,质量进一步提高,整个广播电视产业总体发展态势稳中向好,但依然面临着新媒体带来的巨大压力,对新旧媒体的融合提出了更高的要求,广播电视产业作为文化产业的传统形态,面临着平台、内容、模式全方位的转型升级。

一、2016年广播电视产业发展环境分析

2016年,广播电视产业在经济、政策等方面的发展环境出现了一系列新的变化。

(一)经济形势把握总体趋势

随着国内经济结构转型和优化升级进入关键阶段,全国经济的中低速增长表现出常态化的新趋势。《2016年国民经济和社会发展统计公报》数据显示,2016年全国国内生产总值744127亿元,比上一年增长6.7%,同比下降0.2个百分点,继2015年GDP增速"破7"之后再一次放缓。其中,第三产业增加值384221亿元,增长7.8%,增速较上一年下降0.5个百分点。第三产业增加值比重为51.6%,比上年提高1.4个百分点。

从以上经济增长数据可以看出,伴随经济增长速度的回落,广播电视行业面临的增长压力较大,但是从第三产业的数据来看,第三产业对国民经济的拉动作

---

[*] 郑洋洋,中国海洋大学文化产业研究中心文化产业管理专业硕士研究生,主要研究广电与游戏产业。

用更加凸显,贡献力度加大,产业地位逐渐巩固,初见产业结构调整之成效,广播电视产业作为第三产业的一个重要组成部分,在承受经济增长压力的同时也面临着产业结构升级带来的机遇。从整体上说,2016年国民经济发展总体稳定,为广播电视产业发展提供了较为稳定的发展环境。根据2017年第一季度国民经济初步核算结果,全国一季度GDP增速6.9%,同比高出0.1个百分点,第三产业增长7.7%,同比高出0.1个百分点。可见,我国国民经济发展预期良好,广播电视产业发展的经济环境仍保持稳定中向好的基本态势。

(二)政策引导产业升级和健康发展

2016年,国家新闻出版广电总局等有关部门出台了一系列广播电视相关的政策,对公共服务、电视节目制播、电视剧制播、广告、媒介融合等方面作出了新的规定,体现出一系列新的政策导向,对于行业机构、从业人员依法依规进行广播电视内容生产和服务提供,促进广播电视产业的产业升级和健康发展具有重要意义。

1. 推动完善城乡广播电视公共服务

2016年4月,国务院办公厅下发《关于加快推进广播电视村村通向户户通升级工作的通知》(以下简称《通知》)以进一步创新和完善城乡广播电视公共产品和服务供给,引领现代文化传播、促进文化和信息消费、提高公民的思想道德和科学文化素质、适应分众化差异化传播趋势。《通知》明确提出了全面实现数字广播电视覆盖接收、充分保障基本公共服务、加快建设全国应急广播体系、大力提升基础设施支撑保障能力、引导培育个性化市场服务、深入推进长效机制建设几项主要任务并为此提供资金、政策和组织方面的支持。

2. 规范电视节目的制播行为

2016年,广电部门在对电视节目制作和播出的管理上更加规范。继2015年出台《关于加强真人秀节目管理的通知》(俗称"限真令")之后,国家新闻出版广电总局再次发出"限童令"。2016年2月出台的《关于加强电视上星综合频道节目管理的通知》,重点规范有未成年人参加的电视真人秀节目的制播,在节目总量、审查备案、播出时间上做了严格的限制,明确规定明星子女参与真人秀,原则上不允许播出;素人参与、经审查符合要求的一般安排在白天时段播出,不能在黄金时段或次黄金时段播出。此次"限童令"在新《广告法》规定"不满10周岁的未成年人不得以任何形式代言广告"之后再一次对明星亲子真人秀节目起到降温的作用。

2016年8月,国家新闻出版广电总局出台《关于加强社会类、娱乐类新闻节目管理的通知》,要求此类节目加大正面宣传力度,禁止社会类新闻节目实行"制播分离",对于可以实施"制播分离"的娱乐类新闻节目要严格把关、规范管理。该通知的出台有利于规范新闻节目的制播内容和程序,倡导积极正面的价值取向。

3. 推动广播电视节目自主创新

针对目前一些广电机构过于依赖境外节目模式,原创节目比例较小、精品不多、影响不大、动力不足等制约广播电视节目健康发展的问题,国家新闻出版广电总局于2016年6月发出《关于大力推动广播电视节目自主创新工作的通知》,要求各级新闻出版广电行政部门、各广播电视机构特别是电视上星综合频道认真落实习总书记"把创新精神贯穿于文艺创作生产全过程,增强文艺原创能力"等指示的要求,高度重视、自觉推进广播电视节目自主创新工作。对自主原创节目在播出安排和宣传评奖等方面优先考虑,建立配套的奖励和扶持制度;在申报备案程序、播出数量、播出时间上规范引进境外版权模式节目的引进和播出秩序,叫停"天价"引进版权行为;另通过节目编排特别是"920"时段的节目编排以及节目评议监管等方式来推动广播电视节目的自主创新。

4. 规范电视剧制播行为

2016年2月至5月,国家新闻出版广电总局先后出台《关于进一步规范电视剧及相关广告播出管理的通知》《关于进一步完善规范电视剧拍摄制作备案公示管理工作的通知》,全方位规范电视剧备案、制作、宣传、审查播出等方面的行为,明确不得使用"完整版""未删减版"等概念进行炒作。

2016年3月,由中广联电视制片委员会和中国电视剧制作产业协会共同制定的《电视剧内容制作通则》开始实施,通则详细规定了不能在电视剧中出现的具体内容,涉及同性恋、婚外情、未成年人早恋等,在渲染淫秽色情和庸俗低级趣味、危害社会公德、对未成年人造成不良影响的内容方面也作出了详细规定,对于电视剧制作单位和创作者有"指南"作用。该《通则》虽然没有强制约束力,但作为行业组织的指导性文件而言,在指导电视剧制作单位规避风险、良性生产等方面具有重要指导作用。

5. 规范广电平台广告行为

继新《广告法》发布之后,国家新闻出版广电总局高度重视广播电视广告特别是医疗养生类节目和医疗广告的播出管理工作。2016年8月,总局下发《关于加强医疗养生类节目和医药广告播出管理的通知》,严禁医疗养生类节目以介绍医疗、健康、养生知识等形式直接或间接发布广告、推销商品和服务;严禁播出任何虚假医药广告;严格限制医药广告播出的时长和方式,医疗、药品、医疗器械、保健品、食品、化妆品、美容等企业、产品或服务的广告,不得以任何节目形态变相发布,不得以电视购物短片广告形式播出,且单条广告时长不得超过一分钟。

另一方面,新闻出版广电总局联合工商总局、网信办、工信部等六部门共同颁布实施了《公益广告促进和管理暂行办法》,明确了包括广播电视媒体在内的媒体单位发布公益广告的强制性义务,以及旨在增加公益广告设施和发布渠道、扩大公益广告影响的倡导性义务。办法规定,广播电台、电视台按照新闻出版广电部门规定的条(次),在每套节目每日播出公益广告。其中,广播电台在 6:00 至 8:00 之间、11:00 至 13:00 之间,电视台在 19:00 至 21:00 之间,播出数量不得少于主管部门规定的条(次)。

6. 推进新旧媒体融合发展

为深入贯彻党的十八大及十八届三中、四中、五中全会精神和习近平总书记系列重要讲话精神,全面落实中办国办《关于推动传统媒体和新兴媒体融合发展的指导意见》,促进广播电视媒体转型升级,提升广播电视媒体在网络空间的传播力、影响力、公信力和舆论引导能力,国家新闻出版广电总局于 2016 年 7 月印发《关于进一步加快广播电视媒体与新兴媒体融合发展的意见》。《意见》要求广电行业树立深度融合发展理念,加快融合型节目体系、制播体系、服务体系、技术体系、经营体系、运行机制和人才队伍建设,并在法律法规、行业准入、内容扶持、行业规范、知识产权保护等多个层面提供支持与保障,为新旧媒体的融合发展提供了新的契机。

(三) 国际关系带来的新变化

国家战略和国际关系通常作为外部环境影响着广播电视产业的发展。当前我国所处的国际环境相对稳定,为国内各行各业的发展提供了良好的发展机会,以"一带一路"倡议为代表的建设方略正推动着我国广播电视产业对外交流。在整体稳定的情况下,不和谐的国际关系依然存在,对于国际交流合作造成严重阻碍。

1. "一带一路"政策红利

"一带一路"作为现阶段最重要的国家倡议之一,给全国各行各业都带来面向沿线国家、面向世界的新一轮发展机遇。2016 年是落实国家"一带一路"建设的重要时期,在这一年中,我国广播电视行业也充分享受到了此项国家级政策所带来的一系列利好。一方面,为广播电视行业提供了新的节目制作素材,诞生了以中央电视台《一带一路》为代表的一系列以"一带一路"为主题的纪录片和电视节目,引起巨大的社会反响。另外,"一带一路"倡议的实施给我国广播电视行业产品和服务的对外交流如进出口、影视节目合拍合作等提供了良好的契机,《故宫》

《舌尖上的中国》《医者仁心》等优秀的广播电视产品也走出国门,成为"讲好中国故事"的急先锋。

2. "萨德"与"限韩令"

《首尔经济日报》2016年8月4日报道,随着萨德系统的部署,中国政府限制韩国艺人和节目的举措全面开启,中国广电总局的禁令包含:禁止Bigbang、Exo团体在中国演出;停止新的韩国文化产业公司投资;停止韩国偶像团体面向1万名以上观众演出;禁止新签韩国电视剧、综艺节目合作项目;禁止韩国演员出演的电视剧在电视台播放等。这些规定已经传达到各电视台,并要求在9月1日开始实施。虽然所谓的"限韩令"没有得到官方的证实,但从当前的综艺、演艺市场来看,"萨德"显然已经影响到了中韩两国的正常文化交流。

二、2016年广播电视产业发展概况分析

2016年,我国广播电视产业发展总体态势良好,基础设施建设和广播电视覆盖率稳步推进,公共服务水平不断提高。在相关政策的调控和引导下,广播电视产品逐步由对量的追求过渡到对质的追求,逐步实现内容的升级,一些新的业态和新的模式出现,效益显著。

(一)行业发展总体态势

2016年,我国广播电视在人口覆盖率、广播电视节目制播时间等方面持续增长,但是电视观众的用户规模正面临着互联网带来的巨大压力。

1. 行业收入增速放缓,广告营收压力大

网络浪潮的来临和新型媒体的崛起对传统广播电视产业的经营形成了严峻的挑战,长期以来我国广播电视产业的主要营收来自于广告收入和网络收入,前者主要包括广播广告收入和电视广告收入,后者主要包括有线电视收视费收入和付费数字电视收入。从2011年开始,将三网融合收入纳入网络收入统计范围。

近年来,广播电视实际收入持续增长但增速放缓,其中广告收入增长压力较大,广播广告收入和电视广告收入分别在2014年和2015年出现负增长。预计2016年传统广播电视广告收入会持续下降(如图1-3-1),主要增长贡献将来自网络广告等新型广告平台。

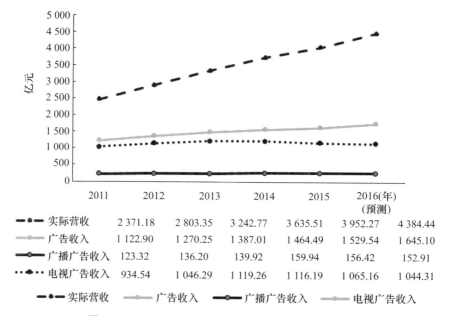

图 1-3-1　2011—2016 年全国广播电视行业收入情况

（数据来源：《中国文化及相关产业统计年鉴（2016）》）

2. 广播电视覆盖率稳步提升

截至 2016 年年末，国内广播节目综合人口覆盖率为 98.4%，同比增长 0.2 个百分点；电视节目综合人口覆盖率由 2015 年年末的 98.8% 提升至 2016 年年末的 98.9%，保持了稳步增长的趋势。由于基数的增长，预计下一年度广播电视节目的综合人口覆盖率增速会放缓，广播节目综合人口覆盖率将上升至 98.48%，电视节目综合人口覆盖率将上升至 99.03%。其中，贡献主要来自基数较低的农村地区。

另根据美兰德提供的《2016 年中国电视覆盖及收视状况调查结果》，2016 年全国 68 家卫星电视频道累计覆盖 575.2 亿人次，较 2015 年增长 37.4 亿人次，年增长率接近 7%，全国平均覆盖规模为 8.5 亿人，较 2015 年增长 0.5 亿，覆盖规模再上新台阶。

3. 广播电视节目制作播出时长持续增加

2016 年，全国范围内审核合格的《广播电视节目制作经营许可证》持有单位 10232 家，截至 2017 年年初，这一数据增长至 14389 家，全国广播电视节目制作单位和时长持续增长。2015 年全国广播节目全年制作时间 771.82 万小时，与

中国文化产业年度发展报告2017 | 57

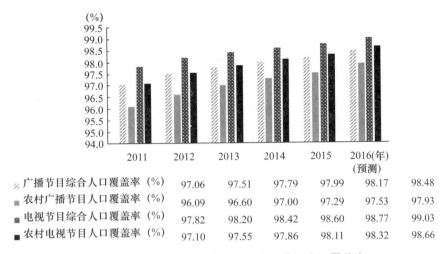

图 1-3-2　2011—2016 年我国广播电视节目人口覆盖率

(数据来源:《中国文化及相关产业统计年鉴(2016)》)

2014 年相比,同比增加 7.09 万小时,增幅 0.93%。电视节目制作时间 352.02 万小时,同比增加 24.28 万小时,增幅 7.41%。[①] 这一数据在 2014 年分别是 3.46% 和 3.52%,其中电视节目制作时长在连续经历 2013 年、2014 年两年的下降后于 2015 年首次恢复增长并展现出良好的势头。

预计 2016 年广播节目制作时间增速会继续下降,保持相对稳定,而电视节目制作时长在 2016 年一系列政策的调控下增长速度会放缓,但实际增量依然可观。在播出时间上,预计广播播出时间会相对稳定,增长率较低,电视播出时间会保持良好的增长势头。

4. 用户规模缩小

近年来,随着互联网的崛起以及互联网浪潮对传统的广播电视市场造成的巨大冲击,广播电视用户流失严重。以电视为例,根据 CSM 媒介提供的数据显示,2011 年以来,电视观众规模持续缩小,2016 年前三季度电视观众日均收视时长 154.7 分钟,同比下降 1.7 分钟,虽然仍有下降的可能,但降幅放缓,趋于稳定。2016 年,电视观众平均到达率已由 2011 年的 69.5% 降至 61.2%,下降 8.3 个百

---

① 《2015 年广播电视节目制作和播出情况发布》,中邮阅读,2016 年 4 月 30 日,http://www.183read.com/magazine/article_851960.html。

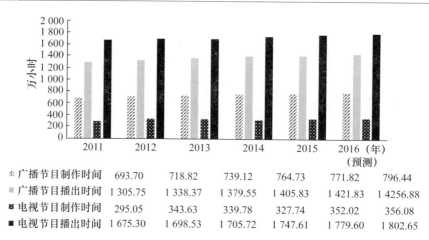

图 1-3-3 2011—2016 年我国广播电视制作播出时间
（数据来源：《中国文化及相关产业统计年鉴 2016》）

分点[①]，且下滑趋势明显。相比之下，赛立信提供的数据显示，2016 年广播听众数量比 2015 年增加 300 万，达 6.91 亿，但其中汽车销量增长带来的车载人群是重要原因。在互联网浪潮的冲击下，传统广播电视相对用户规模仍呈不可逆的下降趋势，行业亟须解决新旧媒体的融合及转型发展问题。

（二）广播电视公共服务稳步推进

虽然互联网高速发展，用户持续增长，对传统媒体造成了巨大的冲击，但是广播电视仍是世界上最重要的传播媒介之一。在我国，广播电视除了作为重要的文化产业门类以外更承担着提供公共文化服务、满足人们日益增长的精神文化需求的使命和责任，广播电视基础设施建设的稳步推进为公共服务效能的提升提供了坚实的物质基础和技术支撑。

1. 广播电视数字化进入中后期

为充分发挥广播电视的公共服务机能，满足城乡居民日常所需的广播电视节目产品和服务需求，我国长期不懈地推进有线电视网络的建设，扩大有线电视网络的覆盖区域和用户规模，有线广播电视传输干线网络已超 400 万公里，大大提升了广播电视的社会服务效能。

目前，我国有线电视进入到数字化后期。从 2008 年到 2016 年模拟网用户比

---

① 参见《2016 年电视收视市场回顾》，2017 年 1 月 10 日，https://www.jzwcom.com/jzw/08/16187.html。

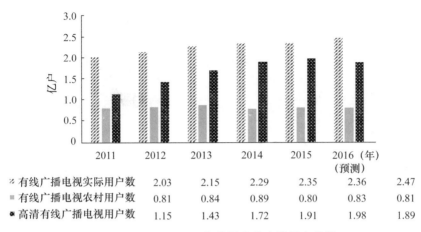

图 1-3-4　2011—2016 年我国有线电视用户规模

例迅速滑坡,从 60% 下降至 2.2%,用户规模下降 7.24 亿(2 亿户),年均降幅达 33.4%;有线数字电视用户随数字化整体推进快速上升,2011 年至 2015 年,我国有线广播电视实际用户从 20264.4 万户增至 23566.75 万户,全国用户比例达 66.5%,但整体增速放缓。然而,2016 年有线数字电视用户出现首次下滑,同比下降近 837.1 万户,用户比例下降 2.5 个百分点[①],有线数字电视用户流失初现端倪。在广播电视数字化后期,直播卫星数字电视、IPTV、OTT TV 新型覆盖通路快速发展,形成覆盖通路新格局。

2. 电视频道高清化持续推进

随着数字技术的全面普及以及网络带宽资源的不断增加,各卫星电视频道纷纷涉足高清频道建设。2016 年超六成(44 家)卫星电视频道已然布局高清频道,较 2014 年增长 24 个,高清化成为大势所趋。2016 年 44 家高清卫星电视频道全国累计覆盖 46.5 亿人次,两年年均增长率高达 98.2%;单个高清卫星电视频道平均覆盖人口达 1.1 亿人,已初具规模。央视频道/中国教育电视台和省/副省/市级卫视高清频道分别达到 14 家和 30 家。其中,央视频道/中国教育电视台高清频道累计覆盖 16.6 亿人次,平均覆盖规模为 1.2 亿人,省/副省/市级卫视高清频道累计覆盖 29.9 亿人次,平均覆盖人数为 1 亿人。[②]

---

① 《2016 年度美兰德中国电视覆盖及收视状况调查结果揭晓》,中国商网,2016 年 11 月 23 日,http://www.zgswcn.com/2016/1123/746836.shtml。

② 《美兰德:卫视频道高清覆盖全面升级,移动终端成为时代主导》,中国商网,2016 年 12 月 1 日,http://www.zgswcn.com/2016/1201/748618.shtml。

表 1-3-1　2014—2016 年全国各类高清卫星电视频道发展状况

年份	频道数量（个）			累计覆盖人次（亿）			频道平均覆盖规模		
	央视频道/中国教育电视台	省/副省/市级卫视	合计	央视频道/中国教育电视台	省/副省/市级卫视	合计	央视频道/中国教育电视台	省/副省/市级卫视	合计
2014	6	14	20	3.5	8.4	11.8	0.6	0.6	0.6
2015	13	25	38	8.0	16.1	24.1	0.6	0.6	0.6
2016	14	30	44	16.6	29.9	46.5	1.2	1.0	1.1

（数据来源：CMMR）

（三）广播电视产品内容升级

经过近两年的"限娱令""限童令"以及控制引进版权节目数量、支持广播电视节目自主创新等政策的宏观调控，我国广播电视节目正在经历产品内容升级的重要时期，虽然在数量增长上可能受限，但长期来看有益于产业的健康发展。

1. 电视剧和电视动画片经历阵痛，IP 热持续

受宏观政策导向的影响，2014 年以来我国电视剧和电视动画片的制作数量逐年下降，正在经受转型升级的阵痛。继 2015 年国产电视剧产量首破 400 部以来，2016 年国产电视剧产量再次大幅下降，仅为 330 部，此次连同集数也出现下降。电视动画片的情况类似，连续的产量下滑看起来确实让人痛心。截至 2017 年第一季度，经备案公示的国产电视剧数量仅 56 部，电视动画片 64 部。由此看来，2017 年国产电视剧和电视动画片产量仍会有较大幅度的下滑。

值得庆幸的是，虽然在总量上出现了明显的下滑，但是 2016 年以及 2017 年年初仍涌现了如《麻雀》《欢乐颂》《青云志》《老九门》等收视口碑俱佳的优质电视剧作品，体现了电视剧产业的转型升级的良好趋势。不过 2016 年电视剧产品中还是有大量不符合创作规律和人民群众审美追求的作品，需要通过政策引导和市场选择逐步淘汰，以早日获取产业升级目标的实现。

另外，在电视剧和电视动画市场，能够清晰地看到 IP 热的持续，并且呈现从互联网平台迅速扩散至广播电视平台的趋势，2016 年的《微微一笑很倾城》《三生三世十里桃花》《锦绣未央》等大剧都来自热门网络 IP。

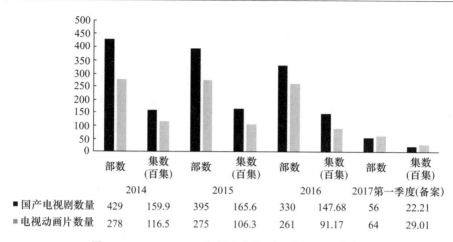

图 1-3-5 2014—2016年国产电视剧及电视动画片产量

(数据来源:国家新闻出版广电总局)

2. 王牌综艺节目持续发力,2017年年初文化综艺表现突出

2015年综艺市场经历了户外真人秀节目的井喷以及"限真令"的约束,2016年的综艺市场开始回归演播室,虽然在场地上回归室内,但是在形式上依然不断推陈出新,与时俱进。各大卫视也强势捍卫自己的王牌综艺节目,除了《快乐大本营》这种老牌综艺节目屹立不倒之外,还有一系列新兴综艺节目以季播形式持续发力,借此打造卫视品牌,如《我是歌手第四季》《中国好声音第五季》《最强大脑第三季》。除此之外,开发新的季播综艺节目也取得不错的成果,在原创性、娱乐性方面相对满意。

2017年年初,从央视《中国诗词大会第二季》开始,文化综艺如一股清流从以娱乐为主的综艺市场中脱颖而出,在收视率和口碑方面表现极佳。央视随后推出的《朗读者》以及黑龙江卫视的《见字如面》强势入局,市场反应良好。文化综艺的突出表现是电视节目制作水准和观众审美水平共同提高的结果,表明电视节目文化内容升级具有强有力的制作团队和市场认可的共同支撑。

(四)广播电视行业新生态

为应对和规避广播电视政策调整给广播电视行业带来的风险,出现了许多新的行业生态和运作模式。

1. 线上平台发挥平台优势,为广播电视内容"扩通路""去库存"

自2014年9月发布《关于推动传统媒体与新型媒体融合发展的指导意见》、2015年政府工作报告中提及"互联网+"行动计划以来,传统媒体与互联网新兴媒体之间的交流、借鉴与合作日益深入,"互联网+"理念也逐渐深入到广播电视产业全业务、全流程、全网络之中,为广播电视产业在互联网时代寻找新的利润增长点注入了新的可能。

线上平台凭借自身的平台优势,除了集成网络内容和自制内容之外,还能够为传统广播电视内容的传播拓宽传播通路,对于能够在广播电视平台播出的电视节目、电视剧、广告或是其他内容,线上平台可以在更大程度上吸引用户和观众,增加效益,抵消部分电视内容的获取成本,内容和平台各取所需,各有所得,良性互动。互联网线上平台还承担着一个重要的功能,就是为广播电视内容产品"去库存"。虽然我国每年制作的电视节目、电视剧和其他广播电视内容数量巨大,但真正能通过广播电视平台播出的不过十之一二,更多的作品只能积压在仓库或者通过其他渠道传播,其中不乏优秀的内容。线上平台的优势足以扮演"去库存"的角色,对于充分利用广播电视资源、避免资源闲置与浪费、增加广播电视内容有效供给起到重要作用。另有部分因为各种原因,比如"限娱令""限真令""限童令"不能够在广播电视平台播出的节目如《爸爸去哪儿》能够通过互联网平台实现长期的品牌运营。

2."三网融合"业务发展进入快车道

随着2015年8月国务院办公厅印发《三网融合推广方案》,确定了全面推进三网融合的工作目标、主要任务保障措施,标志着三网融合工作进入全面推广阶段。2015年12月又印发《国家标准体系建设发展规划(2016—2020)》,将开展新一代网络制播、超高清电视、高效视音频解码广播电视媒体融合、下一代广播电视网、三网融合、数字音频制播、新一代地面数字电视、卫星广播电视、应急广播、数字电影与数字影院等标准的研制,提高影视服务质量列为文化领域标准化重点。2016年3月国务院三网融合工作协调小组办公室下发的《关于在全国范围内全面推进三网融合工作深入开展的通知》将三网融合工作纳入全面发展的快车道。

如表1-3-1所示,得益于一系列利好政策,全国广播电视行业三网融合业务收入增长势头迅猛,在2015—2016年出现大幅增长,增长率高达45%。预计2016年会持续这一良好态势,继续保持高速增长,收入预计将达120亿元。在广播电视行业收入增长整体乏力的情况下,三网融合收入的迅猛势头意味着包括电信网、计算机网、有线电视网在内的网络将来会扮演越来越重要的角色。

表 1-3-2　2011—2016 年广播电视行业"三网融合"业务收入　　（单位：亿元）

年份	2011	2012	2013	2014	2015	2016（预测）
"三网融合"业务收入	20.58	37.67	50.14	57.97	84.53	120.00

（五）广播电视节目进出口结构进一步协调

如图 1-3-6 所示,2011—2015 年期间,我国电视节目出口总额稳步增长,与我国经济发展基本态势保持一致。电视节目进口总额则在 2014 年出现巨大波动,原因在于 2014 年广播电视行业普遍存在的天价引进国外节目版权的问题,导致在电视节目进口总量增长平稳的状态下金额上的巨大增长,整个行业进出口发展畸形。对此,政府有关部门在 2015 年叫停天价引进版权问题,鼓励国内广播电视机构、组织和从业人员进行电视节目自主创新。在这样的政策导向下,2015 年电视节目进口总额回归正常,行业发展回归理性。同样,在 2016 年政策继续收紧的情况下,预计 2016 年电视节目进口总量上升速度减缓,单个节目进口价格下降,电视节目进口总额略有下降但会维持在 9 亿元左右,波动不大。在出口方面,在对外贸易发展的整体趋势及鼓励创新带来电视节目制作水平和内容质量的提高的基础上,预计 2016 年电视节目出口量会增至 3.32 万小时左右,出口总额在 7 亿元左右。

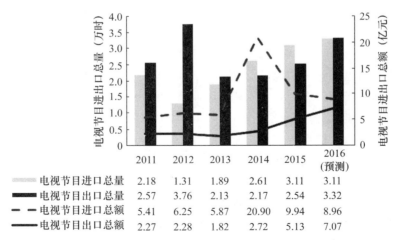

图 1-3-6　2011—2016 年全国电视节目进出口总量及总额
（数据来源：国家统计局）

从进出口结构对比上来看,我国电视节目出口数量与进口数量大体上会保持均衡状态,但是由于我国电视节目的制作总体水平与进口节目还有一定差距,在出口总额上会略低于进口总额,但是差距会不断缩小,进出口结构会进一步优化,我国广播电视产业的实力和竞争力会有相应的提高。

三、广播电视产业发展趋势展望

(一) 适应经济发展新常态,推进广播电视行业供给侧改革

根据当前的经济增长态势来看,我国经济将在很长时间内维持中低速增长的水平,传统产业的经济拉动作用十分有限,广播电视产业发展的经济环境比较严峻,以传统粗放的发展姿态难以应对经济增长压力带来的冲击,广播电视产业需要在内容、思维、运营模式上做出根本的改变以应对可能产生的风险。适应经济新常态除了客观认识到经济增长压力之外,也要认识到广播电视行业作为第三产业、作为文化产业巨大的发展空间。新常态意味着工业经济的乏力和产业结构的调整,这对于广播电视产业来说是一次重大的机遇,要提升自己的经营层次以搭上产业结构升级的电梯走向未来。

广播电视产业的产业提升很大程度上就是推进本行业的供给侧改革,改变以往重数量轻质量的粗放发展模式,在目前已有政策的指导之下,进行广播电视节目内容创新、制播模式创新、盈利模式创新和公共服务创新。广播电视行业的供给侧改革会经历阵痛,但这是产业发展和升级的必由之路。广播电视行业的供给侧改革,是既关乎产业发展又关乎公共文化服务供给的大事。

(二) 加快新旧媒体融合步伐,激活新的效益增长点

对于广播电视行业来说,新兴媒体的诞生就是一把双刃剑:一方面对传统广播电视媒体的经营管理和盈利模式带来了严峻的挑战,另一方面又给广播电视行业拓宽了传播渠道,为行业发展提供了创新和突围的空间。广播电视与新兴媒体在功能上的相似性使得传统广播电视的品牌、用户、信息资源都可以与新兴媒体无缝对接,达到平台扩展、"粉丝"迁移和知名度提升的效果。在当前广播电视广告收入滑坡的情况下,新媒体广告成为广告收入的一个重要来源,新旧媒体融合对于激活新的产业增长动能意义重大。

加快新旧媒体融合的步伐,一是广播电视企业需要利用现有的技术工具和手段,开发自己的新媒体产品、服务或者平台,满足消费者新的产品和服务的需求。二是新旧媒体的双向互动,除了利用新媒体工具拓宽渠道、消化库存外,还要接受新兴媒体的内容反哺,如将优秀的网剧和自制剧作品适当地拿来补充产品内容结构或者是借鉴成功网络节目的经验、技巧来改善优化广播电视节目的制播过程。

通过新旧媒体的双向互动,以互联网和移动互联网为工具,实现三屏联动的效果。这样一来,新旧媒体的融合会成为新的杠杆来撬动广播电视产业的整体实现。

（三）基本公共文化服务均等化的追求

广播电视作为受众最广泛的公共媒介,除了追求产业价值的增长之外,必须有社会公共文化服务提供者的承担,要有对基本公共文化服务均等化的追求。

当前我国广播电视产业和事业都取得了长足的进步,但还存在一些结构上的差异。首先是区域上的差异,农村和城市、中东部和西部,在享受广播电视服务上还有不小的差异,未来广播电视事业的发展必须注重偏远地区的公共文化服务供给,在地方广播电台的节目供给上给予支持,对农村地区的有线电视网络费用进行合理调整。在广播电视节目和产品制作上要兼顾落后地区的审美能力,贴近生活。在"三网融合"行动的快速推进过程中,重视在偏远地区和农村地区的建设,充分利用电信和互联网络的覆盖能力,推动广播电视事业的发展,在新的技术条件下推动基本公共文化服务均等化,满足这些地区的人民群众最基本的精神文化追求。

（四）以IP运营为核心的广播电视产业链扩展

未来广播电视行业的发展依然离不开IP这一强大驱动力。目前我国文化产业市场上有巨大的IP存量,整体的IP转化率其实并不高,IP运营还有很大的空间。IP运营对广播电视产业而言绝不仅仅是创造产品和服务价值这么简单,真正长远的IP运营策略应该考虑如何以IP运营为核心扩展产业链的深度和广度,服从于整体的发展战略。

产业链深度的扩展有赖于IP运营的精细化和集约化,与目前许多行业内企业采取挖矿式的粗放手段不同,集约化的IP运营强调的是IP开发后的细致加工与打磨,提升IP的自身价值。所谓"玉不琢,不成器",IP的开发也应该是深入雕琢的过程,甚至可能在IP运营的过程中创造一个新的IP。相比IP运营的深度而言,IP运营广度的拓展是更为常见的方式,通过打通产业链上下游之间的壁垒,降低产业链整体成本,实现价值最大化。产业链广度的扩展既可以是多元化经营也可以是企业合作与联盟的形式。

（五）观众审美情趣的提升与电视节目创新

目前,我国广播电视行业平台已经相对成熟,未来的竞争主要是内容的竞争,而保持电视节目内容的持久活力的关键就在于创新。传统的以广告和技术服务为支撑的广播电视行业发展模式已经遭受了互联网新媒体严重的冲击,除了在新旧媒体融合上寻求突破之外,着眼电视节目创新,在广播电视内容上实现内部创新也是一条重要途径。

我国当前的行业政策给电视节目创新提供了得天独厚的环境,但是,创新的动力需要外部政策刺激,需求刺激或许来得更加直接和迫切。当前,电视节目创新的需求驱动很大部分来自观众审美情趣的提升。2017年年初出现的文化综艺热充分证明了广播电视观众对于有文化内涵的电视节目的需求是有现实基础的。未来电视节目的创新发展依然要充分考虑到需求带来的驱动力,改变完全娱乐化、消费明星的电视节目制作思路,提升电视节目的文化内涵。电视节目创新与观众审美情趣提升还是一个双向的过程,这个过程既关乎行业发展的方向,亦关乎广播电视作为文化产业一部分的社会效益的实现。

行业报告四

演艺产业年度发展报告

雷为尧*

2016年,演艺产业总体呈活跃态势,各类演出轮番上演,观众参与度高。随着居民文化消费需求的变化和品质的提升,大型演唱会、话剧、儿童剧等门类的演出场次、观众人数和票房收入均保持较高总量。与此同时,在演艺市场不断细化的基础上,"互联网+"这一战略已在市场的试水过程中找到自身优势,进一步催生了新的行业形态,加剧了演出产业的发展与融合转型。

一、演艺产业政策环境分析

随着近年来国内经济的迅速发展,民众的文化娱乐支出比重不断增加,文化消费时间逐渐增多,对文化产品的选择性日益增强,逐渐向高层次的精神文化需要转移,而观看娱乐性强、影响力大的演出节目成为民众最为普遍的文化消遣方式之一。在文娱消费基础更为扎实的市场环境下,多项涉及演出产业的政策、发展规划的出台实施为2016年演艺产业的持续发展提供了更好的政策环境。

(一)相关行政法规修改,政府服务进一步优化

2016年,文化部发布了关于贯彻《国务院关于修改部分行政法规的决定》的通知,在国务院公布的《国务院关于修改部分行政法规的决定》中更是对《营业性演出管理条例》部分条款作出了相应的修改。政府必须规范对演出产业及其他产业的行政审批制度,加强与演出市场主体的沟通交流,不断优化政府的服务职能。一方面,"决定和通知"的颁布,促进相关职能部门进一步加强对互联网上网服务营业场所、营业性演出、娱乐场所的日常巡查和随机抽查的力度与持续度。另一方面,这部分行政法规的适时、针对性修改,为进一步树立演出产业全领域管理理念提供了一定的政策支持。

---

* 雷为尧,中国海洋大学文学与新闻传播学院硕士研究生,主要研究演艺产业与文化经济。

（二）直击网络表演业，接连发布相关通知与办法

2016年7月，文化部印发了《关于加强网络表演管理工作的通知》，对网络文化经营单位利用信息网络传播现场文艺表演、网络游戏等文化产品技法展示或解说的行为进行规范；年底，文化部又印发了《网络表演经营活动管理办法》，这一办法主要针对的是上一年"直播"产业所暴露出的问题，在办法中明确提出了网络表演禁止出现的内容，确定了文化部对全国网络表演市场的监督管理的负责内容，建立统一的网络表演警示名单、黑名单等信用监管制度，制订并发布网络表演审核工作指引等标准规范，组织实施全国网络表演市场随机抽查工作，对网络表演内容合法性进行最终认定。

（三）促进演艺产业转型升级的政策

在2016年9月中下旬，文化部印发了《关于推动文化娱乐行业转型升级的意见》，分析了影响和制约娱乐业发展的主要问题，对行业转型升级的具体内容作出引导。其中，针对涉及演出产业某些低俗内容等现实问题时，提出了要加强演出产业的内容建设，鼓励演出市场主体创作生产出更多能够传播当代中国价值观念、体现中华文化精神、反映中国人审美追求的优秀演出作品。

（四）推动演出产业"外向发展"的意见与行动计划

2016年11月，中央全面深化改革领导小组审议通过了《关于进一步加强和改进中华文化走出去工作的指导意见》；2017年1月，文化部印发了《文化部"一带一路"文化发展行动计划（2016—2020年）》，提出"政府主导，开放包容；交融互鉴，创新发展；市场引导，互利共赢"为发展的基本原则，从政策上来说，不仅推动了国内演出产业的外向拓展，还促进了"一带一路"沿线国家间的演出交流与合作。

二、演艺产业发展现状分析

2016年，演出产业整体发展态势较好，整体经济规模保持着稳步提升的发展速率，戏剧、舞蹈、音乐等演出细分市场都在去年的发展基础上有了进一步的关键性突破。

（一）2016年演艺行业市场数据

在政府政策提供的文化发展利好环境下和习近平总书记在文艺工作座谈会上重要讲话精神等因素的影响下，演出机构更加重视多元化的市场发展战略，开始对演出产业链、泛娱乐领域等有了相应的布局行为。除此之外，通过进一步加强与国际接轨、"互联网＋"融合等方面，演出业的市场化、产业化、国际化等特点

日益凸显,总体上取得了不错的市场成绩。

1. 市场经济规模持续增长

数据显示①,2016 年演出市场总体经济规模 469.22 亿元,相较于 2015 年的经济规模 446.59 亿元,上升 5.07%,其中:演出票房收入(含分账)168.09 亿元,比 2015 年上升 3.93%;农村演出收入 24.24 亿元,比 2015 年上升 8.60%;娱乐演出收入 71.04 亿元,比 2015 年上升 2.01%;演出衍生品及赞助收入 31.57 亿元,比 2015 年上升 7.97%。总的来看,2016 年的演出市场继续保持了 2015 年的发展势头,市场规模在原有基础上得到进一步扩展。

2. 艺术院团原创剧目数量增多,内容更加优质

2016 年,全国艺术院团继续深入开展"深入生活、扎根人民"主题实践活动,加强创作规划引导,促进了演艺精品的创作,全年原创首演剧目数量为 1423 个。在扎实推进《关于支持戏曲传承发展的若干政策》背景下,实施戏曲振兴工程并启动"名家传戏——当代戏曲名家收徒传艺"工程,总计扶持了 100 名京剧、地方戏表演艺术家并向 200 名青年演员传授了经典折子戏。

3. 表演团体继续发力,演艺市场更加活跃

2016 年年底,全国共有表演团体 12301 个,比上年末增加 1514 个,从业人员 33.27 万人,增加 3.08 万人。其中各级文化部门所属的表演团体 2031 个,占 16.5%,从业人员 11.52 万人,占 34.6%。全年全国艺术表演团体共演出 230.6 万场,比上年增长 9.4%,其中赴农村演出 151.6 万场,增长 9%,赴农村演出场次占总演出场次的 65.7%;国内观众 11.81 亿人次,增长 23.3%,其中农村观众 6.21 亿人次,比上年增长 6.2%;总收入 311.23 亿元,比上年增长 20.8%,其中演出收入 130.86 亿元,增长 39.3%。② 作为演出产业重要的市场主体,表演团体在活跃演艺市场上发挥了较为关键的影响作用。

(二) 各细分市场发展概况分析

上文用一些数据从整体上把握了 2016 年演出市场发展的总体概况,而其各细分市场也取得了不同的市场成绩,它们中有的异军突起,成为演艺产业发展的新亮点,也有的遭遇了发展瓶颈。

---

① 中国演出行业协会:《2016 中国演出市场年度报告》,2017 年 6 月 2 日,http://www.capa.com.cn/news/showDetail? id=92018。

② 中华人民共和国文化部:《中华人民共和国文化部 2016 年文化发展统计公报》,2017 年 5 月 15 日,http://www.mcprc.gov.cn/whzx/whyw/201705/t20170515_494514.html。

1. 戏剧市场

这里的戏剧市场主要指的是话剧、儿童剧和戏曲这三个细分市场,在这其中,话剧和儿童剧仍然是戏剧市场发展中的"佼佼者",2016 年,"小剧场+"的商业模式更是成为演出主体多元化布局的典型代表。

2016 年专业剧场话剧演出场次 1.51 万场,较 2015 年上升 9.42%,票房收入 24.37 亿元,较 2015 年上升 6.14%。① 近年来,话剧市场呈现出逐年回暖的发展特征,2016 年,话剧演出场次和票房收入更是维持了较高的增长率。最值得关注的是观众人数涨幅显著,增长达到 13% 左右。这既得益于政府对文化消费的鼓励和票价补贴,也离不开话剧演出团体让利观众的市场行为,平均票价的下降在一定程度上提高了话剧演出的上座率。在原创剧目较为匮乏低迷的情况下,2016 年话剧创作开始向经典作品寻求资源上的合作与内容上的加工改编:从莎士比亚、汤显祖、老舍、易卜生等国内外名家经典作品中改编的剧目纷纷亮相话剧市场,比如,林兆华导演在 2016 年所执导的三部话剧作品的改编灵感分别来自易卜生的《人民公敌》、迪特里希·施万尼茨的《戈多医生或者六个人寻找第十八只骆驼》和莎士比亚的《仲夏夜之梦》。

随着我国生育政策的调整,二孩政策逐步开放,儿童剧市场需求得到了进一步的释放与提升,适合家长和孩子一同观看的家庭演出也就成为市场新的宠儿。在新的时代发展环境下,家长越来越重视对孩子艺术审美能力的培养,儿童剧市场需求显著增加,观众数量也随之增加。2016 年儿童剧一改以往很少引进国外儿童剧的传统做法,而转变为引进更多数量、类型更加丰富的儿童剧目。例如,小"不点大视界"亲子微剧就引进 15 部国外儿童剧,年度总演出达到 380 场次,一年中几乎每天都有国外优秀儿童剧在"小不点大视界"上演,这些剧目就包括英国的亲子环球热舞派对《跳舞吧!宝贝》、西班牙多媒体动画互动剧《猫飞狗跳》以及法国装置动画音乐剧《水孩子》等。

与受市场热捧的话剧和儿童剧相比,戏曲市场 2016 年的发展则显得有些许惨淡之意,戏曲观众人数的减少直接导致整个戏曲市场规模的缩减。一方面,专业剧场戏曲演出出现较为明显的两极分化现象,像京剧、越剧、豫剧、昆曲等这一类拥有一定受众群的剧种,在政府政策的大力扶持下,在内容创作、演出场次、传承保护、观众培养等方面都呈现出向上发展的趋势,以上海昆剧团的《临川四梦》

---

① 中国演出行业协会:《2016 中国演出市场年度报告》,2017 年 06 月 02 日,http://www.capa.com.cn/news/showDetail?id=92018。

为例,在 2016 年总计巡演了 44 场,在广州大剧院更是连演 4 场,取得了上座率超 90% 与总票房达百万元的市场成绩;另一方面,绝大部分地方戏小剧种则面临着缺少经费、人才断层、观众流失等发展危机,这部分剧目面临"夹缝中求生存"的尴尬局面。除此之外,2016 年戏曲市场活跃的部分集中在农村区域,由于受生活风俗和文化消费习惯等因素的影响,戏曲演出深受农村市场消费者的喜爱,呈现出上升发展的良好态势,在这其中民营文艺表演团体成为活跃在农村市场的核心力量。随着农村戏曲演出市场的持续发展,诸如演出中介、演出戏台搭建、演出服饰生产租售、演艺培训等相关行业也顺带发展起来,这在一定程度上促进了农村戏曲演出市场产业链条的逐步打造。

2. 音乐市场

演唱会、音乐节仍然是音乐市场票房收入的主要贡献者,2016 年演唱会、音乐节演出场次 0.21 万场,较 2015 年上升 10.53%,票房收入 34.88 亿元,较 2015 年上升 9.69%。

明星演唱会票价持续走高,2016 年明星在大型体育场馆举办演唱会的最低平均票价约为 300 元,而最高平均票价约为 1300 元。在这中间,那些一线且具有票房号召力的明星演唱会票价更是"高上加高",周杰伦 2016 年世界巡回演唱会北京站票价区间在 580—2280 元之间,而陈奕迅巡演北京站的票价则为 380 元到 1980 元不等。这些演唱会票价不断高升的背景也催生了"低投入、低风险"剧场演唱会,一些相对小众的歌手在剧场举办演唱会成为音乐市场的主要发展趋势之一,陈绮贞、陈粒、逃跑计划等音乐人都将其 2016 年巡回演出选择在了一些专业剧场中举办。随着"互联网+"在演唱会运营过程中的进一步介入,在线直播成为演唱会重要的盈利渠道,这为 2016 年演唱会票房收入增添了浓墨重彩的一笔,在观演人次、时长等方面都创造了极具历史意义的成效。

音乐节方面,在经过 2015 年的调整期以后,2016 年音乐节场次总计超过 500 余场,仅草莓音乐节就在全国 22 个城市举办,音乐节数量上的增长是最为显著的。除整体场次的增长外,2016 年开始出现了多个新晋音乐节,比如 echo 回声音乐节、山谷民谣音乐节等。在往年良好发展势头的基础上,2016 年国内音乐节市场开始进入垂直细分的发展阶段,这一改变是基于同质化音乐节的重要突破,也是音乐节在内容上完成从"大而全"向"小而精"升级发展的新阶段。

3. 舞蹈市场

近年来,相比话剧演出和音乐类演出的快速增长而言,舞蹈演出市场的发展却较为滞缓。2016 年的舞蹈演出市场是"对外合作"和"对内引导"两者的结合成果,在海外市场,开展着较为紧密的国际合作活动,例如中央芭蕾舞团舞剧《牡丹亭》2016年在英国巡演13场,取得了不错的票房收入和口碑评价,除此之外还有一些其他合作展演剧目,无一不展示出中国舞蹈海外演出市场良好、积极的市场开拓力。而对内的观众培养引导工作,比较而言就是"任重而道远"了,国内市场中,观众对于舞蹈演出的接受度较低,这在一定程度上制约了舞蹈市场的进一步发展,培养观众的"观演观"仍需渐进式的渗透引导。

三、演艺市场发展特点分析

2016年,在"互联网+"融合发展背景下,"众筹""IP开发""VR直播"成为演艺市场新的发展焦点。它们依托互联网优势,通过各种模式整合资源、制造新型消费,激发了日益壮大的年轻消费群体,同时也丰富、活跃了演艺市场。总的来讲,演出市场在持续保持稳步增长的基础上又呈现出一些新的特点,主要表现在以下几个方面:

(一)线上众筹,集演出消费群体之力

众筹,这一常见的集资方式,以其门槛设置低、推广性强的特点广为多方市场运用。在2016年演艺市场中,众筹也扮演了快速、紧密组合赞助者与提案者的角色。值得关注的是,这一运作模式对市场中较为小众的演出产品极为奏效,借助互联网上产生的各类文化和流行趋势,精准把握消费群体及其数量,发掘了演艺市场的新土。

以2016年1月29日的"古风朗诵音乐会《觅得浮生半日闲》"众筹项目为例。这场定于3月在广州蓓蕾剧院举行的音乐会未开先火,在众筹开始10分钟后,票房就超过了12万元;1小时后,77张580元的最高价票售罄。到了2月3日,88张520元门票也销售一空,最终该项目众筹总额达到17.7万元,成为今年年初第一个敲响古风音乐圈高票房钟声的项目。这个众筹项目是小众音乐产品通过众筹完成制作、营销的一个市场案例,其成功的背后透露出流行音乐文化与众筹的相互作用。

在汐音社的众筹历史中,古风音乐以及背后的消费群体成为赢得资金的决定性因素。作为21世纪出现的一种新的音乐风格,古风音乐在当下的中国流行音乐中处于较为小众的位置,在整体演出市场中份额较低;然而,其借助中国诗词与民族乐器的伴奏音乐特点,在年轻一代消费者中具有影响力,中学生群体是古风音乐消费群体中的主要力量。音乐产品的提案者看准了当下年轻一代的文化消费需求,通过互联网上的各类平台精准定位,运用众筹的方式完成了营销。

(二）通过 IP 开发拓展"粉丝"经济

随着近年来 IP 的充分渗透,大众对其认知度急速提升。由于 IP 在演艺市场中较好的品牌效应与"粉丝"量,IP 的充分开发也就成为不少演出经纪机构的关注重点,助推了演出经纪行业的从业潮。

2016 年,在 IP 进击演艺市场的情况下,IP 的业内热度、价值均有大幅提升,演艺市场同时完成了其新形态的塑造。2013 年,话剧《盗墓笔记》第一部总票房近 3500 万元,第二部首轮演出也取得了 2000 万元票房。而在 2016 年《盗墓笔记》第三部的巡演依旧火爆如初,"粉丝"依旧投入到演出消费之中。无独有偶,由至乐汇与光线戏剧合作推出的话剧《左耳》也收获了良好的市场回馈。小说《左耳》已持续发行十年,"粉丝"群体较广并稳固,致使话剧《左耳》剧组在视频网站斗鱼上现场直播排练视频时,便吸引了 20 万人次同步在线观看,全天点击量更是超过了 100 万次。IP 带来的强烈效应未见削减,成为演艺市场的一份营销保障。据北京世纪华鹏市场推广总监洪泓介绍,因为有 IP"粉丝"作群众基础,较为知名的 IP 作品在演出推广时更为容易。像根据同名漫画改编的舞台剧作品《滚蛋吧!肿瘤君》,其在巡演运营上很顺畅,受地域文化差异的影响小,得到了演出市场的良好反馈。

(三）VR 直播,用新锐科技为演艺产业助力

经过近年来的发展,网络直播这种演出方式具备了一定的市场成熟度,得到了消费者的普遍认可。VR 直播这一 2016 年度演艺市场中的当红炸子鸡,广受演艺界明星追捧,成为各大视频网站营销策略中的一项,但是一些 VR 公司营业状况不佳的现象也有出现。

2016 年,VR 技术高调进入国内演艺市场,随之而来的 VR 演唱会直播掀起了一股科技热,赚足了观众的眼球,提供了新的观演体验。作为线上直播服务的扩充,VR 直播的推出为传统的演艺市场开辟出了新的掘金空间。

受演出场地、消防安全、成本等多方限制,传统的演唱会演出在观演人数上可发挥的空间固定,线上 VR 直播的运用无疑为演出收益增添了更多可能。

2016 年 10 月,莫文蔚"看看世界"巡回演唱会在杭州举行,此次演唱会以 VR 形式进行全程在线直播,直播仅限爱奇艺会员用户,超过 190 万用户进行了线上观看。与此同时,在年末举办的"王菲幻乐一场 2016 live 演唱会"也采用了 VR 线上直播,这成为 2016 年明星演唱会的"标配"甚至是"高配"。

(四）市场主体注重多元化发展战略,泛娱乐化布局初现

在演出市场前景被资本看好的发展背景下,越来越多的演出市场主体开始在

巩固夯实主营优势业务的基础上,向演出产业链上下游进行多元拓展,寻求更多的资本合作与更广的产业延展。一些传统演出机构也开始了这种"泛娱乐式"的产业布局,例如,永乐文化从单纯的票务公司发展为综合性的文化娱乐企业,目前已拥有票务、影业、演艺、科技、体育、经纪、二次元、公关等多个泛娱乐业务板块;宋城演艺确立了演艺、旅游、互联网演艺、艺人IP孵化、VR主题公园及海外项目的泛娱乐布局目标。[①] 除了传统的演出市场主体开始寻求多元战略的部署,其他主体在泛娱乐布局上也进行着更加多元化的市场开拓活动,比如话剧《李雷和韩梅梅》《滚蛋吧,肿瘤君》《栀子花开》等作品的出品方北京世纪华鹏文化传媒有限公司以舞台剧的孵化和开发先行,在文旅演艺、戏影联动领域深度布局。可以说,2016年的演出市场开始初现泛娱乐化的部分布局,这也很有可能成为2017年演出产业发展的重要趋势之一。

四、演艺产业现存不足及优化建议

尽管2016年演出产业的整体发展态势较好,但是在保持稳步增长的背后也隐藏着演出业发展过程中的一些不足与问题,演艺产业仍需进一步的结构调整与发展优化。

(一)演艺产业问题分析

目前,演艺产业存在的问题主要集中在演出票价、人才结构、内容创作以及票务市场等方面。

1. 大型场馆演唱会繁荣背后尚存隐忧

尽管本年度明星场馆演唱会取得了不错的门票收入,但是这背后其实也暴露出了一些现实问题与不足之处。大型场馆演唱会一般会选择在一些一线城市和大城市举办,这种演出形式在满足消费者现场视听感觉上有着其独特的优势。但是往往会出现票价过度抬高的现象,出现高票价的原因在于两点:一是演出经纪公司引进运作项目的这个过程,由于环节过多,最终造成了演出项目成本偏高,票价提高。二是一些演艺明星为突出自身的市场价值,刻意在商业演出中使用最高票价作为定价基准的市场策略,以此为其造势并形成人为性的市场效应。这种人为性的造势与炒作,不仅严重地影响了市场秩序,而且给票价的下降及回归到合理空间带来了极大的困难。

---

① 中国演出行业协会:《2016中国演出市场年度报告》,2017年06月02日,http://www.capa.com.cn/news/showDetail? id=92018。

2. 演艺领域的人才结构尚不平衡

演艺产业人才结构的不平衡主要凸显在两个方面。一方面是演艺管理人才的缺乏,演出行业的高精尖人才"少之又少",虽然现在对于演艺管理人才的培育成为一项重点工作,但是市场上既懂演艺产业专业知识又懂市场运作的优秀人才却不多,因此,对于演艺管理人才的培育方式有待进一步的探索和完善。另一方面,则是专业演出人才的缺乏。随着社会的发展与经济的增长,人们对如传统戏剧这一类的文化越来越容易忽视,各地也面临着传统艺术无人继承的窘境,所以吸引传统文化传承人才的工作也尤为重要。

3. 演艺产业发展迅速,量大质差仍是主要问题

一部优秀的演出作品不仅要求思想精深、艺术精湛,而且需要在制作精良上苦下功夫。2016年的演出市场,出现了一些不从内容和艺术本体出发,单纯追求豪华大制作,以简单的视觉冲击代替艺术本身所应具有的思想力量和美感的作品,这些作品虽然在短时间内引起了观众的巨大关注,产生了短暂的经济效益,但从长远来看,惟豪华是取的创作模式必然将音乐剧创作引向一条错误的道路。总的来讲,演出作品、观演人数等的数量在2016年都有了大幅度的增长,但是质量上乘的匹配新作却相对较少,量大质差成了演艺产业中一个较为突出的现状。

4. 新票务平台涌现,演出票务市场亟须规范

2016年,西十区、牛魔王、一号票仓、有票网等二级票务平台纷纷完成了融资。这些新票务平台的涌现发展,对现有的一级票务市场是一个很好的补充,也会发挥一定的市场调剂作用,就其长远发展而言有其存在的必要性和空间度。但是,在平台的实际运营过程中出现了一些不规范的行为,包括管理上的漏洞、监管手段不完善等因素,让这些二级演出票务平台成为黄牛票甚至是假票的集散地。与此同时,配套机制的缺失,比如溢价票干预机制等又为个别谋取暴利的"倒票"行为提供了平台。这些问题严重扰乱了演出市场秩序,侵害了消费者权益,演出票务市场需要得到更强力度的规范和监管。

(二)演艺产业发展建议

针对演艺企业发展道路上出现的各类问题和存在的现实不足之处,一方面需要进一步优化演艺市场环境,加强对演出市场的规范管理;另一方面也需要演艺主体自身的努力,包括内容创作、品牌建立等,同时离不开更加完善的院线体系制度和演艺产业的转型升级。

1. 加强演出市场的规范管理

如上文提到的票务市场所存在的现实问题,以及近年来演艺产业在发展过程中逐渐暴露出的其他问题,都尤其需要从管理上进一步改善和优化演出市场。必须坚持"一手抓法制建设、一手抓艺德建设"的原则,用完备的法制净化和规范演出市场,用高尚的艺德美化和提升演出市场。要积极转变职能,简政放权,合理划分与充分发挥行政管理、行业管理与演出单位自我管理的作用,增强行业协会的管理与服务功能,加强行业自律,保护行业利益,建立健全各项管理制度和政策体系,实现市场机制和宏观调控的有机结合。在尊重艺术特性和增加社会效益的前提下,充分发挥市场机制的基础性调节作用,优化文化资源配置和人才组合,保护各个方面的积极性,强化宏观管理、间接管理,理顺管理体制,主动通过法律、经济、行政等多种手段,加强对演出市场的宏观调控,从而达到引导演出实体经营方向、规范演出市场主体行为的目的。

2. 提升原创能力,注重儿童剧内容的创作

2016年,社会对儿童早期教育的关注仍然保持快速上升之势。在文化领域中,既能够为儿童启蒙教育形成引导,又能在互动中增加亲子感情的儿童剧类产品有着巨大的市场需求。但剧目创作成为儿童剧发展的软肋,剧本稀缺成为儿童剧供给的瓶颈。同时在儿童剧的制作过程中高科技的运用也应得到关注。所以,更应该充分重视儿童的口味,以简单的故事素材为基础,大量运用数字化制作科技手法,以全新的表演方式让儿童去聚焦人类所追求的真、善、美。

3. 不断完善演出院线体系制度

在演出市场中,不同的艺术表现形式所需的演出场所也有所不同。目前我国演出市场中的演出场地主要分为音乐厅、大剧院和小剧院三种,这种复杂的场地类型是我国始终没有形成一个统一院线体系的重要原因,这就为票务市场规范、演出推广等多方面内容提出了难题。因此,要逐步建立起一个完善的院线体系:首先,可以对场地类型进行梳理,对表演形式、表演体系以及功能需求等问题进行综合衡量之后找出其中的共通之处。其次,在此基础上进行统一的策划、推广和营销工作,在行业能形成一个系统的工作流程,这不但有利于整个演出行业效率的提升,同时还能够降低演出成本,让有限的资源发挥出最大的经济效能。

4. 演出市场"3.0时代"来临,用票房分成撬动产业转型升级杠杆

在"互联网+"的背景下,一些传媒机构和资本大鳄进入演艺产业,使演出市场开始步入"3.0时代",演艺产业更加以剧目版权人或出品人为主导,各类演出市场主体都对产业链的上游和下游实施双向关注,注重营销渠道的建设,经济学

家所强调的"微笑曲线"正在化为这些演艺主体的实践。甚至出现了以往的演出市场罕有的现象,为了走出演出公司发展的项目化困境,有些民营演出经纪机构不惜牺牲以往积累的品牌价值,重新组建新的公司,重构经营架构和着力方向。面对"反四风"和"新常态",演出市场面临着"高报价、高场租、高票价"和"剧团演出频率低、剧目知晓率低、市场购买率低、剧场利润低"的结构性困境,在供给侧改革的大背景下,为了推进演出产业的转型升级,可以考虑发挥票房分成的杠杆效应,因为对于演艺产业来说,决定交易最终是否成功的标准就是票房,交易双方获取利润的方式和渠道应该是也只能是票房,而不是其他要素。

行业报告五

动漫产业年度发展报告

姚洁洁[*]

2016年以来,动漫产业发展迅速,"大动漫"背景下动漫产业与网络文学、游戏、教育等相关产业融合加剧。截止到2016年年底,中国动漫产业产值达到1320亿元,同比增长16.6%。动漫产业从2007年开始到2015年,依次经历了萌芽期、成长期,于2016年进入高速发展期。动漫互联网平台发展渐趋成熟,成为动漫产业发展新的助推力。

一、动漫产业发展环境

(一)政策环境:政策红利助推动漫发展

2016年年初到2017年上半年,在政府政策多重扶植下,动漫产业发展势头越来越好。从地方到中央,文化部和财政部等部门纷纷出台动漫扶持政策。财政部通过减免动漫企业所得税和进口产品税收政策促进动漫企业发展;国家新闻出版广电总局继续实施中国原创动漫出版扶持计划,推动动漫作品转化为出版产品;文化部将加快发展动漫产业纳入"十三五"文化发展改革规划中,将其看作提升国家软实力和提高国际文化影响力的核心产业之一。这些都表明国家对动漫产业的重视和扶持态度。

---

[*] 姚洁洁,中国海洋大学文学与新闻传播学院硕士研究生,主要研究动漫产业发展等。

表 1-5-1 2016.1—2017.6 部分动漫产业利好政策

时间	有关政策	要点	发布部门
2016.3	《关于组织做好 2016 年"原动力"中国原创动漫出版扶持计划项目申报工作的通知》	为支持引导优秀原创动漫作品的创作生产,加快推动我国动漫出版产业的繁荣发展,国家新闻出版广电总局决定 2016 年继续实施"原动力"中国原创动漫出版扶持计划。	国家新闻出版广电总局
2016.4	《文化部文化产业司关于 2016 年弘扬社会主义核心价值观动漫扶持计划申报工作的通知》	为充分发挥优秀动漫产品对社会公众特别是青少年的巨大影响力和教育宣传作用,培育和践行社会主义核心价值观、弘扬中华优秀传统文化,按照工作计划,文化部文化产业司 2016 年继续组织实施弘扬社会主义核心价值观动漫扶持计划。	文化部文化产业司
2016.8	《关于动漫企业进口动漫开发生产用品税收政策的通知》	自 2016 年 1 月 1 日至 2020 年 12 月 31 日,经国务院有关部门认定的动漫企业自主开发、生产动漫直接产品,确需进口的商品可享受免征进口关税及进口环节增值税的政策。	财政部、海关总署、国家税务总局
2016.10	《动漫企业自主开发、生产动漫产品定期减免征收企业所得税》	自 2009 年 1 月 1 日起,经认定的动漫企业自主开发、生产动漫产品,可申请享受国家现行鼓励软件产业发展的所得税优惠政策。即在 2017 年 12 月 31 日前自获利年度起,第一年至第二年免征企业所得税,第三年至第五年按照 25% 的法定税率减半征收企业所得税,并享受至期满为止。	国家税务总局
2016.12	《文化部"一带一路"文化发展行动计划》	发挥动漫游戏产业在文化产业国际合作中的先导作用,面向"一带一路"各国,聚焦重点,广泛开展。发挥中国动漫游戏产业创新能力强、产业规模大的优势,培育重点企业,实施重点项目,开展国际产能合作,实现中国动漫游戏产业与沿线国家合作规模显著扩大、水平显著提升,为青少年民心相通发挥独特作用。	文化部
2017.2	《关于组织做好 2017 年"原动力"中国原创动漫出版扶持计划项目申报工作的通知》	为支持引导优秀原创动漫作品的创作生产,加快推动我国动漫出版产业的繁荣发展,国家新闻出版广电总局决定 2017 年继续实施"原动力"中国原创动漫出版扶持计划。	国家新闻出版广电总局

（续表）

时间	有关政策	要点	发布部门
2017.2	《文化部"十三五"时期文化发展改革规划》	该规划为促进文化繁荣发展，加强文物保护利用，提出"互联网＋中华文明"行动计划。依托互联网，建立文物信息资源共享机制，开展文物价值挖掘、文物数字化展示利用，推动与教育、文创、动漫、游戏等领域的跨界融合，围绕文明源流、国学经典、传统美德等主题进行创作，形成具有广泛影响和普遍示范效应的优秀文化产品和服务。	文化部政策法规司
2017.4	《文化部"十三五"时期文化产业发展规划》	确定了促进结构优化升级、优化发展布局、培育壮大各类市场主体、扩大有效供给、扩大和引导文化消费、健全投融资体系、加强科技创新与转化、完善现代文化市场体系、深度融入国际分工合作9个方面的主要任务，重点发展演艺、娱乐、动漫、游戏、创意设计、网络文化、文化旅游、艺术品等行业。	文化部

（二）经济环境：消费需求促进经济稳中向好

2017年2月，国家统计局发布了《中华人民共和国2016年国民经济和社会发展统计公报》。《公报》显示，2016年全年国内生产总值744127亿元，比上年增长6.7％。其中，第三产业增加值384221亿元，增长7.8％，第三产业增加值比重为51.6％，比上年提高1.4个百分点。全国居民人均消费支出17111元，比上年实际增长6.8％。其中人均教育文化娱乐支出达到1915元，比2015年增加11.1％，占全部人均消费11.2％，居民消费对经济带动作用增强。在供给侧结构性改革、适度扩大总需求等政策作用下，在企业等市场主体的努力下，2016年国民经济运行保持在合理区间，积极变化累积增多，呈现总体平稳、稳中有进、稳中向好的发展态势。

人们的精神文化需求日益高涨，带动了文化产业的迅猛发展。在互联网影响下，2016年文化产业发展快速，动漫产业中的网络漫画、网络动画发展迅速，推动着动漫产业继续前进。

（三）技术环境：技术助推动漫产业变革

科学技术的发展水平影响了新媒体的迭代和文化产品的承载、生产、消费形式。大数据、虚拟现实（VR）、增强现实（AR）、移动互联网等技术正在向全行业范围内扩散，动漫产业也正通过技术革新实现大融合、大发展。

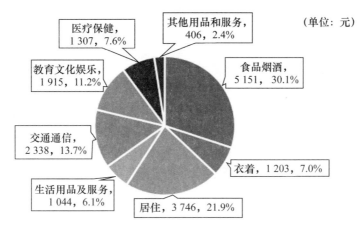

图 1-5-1　2016 年全国居民人均消费支出及其构成
（数据来源：国家统计局）

随着"互联网＋"新经济形态的发展，动漫产业互联网平台发展模式、闭环产业链运行模式和全产业链模式在全行业范围内进一步推广。从动漫产业链上游的内容创作、投放、宣发到下游的产品展示及变现都离不开互联网渠道和平台。2016 年 BAT 互联网巨头借助平台优势、用户资源、优质版权在动漫产业建立了动漫王国，比如腾讯动漫依托腾讯互娱大体系，相互协同，实行全产业链运作，成为目前国内发展较好的动漫互联网企业。

增强现实（AR）和虚拟现实技术（VR）的加入让动漫产业发展出现了新的可能。2016 年 7 月份，通过动漫 IP 开发的口袋妖怪游戏借助增强现实技术，将虚拟与现实结合，给游戏玩家带来突破二次元的全新体验，从而能在全球范围内一经上市就引起大范围热议。AR/VR 通过全新技术，给二次元群体带来全新的沉浸式体验，给动漫产业带来机会与挑战，同时也引起国内资本市场的关注。

（四）社会环境：动漫文化接受度提升

《中华人民共和国 2016 年国民经济和社会发展统计公报》显示移动互联网接入流量 93.6 亿 G，比上年增长 123.7%。互联网上网人数 7.31 亿人，增加 4299 万人，其中手机上网人数 6.95 亿人，增加 7550 万人。互联网普及率达到 53.2%。此外 24 岁以下的占比超过 51%，用户在线时长超过了 25 亿小时，增长了 30%。用户在互联网上的时间超过了在电视端所花的时间。[1]"互联网＋"经济的影响

---

[1] 诸葛闹闹，《文化产业增长大势 5—10 年不会变 这些领域将是未来最赚钱的》，艺恩网，2017 年 06 月 21 日，http://www.entgroup.cn/news/Exclusive/2142162.shtml。

下是消费者生活、娱乐、消费习惯的改变,顺应消费者的消费习惯,动漫产业的发展才能迎来新的高峰。

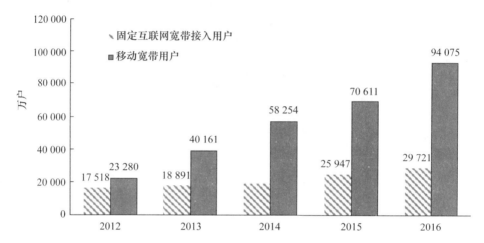

图 1-5-2　2012—2016 年年末固定互联网宽带接入用户和移动宽带用户
(数据来源:国家统计局)

随着 80 后、90 后进入社会,二次元用户几何式的增长,以及社会包容性的增强,二次元文化逐渐被人们接受,与此同时,社会对于优质动漫及相关产品需求量增多,这无疑是动漫产业发展面临的新的挑战,同时说明动漫产业有一个更为广阔的发展空间。

二、2016 年动漫产业总体特征分析

比达网官方发布的《2017 年第 1 季度中国动漫 APP 产品市场研究报告》数据显示,截止到 2016 年年底,中国动漫产业产值达到 1320 亿元,同比增长 16.6%。动漫产业从 2007 年开始到 2015 年,依次经历了萌芽期、成长期,于 2016 年进入高速发展期。从 2016 年年初至今,中国动漫产业的总体特征较为明显。

(一)"大动漫"背景下动漫产业的跨行业融合

2012 年金元浦教授在《大动漫,寻找更广阔的天地》一文中指出"大动漫"是在动漫技术日臻完善、创意不断的推动下,由之前的以"艺术内容"为核心的动漫创意产业链运作向"艺术内容"与"技术创新"并重、"内容衍生"与"动漫技术辐射"共同推进的全产业链运作模式。他认为"大动漫"的内涵有两个梯度:一是由单纯制作动漫艺术作品,到衍生产品、周边产品和下游产品的全产业链模式,二是动漫

技术广泛应用于航天、科技、教育、规划、建筑、房地产、新闻、广告、会展等领域。陈少峰教授于 2017 年在《改革与开放》期刊发表的《"大动漫"背景下动漫产业跨行业融合发展探析》一文中提出,随着科技的迅猛发展,产业融合的发展趋势已经成为现实,动漫产业也在不断扩展产业边界,向"大动漫"发展,而动漫产业跨行业融合主要是以动漫创意和动漫技术等要素为纽带,通过形象授权和技术运用加深与周边产业的融合。陈教授认为"大动漫"包含三部分重要内容:一是传统动漫,即动画与漫画;二是动漫主流行业(以 ACG 为代表)之间的融合;三是动漫产业与周边行业之间的融合。动漫产业的实际发展现状印证了上述两位学者的观点。

融合增强现实技术(AR)、3D 动画创作技术和《精灵宝可梦》动画创意的手机增强现实游戏——"Pokemon Go",于 2016 年 7 月上线,并引发了游戏玩家的追捧和广泛关注。《精灵宝可梦》动画形象、AR 技术具有的突破现实的互动体验,让 Pokemon Go 玩家为之疯狂,一举冲上了美国 iTunes App Store 免费应用排行榜首位。通过原有动漫内容创意实现的粉丝积累,以及创作技术为用户创造的全新体验,使得基于动漫改编创作的影视、主题公园等投资层出不穷。如 2016 年,根据同名国产动画改编的古装武侠季播网络剧《画江湖之不良人》播出,上线一天播放量即破 3000 万,第一季获得近 7 亿点击量,而其豆瓣评分达 8.2 分。2017 年由国产动漫改编而成的真人影视剧项目数量多达 51 部。①

此外,"大动漫"背景下的动漫产业与其他相关产业的融合,除了依托于动漫内容创意与动漫技术等因素之外,动漫创作手法如动漫声优(配音演员),或者动画本身与其他产业的融合也给用户带来全新体验。2016 年 9 月由网易移动游戏公司自主研发并发布的 3D 日式和风回合制 RPG 手游——《阴阳师》凭借堪比日本一线动漫的精致动画、日本最知名声优的配音,以及由著名日本作曲家梅林茂谱写的多达近 50 首的配乐,成功突破游戏与动漫产业边界,成为 2016 年现象级手机游戏。2017 年 2 月 16 日,网易公布了截至 2016 年 12 月 31 日的第四季度及 2016 财务年度未经审计的财务业绩。2016 年第四季度,网易净收入为 120.99 亿元,同比增长 53.1%;净利润 36.83 亿元,同比增长 70.2%;网易在线游戏服务净收入为 89.59 亿元,同比增长 62.8%,创历史新高。2016 年网易推出了 40 多款新手游,其中《阴阳师》荣获苹果 App Store 中国应用商店年度十佳游戏。②《阴阳师》手机游戏采用了日式"和风"风格的艺术设计,通过精美的游戏画面中和了较

---

① 参见《51 部作品扎堆涌现,漫画改真人影视剧是条好出路吗》,钛媒体,2017 年 6 月 15 日,http://www.tmtpost.com/2633151.html。
② 参见《〈阴阳师〉强力助攻,网易游戏去年四季度收入创历史新高》,《商业文化》2017 年第 7 期。

为阴暗的游戏主题；日本知名声优演员的加入，通过语音对话配音让游戏人物更加鲜活。特征鲜明的配音搭配优质的故事情节让游戏过场动画成为吸引二次元群体的重要因素之一，不断更新的故事情节，成就了游戏与动漫的完美融合，也增加了用户黏度。

（二）国产动漫创作模式以 IP 联合开发为主

目前国产动漫创作模式基本有两种：一是借助原有优质 IP，将其改编成动漫，一般以网络文学 IP 为主；二是动漫本身就是创意载体的原始形态，是依托 IP 进行产业链扩展的源头。从投资收益风险角度考虑，改编现有优质网络 IP 是动漫公司投资全年龄向动漫的首选。

网络文学改编成动漫作品具备先天优势：一是网络文学与动漫消费者都集中在80、90后人群，受众重合度高；二是优秀网络作品的故事情节富有创意，有较高的内容价值和改编潜力；三是优秀网络文学作品积累了大量粉丝，在互联网经济背景下，这些粉丝成为网络文学改编成动漫的最忠诚的观众和推广者。网络文学改编而成的动漫将成为国产漫画中重要的新生力量，推动国产漫画产业快速发展。2016年以来经由网络文学改编而成并广受关注的动漫作品以《秦时明月》系列、《画江湖之不良人》《从前有座灵剑山》等为代表。这些作品表现不俗，其中《从前有座灵剑山》更是成功在海外上市并收获了不少好评。

（三）中国动漫由"低龄化"向"全龄化"转变

近年来，《喜羊羊与灰太狼》《猪猪侠》《熊出没》等儿童动漫作品深受国内广大儿童观众的喜爱，长期处于电视播放收视率榜前三。电视播放收视率、电影票房和衍生产品开发上的成功说明中国动漫产业对儿童市场的开发行为效果明显。可是更值得关注的是，随着受众年龄不断增长，国产低龄向动漫作品难以满足青少年和成人的消费需求。加之，最先经受海外动漫作品影响的青少年群体，已经进入社会成为文化产品领域主要消费者，因此，注重开发国产全年龄向动漫作品的创作蓝海，成为互联网动漫平台布局的重中之重。

表 1-5-2　TOP10 电视少儿动画片收视排名

排名	名称	频道	收视率/(%)	市场份额/(%)
1	麦咭独播剧场:猪猪侠梦想守卫者下部	湖南金鹰卡通	2.18	10.05
2	动画大放映:熊出没年货	中央少儿	2.16	11.30
3	动画大放映:熊出没冬日乐翻天	中央少儿	2.12	11.71
4	熊出没夺宝熊兵	中央少儿	2.04	10.62
5	动画大放映:熊出没秋日团团转	中央少儿	2.02	11.39
6	麦咭独播剧场:喜羊羊与灰太狼嘻哈闯世界二——深海历险记	湖南金鹰卡通	1.94	9.54
7	新大头儿子和小头爸爸二——一日成才	中央少儿	1.92	8.26
8	动画片:猪猪侠番外篇拼装特工队下部	北京卡酷少儿	1.90	8.81
9	动画片:新大头儿子和小头爸爸贺岁动画片——马年心愿	中央少儿	1.85	7.74
10	麦咭独播剧场:喜羊羊与灰太狼嘻哈闯世界二——深海历险记	湖南金鹰卡通	1.84	9.07

(数据来源:央视索福瑞)

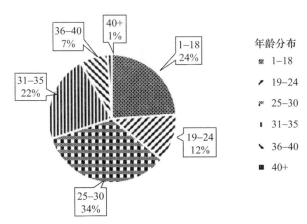

图 1-5-3　2017 年第一季度"中国动漫指数榜"年龄属性分布
(数据来源:爱奇艺后台数据)

从经由腾讯视频平台整理的数据来看,国产全龄向动漫 2015 年共有 113 条视频,占该年份全部地区全龄向动漫数量比例为 70.2%,2016 年的国产动漫所占比例为 85.4%,比 2015 年增加了 21.7%,而直到 2017 年 6 月 24 日,2017 年国产动漫占该年份全地区动漫数量比例已高达 87.5%。由此可以看出 2016 年全龄向国产动漫产品数量虽然增长速度较慢,但是在国内市场份额则高速增长。到2017年6月24日,全年份国产少儿动画视频条数达1546条,全年龄向国产动漫数量为622条,核算得出全年国产动画总数为2168条,其中全年龄向动漫占比为28.7%。考虑到目前国内互联网动漫平台用户年龄比例,中国国产全年龄向动漫还有很大的市场空间。

表1-5-3　腾讯视频全龄向动漫相关视频数量

	国产 (单位/条)	全部地区 (单位/条)	国漫数量占 全球比例(%)
全部年份	622	1291	48.2%
2014年	69	123	56.1%
2015年	113	161	70.2%
2016年	117	137	85.4%
2017年	42	48	87.5%

(数据来源:依据公开资料整理)

截止到2017年月24日,笔者从优酷视频平台搜集的动漫视频数据,整理为表1-5-4。根据表中数据显示,2014年国产全龄向动漫数量为49条,占该年份该地区全部动漫视频总数的17.7%,2015年国产全龄向动漫数量为72条,占该年份该地区全部动漫视频总数的26.3%,比上年提高48.6%;2016年国产全龄向动漫数量为81条,比上年数量增长12.5%,而2016年全龄向动漫数量占该年份该地区全部动漫视频总数的29.8%,比上年提升13.3%。由此可以看出,2016年国产全龄向动漫数量增长较快,所占全部年龄段动漫视频数量的比例也有显著提升,但是与全球全龄向动漫数量占比差距还很明显,所以我国国产全龄向动漫还有很大发展空间。

表1-5-4　优酷视频动漫数据统计表　　　　　　　　　　　(单位:条)

	全部地区				国产			
	该年份该 地区全部 动漫数量	低龄向 (0—15岁) 动漫数量	全龄向 (16岁以上) 动漫数量	全龄向 动漫占比 (%)	该年份该 地区全部 动漫数量	低龄向 (0—15岁) 动漫数量	全龄向 (16岁以上) 动漫数量	全龄向 动漫占比 (%)
2017年	116	66	50	43.1%	72	55	17	23.6%
2016年	545	268	277	50.8%	272	191	81	29.8%
2015年	561	289	272	48.5%	274	202	72	26.3%
2014年	724	446	284	39.2%	277	228	49	17.7%

(数据来源:依据公开资料整理)

（四）国产动漫发展良好

根据2017年6月份微博数据中心发布的《数说二次元——与二次元有关的那些数》数据，得出2016年热议动漫TOP100作品来源分布，国产原创动漫比例达到45.6%，与日韩动漫47.6%基本持平，而欧美动漫只占6.8%。这些数据在一定程度上反映出国产原创动漫在年轻群体中接受度很高。

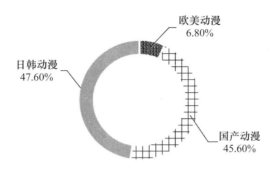

图1-5-4　微博2016年热议动漫TOP100作品来源分布
（数据来源：微博数据中心）

根据优酷视频平台的搜索数据，2015年到2016年6月24日期间，国产动漫总共344部，该时间段全球作品共661部，中国作品所占比例高达52%。2015年国产动漫作品数量占该年全球动漫数量比例48.8%，2016年国产动漫作品数量占该年全球动漫数量比例为49.9%，2017年上半年国产动漫作品数量占该时间段全球动漫数量比例高达62.1%。由此可以看出国产动漫作品国内市场份额较高，国产动漫市场前景很好，发展也较为迅速。

此外，2016年国产动漫《从前有座灵剑山》登陆日本市场，反响不错，2017年《狐妖小红娘》也将登陆日本市场，这些都表明国产动漫在国际市场上的发展与往年相比有很大提升。而在2017年6月法国举办的"第四十一届阿讷西国际动画电影节"上，《大鱼海棠》成功入围主竞赛长片单元，《白鸟谷》获得儿童评委短片奖，这显示出国产动漫作品在质量上有所提升。

（五）资本市场活跃

2015年《大圣归来》以及《捉妖记》等动画电影收获颇丰，在引起人们对于国产漫画的重视的同时，资本开始关注动漫产业。从2016年起，大量民间资本涌入动漫行业，行业内融资活动不断，如表1-5-5所示，总体来看融资重点主要集中于动漫产业的上游版权领域，而且从2016年到2017年3月，从A轮到B轮，融资金额从1000万元到2.5亿元不等,且融资金额呈越来越高趋势,表明融资市场非常看好动漫产业发展前景。

表1-5-5 2016年1月—2017年3月中国动漫行业融资情况

	融资时间	融资轮次	融资金额	投资方
深度动画	2016-1	B轮	1000万元	南山资本
Acfun站	2016-1	A+轮	6000万美元	软银中国
	2016-11	B轮	2.5亿元	中文在线
原力动画	2016-2	战略投资	未透露	慧影投资
次元文化	2016-3	A轮	数千万元	复星昆仲
	2017-3	A+轮	1000万元	头头是道
两点十分	2016-3	A轮	数千万元	峰瑞资本
那年那兔	2016-4	A轮	2000万元	哔哩哔哩动画
次元仓	2016-6	A+轮	3300万元	中美创投等
第一弹	2016-6	A轮	1500万元	北极光创投
晨之科	2016-6	C轮	6000万元	上实集团
Yuki	2016-6	Pre-A轮	数百万元	峰瑞资本等
凡是网络	2016-8	A轮	未透露	松禾资本等
快看漫画	2016-10	C轮	2.5亿元	天图资本等
翻翻动漫	2016-11	B轮	未透露	爱奇艺
玄机科技	2017-1	战略投资	近2亿元	腾讯
绘梦动画	2017-1	C轮	1亿元	腾讯等
旷盛文化	2017-3	Pre-A轮	1000万元	星瀚资本等

(数据来源:比达网)

(六)产业链运行模式趋于成熟

在"大动漫"背景下,动漫产业与相关产业的融合促成了动漫产业产业链运作模式,经过过去几年的发展和协作,动漫产业的产业链协作运行模式趋于完善。而"大动漫"的实质就是以创意价值和技术为链条将各相关行业进行连接,促进其协作以达成规模经济和范围经济效应。

中国动漫产业链条可以从内容价值经营方式的角度分为三个部分:上游内容生产、中游内容投放与宣发、下游产品展示和变现。上游内容生产包括PGC(专业生产)和UGC(用户生产)两部分,目前国内的动漫创作以专业生产为主,生产主体主要包括动漫公司和创作团队,这正是我国目前较为薄弱的环节。内容投放及宣发环节,是指动漫作品通过传统渠道或互联网平台进行播放、宣传和推广,而下游变现环节,主要以动漫衍生品为主,如主题公园。

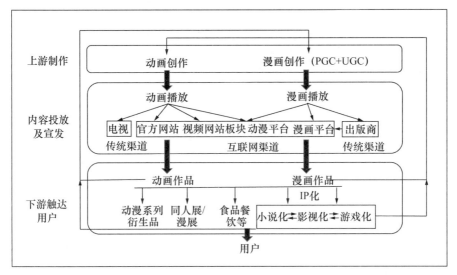

图 1-5-5　中国动漫产业链

(数据来源:易观咨询)

三、动漫细分行业分析

(一)动漫主题公园

作为动漫产业链下游中的衍生品,动漫主题公园是直接变现的重要途径之一。中国主题公园市场还有很大开发前景。上海迪士尼乐园开园一年以来,已接待游客超过 1100 万人次,超过东京迪士尼(1036 万人次),成为全球开业首年接待人次最多的主题公园。投资达 55 亿美元的上海迪士尼即将收支平衡。中国华强方特以 37% 的最高涨幅,跃居全球前十主题公园榜单第五名,增幅位列全球第一。① 2016 年亚洲经济发展依然向好,拉动主题公园游客量持续上升。主题公园凭借投资、社交媒体、灵活定价等一系列成熟有效的营销手段,使得亚洲特别是中国地区游客量增长显著。2016 年全球前十主题公园集团中,亚太地区占据前三的,均为中国主题公园集团,分别是华侨城集团、华强方特和长隆集团。据估计中国主题公园的整体游客量将会在 2020 年前超过美国,而知识产权成为主题公园

---

① Judith Rubin,"TEA/AECOM 2016 Theme Index and Museum Index: The Global Attractions Attendance Report," http://www.teaconnect.org/images/files/TEA_235_103719_170601.pdf.

发展的关键因素,依托动漫作品和动漫人物的主题公园更是如此,此外借助大数据对消费人群进行顾客分析,则能更好地掌握和了解用户需求,提升入园人数。

表 1-5-6 2016 年全球排名前 10 位的主题公园集团

排名	公园名称	2015年游客量/千人	2016年游客量/千人	变化/%
1	迪士尼集团	137902	140403	1.8
2	默林娱乐集团	60500	61200	1.2
3	环球影城娱乐集团	44884	47356	5.5
4	中国华侨城集团	28830	32270	11.9
5	华强方特	23093	31639	37.0
6	六旗集团	28557	30108	5.4
7	长隆集团	23587	27362	16.0
8	雪松会娱乐公司	24448	25104	2.7
9	海洋世界娱乐集团	22471	22000	−2.1
10	团聚公园集团	22154	20825	−6.0
	游客总量/千人	420360	438267	*
	游客总量变化率/%	*	*	4.3

(数据来源:TEA&AECOM)

(二)动画电影市场趋于理性

2016 年在中国电影整体增速放缓的情况下,动画电影逆势上扬。在国内电影市场上映的动画电影总票房达 70.05 亿元,突破历史最高纪录;2017 年贺岁档上映的两部国产动画《熊出没·奇幻空间》《大卫贝肯之倒霉特工熊》票房过亿元,除了节日期间在低龄化观众中引起反响,节后在青年人群中同样引发了一轮观影热潮。奇幻大片、青春片、喜剧片等类型渐显颓势,动画电影则表现良好。2016年度中国电影市场上映的动画电影共 63 部,其中国产片 41 部(含两部中美合拍),产出 24 亿元票房;进口片 22 部,产出 41 亿元票房。2015 年度上映的动画电影 54 部,国产片 41 部,产出 21 亿元票房;进口片 13 部,产出 24 亿元票房。[①] 据此得出,过去一年里,国产动画电影上映数量与去年持平,票房也略有增长。而进口动画在上映数量和票房上都有大幅增长,成为 2016 年中国动画电影票房激增的主要贡献力量。

在互联网社交平台的影响和消费者对于动漫作品优质内容高需求的推动作

---

① 参见《动画电影市场近期捷报频传,市场渐趋理性拓展创作视野》,搜狐网,2017 年 6 月 14 日,http://www.sohu.com/a/148746779_115832。

用下,低质量的国产动画电影票房成绩惨淡,过亿元的国产动画电影数量很少。动画电影投资商想要通过营销造势来实现高票房是极不可能的。对比国内上映的进口动画电影的票房收入,我国动画电影还有很大的进步空间。而且通过前面列举的微博用户讨论TOP100动漫来源分析数据来看,目前国内消费者对于国产动漫作品,依然持高度的关注状态,《大鱼海棠》的高票房和两极分化的口碑热议表明,优质内容和创意是进一步打开动画电影市场的敲门砖。

（三）互联网动漫平台和APP发展快速

互联网用户和二次元用户的迅速增长,直接影响了动漫产业的消费形式和生产、推广形式,大型互联网动漫平台和动漫APP应运而生,并且发展迅速。国内目前主要动漫互联网平台以腾讯动漫、优酷动漫、爱奇艺动漫、快看动漫等为主。易观千帆数据显示用户渗透率中快看动漫已成功进入榜单前十。

比达网数据显示,截止到2017年3月,动漫APP用户渗透率中快看漫画最高,依次是腾讯动漫、漫画岛等;注册用户方面,快看漫画注册用户超过7000万,月活跃量突破2460万,日活跃量突破727万,腾讯动漫平台月活跃用户超过9000万;在内容储备方面,快看漫画签约作品超过1000部,签约作者超过500位,总热度破亿作品超过300部,"粉丝"破百万作品超过150部,目前已经推出100余万册实体出版物,而腾讯在线连载动漫作品总量22600部,有超过300部作品点击率过亿,其中30部漫画作品阅读量过10亿,13部动画作品播放量破亿,签约作者超过610位。

动漫互联网平台运营模式渐趋成熟,其中腾讯动漫依托腾讯互娱大体系,相互协同,促进闭合产业链运作。目前,腾讯互娱旗下的腾讯游戏、腾讯动漫、阅文集团、腾讯影业、腾讯电竞,协同组建囊括游戏、动漫、文学、影业和电竞在内的5大互联网平台。通过这5大平台,形成以IP授权为核心,以文学、音乐、游戏、动漫、戏剧、影视等为载体式的IP开发运作体系。腾讯动漫作为其中一环,可以与其他平台相互协同、促进,这也是其核心竞争力之一。

（四）泛二次元群体逐渐壮大

作为中国目前最为重要的社交网络平台之一的新浪微博,俨然已经成为互联网群体获取和传递信息的主要方式之一。微博数据中心于2017年6月份发布的二次元白皮书——《数说二次元——不二次元有关的那些数》,试图通过大数据分析方式总结微博二次元用户特征。微博数据中心将二次元用户分为"泛二次元用户"和"核心二次元用户","泛二次元用户"指具有二次元特征、关注此类作品即带有二次元标签的用户,而"核心二次元用户"除了具有此类特征外,还具有一定的影响力和传播力。

根据微博数据中心的数据统计显示,二次元用户总体实现了高速增长,核心二次元用户数量目前为1960万,而泛二次元用户达到了1.53亿,泛二次元用户和核心二次元用户,均有37%以上的数量提升。二次元用户不仅规模大,用户黏性也很高,泛二次元用户中的月活跃用户有9400万,数量占比为61%,日活跃用户6000万,占二次元用户的39%,构成了一个庞大的活跃群体。由此可以看出,目前国内动漫产业潜在消费者数量庞大,动漫作品需求旺盛,这也是推动动漫产业发展的主要力量。了解二次元群体的特征、需求、喜好等是合理有效地开发二次元市场的必要条件。

四、中国动漫产业问题与对策分析

(一)动漫授权市场与国外差距较大

全球授权展·中国站(Licensing Expo China)官网显示,2016年全球各大授权商品零售总额达2722亿美元,主要涉及娱乐、角色、时尚/服装、体育、企业品牌、艺术和非营利等领域。国际授权业协会(LIMA)提供的数据显示,2015年全球授权产品零售额达2500亿美元,而中国整体授权产品零售为76.05亿美元,仅占全球零售额的3%,人均消费上中国为5.42美元,与日本人均消费94.14美元、韩国34.40美元等相比差距明显,这与中国网络作品版权保护问题、授权市场运作尚不成熟、动漫原创作品不足不无关系。

1. 网络版权保护面临着问题与挑战

2017年4月份中国信息通信研究院发布的《2016年中国网络版权保护年度报告》显示,2016年我国网络版权保护虽然取得了一些成效,但是依然存在着诸多问题与挑战:一是具备多种创新形态的新型互联网互动传播方式不断冲击着已有的版权法律制度,理论争议与法律纠纷的频发反映出法律的滞后性与产业创新之间的冲突;二是授权机制的不畅通,公平、权威、通畅和有效的版权授权平台的缺失,影响了作品的传播效率和版权服务水平;三是维权成本与收益不成正比,直接影响后继优质内容的创作与开发,制约着网络内容产业的发展。

版权保护是作为依托互联网平台和移动手机APP迅速发展的动漫产业长远发展的前提,也是动漫授权市场存在的基础。版权增值已经成为网络漫画基本盈利模式之一,网络版权的合理有效的保护成为动漫授权市场发展亟待解决的问题之一。针对上述网络版权保护存在的问题,解决措施有以下几点:一是立法机构要及时更新版权法律内容,以符合现有网络版权保护需求;二是相关政府机构要快速建成公平、有效的版权授权平台；三是合理有效地降低版权维护成本，保护版权被侵害方权益。此外针对大众经由互联网平台资源分享造成的版权侵害，需要社会和企业从技术和道德等角度来着手，以期配合政府形成全方位立体式的版权保护体系。

2. 动漫授权市场运作模式不成熟

相较于国外动漫授权市场近百年的历史，中国动漫授权市场才刚刚开始。我国动漫授权市场在受限于版权保护不力和授权机制不完善等问题的背景下依然在积极寻找发展之路。根据全球授权展·中国站官网数据显示，IP与商业地产在多种业态下结合，催生出主题临展、主题乐园以及主题咖啡厅等多种商业模式，如近日"吾皇万睡"在朝阳大悦城举办的实景体验展，开展首周便实现了客流同比提升13.2%；截至5月1日下午2点30分，杭州动漫展共有139.45万人次参加了动漫节各项活动，其中主会场33.26万人次，实际成交及达成签约交易、意向合作项目986项，涉及金额130.12亿元。合理地借鉴国外动漫授权市场运作机制，则可以更好地推动国内动漫授权市场的快速发展，除漫展、主题公园、衍生品等动漫授权运作模式外，授权展也是国内可以借鉴的方式之一。

而中国动漫授权市场也在不断发展中形成了国内特有的授权运作方式，动漫与传统文化的结合，如《从前有座灵剑山》便在第一季片尾打出了"与非遗传统手艺人一起'守'艺"的宣传旗号，推出"内画鼻烟壶""绛州木板年画""庆阳香包"等衍生产品。

(二) 动画电影票房成绩惨淡

经由2015年动画电影的突破式进展，2016年国内动画电影市场回归理性。虽然国产动画电影上映影片数量增幅明显，但是在票房方面，国产动画电影与国外动画电影相比，表现则差强人意。其原因主要有：国产动画电影质量的良莠不齐、国内动画电影还以小成本制作为主。

1. 国产电影质量良莠不齐

我国动画电影虽也有较为优质的电影出现，如《大鱼海棠》《小门神》，但是整体上来看粗制滥造的动画电影还是占多数，此外还有许多动画电影陷入抄袭侵权纠纷。而即使是票房表现不错的《大鱼海棠》也有故事情节老套等负面评价，《小门神》更是因为其说教的叙事方式被部分消费者不喜欢。针对此现象，为打造优质动画电影，可以从合理利用动画制作技术、购买优质IP、采用融入当代环境的叙事风格和多样化的故事题材等方法入手。

2. 国产动画仍以小成本制作为主

美国的动画电影的特点之一是大成本大制作,并配以前期的大宣传,依托大工作室技术和内容开发以及全球发行渠道优势,从而来保证动画电影高质量和高票房。从五大动画工作室平均成本来看,顶级动画电影由于制作周期长、劳动力密集、科技含量高等因素,导致其制作成本较高,迪士尼和皮克斯平均制作成本最高在1.71亿美元,照明娱乐由于总部在法国成本较低,但也达到7400万美元。

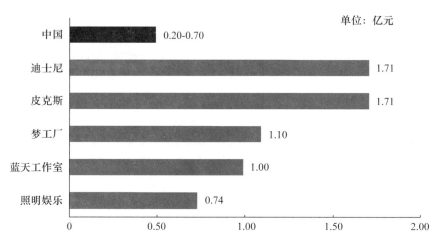

图1-5-6 我国和世界其他国家主要动漫工作室平均制作成本对比
(数据来源:前瞻产业研究院)

而我国动画电影大多还是小成本制作,前瞻产业研究院数据显示,我国动画电影制作成本基本在2000万元—7000万元之间,《喜羊羊》系列动画电影单片制作成本不足2000万元,《小门神》的成本虽然超过1亿元,但与美国动画电影差距依然很明显。从投资回报角度来看,高投资并不一定高回报,但是总体来看低投资必然会带来制作成本上的压力,这极有可能会影响动画电影的质量和宣传力度。针对此现象,可以以富有创意的优质IP为投资热点、合伙投资等方法来解决动画电影因为制作成本而导致的影片质量和票房等问题。

(三)动漫产业原创力不足

尽管近几年动漫产业发展迅速,动漫产业链运作趋于成熟,但是创作端依然是国内动漫产业发展的薄弱环节,动漫原创力不足成为制约动漫产业进一步发展的主要制约因素。除版权保护存在问题以外,动漫从业人员少、UGC资源重视不足也是其原因。相较于日本动漫从业人员所占比例来说,国内动漫从业人员数量严重不足,此外个人动漫创作者因平台资源有限,而难以找到将创意转化为动漫作品和授权方式等问题,虽与国内动漫产业发展历史较短不无关系,但是政策鼓励如动漫原创力计划等都可以成为有效的解决方法之一。此外,企业也可以采用动漫创意大赛等方式,动漫互联网平台如腾讯动漫、快看漫画等则可以通过个体动漫创作者投稿、签约优秀创作者等方式来集聚动漫创意资源。

五、前瞻思考

(一)动漫 UGC 创作增加

通过国家繁复多样的动漫创意扶持政策、对大学生动漫创意的支持,以及私营企业和商业平台举办的动漫创意设计大赛等形式,动漫 UGC 创作作品应该会增多。此外,动漫创作公司通过搜集动漫作品消费者的创意并将其融入动漫作品的运作方式,也会推动动漫用户创作作品数量上的增长。比如《魁拔》系列的制作公司青青树动漫公司创办了聚集无数《魁拔》"粉丝"的"哇搜社区",通过作品创意大赛和评奖形式向"粉丝"征集创意,包括故事、形象、游戏设计创意,让"粉丝"既是消费者又是创作者,来增加用户黏性。这种方式不仅在动漫行业中存在,动漫游戏一样会采用这种营销和运作形式。比如《阴阳师》手游会不定期举办"式神设计大赛",作为游戏营销方式的同时也可以征集创意,推进游戏内容更新,以便给用户带来良好游戏体验。

(二)动漫主题公园或将发展

前述观点表明中国未来主题公园的开发空间和前景很好,加之如果国产原创动漫和国产原创优质 IP 的开发,未来 10 年内,动漫主题公园可能会打破方特一家独大的局面。据悉 2020 年环球影城主题公园将开园,并引入孙悟空等主题项目。主题公园发展的基础在有优质 IP 的累积,从现有动漫产业中涌现的优质动漫作品来看,动漫主题公园数量应该会增多。

(三)动漫改编影视扎堆出现

2017 年 6 月 1 日,在上海美术电影制片厂 60 周年庆典上,据官方宣布《葫芦兄弟》和《天书奇谭》两部经典动画片的真人化电影进入全面开发阶段;6 月 8 日,由游素兰经典漫画作品改编、陈柏霖、景甜领衔主演的电视剧《火王之破晓之战》在银川开机;6 月 11 日,企鹅影视宣布人气动漫《全职高手》将改编成真人电视剧。最近两年,各大影视公司公布的由动漫改编而成的真人剧项目数量已达 51 部,除了《秦时明月》与《画江湖之不良人》,其他 49 部都处于立项、备案和制作阶段。

此外,2017 年 4 月腾讯影业在腾讯互娱发布会上宣布成立副线品牌春藤电影工坊,用以专门、长线地扶持年轻电影人,并宣布要重点扶持那些具备独特探索精神的影视项目。6月爱奇艺、腾讯影业、二十世纪福克斯、新片场影业、伯乐影业、好家伙影业、新浪娱乐7家公司举办了"比翼新电影计划"发布会,宣布将把腾讯动漫旗下10部漫画改编成网络电影,分别由10位年轻的新导演执导,而"比翼新电影计划"正是春藤电影工坊旗下的第一个系统计划。由此,未来3年内,由动漫改编的真人影视剧将会扎堆出现,这将会是中国动漫产业未来几年内一个新的增长点。

行业报告六

游戏产业年度发展报告[*]

王 璇[**]

2016年是"十三五"开局之年,总体而言,中国游戏产业稳步发展且势头迅猛。据CNNIC发布的《第39次中国互联网络发展状况统计报告》,截至2016年12月,网络游戏用户规模达到4.17亿,占整体网民的57%,较去年增长2556万人。手机网络游戏用户规模较去年底明显提升,达到3.52亿,较去年底增长7239万人,全年增长率25.9%,占手机网民的50.6%。[①] 2016年,中国游戏(包括客户端游戏、网页游戏、社交游戏、移动游戏、单机游戏、电视游戏等)市场实际销售收入达到1655.7亿元,同比增长17.7%。端游在近12年中首次出现负增长,相比去年的611.6亿元,今年只有582.5亿元,销售收入同比减少了4.8%。移动游戏市场实际销售收入为819.2亿元,同比增长59.2%;国家新闻出版广电总局批准出版的约3800款国产游戏中,移动游戏约占92.0%,移动游戏市场成为最具市场活力的领域。[②] 页游和端游份额同时出现下降,电视游戏仍处于布局阶段。移动游戏市场份额达到49.5%,首次超过客户端游戏,用户规模达到5.28亿,同比增长15.9%,再创历史新高。网络游戏用户的人口红利逐渐消退,规模增长率趋于平稳,用户需求由一般潜在用户吸引向核心黏性用户挖掘转变。作为增长核心的移动游戏用户规模和使用率显著增长,用户需求由最初的短、平、快式的微型移动基础用户向深、精、优型的重度核心用户转变。

---

[*] 山东省社会科学规划研究项目"移动社交游戏对大学生社会行为的影响及对策研究"(16CQXJ19)和中国海洋大学教学工程项目"新媒体产业课程实践改革"(2017JY87)的阶段性研究成果。

[**] 王璇,博士,中国海洋大学国家文化产业研究中心研究员、文化产业管理专业讲师,主要研究游戏与新媒体产业。

[①] 中国互联网络信息中心:《第39次中国互联网络发展状况统计报告》,2017年1月22日,http://www.199it.com/archives/560209.html。

[②] 同上。

图 1-6-1　中国游戏市场实际销售收入

一、2016 年游戏产业发展现状

(一) 资本运作趋于理性

2016 年游戏行业资本运作趋于理性,企业的上市、收购、融资等行为的次数与规模明显降低。跨界并购、转型升级的过程中,上市公司也存在新兴资产、并购资产低于预期的风险,资本热逐渐趋于冷静。2016 年,国内游戏融资 358.9 亿元,游戏资本动向 155 起,与往年相比皆有所下降。截至 2016 年年末,中国上市游戏企业共有 158 家。其中,A 股上市企业占 81.6%,占比继续增加。港股上市企业占 10.8%,美股上市企业占 7.6%,北上广三地上市游戏企业数量超过一半。中国新三板挂牌游戏企业数量为 115 家,主营研发占 17.4%,主营运营占 28.7%。① 由市值构成可见,国内游戏资本价值得到更高认可,对于估值较低的美股则更为谨慎。2016 年 3 月 31 日,完美环球娱乐股份有限公司成功回归 A 股;2016 年 5 月 13 日,证监会叫停上市公司跨界定增,涉及互联网金融、游戏、影视、VR 四个行业的并购重组和再融资也被叫停。

此外,以游戏为主的财团开始出现。2016 年 7 月 30 日,巨人网络壳公司世纪游轮与上海鼎晖蕴懿股权投资合伙企业等三家公司及其他投资人组成财团,共同对 AlphaFrontier Limited 进行增资,并以其为主体收购美国凯撒集团旗下游

---

① 《2016 年国内游戏行业资本:融资 358.9 亿,电竞、VR 领域受青睐》,微众圈,2017 年 1 月 5 日,http://www.v4.cc/News-3250774.html。

戏公司 Plantlike Holding Corp 100% 的权益。2016 年过亿元的融资并购案减少,仅 43 起。其中规模较大的几起包括:腾讯以 86 亿美元收购 Supercell 84.3% 的股权。该收购创下了中国海外最大的一笔收购纪录,同时也是全球最大的一笔手游收购案;巨人投资 305 亿元收购以色列公司 Playtika;华谊兄弟投资英雄互娱 2.88 亿美元;腾讯投资斗鱼 TV2.26 亿美元;本年度大量上市公司通过并购游戏公司进行转型,游戏行业内部、游戏与其他行业之间的跨界融合效应显著。VR 与 AR 融资也成为本年度游戏资本市场热点,融资金额达 8.03 亿元。[①]

(二)影游联动、"端改手"、游戏电竞类直播表现良好

从移动游戏市场规模来看,IP 改编占比最高,以影视剧改编为主的影游融合游戏占比也出现增长,"影游融合"的多维度运营不断深化。基于 IP 价值放大化理念的"影游联动"不断模糊游戏行业以及相关各行各业的边界,在动漫、影视、文学等方面建立 IP 生态圈,加速其融合进程并延长 IP 生命周期。2016 年度影游联动的手游市场份额达 89.2 亿元,占移动游戏市场销售总额的 10.9%。[②] 经典游戏 IP 改编的电影《魔兽世界》在中国获得 14.7 亿元票房。《琅琊榜》《微微一笑很倾城》《老九门》等影视剧、网剧、网络大电影通过内容定制植入获得了成功。[③] 另外,原创 IP 现象级手游《阴阳师》在游戏叙事、玩法上打破了传统卡牌的模式,也改变了网易依赖西游 IP 产品的创作思路。"端改手"表现出色,行业巨头纷纷从 PC 客户端转向移动端手游,移动游戏中端游改编手游的类型占比超过四成,《梦幻西游》《大话西游》等游戏利用 PC 客户端 IP 游戏中积累的用户基数与影响力通过"端改手"方式快速切换到移动端,完成 IP 的价值最大化转化,也是精品端游影响力在移动端的延续,这种方式还间接推动了自主研发网络游戏市场的增长。

游戏直播异军突起,电竞类直播表现尤为良好。2016 年直播市场规模约为 150 亿元。游戏直播用户突破 1 亿、增长率 108.3%,63% 的用户日均观看时长在 1 小时以上。[④] 游戏直播由最初以明星大 V 为主直接获取用户增值受益的单一经营方式向多平台联动、多内容互补、多形式吸引消费的多元复合式经营方式转

---

① 游戏产业报告课题组:《2016 年中国游戏产业报告》,2016 年 12 月 15 日,http://www.joynews.cn/yxcybg/201612/1531629.html。
② 《2016 年中国游戏产业现状分析:手游市场份额达 49.5%》,2016 年 12 月 15 日,http://www.sohu.com/a/121669793_215539。
③ 曹菲:《影游联动营销策略分析——以电视剧〈微微一笑很倾城〉为例》,《新闻研究导刊》2016 年第 7 期。
④ 游戏产业报告课题组:《2016 年中国游戏产业报告》,2016 年 12 月 15 日,http://www.joynews.cn/yxcybg/201612/1531629.html。

变。游戏直播的变现方式分为用户消费、企业服务两种,用户消费主要包括电商接入、增值服务(虚拟货币或物品)、VIP 服务,企业服务包括游播互动、广告推广、品牌营销。① 目前已经形成了熊猫、虎牙、战旗、斗鱼等几家具有领先者地位的平台,在游戏直播市场中占据较高的集中度。同时,电子竞技直播平台还成为电子竞技赛事的传播者、组织者、承办者和参与者。

(三) VR 线下体验成为消费新试点,AR 游戏异军突起

2016 是虚拟现实(以下简称 VR)应用元年。传统游戏的日益式微使具有高沉浸度、深代入感、高逼真度等特点的 VR 游戏成为游戏行业的新蓝海。2016 年中国 VR 市场规模为 34.6 亿元,其中最大的细分市场是 VR 头戴设备,占据整体份额的 59.2%。② 资金流动方面,2015 年更多集中在硬件领域,2016 年资金纷纷向内容制作转移。VR 行业目前仍处于成长期,细分市场空间大、增速快,在内容、渠道、平台领域逐步延伸,其产业链生态在总体上臻于成熟。在世界范围内,Oculus Rift、HTC Vive 等高性能 VR 设备相继面世,以《Ingress》等为代表的 VR 游戏产品也掀起热潮。2016 年,VR 游戏产业呈现出线下体验消费和延续端游盈利模式走向。其一,由于 VR 设备昂贵、体验和消费门槛高等特性,2016 年各投资商开始注重建设线下商场、专卖店等实体 VR 体验店,意图通过这种线下体验后购买的新模式带动 VR 游戏设备和产品的售卖。体验馆包括 VR 游戏厅、VR 影院、VR 主题公园等形式。其二,目前 VR 游戏应用场景主要以网页体验为主,付费模式仍不明朗,不过已经有部分 VR 游戏开始延续端游"付费下载、免费游戏,道具收费"的盈利模式获利。

2016 年任天堂推出的增强现实(以下简称 AR)游戏《Pokemon Go》风靡全球,成为史上盈利最快的移动游戏,这种基于地理位置的新游戏类型摒弃了 VR 产品在设备使用和空间体验中的限制,使人们真正走出办公室、住宅等固定环境,既能够愉悦体验,又可以强身健体。目前,AR 游戏产品的应用与开发仍处于初创期:其一,AR 游戏产品设计仍存在设备耗电、运算速度慢、数据存储容量小、传输能力较弱等硬件和设备障碍;其二,AR 产品需要通过人工智能获取真实场景数据,如图像识别、人脸识别、动态追踪、语音识别、OCR 文字识别;其三,AR 产品使用过程中可能会涉及隐私权、肖像权与版权等法律问题。未来如何应对并解决这些问题是 AR 游戏值得思考的问题。

---

① 王宗:《直播行业如何变现?》,《名人传记月刊》2016 年第 8 期。
② 艾瑞咨询:《中国虚拟现实(VR)行业研究报告——市场数据篇》,2017 年 6 月 27 日,http://www.iresearch.com.cn/report/3016.html。

二、游戏产业发展特征

(一) 各终端游戏地位重新洗牌

2016年端游市场收入为582.5亿元,下降了4.8%①;市场初显疲态。电竞游戏细分市场仍在持续增长,市场占有率进一步增加。2016年中国电子竞技游戏市场实际销售收入达到504.6亿元,占游戏市场销售总额的30.5%②,《英雄联盟》《DOTA2》等老牌产品营收小幅增加。用户数量有所上升,达1.56亿,用户数量上升现象与对硬件要求更高的电竞游戏回温有关,而实际销售收入锐减现象则与客户端游戏向同名移动游戏转化所造成的用分流户有关。大型游戏制作商逐渐形成了市场垄断格局,厂商研发重心也逐渐向移动端转移。同时,由于受到海外授权和代理产品的影响,自主研发游戏数量呈逐渐下降趋势。2016年,网页游戏市场实际销售收入达187.1亿元,同比下降14.8%;受到电竞和手游的双重夹击,发展状况不佳,游戏用户数连续第3年下降,仅存2.75亿。③

移动游戏市场受到政策、网络环境、文化消费趋势等方面的影响,获得了长足的发展,移动游戏市场成为所占市场份额最大、增速最快、最具市场活力的细分市场,这与网络带宽的持续优化、智能手机的普及、移动游戏产品类型日益丰富、移动游戏门槛降低密切相关。不过,随着移动游戏市场的不断成熟,移动游戏市场竞争日趋激烈,产品格局变动较大,倒逼精品产生。从移动游戏收入榜来看,《梦幻西游》占据2016年移动游戏收入榜首,《王者荣耀》位居第二④,收入保持稳步增长,确立了移动MOBA游戏的霸主地位;《阴阳师》重新定义了卡牌游戏,形成了剧情式"半即时回合制卡牌RPG"的新玩法和新模式,但是由于上线时间较短,年度收入暂排名第八。

---

① 《2016年端游市场收入582.5亿元,同比下降4.8%》,2017年1月18日,http://www.sohu.com/a/124607640_114734。
② 游戏产业报告课题组:《2016年中国游戏产业报告》,2016年12月15日,http://www.joynews.cn/yxcybg/201612/1531629.html。
③ 前瞻产业研究院:《2016年网页游戏收入187.1亿元 下降幅度达14.8%》,2017年1月18日,http://bg.qianzhan.com/report/detail/459/170118-457efe94.html。
④ 《2016年移动游戏产业报告课题组:移动游戏收入TOP10》,百家号,2017年1月24日,https://baijia.baidu.com/s?old_id=761751。

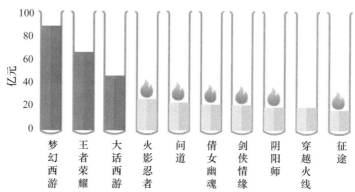

图 1-6-2　2016 年 TOP10 移动游戏收入监测
（数据来源：中国音数协游戏工委和伽马数据）

（二）游戏精品化、运营长线化、二次元游戏主流化

首先，随着各细分游戏市场地位的不断稳固，游戏红利慢慢耗尽，马太效应日渐显露，催生企业生产高质量精品。各大游戏公司纷纷转向研发重型重度游戏精品和深耕既有游戏产品的内容、质量与服务的发展思路，力图用高级服务和体验牢牢抓住核心用户群体。受碎片化时间变化、用户量以及用户竞技需求的影响，产品付费重心也在由"鲸鱼用户"转向"虾米用户"①，这使游戏行业的产品呈现出精品化特点。

其次，游戏行业在产品质量和运营模式方面都告别了过去的粗放式经营与管理，用户对内容和玩法也提出了更高的要求。这就需要游戏企业更注重在游戏体验、引导消费、用户画像营销、数据反馈等方面的长期可持续运营，构建集"研发＋发行＋运营"于一体、更为成熟和完整的长线化运营链条。② 一方面，要通过持续的技术迭代和版本更新及时调整游戏数据③，如开放游戏系统的新活动、用户需

---

① 鲸鱼用户源于国外赌场，在赌场中资金实力雄厚的赌客被称为"鲸鱼用户"。游戏中将付费用户分为两类：每月投入大量资金的用户即"鲸鱼用户"，而每月投入很少资金的用户即"虾米用户"。
② 茅蕾：《中国网络游戏产业运营模式探析》，山东大学硕士学位论文，2010 年，第 33 页。
③ 张彦俊：《游戏运营中的数据挖掘》，复旦大学硕士学位论文，2011 年，第 21 页。

求反馈、技术升级和代码迭代等。另一方面,在注意力冗余时代,要实现新老用户的持续导入,就要充分重视前期宣传和后期投入方面的平衡运营,运用多渠道、多平台、多手段持续刺激玩家游戏形成多次体验消费,建立游戏产业精细化、长线化、数据化的运营模式。

再次,从《阴阳师》《崩坏3》等二次元游戏在下载与收入榜均排名前列的表现来看,二次元市场成为不可小觑的细分市场。2016年二次元手游市场整体规模29亿元,用户群体将突破3亿,付费率达到75%①,从游戏单品用户表现看,截至2016年12月,《阴阳师》日活跃用户超过100万。这些二次元游戏社区中大部分都是以95后、00后年轻人群为主的二次元群体,小众的二次元正逐步扩散到基数更大的泛二次元,为游戏市场发掘了新的"金矿"。据数娱梦工厂统计,2016年国内泛二次元行业投融资总额成倍增长,公开融资达77起,资金总额约25亿人民币,有17家二次元平台类企业完成融资,获得融资总额高达约11.84亿元,占行业总额的49%。②

(三)电子竞技产业生态逐渐形成

2016年,中国电子竞技游戏取得了质的飞跃:教育部将电竞列入高等院校专业目录;由中国控股的《英雄联盟》收入超过18亿美元,成为全球最赚钱的电竞游戏之一;清华大学设立电子竞技奖学金;发改委要求开展电子竞技游戏赛事活动。这些事件都表明电子竞技在游戏细分市场中的地位日益凸显。2016年,中国电子竞技游戏市场实际销售收入达504.6亿元,占比30.5%,客户端电竞市场实际销售收入达到333.2亿元,占客户端游戏市场实际销售收入的57.2%③,已逐渐步入成熟期。移动电竞仍处于成长期和布局期,出现了《王者荣耀》一家独大的局面,随着电子竞技产品的不断升级,移动电子竞技时代将很快全面来临。

电竞赛事、电竞直播、周边衍生品成为电竞产业的三驾马车。其一,电竞赛事逐渐形成专项赛事、商业赛事、城市赛事、展会赛事的多元综合赛事体系,如Nice-TV与PLU成立国内规模最大的移动电竞赛事运营商VSPN;腾讯主办的TGA移动游戏大奖赛、阿里体育主办的WESG世界电子竞技运动大赛。④ 其二,电竞

---

① 《2016二次元游戏市场规模分析:核心二次元用户达8000万》,中商情报网,2017年3月1日,http://www.askci.com/news/chanye/20170301/16225992115.shtml
② 《二次元行业:B站加速商业化进程 A站融资忙不停》,中国投资咨询网,2017年3月12日,http://www.ocn.com.cn/touzi/201703/qbpla12104021.shtml
③ 《2016中国游戏产业报告课题组:游戏收入1655亿元 电竞游戏达504.6亿》,2016年12月15日,http://www.sohu.com/a/121683431_502342
④ 游央:《综合电竞赛事背后的资本逻辑》,《电子竞技》2016年第9期。

直播为游戏内容推广、宣传赛事、市场预测提供了天然平台,电竞游戏直播可以通过赛事直播、实况直播、自制节目等方式进行内容推广和赛事宣传,还可以通过直播平台观看人数预测和判断赛事成功与否。其三,游戏衍生品不同于影视、动漫等行业,影视动漫作品注重产品的后续性存留体验,而游戏作品强调产品的在线持续体验[①],因此游戏衍生品在2016年仍处于商业模式探索期和试水期。目前,网易是国内游戏衍生品品类研发和生产最早的企业,随着国家对版权保护力度的加大,以及政府对电竞产业的重视,电竞游戏衍生品的研发与销售将成为下一个风口。

三、游戏产业发展问题分析

(一)资产热度高,精品转化率低

游戏产业快速发展的同时,也面临着产能过剩和存量竞争的双重压力。第一,在2014年、2015年游戏投资热情驱使下,大量现金涌入游戏研发端口,资本热度不断升高,但是小成本游戏开发商和游戏产品数量剧增,导致产出大量过剩产品,生产供过于求、渠道控制市场的局面。与此同时,新增用户数量在近年来增速放缓,有效用户转化难度增加,导致供需两端在总量与变化速度方面皆不对称,而产能过剩又刺激游戏企业加大营销投入,客户游戏成本被动提高,造成恶性循环。第二,一方面,中小游戏企业数量巨大但综合实力薄弱,新产品生命周期短暂,市场进入存量竞争阶段,游戏市场收益不断向腾讯、网易等游戏巨头聚集,游戏市场的寡头垄断特质愈发明显,市场集中度较高。例如,在中国移动游戏市场销售收入中,腾讯、网易两家公司移动游戏收入占比接近七成,其他企业没有一家占比超过5%。[②] 另一方面,发行商转向自研、控股研发团队,与优质研发公司联合开发IP游戏精品,影响了中小企业的生存和发展。第三,游戏产品同质化问题严重,一旦出现能够打破产业生态的现象级游戏,便会出现众多同类型和玩法山寨产品。游戏内容之间的"移花接木"现象明显,吸引客户消费的手段也日渐趋同,用户付费意愿降低,游戏用户成本投入与回报的比率较低。第四,游戏精品少、转化率低,经典畅销游戏掠夺了中小成本游戏的关注度,导致游戏行业刷榜行为猖獗,部分游戏企业通过自充值等行为间接提高企业自身流水数据,获得高资源和高关注效果,严重扰乱市场秩序和产业生态环境。

---

① 王昵:《游戏衍生品使用行为影响因素实证研究》,华南理工大学硕士学位论文,2010年,第35页。
② 游戏产业报告课题组:《2016年中国游戏产业报告》,2016年12月15日,http://www.joynews.cn/yxcybg/201612/1531629.html。

（二）盈利模式缺失，产业经营意识弱

游戏产业的发展要遵循社会效益和经济效益相统一的原则，既要注重游戏文化和消费所能带来的社会效益，又要重视能够确保持续生产和经营的经济效益。① 同时还要兼顾商业价值和艺术价值相统一的原则。反观目前游戏产业发展现状，大部分游戏公司的盈利模式尚不清晰，仍处于"补贴和烧钱"阶段。第一，市面上部分游戏利用热点和噱头制造话题游戏进行短时间炒作获得快速关注，存在"产出效益快，生命周期短，重娱乐轻内容"的问题，尤其是一些页游利用弹出式广告、明星大V代言、视觉刺激画面等广告推广方式强制获取用户注意力的短暂兴趣和停留，达成一时的营收。第二，一些企业企图通过投机取巧、打擦边球的方法，采取"换皮"手段变相窃取畅销和经典作品的版权，将代码和设计重新"淘洗"后便上架盈利，这不仅对原创作品的版权造成了极大的侵害，也对原创作品的盈利模式造成了恶劣的影响。第三，目前游戏的主要盈利模式不确定，用户付费意愿弱。现阶段付费模式主要有"免费下载，道具付费"②；"一次性购买，终身免费使用"；植入广告；周边产品。第一种模式已经渐渐成熟，第二种模式源自苹果商店，用户需要在下载游戏时付费，以后便可终身免费体验游戏中的任何服务，但是对于已经习惯于免费游戏的用户来说，这种模式的可行性仍待商榷。而游戏植入广告和周边产品的盈利模式也不明确，需要再经过深入研究与验证。

产业经营意识弱也是减缓产业转型升级的原因。首先，先期游戏产业资本热的盲目扩张导致低水平重复开发，造成行业资源的闲置和浪费，资源的散乱差致使产业链脱节，弱化了上中下游的关联度。其次，游戏企业数量和产品质量严重脱节，有限资源和注意力逐渐被巨头企业垄断，中小企业被迫压缩产品研发运营成本，增加广告和营销成本，甚至不惜花重金聘请一线明星或多渠道强制推销广告，破坏了产业运营的良性生态环境。再次，品牌经营意识弱，产品研发易受到经典游戏和话题热点的影响，重时效性轻持续性。忽视品牌影响力的构建，对已有品牌的后续投入和运营力度不足，导致品牌附加值低、社会影响力差。③

（三）新兴产业缺乏规范，陷入乱象怪圈

虽然直播和比赛等新兴周边产业一路高歌猛进，但我们仍然要清醒地意识到发展过程中存在的乱象怪圈。第一，直播和赛事行业的不菲收入诱导心态膨胀，

---

① 施贺昕：《我国网络游戏产业的经济学分析》，《商情》2016年第31期。
② 王颖：《中国网络游戏盈利模式研究》，《北方经济》2010年第23期。
③ 邹志琴：《SNS中的游戏植入广告对品牌资产的影响研究》，暨南大学硕士学位论文，2011年，第25页。

利用网络游戏直播传播负面消息、新闻和视频,暗中进行代练、色情、违法金钱交易的现象层出不穷。第二,资本大量涌入导致行业虚假繁荣,中国的电竞行业才刚刚起步,巨额的投资是否能获得高回报率仍然是个未知数,对直播行业的资金投入仍具有不确定性,资本的大量涌入吹起的是行业的经济泡沫,巨额的投融资、高价主播签约、收购并购背后可能是非理性竞争与发展的表现。游戏主播价值存在虚高现象,导致主播与平台之间矛盾丛生。第三,游戏直播过程中版权问题丛生,作品参与权、游戏原始版权、直播权、表演权等问题在法律中尚未规定明确的合理使用范畴,使用不慎就可能构成侵权行为。①

随着虚拟现实(以下简称 VR)硬件技术的不断升级、游戏产品日渐丰富、应用场景也随之增加。不过新行业发展之初也面临着严峻的挑战。首先,硬件门槛和技术壁垒高导致市场难以形成行业标准,产品质量参差不一,不同标准的镜片、瞳距、目距造成 VR 设备与显示设备对接和适配难度增加,不同配置也使设备价格差距悬殊,各种成本低廉、模仿度高的劣质产品充斥市场,扰乱行业健康有序的发展。其次,应用场景不便和技术缺陷导致游戏体验不佳。应用场景能将虚拟与现实情景联结起来,但是受到现实位置、场景等因素限制导致应用场景匮乏,另外技术上的产品数字还原能力低也会降低游戏体验度。最后,内容匮乏、缺乏产业链接和融合,阻碍了产业化进程。产品初创时期,业界缺乏成功的 VR 游戏案例标杆,难以创造出同类型优秀作品。内容供血不足还导致用户倾向于使用国外成熟产品,用户基数不足,难以收回成本。同时 VR 在发展过程中过分重视应用外在性,对周边产业的链接和融合相对较少,以 VR 为原点的生态系统有待进一步形成。

四、游戏产业发展路径及产业趋势

(一)版权为表,内容为里,文化为魂

游戏产业链健康有序的发展要以文化为灵魂依托、以内容创作为核心战略、以版权保护为基础保障。中国文化源远流长、博大精深,上至盘古开天辟地,下至军阀逐鹿中原,无数生动有趣的历史故事都为游戏创作提供了丰富的素材。战争、神话、英雄、仙境等创作构想均源自文化,却又超脱文化。经久不衰的三国、西游、封神、仙侠类经典 IP 游戏的创意来源都取材自中国文化丰沃的土壤,同时近几年来兴起的网络文学也为游戏创作提供了丰富的素材。游戏企业要善于杂糅、

---

① 祝建军:《网络游戏直播的著作权问题研究》,《知识产权》2017 年第 1 期。

借鉴国外诸如《大航海时代》《帝国时代》《罗马》等经典的文化游戏精品，通过植入历史地理知识，宣传本国和本民族文化精髓，传递正确的价值观与世界观，提升游戏的文化层次。

游戏的内容创作和创新依旧是游戏企业持续发展的原动力。内容形式创新体现在游戏叙事和玩法的创新。叙事创新主要包括游戏的世界观、角色、情节等方面的创新；玩法创新主要包括机制、系统、类型等方面的创新。两者互为表里，相辅相成。没有玩法的叙事，情节缺乏趣味渲染、缺乏游戏动力和整体系统；没有叙事的玩法，难以激发游戏探索兴趣和产生情感移情，也难以提高存留率。同时，可以借助 IP 改编、借鉴经典、影游结合等方式进行嫁接创新。IP 改编可以利用网络文学、网络视频等新兴内容类型进行 IP 之间的转化和改编；借鉴经典可以参考时下流行的经典游戏进行简化和多平台移植，如《王者荣耀》。影游结合作为近几年的新趋势，为内容创作提供了创意，也为粉丝转化和多轮次消费提供了便利条件。

2016 年 2 月 4 日，国家新闻出版广电总局发布《网络出版服务管理规定》①，规定网络游戏上网出版前，必须经各级部门审核同意并报国家新闻出版广电总局审批。游戏产品属于精神消费产品，相关设计创意与思想意识密切联系。因此，优秀产品推出后，很容易遭受其他公司的抄袭和模仿，用"换皮""换脸"等换汤不换药的方式等侵犯原创游戏版权。此外，还有部分公司借助畅销游戏开发"外挂"和"私服"炒作自己的公司和网站，严重影响了游戏的平衡性。目前，游戏版权保护主要涉及商标、美术设计、代码、衍生品等方面，游戏产业版权保护应不断提高风险意识，完善风险控制制度建设；运用云技术、大数据建立健全数字版权保护技术；加强行业自律，构建版权执法体系，加强玩家版权保护意识。

（二）优化盈利和经营模式，加强用户付费意愿

盈利模式是游戏产业的核心问题，游戏企业只有实现盈利才能持续发展。从付费率和 ARPU（每用户平均收入）来看，RPG、卡牌、MOBA 和策略四类游戏高付费率、高 ARPU 值的双高特性，休闲、MOBA、RPG 等依赖增值服务的游戏类型在付费率方面表现良好，塔防、竞速、射击类等不太依赖道具的游戏类型在ARPU 值方面表现较高，而用户付费率偏低。这表明用户在使用过程中对影响游戏性和平衡性的游戏付费意愿较强，而对于游戏性和平衡性影响不大的游戏付

---

① 中华人民共和国工业和信息化部：《网络出版服务管理规定》，2016 年 2 月 14 日，http://www.miit.gov.cn/n1146290/n4388791/c4638978/content.html。

费意愿较弱。此外,游戏的用户群体更偏向80、90、00后的年轻化群体,尤其是以00后为代表的"新势力"群体对游戏市场的增量贡献不容小觑,这类群体倾向于在社交网络上交友、交流、表达与合作,这就需要游戏企业根据数据反馈及时获取不同年龄段用户的多样需求,加强游戏的深、精、重度体验和网络社交体验方面的设计和研发,增加用户黏性,培养和引导用户在应用内置购买(IAP)、订阅、跨平台收益、周边衍生产品等方面的意愿。同时还要注重社会化分发渠道的营销,如使用微信、微博,通过口碑传播、话题讨论、舆论影响的手段增强用户对游戏的认识并加强其付费意愿,从而形成稳定的盈利梯形结构。① 随着游戏市场的不断成熟,用户购买成本也不断增长、游戏时间成本不断提高、持续关注能力减弱,企业的经营重心也应逐渐转向移动端,这意味着企业必须要向品牌化、特色化、规模化的经营模式发展,采取产品精品化、运营长线化、开发立体化、多业态、多样化的经营战略。

(三)加速产业融合、推动法制化建设

早在2015年,总理李克强就在《"互联网+"行动指导意见》中提出:放宽融合性产品和服务市场准入,让产业融合发展拥有广阔空间。随着电子竞技、人工智能和VR行业的不断完善,为游戏产业融合带来了前所未有的活力,带动了经济增长,促使相关游戏产业结构的调整日趋明朗。目前,游戏产业逐渐深入到人们的文化、生活、学习中,逐渐形成了以游戏产业核心层为中心,将游戏产业与动漫、影视、文学、赛事等相关层紧密连接,并有效利用和衔接教育、通信、医疗、建筑、旅游、展会等外围层的泛娱乐游戏全产业链。一方面,要深度挖掘IP价值促进影游联动,直接创造收入来源。2016年6月8日,由经典游戏改编的电影《魔兽》上映,全球票房近30亿元人民币,中国观众贡献了一半,此外还有《幻城》《花千骨》《鬼吹灯》等游戏作品通过产业融合受益匪浅。另一方面,虚拟现实、增强现实技术的迭代拉近了游戏与医疗、学习、旅游等行业的距离,玩家借助头戴式或智能穿戴设备学习医学知识、培训技能、足不出户游天下,缩短了行业间距离,模糊了产业间边界,产业间共生互补互助,产生1+1>2的效益。

游戏行业是在近几年逐渐形成产业意识和模式的,新兴行业在发展之初会产生大量诸如道德、标准、规则等涉及法律的问题,相关法律法规的制定迫在眉睫。游戏产业法制化进程的推进应主要包含如下几点:一是游戏内容分级标准的制

---

① 李长银、陈慧慧、高寒:《网络外部性视角下的网络游戏产业收费模式研究》,《经济经纬》2015年第1期。

定。目前美国、日本等国家均制定了详细的内容分级制度,严格划分游戏群体,保护未成年群体的利益。中国的玩家群体日趋年轻化,青少年和未成年群体因受到不良游戏蛊惑酿成惨剧的案例屡见报端,因此设立保护这一特殊群体心理健康的相关法律刻不容缓。二是游戏相关版权保护法的制定。要运用法律手段严厉打击外挂、私服、山寨等侵权行为,情节严重、数额巨大、社会影响恶劣的行为可考虑纳入刑法范畴。三是平台的法制化进程建设。2016年7月27日,公安部网络安全保卫局在全国范围内展开网络直播平台专项整治工作,同时加速推进网络主播和管理员实名制。2016年电竞直播平台的流行,为平台上架与内容审核方面的法律制定提出更高要求。四是数字财产保护、继承法的制定。玩家在游戏中会产生大量的虚拟财富,如极品装备、道具、虚拟货币等。① 一旦这些数字财产发生转移和继承行为,数字财产等无形资产的评估清算和继承法律法规制定势在必行。

(四)人工智能、深度学习、神经网络助推游戏产业智能化升级

2016年5月18日,发改委、科技部等部门出台《"互联网+"人工智能三年行动实施方案》,提出加快智能终端核心技术研发及产业化,丰富移动智能终端、可穿戴设备、虚拟现实等产品的服务及形态。② 2016年人工智能伴随着AlphaGo与李世石的围棋大战事件而备受瞩目,自然语言处理技术、语音识别与图像识别技术等也不断被运用到商业化应用中。据艾瑞咨询预测,该年度语音和视觉识别技术分别占中国人工智能市场的60%和12.5%,预计到2020年,中国人工智能市场将从2015年的12亿元增长至91亿元。③

2016年9月3日,习近平主席在《中国发展新起点全球增长新蓝图》演讲中提出:"创新是从根本上打开增长之锁的钥匙。以互联网为核心的新一轮科技和产业革命蓄势待发,人工智能、虚拟现实等新技术日新月异,虚拟经济与实体经济的结合,将给人们的生产方式和生活方式带来革命性变化。"④游戏产业作为高创新性产业,更应该善用人工智能、大数据分析、虚拟现实、智能决策控制等主流技术助推游戏产业智能化升级。游戏产业在未来应该更多地加入智能设计、生成、处理和分析的能力,运用感知数据、自然语言、富媒体等技术研发新型游戏产品,

---

① 王国强、耿伟杰:《网络环境下数字遗产的继承问题研究》,《大学图书馆学报》2012年第3期。
② 《"互联网+"人工智能三年行动实施方案》,中华人民共和国国家发展和改革委员会,2016年5月18日,http://www.ndrc.gov.cn/zcfb/zcfbtz/201605/t20160523_804293.html。
③ 《人工智能入局新零售元年之战 AI正在加速落地》,中证网,2017年6月5日,http://www.cs.com.cn/ssgs/hyzx/201706/t20170605_5308796.html。
④ 余丰慧:《创新:从根本上打开增长之锁》,网易新闻,2016年9月15日,http://news.163.com/16/0905/01/C05OTVN100014AED.html。

推进计算机视觉、智能语音处理和智能决策控制等技术在游戏中的应用,为游戏产业智能化升级奠定坚实的技术基础。

神经网络作为认知神经科学的重要组成部分,促进了人类对脑学习机制的探索,为游戏以及游戏化学习研究与设计提供了重要支持。[①]研究表明,适度合理的游戏可以增加与工作记忆能力相关的大脑灰质,提高同时处理多项任务与对环境反应的能力,可以在复杂训练环境中塑造大脑并促进学习。认知神经科学还能够以游戏化的方式促使玩家的大脑释放多巴胺,在轻松的游戏环境中产生积极的情绪。因此,游戏产业要加强与其他相关产业尤其是教育产业的联结,重视神经网络在早期教育、特殊教育和终身学习等方面的运用,为游戏产业智能化转型和升级提供理论指导和模型框架,使游戏在人们的精神文化消费中更"名正言顺"。未来,随着人工智能、深度学习、超计算、神经网络等技术的不断发展,游戏的设计也将越来越符合人类的思维发展,还可以通过人类设定的指令实现自我学习优化并生成新游戏,为玩家提供更多可持续和个性化服务。

---

① 尚俊杰、张露:《基于认知神经科学的游戏化学习研究综述》,《电化教育研究》2017年第2期。

行业报告七

广告传媒产业年度发展报告

石 俊[*]

2016年是我国全面建成小康社会决胜阶段的开局之年,也是推进供给侧结构性改革的攻坚之年,对于我国广告传媒行业来说,2016年也是具有重大意义"转折年"。这一年我国广告行业积极发展,各类媒体纷纷转型并产生了新的格局形态。传统媒体逐渐分化,创新完善,力图打破时间和空间的局限,互联网广告持续走高,自媒体活跃创新,为广告业发展提供更广阔的空间。此外,网红直播、移动视频霸占各类荧屏,人工智能、程序化购买继续助力营销市场,内容应用回归广告也成为这一年广告行业的亮点。

一、广告传媒产业发展环境

(一)经济环境

1. 我国经济整体发展状况

2016年,我国国内生产总值达到744127亿元,比上年增长6.7%,增速比上年回落0.2个百分点,国民总收入增长6.9%,加快0.6个百分点。2016年服务业增加值比上年增长7.8%,服务业比重在连续多年提高的基础上,2016年继续保持上升的势头,虽然升幅比上年有所回落,但也是比较快的一年。2016年全国居民人均可支配收入23821元,比上年实际增长6.3%,高于人均GDP增速0.2个百分点。[①] 总体来看,经济形势良好。

2. 广告行业发展态势

根据中商产业研究院发布《2017—2022年中国广告业市场分析及发展战略咨询报告》的数据显示(见图1-7-1):2016年中国广告经营额达到6489亿元,同比

---

[*] 石俊,中国人民大学创意产业技术研究院助理研究员,主要研究广告传媒产业、创意产业等。
[①] 国家统计局:《2016年统计公报》,2017年2月28日,http://www.stats.gov.cn/tjsj/sjjd/201702/t20170228_1467357.html。

增长率为 8.6%,2011—2016 年间中国广告业年均复合增长率(CAGR)高达 15.7%。目前全国广告业从业人员已超过 300 万人。

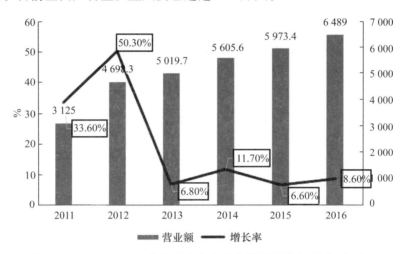

图 1-7-1 2011—2016 年中国广告业营业额及增长率(单位:亿元)
(数据来源:中商产业研究院)

(二)政策环境

1. 广告行业自身政策环境

2015 年新修订的《广告法》正式颁布,一年来《广告法》大力宣传、实施,广告从业者也自觉遵守和积极配合,整体上来看取得显著成效。2015 年第一季度全国广告市场秩序监测数据显示全国传统广告(电视、广播、报纸)违法率在 6% 到 8%,违法时长是(违法时长,即电视、广播在播广告的时间中有多长时间是违法的)36.5%。经过一年多的整顿,我国广告市场秩序发生了翻天覆地的变化,根据最新的监测结果显示,2016 年我国传统媒体违法率不到 1%,违法时长 1% 左右,全国广告市场的违法广告下降了 95% 以上。

为继续实现对全国广告市场秩序的有效监管,国家工商总局于 2016 年 7 月发布《互联网广告管理暂行办法》,于 2016 年 9 月 1 日起施行。《办法》施行半年多,取得了明显的成效。2016 年国家工商总局依托国家互联网广告监测中心对全国 27 个省和 9 个重点城市的 169 家网站进行广告监测。监测广告总量 385 万条次,广告总违法率为 2.76%,比 2014 年下降 6.19 个百分点,降幅达 70%,并继续保持下降趋势。

2. 相关行业政策变动带来影响

2016年12月《"十三五"国家战略性新兴产业发展规划》出台，《规划》提出，以数字技术和先进理念推动文化创意与创新设计等产业加快发展，促进文化科技深度融合和相关产业的相互渗透。《规划》和当前广告行业创意设计与数字技术的应用热点结合，为广告行业带来了新的空间和平台，为广告创意提供了更多的技术支撑和多样化的表达形式。

2016年9月，国家新闻出版广电总局下发《关于加强网络视听节目直播服务管理有关问题的通知》，要求网络视听节目直播机构开展网络视听节目直播服务应具有相应资质；2016年11月网信办发布《互联网直播服务管理规定》，对直播实施分级分类管理，建立信用等级管理体系；2016年12月国家新闻出版广电总局下发《关于加强微博、微信等网络社交平台传播视听节目管理的通知》，2016年12月出台《广电总局关于进一步加强网络原创视听节目规划建设和管理的通知》。一系列规范网络视频、自媒体、直播等政策的出台，规范了广告市场秩序。

此外，融合发展、资产评估、文化消费、文创产品等一大批文化领域重大政策文件陆续出台，有力地推动了文化事业产业繁荣发展，加速传媒广告行业快速发展。

（三）媒介环境

2016年媒介环境依旧处于融合与裂变齐头并进的状态中。新媒体层出不穷，传统媒体逐渐式微，不管是内容生产、传播媒体，还是舆论空间，都处于嬗变中。

1. 各媒体融合与裂变齐头并进

一方面，报刊、电视、网站、客户端等不同形式的媒体将进行整合，加快媒体一体化进程，推进新媒体形成联盟，深化行业间合作。另一方面，单靠广告的盈利模式已经一去不复返，跨产业投资、付费新闻、发展电商、粉丝打赏等形式成为新媒体的新兴盈利点。

2. 网络建设进展顺利

2016年，三大运营商总用户都有不同程度提升（见表1-7-1），中国移动2016年用户数总数达到8.49亿户，中国联通2016年达到2.638亿户，中国电信2016年累计达2.15亿户。[①] 同时，三大运营商也都加快了对4G用户的渗透，在4G市

---

① 参见《三大运营商发布2016年运营数据：中国移动一骑绝尘》，中国通信网，2017年1月21日，http://www.c114.net/news/16/a991826.html。

场,中国移动4G用户达到5.35亿户,中国电信为1.22亿户,中国联通1亿户。三家共计7.57亿户。

表1-7-1　2016年三大运营商用户总数及发展情况

	中国移动	中国电信	中国联通
累计用户	8.49亿	2.15亿	2.638亿
累计4G用户	5.35亿	1.22亿	1.046亿
累计宽带用户	7762.4万	1.2312亿	7523.6万

CNNIC第39次《中国互联网络发展状况统计报告》显示,截至2016年12月,我国网民规模达7.31亿,全年共计新增网民4299万人。互联网普及率为53.2%,较2015年底提升2.9个百分点。我国网民规模经历近10年的快速增长后,人口红利逐渐消失,网民规模增长率趋于稳定。截至2016年12月,我国手机网民规模达6.95亿,较2015年底增加7550万人。网民中使用手机上网人群的占比由2015年的90.1%提升至95.1%,提升了5个百分点,网民手机上网比例在高基数基础上进一步攀升。

二、广告传媒产业发展现状

2016年得益于国民经济发展的提速,广告行业加速发展,行业经营环境不断优化,各媒体广告市场规模有涨有降,但经营情况积极向好,广告行业成为中国经济持续发展的重要推动力量。

根据CTR媒介智讯的研究数据(见图1-7-2),2016年中国全媒体广告刊例花费同比下降0.6%,相比于2015年2.9%的降速而言,降幅明显收窄,整体走势也渐趋平稳。①

(一)广告主投放状况

2016年我国广告行业资源的结构发生了显著的变化(见图1-7-3),相比2015年只有邮电通讯和药品两类行业同比出现增幅,2016年,除邮电通讯和药品行业之外,酒精类饮品和活动类行业也呈现不同程度的增长。在花费前十的行业中,增幅最大的是邮电通讯类,为23.6%,药品类为13.4%,活动类和酒精饮品类分别实现13.3%和8.6%的增速,而且活动类行业首次闯入广告花费前十行列。饮

---

① 参见《2016年广告花费排行》,2017年2月8日,http://www.cnad.com/html/Article/2017/0208/20170208165004534537.shtml。

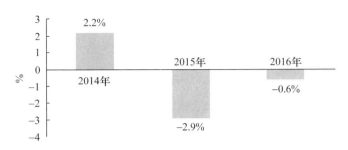

图 1-7-2　2014—2016 年全媒体广告刊例花费同比增幅
（数据来源：CTR 媒介智讯）

料、化妆品等基础民生行业广告投放力度均呈现出不同程度的减弱，化妆品及浴室用品继 2015 年突破 21.9% 的降幅后，2016 年稍有回升，降幅为 15.2%，为全媒体广告花费前十行业中降幅最大的一员。

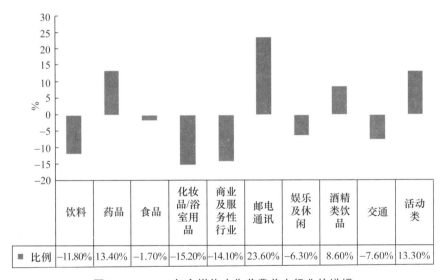

图 1-7-3　2016 年全媒体广告花费前十行业的增幅
（数据来源：CTR 媒介智讯）

（二）各类媒体广告经营状况

综观 2016 全年各类媒体经营状况喜忧参半，互联网、电梯电视、影院视频、电梯海报成为广告市场向上的拉动力已不容置疑，为 2016 年的广告增长做出突出贡献。而电视、报纸、杂志、传统户外则继续保持传统媒体广告自 2013 年以来的负增长，只有电台有稍微逆转上扬的态势（见图 1-7-4）。

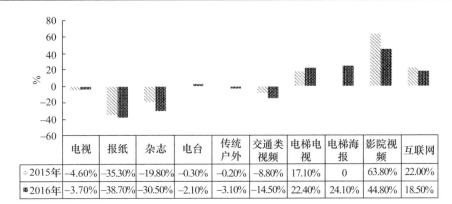

图 1-7-4　2015—2016 年各媒介广告刊例花费变化

（数据来源：CTR 媒介智讯）

1. 报纸：持续下滑

2016 年报纸经营困难重重，广告刊例收入连续下降 5 年，并且 2016 年为降幅最大的一年（-38.7%），与报纸广告最高的 2011 年相比，总体降幅超过 7 成，此外，广告面积降幅也由 2015 年的 37.9% 减少到 40.7%（如图 1-7-5 可见）。[①] 这些数字背后，是我国报刊业目前面临的前所未有的困难和挑战的显现：报业现行体制机制难以适应市场快速变化发展的新要求；报业内动力不足导致改革创新的步伐缓慢；报业经营结构和人才队伍不相匹配的矛盾；读者流失和纸媒读者规模缩小导致的报刊影响力继续下降。

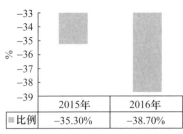
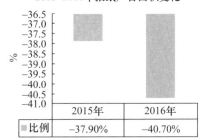

图 1-7-5　2015—2016 年报纸广告刊例收入与面积变化

（数据来源：CTR 媒介智讯）

---

①　参见《2016 年及 2017 年 1—2 月报纸广告经营状况分析报告》，《洞见》，https://baijiahao.baidu.com/po/feed/share? wfr=spider&for=pc&context=%7B%22sourceFrom%22%3A%22bjh%22%2C%22nid%22%3A%22news_2697796289338675522%22%7D。

虽然报纸整体刊例收入降幅较大,但伴随着互联网和移动网络的发展,报纸迎来了报业新媒体的春天。当前,以"澎湃""浙江新闻""成都商报"等为代表的一批客户端的用户数量已经远远超过了原报纸的读者数量,报业新媒体的传播力和影响力已开始显现。除新媒体外,报业还和电商积极合作,例如:由中国广告协会报刊分会牵头成立中国主流媒体报商联盟,由阿里巴巴与杭州日报共同成立的中国报商联盟等,将报纸与媒体电商有机结合,彼此互为补充。

2. 杂志:降幅加剧

互联网媒体以及新兴媒体赚足了消费者的眼球,在数字化的冲击下,杂志媒体刊物的阅读率逐年下滑,杂志广告刊例收入降幅由2015年的19.8%,继续下降为2016年的30.5%,是传统媒体中同比降幅最大的媒体。与此同时,杂志广告面积降幅也由2015年的27.1%下降到2016年的40.1%(见图1-7-6)。

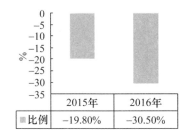

图1-7-6　2015—2016年杂志广告刊例收入与面积变化
(数据来源:CTR媒介智讯)

媒介智讯公布的数据显示,2016年杂志广告花费最高的五大行业分别是:个人用品、化妆品/浴室用品、交通、衣着和娱乐及休闲。除衣着保持较平稳的增幅态势之外,其他四大行业降幅近2—3倍(见图1-7-7)。

杂志行业整体态势不景气,导致一些优质的杂志在夹缝中生存困难,最终在2016年宣布停刊或休刊,其中包括"中国第一本国际化艺术杂志"——《芭莎艺术》和时尚生活创意杂志《新视线》。

3. 电视:降幅缩小

2016年受网络剧、网络综艺乃至直播视频的热潮影响,电视广告的投放份额明显减少,招商体量破亿的网络综艺比比皆是。而同时,电视媒体又面临最严苛的禁令,从亲子节目到模式引进类节目,多档吸金力极强的综艺王牌直接夭折。电视广告经营同样面临广电总局及工商总局的双重调控,电视广告经营环境极其

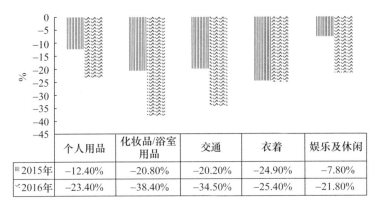

图 1-7-7　2016 年杂志广告花费 TOP5 行业增幅

（数据来源：CTR 媒介智讯）

复杂。

2016 年中国电视广告投放额为 5538 亿元人民币，比 2015 年减少了 210 亿元人民币，下降了 3.7%。与 2015 年相比，2016 年电视广告投放额平均每个月减少 17.5 亿元人民币。从分月数据来看，1 月、8 月和 9 月同比略有上升，其他九个月份均出现不同程度的下降（见图 1-7-8）。2016 年中国电视广告投放额排名前五位的行业是药品、饮料、食品、化妆品/浴室用品和酒精类饮品行业。

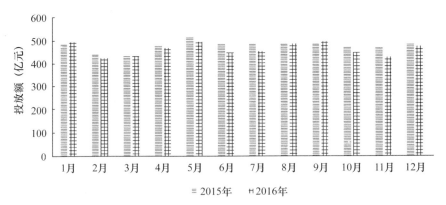

图 1-7-8　2015 年和 2016 年各月中国电视广告投放额（人民币：亿元）

［数据来源：中央市场研究媒介智讯（CTR）］

从 2010 年至 2016 年的晚间时段电视广告刊例投放增长速度看来，从 2015 年开始，电视广告投放首次负增长，2016 年上半年同比跌幅 3.69%，虽较 2015 年全年跌幅有所回升,但 2016 年电视广告下行趋势仍旧明显。电视广告品牌持有量同样不足,自 2013 年上半年高点以后,规模以上品牌逐年递减,2016 年上半年刊例花费在 1000 万以上的品牌数量已跌至 2010 年前水准(见图 1-7-9)。

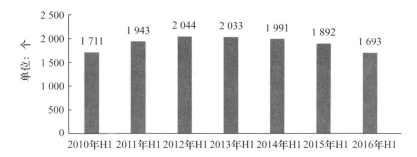

图 1-7-9　2010—2016 年晚间刊例投放量超过 1000 万的品牌个数
(数据来源:广告雷达)

4. 电台:重现正增长

电台是 2016 年唯一实现了正增长的传统媒体,电台广告刊例收入降幅在 2015 年为 -0.3%,在 2016 年出现了正增长,增幅为 2.1%,电台广告时长也从 2015 年的 -13.3% 缩减到 2016 年的 -10.2%(见图 1-7-10)。

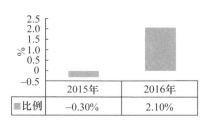 

图 1-7-10　2015—2016 年电台广告刊例收入与时长变化
(数据来源:CTR 媒介智讯)

赛立信媒介研究公布的数据显示,2016 年,广播广告花费最高的五大行业分别是:汽车及相关配件、商业及服务性行业、通讯、金融和房地产。其中,汽车及相关配件的广告花费最大,占比远高于其他行业。主要是因为进入汽车时代以后,广播的车载听众日益增多,锁定车载人群的交通广播已经成为众多广告客户青睐的频率。2016 年里约体育赛事的报道吸引了很多广播用户;商业及服务性行业与通讯业广告花费相近,金融和房地产也因经济大环境问题在广告花费上有所缩减,分别位列第四和第五位(见图1-7-11)。

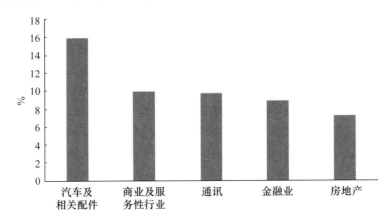

图 1-7-11　2016 年广播广告花费额 TOP5 行业

(数据来源:赛立信全媒体广告监测)

5. 户外广告:表现亮眼

媒介智讯发布的数据显示:2016 年户外广告刊例收入虽然有较小降幅,减少了 3.1%,广告面积减少了 9.8%(见图 1-7-12),但电梯电视、电梯海报、影院视频的刊例收入同比增长 22.40%、24.1%、44.80%。户外广告的微式逆袭得益于数字技术 AR、LBS、QR 等新技术在户外媒体领域的应用以及受众触媒习惯的转变,那些创意空间、观赏性、交互性的数字户外广告更能抓取注意力,所以户外广告迎来了发展的新机遇。

图 1-7-12　2015—2016 年传统户外广告刊例收入与广告面积变化

(数据来源:CTR 媒介智讯)

6. 互联网广告:增速放缓,移动广告占主导

艾瑞咨询发布的《2016年中国网络广告行业年度监测报告》数据显示,2016年中国互联网广告市场规模为2808亿元,同比上升34.1%,移动互联网广告市场规模为1565.5亿元,同比增长73.7%。从图1-7-13可看出,网络广告市场和移动广告市场年度增幅都保持正增长态势,但增幅逐年减缓。此外移动互联网广告成为主要增长动力,移动互联网广告市场规模占互联网广告市场规模由2012年的5.5%增长到2016年的55.75%。

伴随着用户黏性逐渐成熟,尤其是视频多媒体、社交通讯、新闻阅读类相关产品已经成为网民娱乐消遣、获取信息和日常沟通的最重要的渠道,移动端已经完全替代PC成为网民使用的"第一屏",移动广告逐渐占据强有力的主导地位。

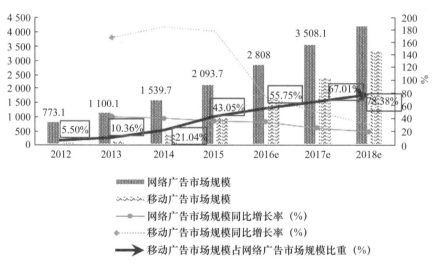

图1-7-13 2012—2018年中国网络广告和移动广告市场规模及预测
(数据来源:艾瑞咨询)

三、广告传媒产业年度热点

2016年中国广告市场正在进入新的调整期,技术的进步、消费习惯的改变都成为各类媒体爆发、转型的关键要素,新的样态不断推动广告行业的进步,但从本质上来看,还是归于渠道的多元和内容的创新。

(一)自媒体活跃引发产业爆点

1. 直播强势崛起

与过去的社交媒体、视频媒体、自媒体潮流不同,直播糅合了网红经济、粉丝

经济、文娱 IP 以及二次元文化,在吸引注意力上体现出巨大的威力,明星通过直播与粉丝互动,赚足了注意力,形成了独特的广告优势。

2016 年最受热捧的要数"网红"直播了,网络红人通过线上直播平台以粉丝作为特定营销群体进行定向营销,从而将"粉丝"转化为购买力的经济模式,随着电商和社交媒体的快速发展,网红视频直播已经逐渐成为一种十分重要的广告营销模式。2016 年"双 11"活动中,天猫与直播平台映客达成独家合作,映客为天猫组织 50 场直播,并分享 50 亿元天猫红包,在"双 11"当天许多映客用户都感受到了浓浓的"双 11"气氛,并且因为直播内容开始关注"双 11"活动或品牌,还有一些映客主播参与到了"双 11"导购之中。此次合作天猫将向映客支付超过千万元的广告费。

除了具有一定"粉丝"群体的网红之外,越来越多的普通用户也加入到直播中。mUserTraceker 公布的数据显示,2016 年 1 月到 9 月,我国用户使用移动直播设备的数量由 0.9 亿台增加到 1.54 亿台,可见庞大的直播热潮势不可挡(见图 1-7-14)。

图 1-7-14 2016 年 1—9 月网络直播阅读使用设备变化趋势

(数据来源:mUserTraceker)

此外,2016 年召开的"两会"以及里约奥运赛事展现了全民直播盛况。"两会"期间,人民网首次在移动端和 PC 端推出每天 9 小时的不间断直播,总时长超过 100 小时。据统计,仅全国政协开幕,"央视新闻"移动直播用户就接近 960 万、观看人数超 200 万;截至 3 月 15 日,央视新闻移动网矩阵号共推出移动直播 243 场,其中央视新闻移动直播 110 场,在线人数逾 2.25 亿,累计触达人数超过 4.6 亿。里约奥运赛事期间,除了官方直播外,著名的运动员几乎人人都离不开直播,杜丽、张国伟、菲尔普斯的个人直播在微博上被百万网友围观。傅园慧直播时更是吸引了数千万人关注。

2. 移动视频成新宠

随着4G网络的大范围覆盖以及大量用户向互联网尤其是移动互联网转移,网民可以随时随地更为快速地看手机视频,并且移动视频更能充分利用用户碎片化的时间来满足用户个性化的需求,受到用户的青睐。在过去一年,通过互联网尤其手机观看视频开始成为主流视频消费行为。2016年3月,微博红人Papi酱获得1200万元融资,单靠在微博发布各类吐槽变音视频的她,被估值1.2亿元,而她的第一次广告被拍出2200万元的价格,移动视频瞬间成为大众新宠。

从移动视频广告市场规模来看,从2015年开始,中国移动低频广告持续走高,2016年第4季度,中国移动视频广告市场规模达62.1亿元,在整体视频广告市场中占比达62.3%(见图1-7-15)。

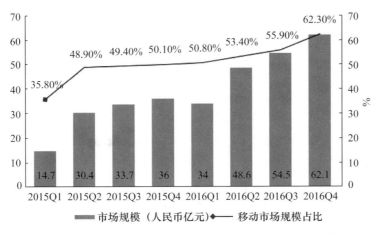

图1-7-15　2015Q1—2016Q4中国移动视频广告市场规模

(数据来源 Analysys易观)

除了大环境一片繁荣之外,视频行业业内大佬也纷纷行动,争取分得移动视频一杯羹。搜狐视频在2016年11月第三届搜狐视频出品人大会上宣布2017年将对自媒体出品人进行10亿元推广资源、1亿元广告分成、5000万元股权投资的资源助力。腾讯视频在2016年11月宣布付费会员数已经突破2000万,一年内增长近300%。2016年11月,优酷宣布会员数量已经超过3000万;2016年12月,阿里大文娱宣布启动"视频UPGC战略升级",基于大文娱完整内容生态,通过大数据和矩阵商业能力加大对UPGC生态和合作伙伴的赋能、扶持和共赢,并宣布未来三年阿里大文娱投入将超过500亿元。

(二) 内容应用回归,品牌格调提升

1. 广告主潜力激发,自营原生内容

媒介形式的多样化刺激了广告主投资自己能够拥有的品牌内容(BGC),比如与意见领袖合作去制作原创内容等。越来越多的广告主开始自己创建、运营原生内容,并直接建立自己的用户群,深入了解用户信息,适当投放定制化广告,并持续跟踪,获得反馈数据。例如:2016年可口可乐成立了北美社交中心,这是一个实时新闻编辑室,用来管理所有可口可乐商标品牌(包括健怡可口可乐、芬达、雪碧)的社交媒体营销事务。同年,百事公司在纽约开张了一个名为 Creators League 的创意工作室,为百事旗下的各品牌制作从音乐专辑到电视剧、电影、真人秀等形式的营销内容。

2. 花式广告内容创新,亮点频现

2016年新百伦(New Balance)携手李宗盛拍了一部《致匠心》微电影,讲述了动人的工匠精神,一时间刷爆了朋友圈。实力解释了新百伦:"每一步都算数"的品牌文化。2016年3月23日《京华时报》A13版刊出一则广告,版面空荡只有三个暧昧的字——"轻点,疼!"一时间,这则广告吸引了大量的眼球并引发热议。这种"纸媒式悬念广告"成为纸媒衰亡的成功逆袭。此外,同时引发全民讨论的还有网易云音乐的一则创意广告,它把点赞数最高的5000条优质乐评,印满了杭州市地铁1号线和整个江陵路地铁站。无论是新奇有趣,还是情怀感人的广告,都是以简单但又不缺乏创意的形式吸引了受众的眼球,调动了人们的好奇心和强烈的认同感。

2016年给明星"创造性头衔"集体爆发。唯品会宣布邀请周杰伦担任首席惊喜官(CJO);飘柔冠以杨洋"首席柔顺官"称呼;因《太阳的后裔》在国内走红的韩国演员宋仲基在代言某品牌饮料时被聘任为首席漂亮官(CPO)。明星头衔利用明星效应引起关注,从而增加了产品与消费者之间的黏度。

3. 消费者迷恋品牌体验

广告内容的创新、广告品牌格调的提升不仅仅是广告主和广告公司的创作结果,更是用户审美水平、消费水平不断提高的潜在需求趋势导致。在消费文化盛行的新时代,个性化的"品牌体验"正在被推向新的高度。消费趋势研究机构 TrendWatching 在《2016年5大消费趋势》(5 Trends for 2016)报告中大胆预测了"消费者跪舔品牌"的未来趋势。用户希望并将习惯于品牌不断发掘用户的潜在"新需求",定义用户"是什么样的人",同时,消费者在证明了自己的"能力"和"品味"之后能得到品牌的服务,并且通过这种精准小众的个性化服务,提升品牌

体验感。

媒介智讯公布的一份问卷调查显示,越来越多的消费者追求广告高端化和品牌化,其中一线城市中有52.4%的受访者认为"高端品牌能够提升个人形象",在非一线城市该数据也同样高达47.2%。而"只要喜欢并认同品牌价值,不实用不需要的东西我也会买"的一线城市人群占比为41.9%,非一线城市占比为38.6%。可见,无论是广告市场规模成熟的一线城市,还是正处于消费升级阶段、市场潜力有待挖掘的二线城市,品牌在市场中只要通过有效的营销策略,都可以收获可喜的结果。

(三) 技术进步助力场景化营销不断创新

1. 人工智能

人工智能技术热潮的兴起,不仅帮助了机器狗战胜人类高手,也开始帮助广告主更有效率更加亲和地面对市场用户。当前中国网络广告市场正处于快速成长期,一方面由于大型品牌广告主对新兴营销模式和交易的认可,另一方面则是由于移动端用户的随时随地在线购买的市场成熟和迅猛扩大。

人工智能技术首先可以使场景化营销优势凸显,场景化营销的核心特点是互动性强、融合不生硬,且给用户带来了惊喜。首先通过数据深入挖掘用户需求和痛点,对于场景下的人群进行贴标签、数据分析和画像,然后进行精准广告投放,完成营销互动(包括语音互动聊天、视频等形式),在投放过程中不断实时优化,从而提高ROI回报值。而人工智能Yi+场景化营销平台可以为广告主构建起一个完整的场景营销服务生态,通过视频场景的入口,每天可触达数以亿计的独立用户。①

2. 移动程序化

随着移动互联网的发展、智能手机的普及,以及大数据和技术的不断升级,移动程序化技术不断进步,2016年移动程序化更是与场景营销成为完美搭档。主要是通过程序化购买(有RTB和NO-RTB两种核心技术)的方式进行移动场景下的广告投放,让移动场景营销更加高效和智能,并在投放过程中实时优化,以确保广告投放的最佳效果。举例来说,在DMP数据库中,"消费者"已被系统打上特定的人群标签和用户画像(用户IDFA信息)。当"消费者"在此刻产生需求(APP搜索、浏览,选择一款保湿套装)时,以DSP为代表的移动营销就产生广告

---

① 《人工智能,让广告活起来》,2017年1月17日,http://news.chinabyte.com/352/14037852.shtml。

投放行为(新浪微博开屏广告);当"消费者"进入实体门店(LBS 定位)后,通过对"消费者"曾在某店铺停留的历史行为分析(POI 信息),及时向"消费者"推荐合适的产品,最终促成购买行为,并获得"消费者"对这一广告信息"好巧""方便""惊喜"等好评。①

四、挑战与对策

2016 年我国广告市场虽然仍未呈现强劲的走势,但媒体和广告主之间的合作与角力已在潜移默化间发生巨变,这是挑战更是机遇。

(一)挑战

1. 媒体融合模式亟待完善

媒体融合的问题一直是近两年的热点问题。一方面,中央出台了《关于推动传统媒体和新兴媒体融合发展的指导意见》,媒体融合上升为国家战略;另一方面,传统媒体在转型发展的道路上步履蹒跚,转型的结果并不尽如人意。互联网等新兴媒体对传统媒体的冲击不仅表现为用户、商业模式,也包括人才等在内。用户方面,越来越多的用户选择通过互联网、移动终端接收信息;在商业模式方面,与互联网"免费+收费"的模式相比,传统媒体的"二次销售"模式吸引用户的能力明显降低,出现了用户量和广告市场份额的双双下降;在人才方面,传统媒体的优秀人才离开原有岗位、转战新媒体的现象屡有发生,人才流失开始显现。

2. 新样态发展快而不精

当自媒体、公众号雨后春笋般涌现时,也在快速地优胜劣汰。就现状来看,自媒体呈现的样式虽多,但还存在一些问题。首先,没有形成成熟的规则体系。自媒体人急于变现、品牌方运营人员急于表功、个人媒介服务体系不完善。此外,自媒体缺乏传统媒体内容生产的高门槛,内容生产缺乏有效的监管,内容质量良莠不齐,成为谣言、诽谤、抹黑、互黑内容的重灾区,从而导致了鱼龙混杂、虚假效果频现的状况。其次,数据监测不规范。有效的数据监测首先要有规模化的覆盖;其次,是要有到达的频次,也就是说一个广告对受众的影响是通过多频次完成的,例如电视剧贴片广告或者综艺冠名的广告都可以做到多频次。相比之下,新媒体广告往往很难做到多频次,只是一次点击很难建立深入的品牌印象和认知,而且点击并不能和销售真正产生关系,可见新媒体的多样性还需要全面且专门的效果监测体系来协助获取其广告投放情况。

---

① 《2016 年,移动程序化场景营销来了》,2016 年 11 月 1 日,https://sanwen8.cn/p/1bb6jnV.html。

(二) 对策

1. 完善媒体融合模式

媒体融合一直是政府、企业甚至是普通百姓关注的重点,2016年媒体融合进入关键时期。有效的融合模式并不是新旧媒体随意搭配,而需要在品牌、平台以及用户三个层面达到内在的融合,这才是融合的本质。

首先,品牌融合是在统一品牌下整合媒体资源,提升市场价值。2016年11月8日,中央电视台2017年黄金资源广告招标暨国家品牌计划签约仪式正式举行,来自各行各业共计二十余家顶级品牌企业成功入选央视国家品牌计划。这些成功入选的品牌,将通过黄金资源广告塑造国家品牌形象。"国家品牌计划"配置了《新闻联播》《焦点访谈》等王牌新闻节目广告资源,将为入选企业定制"中央电视台国家品牌计划TOP合作伙伴/行业领跑者宣传片"和企业品牌故事,在央视各频道高频次播出,此外配合微博、微信等新媒体也积极推广"国家品牌计划"。这是权威媒体在同一品牌下整合的各种媒体资源,齐力助推中国产品向中国品牌转变,推动我国广告市场从广告销售向品牌服务升级。

其次,平台融合是要构建共享的开放平台,2016年电视媒体出现了较为明显的马太效应,强势优秀的广告资源集中在综艺节目强劲的卫视频道,而这些卫视都不同程度地做了尝试和改革(见表1-7-2),搭建了共享开放的平台。

表1-7-2　2016年部分卫视媒体融合举措

卫视	媒体融合举措
江苏卫视	成立专门部门,利用互联网,帮助客户设计全媒体营销方案
湖南卫视	将新媒体纳入招标范围,合作资源覆盖互联网电视、电脑、手机等全媒体平台
安徽卫视	携手腾讯视频,电视、互联网、广告主方共同研发广告产品
天津卫视	逐渐由"平台营销"转向以"核心内容为特色的整合营销"
东方卫视	推出"三高一低"(高权益、高曝光、高转化、低投入)的微博互动产品

最后,用户融合是把传统媒体的受众和新媒体的用户都吸纳进来,通过合作,使用户具有双重身份,从而增加其对传统媒体的黏性。2016年春晚与支付宝的春节大戏就做到了这一点,集五福的活动使支付宝"咻一咻"互动平台的总参与次数达到了惊人的3245亿次,是去年春晚互动次数的29.5倍。同时,2016年除夕夜春晚直播期间的受众总规模达10.33亿,多屏直播收视率达30.98%,超过

2015年央视春晚收视数据发布的29.60%。①

2. 加强监管,建立新兴市场秩序

2016年9月,国家新闻出版广电总局、网信办陆续出台相关法规,对网络直播、自媒体试听管理等进行规范,进一步加强了原创视听节目规划和管理。监管部门对于直播、用户自制、网络剧、网络大电影等新网络视频内容形态的监管正在逐渐规范明晰,并开始形成在内容发布之前的资质管理和审查把关流程,从以平台自审自律为主走向主体责任明确、专业监管体系接入,网络视频市场秩序进一步完善。其次,还要建立专门、特殊的广告效果评测体系,以此来监测不同类型广告的投放效果。对于正在风口上的视频内容创业来说,秩序的建立有助于形成公平合理的竞争环境,通过瞄准目标人群挖掘细分内容市场空间、优化内容质量以及加强与用户的互动是未来网络视频内容市场发展的重点。

2016年是"十三五"开局之年,我国广告业面临创新发展的重大战略机遇。经济发展步入新常态,社会消费需求持续增长以及供给侧结构性改革增强了广告业发展内在动力。新技术革命推动新媒体和新的信息传播渠道的快速发展,极大地开拓了广告服务领域,提供和实现了对广告服务的多种需求。经济全球化和国家实施"一带一路"发展战略,使广告业的国际化发展机遇增多。未来广告业需要加快技术创新,加强内容创作,这不仅有利于广告市场规模的扩大,也将促进广告产业的升级与进步。

---

① 《历年春晚收视率2016年略超过2015年》,2016年2月17日,http://www.sohu.com/a/58647026_148329。

行业报告八

新媒体产业年度报告

吴 倩[*]

2016年新媒体产业整体规模持续增长、产业形态推陈出新，新的盈利模式不断涌现，规范化与精细化成为常态发展趋势。作为生活方式的互联网的高渗透率为产业发展带来广阔的消费市场，也昭示了依靠人口红利的野蛮生长模式面临挑战，互联网经济发展逻辑或将改变。优化产业生态、实现可持续发展依然是行业发展的重要挑战。展望未来：产业内部，技术新浪潮成为互联网下半场持续发展的主驱动力；产业外部，基础信息连接完成，互联网与经济社会发展的深度融合真正开始。

一、行业发展环境

2016年新媒体产业政策促进与监管并举；消费持续升级，宏观经济新常态为新媒体产业带来发展机遇；作为生活方式的互联网的高渗透率为产业发展带来广阔的消费市场，也昭示了依靠人口红利的野蛮生长模式面临挑战。

（一）政策环境

与创新活跃与乱象频生同在的产业生态相一致，2016年新媒体产业政策促进与监管并举，鼓励、引导、监管、限制多重维度并行；与以往"先发展后治理"的思路不同，新业态领域逐渐呈现"监管与发展同步"的新趋势；新媒体平台监管成为关键。如何创新理念，实现创新自由与规范发展同在、有效性与完善性齐步、顶层设计与具体举措协同的政策环境是新媒体产业政策制定的深层理念。

2016年4月，国务院办公厅印发了《关于深入实施"互联网＋流通"行动计划的意见》；2016年7月，由中共中央办公厅、国务院办公厅印发的《国家信息化发展战略纲要》提出"信息化驱动现代化，建设网络强国"。延续2014年"推动传统

---

[*] 吴倩，浙江大学传媒与国际文化学院新闻传播学专业博士生，主要研究新媒体产业与广告营销。

媒体和新兴媒体融合发展"和2015年"互联网＋"两大国家战略,国家顶层设计为以互联网为代表的新媒体产业正名。

2016年被称为"中国网络直播元年",在用户数量激增的产业发展上升期,相关政府部门下发了诸如《关于加强网络视听节目直播服务管理有关问题的通知》《互联网直播服务管理规定》等文件,传递了一种"监管与发展同步"的新思路;在业态渐入佳境之际,保驾护航的政策监管重点有所转移:"从政府到公民的直接监管到从政府到平台再到公民的间接监管方式,突出了新媒体平台在监管中的重要作用。"①

表1-8-1　2016年新媒体行业主要政策

编号	时间	发文单位	文件名称
1	2016/1	国家网信办	《互联网新闻信息服务管理规定(修订征求意见稿)》
2	2016/2	新闻出版广电总局等	《互联网出版服务管理规定》
3	2016/4	国务院办公厅	《关于深入实施"互联网＋流通"行动计划的意见》
4	2016/5	新闻出版广电总局	《关于移动优秀出版服务管理的通知》
5	2016/6	国家网信办	《互联网信息搜索服务管理规定》
6	2016/6	国家网信办	《移动互联网应用程序信息服务管理规定》
7	2016/7	国家工商总局	《互联网广告管理暂行办法》
8	2016/7	国家网信办	《关于进一步加强管理制止虚假新闻的通知》
9	2016/7	新闻出版广电总局	《关于进一步加快广播电视与新兴媒体融合发展的意见》
10	2016/9	新闻出版广电总局	《关于加强网络视听节目直播服务管理有关问题的通知》
11	2016/11	国家网信办	《互联网直播服务管理规定》
12	2016/11	国家版权局	《关于加强网络文学作品版权管理的通知》
13	2016/12	文化部	《网络表演经营活动管理办法》
14	2017/6	国家网信办	《互联网新闻信息服务管理规定》

(数据来源:根据公开信息整理)

(二) 经济环境

宏观经济平稳增长的"新常态"依然是2016年新媒体产业重要的经济背景之一。国家统计局数据显示:全年国内生产总值为744127亿元,比上年增长6.7%;全年全国居民人均可支配收入23821元,比上年增长8.4%;全国居民人均消费支出17111元,比上年增长8.9%。

---

① 田丽、张华麟:《2016年新媒体发展回顾》,《青年记者》2016年第36期。

企鹅智库数据显示,超四成网友表示提升生活品质是消费升级的主要原因,这说明追求效率更高、体验更佳的消费已成为主观动因;高中生和老年人群以及三四线、五六线城市用户是网络消费升级中的重要增量用户;消费升级也提升了产品满意度门槛;针对细分消费群体的产品存有较大蓝海市场。

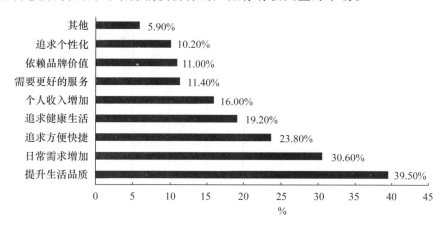

图 1-8-1　互联网用户消费升级的主要原因
[数据来源:企鹅智库,2016/10(多项选择,各项百分比之和大于100%)]

　　经济新常态为新媒体产业带来机遇:2016年4月,习近平在网络安全和信息化工作座谈会上指出:"新常态要有新动力,互联网在这方面可以大有作为。"互联网在优化资源配置、提升全要素生产率、促进方式转变等方面的优势正在吸引资本、人才和扶持政策的流入,为产业发展创造便利条件。

　　投资环境趋于理性:用户红利消失引发的新旧发展机会的不明朗和互联网巨头布局清晰稳定的格局使得投资人对互联网行业的投资更加谨慎,"融资难"的现象愈演愈烈,但是整体而言,国内资金并不短缺,优质项目仍有机会得到追逐和热捧;在"互联网+"语境下,赤手空拳独打天下的状态已进入产业生态资源分享时代。BAT相继推出的开放平台、创客空间的问世以及车库咖啡、3W咖啡等新兴平台提供的共享资源和高效服务为新媒体创业带来利好环境。

　　(三) 社会文化及环境

　　CNNIC数据显示,截止到2016年12月,中国网民规模达7.31亿,互联网普及率为53.2%;网民中使用手机上网人群的占比由2015年的90.1%提升至95.1%,中国网民的人均周上网时长为26.4小时;互联网特别是移动互联网已成为重要的生活方式。

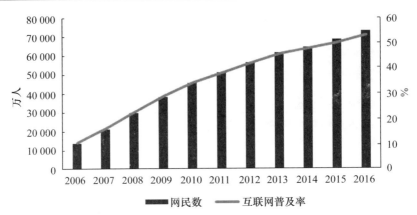

图 1-8-2　2006—2016 年中国网民规模和互联网普及率
（数据来源：CNNIC：《2016 年中国互联网络发展状况统计报告》）

作为生活方式的互联网的高渗透率为新媒体产业带来了广阔的消费市场，也昭示依靠人口红利野蛮生长的商业模式面临挑战。

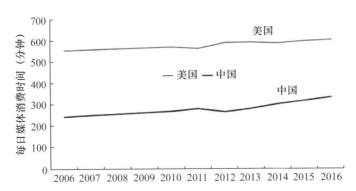

图 1-8-3　中美人均每日媒体消费时间对比，2006—2016 年
（数据来源：高瓴资本，中经文化产业）

另一方面，高瓴资本数据显示，2016 年中国移动互联网用户在线市场合计超过 25 亿小时，同比增长 30%，增速远超网民数量；整体而言，中国人均媒体消费时间为美国的 56%，仍有巨大的增长空间。如何依据总人口增长触顶和人均消费市场增长的新消费环境调整发展战略将是新媒体产业发展的重要议题。

技术环境方面，4G 应用普及极大改善了网民移动上网体验，工业和信息化部数据显示：截止到 2016 年 11 月，移动宽带用户总数达 9.17 亿户；AR/VR 以及无人机技术进入发展热潮；人工智能领域、深度学习以及自然语言处理等多个细分领域取得技术突破。

二、新媒体行业发展概况

用户数量持续增长,互联网新闻行业发展进入成熟稳定期,新业态和新模式不断涌现;网络文学产业在经历了探索期、规范化之后正在驶入 IP 开发的泛娱乐化良性发展轨道;网络游戏市场规模增速放缓,行业进入稳定增长之后的规范发展与精细运营阶段;网络视频精品化和生态化趋势明显;"新零售""网红+直播"等模式为用户增长放缓、流量获取渐难的电商市场带来新的生机。

(一)网络新闻:成熟增长与模式创新并举

用户数量持续增长,互联网成为新闻资讯传播的重要途径;行业发展进入成熟稳定期,技术创新突破、商业竞争焦灼,以及消费需求升级等多重因素推动新业态和新模式不断涌现。

CNNIC 数据显示,截止到 2016 年 12 月底,网络新闻用户规模为 6.14 亿,年增长率为 8.8%,网民中的使用率为 84%。其中,手机网络新闻用户规模达到 5.71 亿,占手机网民的 82.2%,年增长率为 18.6%。

作为使用最早、频率最高的互联网应用之一,网络新闻已进入较为成熟的发展阶段,2016 年市场呈现如下新特点:移动端成为网络新闻最主要的竞争市场,CNNIC 数据显示通过手机上网浏览新闻的网民比例达到 90.7%;短视频及直播等多样化内容展现形式不断出现;社交媒体依然是网络新闻获取、评论和转发的重要渠道;依据大数据技术的"算法分发"正在成为网络新闻主要的分发方式。

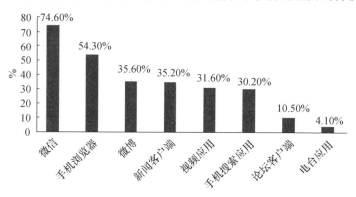

图 1-8-4　2016 年中国网民手机浏览新闻入口分布

(数据来源:CNNIC:《2016 年中国互联网络发展状况统计报告》)

（二）网络文学：驶入良性发展轨道

自1998年痞子蔡发布《第一次亲密接触》至今,中国网络文学产业在经历了探索期、规范化之后正逐渐驶入IP开发的泛娱乐化时代;网络文学主流化、多元化趋势明显;商业模式正在由单纯依靠用户付费阅读逐渐向"以IP为核心的全产业链泛娱乐化运营"转变,行业整体驶入良性发展轨道。

用户规模方面,CNNIC数据显示,截止到2016年12月底,网络文学的用户规模达3.33亿,较上一年年底增加3645万,网民使用率为45.6%,其中手机网络文学用户规模为3.04亿,较上一年年底增加4469万,占手机网民的43.7%。

网络文学的商业价值及由此衍生的影响力正在推动其走向舞台中央,2016年网络文学主流化成为一种趋势,网络作家唐家三少当选中国作协主席团委员等;主流化趋势促使题材多元发展、审美价值不断提升。

网络文学泛娱乐化发展已得到普遍共识,产业链分布上以网络文学网站为核心,上游是提供版权的签约作家,下游是承担订阅费用的广大用户;网络文学网站通过出让版权给游戏、动漫、影视剧、网剧等生产方获取版权费用,同时依靠服务支撑的技术厂商提供技术渠道支撑。未来网络文学与影视、游戏、动漫等联动更加明显,优质资源开发、影响力比拼将成为未来竞争的方向。

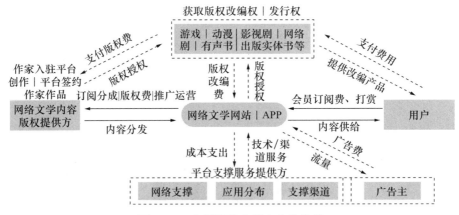

图1-8-5　中国网络文学产业链分析

（数据来源：易观：《2016年网络文学市场(年度)综合报告》）

（三）网络游戏：稳定增长之后的规范发展与精细运营

网络游戏市场用户增长触顶,市场规模增速放缓,行业进入平台期;硬件升级和模式创新成为新的增长趋向,产品创新、精细运营、产业融合和国际化发展成为人口增长触顶之后的新出路;随着监管的介入,行业会向更规范更健康的方向发展。

CNNIC 数据显示，截止到 2016 年 12 月底，中国网民网络游戏用户规模达 417.04 亿，用户渗透率为 57%，网络游戏与即时通信、搜索引擎、网络视频等成为网民使用频率较高的几大主要应用之一。

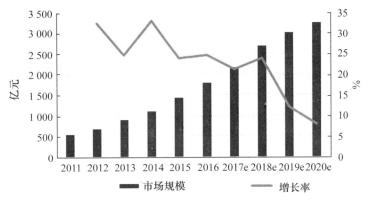

图 1-8-6　2011—2020 年中国网络游戏市场规模
（数据来源：艾瑞咨询）

光纤网络和 4G 网络普及促成硬件设施的成熟、生活水平提高推动娱乐需求的爆发，以及企业影游跨界互动实现更佳用户体验等诸多因素推动中国网络游戏持续发展。艾瑞数据显示，2016 年中国网络游戏市场规模持续扩大，网络游戏市场规模 1789.2 亿元，增长 24.6%，较之 2015 年的 29.9% 下降 5.3 个百分点，增速放缓，行业进入平稳期。

移动游戏占比首次超过 PC 端，成为最大细分市场；全产业链发展更为明显，中国游戏行业已形成涵盖文学/影视机构、电信资源提供商、研发发行、游戏媒体、

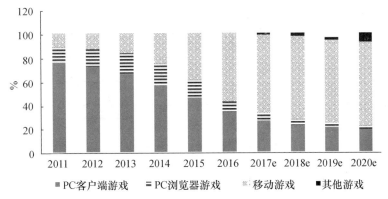

图 1-8-7　2011—2020 年中国网络游戏产业细分
（数据来源：艾瑞咨询）

广告商以及支付渠道等多方的产业链;影游联动再升级,游戏和影视不再是衍生与被衍生的关系,两者真正做到了互相导流、联动发展。

市场主体层面,以社交为主打的腾讯游戏2016年营收超过700亿元,是游戏收入最高的公司。其核心竞争力还在于坚持研发与发行并重,实施泛娱乐化战略,串联文娱相关行业形成生态闭环。将金融、教育、恋爱、就业等因素置入游戏之中提高其拟真度渐成趋势,随着VR/AR/MR技术的进步,游戏类型的丰富及其与现实生活的结合将更为紧密。

(四)网络视频:精品化和生态化趋势明显

网络视频自制内容精品化发展趋势明显。新传智库联合乐视视频发布的《2016网络自制剧行业白皮书》数据显示,2016年网络自制剧产量预计将达到2079集,加上往年存货,整体市场规模将突破5000集,总体规模将达到116743分钟,远高于目前网剧的市场容量43800分钟(按照受众平均每天观看2小时网剧计算),自制内容已成为各大视频网站的重要战略;在产能过剩的市场生态下,精品化生产成为必然趋势,形成了犯罪悬疑、青春爱情、古装喜剧等重点类型的网络自制剧。

商业模式层面,会员付费收入增长态势明显,广告收入依然是网络视频行业的最大收入来源;网台联动方面,视频网站的优势地位正因为用户的迁移,曾经作为权威播出平台的电视台与网络视频的关系进入调整期,双方互动逐步深化;凸显以网络视频为核心,辐射直播、商城、游戏、文学、社交、电影票务等多种服务的视频生态圈正在形成,体验更佳的一站式服务正在带动网络视频行业的繁荣。

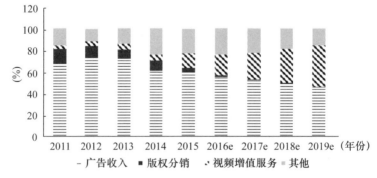

图1-8-8　2011—2019年中国网络视频行业收入构成

(来源:艾瑞咨询:《2016互联网全行业洞察及趋势报告》)

(五)电子商务:细分市场、技术红利与模式创新

艾瑞数据显示,2016年中国电子商务市场交易规模为20.2万元,增长23.6%,B2B业务占比超过七成,仍是电子商务的主体;其中网络购物增长23%,本地生活O2O增长28.2%,是推动电子商务市场发展的重要力量。

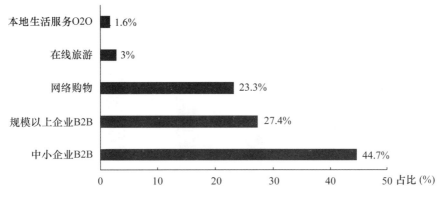

图1-8-9 2016年中国电子商务市场细分行业构成

(来源:艾瑞咨询:《2016年度数据发布集合报告》)

网络购物细分市场中,生鲜电商发展迅速,2012—2016年平均每年保持80%以上的增长率,且只占农产品零售总额的3.4%,未来仍有较大空间;在行业发展日渐平稳成熟的背景下,网络购物电商企业除了不断扩充品类、优化物流及售后服务外,积极发展跨境网购,下沉渠道发展农村电商,深耕母婴、医疗、家装等垂直领域成为新的发展方向。

本地生活服务市场社区零售O2O行业是2016年发展亮点,市场规模达到82亿元,增长率为63.9%,随着供应链体系的逐渐成熟,用户需求上升,行业仍有较大发展空间;在线电影票务市场渗透率高达74.7%,在市场几近饱和的情况下如何探索新的利益增长点成为核心议题。

线下实体店铺、线上网络商城和物流配送三位一体的"新零售",旨在通过数据共享实现增强商户销售和库管能力、优化顾客体验;"网红+直播"为用户增长放缓、流量获取渐难的电商市场带来新的生机。

三、新媒体行业年度热点

人口红利的减弱和互联网渗透率的触顶,使优质内容价值凸显;新业态方面,

共享经济如火如荼、人工智能产业渐热,成为2016年新媒体行业两大亮点。

(一)从免费到付费:优质内容价值凸显

2016年优质内容付费在曾作为互联网思维金科玉律的免费模式中逆势而起,成为新的发展热点。

视频付费成为新常态。艾媒咨询数据显示,截止到2016年年底,国内视频有效付费用户规模已突破500万,预计2017年将突破1亿大关;2016年中国手机音乐客户端用户规模达4.72亿,近六成用户愿意在网络音乐服务上消费。

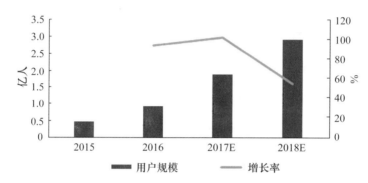

图1-8-10　2015—2017年中国内容付费用户规模及预测
(数据来源:艾媒咨询:《2017年中国互联网＋文化行业现状》)

知识付费正在兴起。在知识共享、网生内容、社群电商以及移动音频、移动直播等风口产业交织的环境下,知识付费应运而生。2016年喜马拉雅FM、知乎、分答等知识付费平台相继出现。36氪数据显示,2016年知识付费用户达近5000万人。截止到2017年3月,用户知识付费(不包括在线教育)可估算的总体规模为100亿—150亿元。

优质内容价值凸显还体现在各大互联网巨头的激烈争夺。百度正式取消原有新闻源数据库机制,通过技术升级完成对全网优质内容的筛选推荐,成立站长平台VIP俱乐部;百家号施行全新的"作者等级权益体系";阿里巴巴旗下UC手机浏览器公布转型内容平台。优质内容争夺战已由内容生产者烧到平台方。

内容付费趋势凸显背后的主逻辑在于渠道激增、咨询过载造成的优质内容受追捧。以内容生产重地自媒体行业为例,艾媒咨询(iiMedia Research)数据显示,2014—2016年自媒体人数量始终保持增长趋势,预计2017年将达到260万人,与此同时咨询量迅猛增长;2016年增长速度开始放缓,是自媒体市场经过筛选和淘汰之后开始进入提升内容质量的新阶段。

优质内容价值凸显是新媒体产业生态优化的产物,回归"内容为王"的竞争法

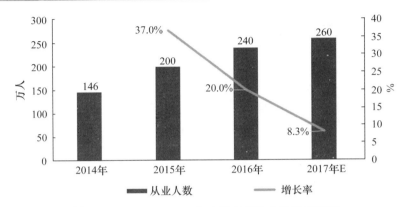

图 1-8-11 2014—2017 年中国自媒体人数量及预测

[数据来源：艾媒咨询（iiMedia Research）]

则有利于提升创作者的积极性、避免劣币驱逐良币的不良现象、促进优质内容的供给量以及消费者的鉴赏力，强化原创内容、专注精品内容等新的竞争逻辑将促进产业良性化、可持续发展。

（二）共享经济如火如荼

2016年李克强总理在"两会"的《政府工作报告》中提出：支持和引导分享经济发展，提高社会资源利用效率，便利人民群众生活。移动互联网快速发展、第三方支付兴起、LBS等技术的出现、资源闲置利用率不高的景象凸显以及经济新常态的大背景等诸多因素正在推动中国共享经济的产生与发展。共享经济涉及供应方、需求方和共享经济平台等参与主体，其内涵是去中介化和再中介化过程，供需双方不再依附传统商业组织，转而依靠成本更低、效率更高的共享经济平台。

表 1-8-2 中国共享经济发展历程（2008—2016 年）

时间	阶段	特征	代表性企业
2008年以前	萌芽期	模仿国外为主	K68、猪八戒、百度知道等
2009—2012	起步期	大量涌现	蚂蚁短租、小猪短租、滴滴快车等
2012—2016	成熟期	本土化创新	阿里帮、河狸家、约约等

（来源：根据艾媒咨询等公开资料搜集整理）

截至2016年年底，我国共享经济行业以共享交通出行、共享空间、共享家政、共享物流以及共享知识技能等模式为主。伴随消费升级特别是文化娱乐需求增加，摄影、游戏等精神资源共享将勃兴；商业层面，用户认同、技术发展和商业模式成熟以及资本市场热捧正在推动分享经济快速增长。

表 1-8-3　2016 年中国分享经济重点领域市场规模

领域	交易额(亿元)		
	2015 年	2016 年	增长率
知识技能	200	610	205%
房屋住宿	105	243	131%
交通出行	1000	2038	104%
生活服务	3603	7233	101%
生产能力	2000	3380	69%
医疗分享	70	155	121%
资料分享	10000	20863	109%
总计	16978	34522	103%

(数据来源:国家信息中心分享经济研究中心、中国互联网协会分享经济工作委员会:《中国分享经济发展报告 2017》。)

2016 年分享经济发展精彩纷呈,新业态非常活跃、新模式快速兴起、新领域不断拓展、新平台发展壮大,尤以知识付费、网络直播、单车分享最为亮眼。

表 1-8-4　2016 年分享经济重点领域的并购及战略合作情况

所在行业	整合兼并	战略合作
交通出行	滴滴出行+优步	首汽约车+大众出行
房屋出租	途家+蚂蚁短租	途家+携程/去哪儿
生活服务	达达+京东到家	袋洗+衣贝洁净

(数据来源:国家信息中心分享经济研究中心、中国互联网协会分享经济工作委员会:《中国分享经济发展报告 2017》。)

部分先行分享经济领域出现大的并购,尤以滴滴出行与优步中国的合并最为突出。房屋住宿分享和生活服务领域均出现引发行业关注的投资并购及战略合作。此景象是分享经济经历快速成长、竞争加剧的必然结果,标志着市场结构从过度分散走向适度集中、竞合关系从恶性竞争走向良性协作、竞争手段从价格补贴走向体验改善等,先行领域的演变规律也将是中国分享经济未来整体发展趋势。

(三)人工智能产业渐热

人工智能(Artificial Intelligence)的概念诞生于 1956 年的达特茅斯会议,最初的定义为"让机器的行为看起来像是人所表现出的智能行为一样"。深度学习算法模型的快速迭代、计算能力的增强和海量数据的出现使得机器能够在有限时间内捕获事物典型特征,目前已在语音识别、图像识别等领域取得一定进展。艾瑞数据显示,中国人工智能产业规模2016年突破百亿元,以43.3%的增长率达到了100.6亿元。

图 1-8-12　2014—2019年中国人工智能产业规模及预测
(数据来源:艾媒咨询)

表 1-8-5　中国人工智能创业公司当前融资轮次和成立年份分布

中国人工智能创业公司当前融资轮次分布(截止到2017年1月)						
轮次	种子轮	天使轮	A轮	B轮	C轮及以上	未获投
比例	1.8%	21.4%	39.3%	7.7%	2.4%	27.4%
中国人工智能创业公司成立年份分布(截止到2017年1月)						
年份	2011年及以前	2012	2013	2014	2015	2016
比例	9.5%	7.2%	11.3%	20.8%	34.5%	16.7%

(数据来源:艾媒咨询)

乌镇智库数据显示,全球人工智能领域的融资自2005年以来,主要集中于种子轮。A、B、C等阶段占比整体呈现缩小趋势,意味着资本进入投资的高潮。2016年之后,A、B轮略有上涨,意味着有优秀企业进入新的发展阶段;中国区域相关数据也同样显示了人工智能产业的发展潜力;当前我国超过60%的人工智能创业公司集中在A轮和天使轮阶段,大部分行业主体正处于成长期,后续发展值得期待;人工智能创业潮从2015年大范围兴起,2016年逐渐回归理性,其商业化场景拓展即将拉开帷幕。

当前中国人工智能产业主要分为应用层、技术层、基础层三层产业图谱,且BAT等大公司参与布局较广;商业模式层面大部分公司的业务主要以B端解决方案和服务为主。

表 1-8-6　中国人工智能产业图谱

应用层	工业/服务机器人；智能手机/汽车/家居/硬件		
	语音输入；智能客服/智能医疗；虚拟助手；商业智能；图像搜索/映像处理		
技术层	视觉/语音/虹膜/情感识别；自然语言处理；自动驾驶；机器学习		
基础层	服务器/芯片传感器	数据资源：百度、腾讯、阿里巴巴、美图等	计算平台：阿里云、腾讯云、金山云、百度云、亚马逊等

（数据来源：艾瑞咨询）

四、行业发展的挑战及对策

人口红利消失、政策监管日渐严厉、运营成本提高且对商业模式提出新的挑战，互联网经济发展逻辑或将改变；优化产业生态、实现可持续发展依然是新媒体行业的重要挑战。

（一）红海竞争加剧，探索新的发展逻辑

免费模式和低价策略是中国互联网野蛮生长的二十年里最主要的发展逻辑，也成就了百度、腾讯、阿里巴巴、奇虎360等诸多互联网公司，"得草根者得天下"一度被奉为互联网创业圭臬，以海量用户换取广告营收和2%的付费用户也成为最主要的商业模式。此逻辑在扎堆普及之后，其发展困境正在凸显，连续亏损正在成为互联网公司的新常态。

主要表现为细分行业巨头们纷纷抱团取暖，余下者或投靠大树寻求庇佑，或委身于大公司附属，或无声无息消失，红海竞争中用户数量亮眼但盈利前途惨淡的新媒体公司愈显扎眼。

以从一群科技发烧友的激烈讨论中孕育而生的科技媒体公司爱范儿为例，该公司历经8年的发展已成长为一个主打细分原创内容，覆盖网站、APP、视频、直播平台、社交媒体平台等多元渠道的媒体网络。Alexa数据显示，infanr.com网站流量国内排名334（截止到2016年11月22日），2016年下半年排名上升明显，超过同为科技媒体的虎嗅网和36氪；友盟数据显示，截止到2016年11月，爱范儿微信公众号和微博"粉丝"数合计234万，APP装机量221万。对一个科技媒体而言，这是一个亮眼的用户数据。

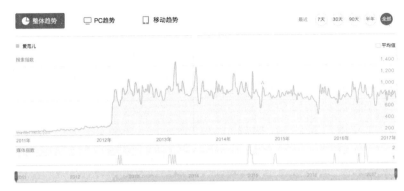

图 1-8-13 "爱范儿"百度指数呈持续上升趋势(2011 年—2017 年 6 月)
(数据来源:百度指数)

另一方面,《广州爱范儿科技股份有限公司公开转让说明书》则显示,该公司经营困难、收入规模较小且持续缩小。2016 年 1—3 月、2014 年度、2015 年度,公司的收入规模分别为 255.85 万元、970.41 万元、257.43 万元;同期公司的净利润规模分别为－194.47 万元、－372.55 万元和－116.84 万元。

互联网经济的发展逻辑或将从依托广大草根的流量经济到呼应中产阶级需求的精品经济。此逻辑出现转换的本质原因是社会结构变化以及中产阶层崛起带来的消费升级,加之创业技术门槛的下降导致产品供给的丰裕和参差不齐,凸显精品消费的价值。

理性消费、追求品味的中产阶层的影响力正在凸显。它是指中产阶层对互联网产品和服务的消费新需求亟待呼应和满足,与其深陷"草根"经济的红海竞争,不如抽身把握中产经济的先机。当然,这并不意味着将彻底取代"草根"经济,三、四线城市的广大用户仍有巨大消费市场。

(二) 优化产业生态,实现可持续发展

大卫·赫斯蒙德夫用"复杂的、矛盾的、充满争议的"[①]三个关键词描述文化产业,毫无疑问这样的描述是精确的。事实上,无论是理论研究者对"政治经济权力"的拷问、对"艺术光韵消失"的阐释、对"技术与文化"的反思,还是实践者对诸多经管理论的具体运用以及各种盈利数据的展示,文化产业的复杂性导致研究视角的多样性,而当我们将"产业"缀到"文化"一词后面之时,经济维度、商业运营或利润营收便自然成为最主要的价值取向。

---

① 大卫·赫斯蒙德夫:《文化产业》,张菲娜译,中国人民大学出版社 2007 年版,第 19 页。

中国新媒体产业在历经高速发展之后步入优化产业生态以实现产业可持续发展的关键期,过度娱乐化和低俗化等问题此起彼伏。此类文化内容不仅无法承担文化的教化功能,单从产业自身发展而言,跟风、媚俗、过度娱乐化也无法补给能量,还会透支观众的情感;作为一个严重依赖文化"前见"的产业,产品内涵和审美趣味之间是多重循环的互相影响,在资本驱动之下审美趣味的滑坡也不利于产业的可持续发展。

游离在读者和平台之外的隐秘"做号"群体,利用前期注册的大量自媒体账号,通过抄袭、复制、伪原创等各种低成本的生产方式快速生产低质量的内容在各大互联网平台分发,以获取平台关注和广告分成。在点击率的指引下,低俗的"标题党"和毫无营养的内容比比皆是,而互联网内容分发平台为了追逐数量而默许、纵容"做号党"的行为,长此以往,将导致劣币驱逐良币,优质内容的生存空间被挤压,产业生态遭到破坏。此外,数字内容侵权问题依然严峻。艾瑞数据显示,2016年全年,若盗版网络文学全部按照正版计价,PC端付费阅读收入损失达到29.6亿元,移动端付费阅读收入损失达50.2亿元,合计79.8亿元。

产业内部对生态环境的约定俗成、产业外部的制度监管和政策引导显得尤为必要,以实现产业良性、健康发展。

五、展望行业未来发展

展望新媒体行业未来发展:产业内部,技术新浪潮成为互联网下半场持续发展的主驱动力;产业外部,基础信息连接完成,互联网与经济社会发展的深度融合真正开始。

(一)行业内部:技术新浪潮的持续驱动

从蒸气时代、电气时代再到当下的万物互联时代,每一次的技术革命都推动着人类经济社会的发展。媒介技术的变迁及其引发的传播生态的革新应该成为媒介消费、产品生产以及模式创新等新媒体产业发展思考的重要逻辑起点,在人口红利优势逐渐式微的背景下,技术发展及其驱动的商业模式创新将成为以互联网为代表的新媒体产业下半场持续发展的主驱动力。

事实上,未来已来。伴随着设备运算能力提高、网络宽带和数据存储成本下降等外部环境的成熟以及个性化、体验化市场需求的倒逼驱动,人工智能、虚拟现实、增强现实、云计算以及基因技术等后智能手机阶段的新媒体时代正在到来,技术新浪潮所释放的红利、带来的挑战正在成为中国新媒体产业未来发展的重要语境。

企鹅智库发布的《智媒来临与人机边界:中国新媒体趋势报告 2016》认为,中国的新媒体产业正在进入智媒时代:用户分析与匹配的场景化、智能化与精准化;新闻生产的机器化、智能化;新闻传播的泛在化、智能化与新闻体验的临场化;互动反馈的传感化与智能化。《今日头条》《天天快报》和《一点资讯》等个性化移动资讯应用的崛起已经验证了技术红利在智能分发以及黏着用户层面的优势。在这样的背景下,新媒体产业原有的边界将进一步消融,如何更好地完成用户数据沉淀和挖掘以提升产品服务和商业模式的核心竞争力,将成为竞争愈发激烈的关键。

另一方面,技术浪潮也带来潜在危机:基于人的外在兴趣和行为数据计算而得的内容推送容易形成算法偏见乃至启示,使用户陷入"作茧自缚"的境地,难以实现个性解放和信息价值的释放;用户隐身权和被遗忘权以及由此而来的个性化服务和隐私保护之间的平衡始终是新一轮技术驱动的新媒体时代的核心话题。

(二)行业外部:互联网与经济社会发展深度融合

从新经济到"互联网思维"再到"互联网+",历经 20 余年的发展,互联网已然变成关系一个国家政治、社会、经济、文化等诸多方面的重大命题,完成了从被动到主动、从媒体到工具再到基础设施的角色转换,互联网与经济社会的深度融合也成为必然趋势。

表 1-8-7　从被动到主动:互联网角色的变迁

	内在逻辑	商业模式	时代特征
信息传播	诞生于军事信息沟通需要/天然媒体属性	新闻门户网站 社交媒体	争夺流量 积累用户
电子商务	信息丰裕 垂直信息需求勃发 与商业行为勾连	搜索引擎 电子商务平台 网络安全	流量与用户依然重要/初步形成免费+增值逻辑
网络服务	提高商业效率 工具服务定位凸显	第三方支付 企业云服务	商业模式的重心向用户端倾斜
智能决策	智能化水平是商业效率再提高的关键	大数据分析 人工智能	庞大数据为基础 输出定制化指标

(资料来源:艾瑞咨询:《2016 年互联网全行业洞察及趋势报告》,有改动)

互联网与经济社会发展深度融合是双向驱动的产物:就人口红利逐渐消失、粗放增长不再适用的互联网产业而言,除区域拓展(下沉三、四线城市,走向国际市场)和模式调整(探索细分市场、深耕细作)之外的第三种方向就是与实体产业深度融合以寻求新的经济增长点,纯粹的线上互联网模式已危机重重;另一方面,宏观经济增长放缓,传统产业也需要依靠互联网,特别是以大数据、人工智能、移动互联网和云计算为代表的新媒体技术升级体验、提高效率和降低成本等。除经济增长之外,医疗、教育、政务等社会事业的发展与互联网深度融合的趋势也将愈发明显。

促成双方深度融合的作用力还来自于政府力量的推动,无论是顶层设计层面的"互联网+"战略还是"中国智造2025"等诸多具体的融合举措,这也契合中国经济发展转变增长方式、供给侧结构性改革的大背景。如2016年5月,国务院印发了《关于深化制造业与互联网融合发展指导意见》,协同推进"中国制造2025"和"互联网+"行动。可以预见,基础信息连接完成之后,互联网与经济社会发展的深度融合将真正开始。

行业报告九

艺术品和工艺美术业年度发展报告

郑瑶琦[*]

2016年的艺术品和工艺美术业总体来说发展比较平稳,市场依然处于调整期。但在一些方面也透露出市场有回暖的信号,人们对艺术品市场的信心有所提高,新资本和新藏家的入场为艺术品市场注入了新的活力,以互联网为依托的科技发展与艺术市场的联系进一步密切。由于艺术市场发展更加趋于理性,相信2017年的市场仍会处于稳步前进的状态。

一、艺术品及工艺美术业宏观环境分析

2016年,我国国内生产总值增速继续放缓,由2015年的6.9%降为6.7%,但是仍属于国际上经济增长速度最快的国家之一。经济运行比较平稳,这也在一定程度上增加了艺术品和工艺美术业市场的稳定性。

(一)经济环境

在2017年3月5日召开的第十二届全国人民代表大会第五次会议上,李克强总理作了《政府工作报告》,预期国内生产总值增长6.5%左右。国家降低GDP增长目标代表政府意在维持稳定和调整结构。由此推算,2017年艺术品以及工艺美术业市场行情也很可能跟经济形势保持一致,继续处于调整期,不会有太多大起大落。

从文化产业整体来看,发展势头良好。根据国家统计局的数据,2016年,全国文化及相关产业增加值30254亿元,占国内生产总值比重的4.07%。2016年文化及相关产业10个行业的营业收入均保持增长,文化服务业快速增长。其中,实现两位数以上增长的3个行业分别是:以"互联网+"为主要形式的文化信息传输服务业营业收入5752亿元、增长30.3%,文化艺术服务业312亿元、增长

---

[*] 郑瑶琦,中国海洋大学国家文化产业研究中心文化产业管理专业研究生,主要研究书画产业、工艺美术产业。

22.8%,文化休闲娱乐服务业1242亿元、增长19.3%。据此可以推想,将艺术品和工艺美术行业与互联网元素结合起来将构成巨大的发展潜力。

最近10年,中国经济增长的构成发生了很大的变化。消费已经成为中国经济增长的最大动力。2016年前三季度,最终消费支出占国内生产总值(GDP)的比重进一步提高到55%左右,GDP增长的贡献率从2015年的66.4%快速提高到71%。中国经济增长模式已从依靠投资转向消费驱动。① 因此,随着中国高净值人群的增加,艺术品和工艺美术业市场的大众消费领域发展潜力巨大。

(二)政策环境

国家对艺术品市场的监管力度加强,重视艺术品市场规范和法律法规建设。2016年10月20日国家文物局公布《文物拍卖管理办法》,对拍卖市场上的文物做出了更全面的管理规范,同时对网络文物拍卖减少限制,也体现出适应了"互联网+"的时代特征。在文物保护与发展方面,还有2017年2月国家文物局发布实施的《国家文物事业发展"十三五"规划》,提出要切实加大文物保护力度,多措并举让文物活起来。

自从"一带一路"倡议提出以来,围绕这一主题开展了经济政治文化建设。"一带一路"倡导坚持"文化先行",由于"艺术无国界",文化艺术对各国人民展开交流起了强有力的促进作用。全国各地举办了相关主题的艺术展览,例如2017年5月9日中国国家画院主办的"一带一路"主题美术作品展、2017年5月28日在北京雁栖湖国际会展中心举办的"一带一路·丝路文化与艺术大展"等。

另外,国家注重加强对艺术品金融监管力度,2017年进入清理整顿文交所的第三阶段,2017年1月9日,清理整顿各类交易场所部际联席会议第三次会议在北京召开,要求开展交易场所清理整顿"回头看"工作,其中,会议指出部分邮币卡类交易场所开展现货发售模式涉嫌市场价格操纵;同一天,文化部文化市场司召集了27家经部际联席会议备案的文交所进行艺术品管理工作座谈会,要求各类文化产权交易所认真贯彻执行《艺术品经营管理办法》,依法依规开展艺术品经营活动,守法规范经营,切实防范艺术品金融风险,共同促进行业健康有序发展。2017年2月3日,清理整顿各类交易场所部级联席会议办公室向银监会办公厅签发《关于商请督促商业银行限期停止为违规交易场所提供金融服务的函》,并随函附《违规交易场所(含未通过验收地区交易场所)名单》,其中也包含一些文化艺

---

① 黄隽:《2016中国艺术品与金融市场发展动向》,中国经济网,2017年2月14日,http://www.ce.cn/culture/gd/201702/14/t20170214_20197755.shtml。

术品交易所和文化艺术产权交易所,指出了它们的违规行为,限令整改。这对于艺术品金融市场的规范、完善诚信体系起到了指导作用,有利于营造一个良好的艺术品市场经营环境。

二、艺术品和工艺美术业发展概况

经历了前几年的低迷,2016年的中国艺术品和工艺美术市场终于出现回暖迹象,让民众对其信心有所提高,相信2017年会进一步向好发展。

(一)产业大数据

1. 艺术品市场成交额

欧洲艺术博览会(TEFAF)发布的《TEFAF2017艺术品市场报告》显示,尽管全球经济不稳定,2016年全球艺术品市场的销售额达到450亿美元,比2015年增长近1.7%。而全球艺术品拍卖额却大幅度下降,比2015年的208亿美元下跌18.8%。相应地,拍卖成交量也下降了21.5%。其中,下降最多的是欧美地区,相比之下,亚洲的拍卖市场比较稳定,亚洲现在拥有全球拍卖市场的最大份额(40.5%),中国市场占绝对优势。中国拍卖行业协会与商务部流通业发展司在京联合发布2016年拍卖业蓝皮书——《2016年中国拍卖行业经营状况分析及2017年展望》。蓝皮书显示,2016年全国文物艺术品拍卖稳步发展,全国共举行文物艺术品拍卖1857场,成交额317.33亿元,较2015年增长13.33%。报告还认为,自2011年市场回调5年来,文物艺术品拍卖市场基本完成了一轮净化和淘汰,市场规模稳定在300亿元左右,各方参与者更趋务实和理性。"去泡沫""练内功""走国际""提质量"几乎成为近几年来市场变化的主路径。[①]

根据雅昌艺术市场监测中心和Artprice联合发布的《2016年度艺术市场报告》,中国艺术品市场份额居全球首位,重新成为最大的艺术品市场。此前中国曾连续5年蝉联全球最大艺术品市场,直到2015年排在美国之后名列第二。

根据雅昌艺术市场监测中心《2016中国艺术品拍卖市场调查报告》,2016年春拍,中国艺术品拍卖市场总成交额为244亿元,同比小幅下滑2.3%。2016年秋拍,中国艺术品拍卖市场共上拍235293件拍品,成交90074件,同比分别下滑8.87%和13.25%。虽然上拍量和成交量均有所缩减,成交率却同比提高10个百分点,说明目前"减量增质"的经营策略成为拍卖业界共识,对高质量作品征集的要求进一步提升。

---

① 王磊:《拍卖行业年成交五千亿元》,《法制晚报》2017年3月31日第A07版。

2. 工艺美术品行业发展状况

据国家统计局相关资料统计,2016年1～12月,全国工艺美术行业累计主营业务收入利润率为5.73%,同比增长0.12%。2016年1～12月,全国工艺美术行业累计完成主营业务收入10874.05亿元,同比增长2.88%。

2016年前11个月,全国工艺美术行业规模以上工业企业共5290家,其中亏损企业435家。据对海关相关资料统计,2016年1～11月,全国工艺美术行业主要商品海关出口总额287.9亿美元,同比下降了76.3亿美元,下降了20.95%;进口额43.96亿美元,同比下降了6.95亿美元,比去年同期下降13.65%。①

(二)市场发展态势

1. 在线艺术水涨船高

艺术品一旦有了市场需求,便需要通过宣传来提高知名度以扩大市场。互联网使得信息传播如虎添翼,许多艺术家、画廊、艺博会、拍卖行等都通过开设网站、利用网络社交媒体、制作新媒体广告等行为发布和传播信息。

在传统艺术品交易不景气的情况下,在线艺术品拍卖异军突起。雅昌艺术家服务中心发布的《Hiscox2016在线艺术品交易》显示,在线艺术品交易在上一年销售总额达30.27亿美元,同比增长24%。在2016年秋拍期间,中国嘉德、北京保利、广东崇正、上海天衡以及国际拍卖行佳士得、苏富比等均开展网络竞拍,争夺新拍卖渠道。②

由于看好在线艺术这一领域的潜力,一些新的资本也先后涌入进来。例如2016年年初,以"互联网+艺术"为特征的"艺评网"完成数千万pre-A轮融资;2016年9月28日,"艺典中国"获得2500万A轮融资,"艺典中国"目前主打电商拍卖,今后将把重点放在直播拍卖和大数据上;2017年3月14日"意外艺术"宣布获得2000多万A+轮融资,此前也曾在2016年4月获得1300万A轮融资。"意外艺术"是一个互联网艺术大众化的传播平台,致力于艺术大众化,将枯燥难懂的艺术转化为大众语言、大众市场,在内容层面搭建一套艺术入门体系。

2. 企业收藏表现抢眼

企业收藏家在艺术品市场频频现身,财力雄厚的收藏家拉动了高价拍品板块。企业家的财力基础正是精品市场成交率的保证,并且把高价艺术品的价格进

---

① 江静:《2016年1—11月全国工艺美术行业经济效益情况》,2017年1月6日,http://news.artron.net/20170106/n900266.html。
② 欧志葵:《2016年在线艺术品交易大幅增长:多家拍卖行试水网络实时竞拍》,《南方日报》2016年12月19日。

一步推升。

2016年中国内地和香港过亿拍品比往年大幅度增加。北京保利2016年秋拍"中国古代书画夜场",清宫旧藏任仁发的《五王醉归图卷》以3.036亿元的价格由苏宁博物馆竞得,创造年度最贵艺术品拍卖纪录;齐白石的《咫尺天涯——山水册》拍出1.955亿元,张大千的《巨然晴峰图》拍出1.035亿元,都归于宝龙集团。三胞集团以1.725亿元竞得北京匡时十周年秋拍"澄道•古代绘画夜场"中吴镇的《山窗听雨图》,创吴镇拍卖作品的最高纪录。(见表1-9-1)

表1-9-1　2016年部分企业家收藏的高价拍品

	作品名称	成交价	竞得者
1	任仁发•五王醉归图卷	3.04亿元	张桂平(苏宁集团)
2	曾巩•局事帖	2.07亿元	王中军(华谊兄弟传媒集团)
3	齐白石•咫尺天涯——山水册页	1.96亿元	宝龙集团
4	蒋廷锡•百种牡丹谱	1.74亿元	刘益谦(新理益集团)
5	吴镇•山窗听雨图	1.73亿元	三胞集团
6	张大千•巨然晴峰图	1.04亿元	宝龙集团
7	张大千•桃源图	2.27亿元	刘益谦
8	宋克•临《急就章》并诸家题跋	9200万元	晋商张小军

企业家进入收藏市场可能出于个人爱好,或者为了丰富企业文化,还有投资需求等。可以说,企业家的财力为收藏市场注入了强大的活力,不断引发市场"爆点"。但是不断翻高的拍品成交价可能对市场结构产生不良影响,市场的两极分化进一步加剧。另外,艺术品收藏的企业化机构化日益明显,专业从事收藏的企业资金和资源丰富,运作手段也更加资本化和专业化,传统藏家的个人购买行为渐渐被挤出精品市场,艺术品市场面临沦为企业资本运作工具的可能,不利于市场健康发展。

高端拍品市场的繁荣只是市场的一个方面,精品的价格市场波动比较小,价格一直居高不下,只能说明艺术品市场并非缺乏资金,而是缺乏精品。只要有值得收藏的高质量精品出现,就会得到收藏家的竞相追逐。所以看市场是否繁荣还要从更全面整体的角度来看,从这方面来说,中低端市场的繁荣是市场复苏的指标。

3. 艺术品大众市场消费需求潜力巨大

相对于企业,普通人没有那么多资金,无力追逐高端拍品,但是在中低端拍品市场却比较活跃。统计数据显示,2016年春拍,从前十大拍卖行的春拍数据来看,100万元以下成交拍品22401件,数量占比92.53%。

随着经济的发展,中国高净值人群的数量在增加。2016年8月23日,财富研究机构新世界财富(New World Wealth)公布了2016年全球十大最富裕国家排名,其中按照个人财富总额排名,中国位列第二,个人财富总额达到17.4万亿美元,大约等于120万亿元。按照巴克利银行的推荐数据:机构投资者与高端人士会配置5%的资产进行艺术品投资。据此估计,艺术品的投资需求将达到6万亿元。

一直以来,人们关注艺术品获利的"投资属性",却忽视了艺术品"消费"的功能,现在艺术市场在培育大众市场方面加强了力度,引导大众增强文化消费观念成为当务之急。

多家拍卖行试水网络拍卖也是培育大众市场的举措。由于网络上只能看到图片,真实度难以保证,越是高价拍品风险越高,因此中低端拍品比较受欢迎。但是品质问题仍然是网络拍卖一大障碍,一些在线艺术网站也在尝试着改变这一状况,例如上文提到的"艺评网",致力于打造"体验式艺术品消费",让消费者先"试用"艺术品,再决定是否购买。这种线上线下结合的方式打造了艺术品电商的新模式,拉近了人们和艺术的距离,使得人们对艺术品消费的接受度进一步加强。

三、艺术品和工艺美术业经营状况分析

2016年艺术品和工艺美术行业面临调整期的关键节点,各级市场表现以及交易内容产生了一些新的行情变化。

(一)艺术品市场经营主体分析

中国的书画市场存在一、二级市场划分之说,即参照股票市场的特征,把以画廊和艺术博览会为代表"发行"作品的主体称作"一级市场",把以拍卖行等为代表"流通"作品的主体称作"二级市场"。不同市场上的经营主体各有其特点。

1. 一级市场

(1)画廊业

礼品市场的萎缩让画廊业的一角坍塌,面对来自拍卖和私人洽购等其他市场行为挤压,画廊业生存更加艰难,因此,画廊在不断寻求新的突破以更好地生存。

传统画廊经营理念比较落后,还停留在"熟人关系"门店卖画和走拍卖行收购渠道,营销手段比较薄弱,而在新时代成长起来的画廊主视野更加开阔,把目光投向了"跨界""国际化""互联网化"等更多新的领域。

中国的画廊业发展时间短,不同于国外成熟的经营模式。例如西方比较发达的代理制,在中国实行起来就会遇到很多问题。总的来说,中国的画廊业还是较多地沿袭了传统,不像西方画廊业那样形成了行业体制。中国的画廊和艺术家之间的关系也十分松散,没有形成稳定的相互信赖、支持的合作关系。

2016年6月传出尤伦斯当代艺术中心将被出售的消息,这似乎更加重了2016年上半年798艺术区关闭迁徙潮带来的阴云。经营多年的画廊纷纷倒闭或撤出,画廊的出路似乎更加不明朗。

这些离开的画廊主有的继续在其他地方为旗下代理的艺术家举办展览,有的继续参加博览会寻找机遇,还有的依托多年积累的"人脉"和在艺术圈工作形成的收藏经验,在拍卖行当起了收藏顾问,帮客人购买艺术品。

对于一些画廊主来说,虽然关闭了实体空间的"前店",但是仍然保留了"后厂"。一些在远郊的画廊仓库仍然存在,依靠品牌和口碑、多年累积的藏家和艺术家人脉,他们这些画廊主保留着"艺术经纪人"的身份。

(2) 艺博会

2016年,在整体艺术市场深度调整的状态下,艺博会却显示出较好的发展势头,并呈现出一些发展趋势与变化。首先,艺博会的举办频率由以往的"春秋"两季转而变为更为频繁的"四季"。其次,在不同区域中,香港地区主要凭借自身地缘、政策优势着重打造辐射亚洲市场的香港巴塞尔;台湾地区则以举办第23届台北国际艺术博览会为代表;内地和大陆方面,北京以"艺术北京"及"中艺博(CIGE)"为代表。上海地区的西岸艺博会、上海廿一当代艺术博览会(ART 021)、影像上海艺术博览会(PHOTO FAIR)等在2016年均表现突出。以艺术深圳、艺术长沙、艺术南京等为代表的二线城市艺博会也如火如荼地展开。①

(3) 美术馆

严格来说,美术馆强调非营利性,更注重展览的学术价值,这一点与画廊有所区分。美术馆具有观赏性、教育性,是文化体系的重要组成部分。一直以来,国家对美术馆建设予以重视,每年对全国美术馆优秀项目进行评选。2016年6月23日,文化部办公厅下发了《关于开展2016年全国美术馆优秀青年策展人扶持计划的通知》,决定从2016年开展全国美术馆优秀青年策展人扶持计划。这说明国家对于美术馆建设和美术馆人才培养十分关注。

同时,一个显著现象是,越来越多的私营美术馆建立起来,到2016年中国民

---

① 《深度解读2016中国艺术市场生态》,《艺术市场》2017年1月14日,http://art.china.cn/market/2017-01/14/content_9288221.htm。

营美术馆达到美术馆总量的三分之一,且还在持续增加。2016年11月8日至9日,第四届民营美术馆发展论坛在上海二十一世纪民生美术馆举办,提出民营美术馆定位要多元化、差异化,围绕民营美术馆的学术研究与收藏展开了研讨。

2. 二级市场

(1) 拍卖行业

2016年中国艺术品拍卖公司的业绩普遍好转起来,据雅昌艺术市场监测中心不完全统计,2016年春拍中国艺术品拍卖市场总成交额约为244亿元,与2015年基本持平,扭转了从2013年以来拍卖成交额一直大幅下滑的趋势。另外一个特点是,拍卖行"减量增质"经营策略具体是指拍品数量虽然下降,但是更注重作品的质量,拍卖行更加注重征集藏家手中那些极少进入市场的"生货",这些新的高质量作品更有可能引起藏家的兴趣,所以在搜集作品上加大了力度。数量下降也是一种策略,可以减少成本,也使得新入场的买家比较轻松,更加游刃有余。

在中国拍卖市场,香港苏富比、香港佳士得、北京保利、中国嘉德和北京匡时这几家巨头依旧引领拍卖市场的高成交价潮流。例如,保利集团直属子公司北京保利国际拍卖有限公司目前是国内最知名的拍卖公司之一,北京保利2016年秋季艺术品拍卖会经过7天共32个专场的拍卖,以28.3亿元的总成交额圆满落槌,连续第18次在国内大型艺术品拍卖会中列成交额榜首,连续7年领跑全球中国艺术品拍卖市场。①

一些拍卖公司尝试与互联网结合起来。2016年被称为"中国网络直播元年",由于人们对直播这一新鲜事物的追捧,各类网络直播平台层出不穷,并且开始出现了借助"粉丝"经济向电商转型的趋势。文玩艺术品交易在经历了实体店、淘宝店、微商后,也开始尝试视频直播这一新形式。

例如,华夏捡漏APP就是一款垂直领域直播平台,它依托华夏收藏网资源,率先将视频直播与艺术品拍卖形式相融合。该平台的视频直播拍卖每场围观人数基本在千人以上,参与者竞价踊跃,直播的商家一边对拍品进行详细讲解,一边回答参拍人的问题。除了俊男美女主播,有些商家还会针对不同的专场请业内知名专家担当主播,增加视频直播的专业性、权威性。由于缺乏真实体验、买家信任度不高等原因,参拍的文玩艺术品相对标价较低。② 此外,拍卖市场还出现了保

---

① 《北京保利2016年秋拍32个专场以总成交28.3亿元收官》,雅昌集团,2016年12月8日,http://news.artron.net/20161208/n891909.html。

② 马嘉会:《直播能否让艺术品成为新网红》,北京商报网,2016年11月10日,http://www.bbtnews.com.cn/2016/1110/168473.shtml。

税拍卖、"第三方担保"等新亮点。

(2) 文交所

2015年邮币卡电子盘经过不断提速和爆发,在当年下半年进入了疯狂的状态,不少板块出现几十倍、上千倍的爆炒,风险也随之而来,出现了诸如价值炒作泡沫、宣传与实际回报大相径庭之类的问题,造成了大量投资人的经济损失。不规范的文交机构接连出现,更导致市场进一步混乱。国家看到其中的艺术品金融风险,加大了审查整顿力度,因此带来了文交所艺术品交易领域全盘整顿的局面。2016年8月,天津文化产权交易所旗下的邮币卡交易中心暂停交易。据悉,这是首例由政府批准的文化产权交易所宣布暂停邮币卡交易。随后,多个平台对违规行为进行严厉查处。

(二) 艺术品市场交易内容分析

书画类艺术品,包括中国书画、油画和当代书画艺术品;艺术收藏品,是指古董杂项、瓷器、珠宝、金石、古籍、家具等一系列具有收藏价值的艺术品。

1. 书画类艺术品

中国书画板块一直是艺术品交易中表现最突出的板块,自2008年以来一直占据艺术品交易额之首,在藏家参与意向上也是最受欢迎的部分。尤其是古代书画,由于存世稀有、名家精品、传承有序等特点,价值一直居高不下,几乎不会贬值,收藏和投资价值俱佳。2016年书画板块采取"减量增质"的策略,各家拍卖行都在尽力挖掘"精品"。

2016年春拍,中国书画板块行情呈小幅下滑,但仍然占据半壁江山。据雅昌艺术监测中心春拍报告统计,2016年春拍中国艺术拍卖成交前100位中,中国书画作品有54件,其中书画作品过亿元的拍品有5件,5000万元以上的作品有27件。书画板块表现最为出色的为古代书画。近年来,古代书画板块一直在随大势调整下滑,但今年呈现逆势上涨的态势,说明业界对古画的重视程度在增加;近现代书画表现平稳,大部分近现代画作在1000万元至2000万元左右徘徊,大师级画作高价频出。市场价格分化相对明显。和以往不同的是,并非某一位艺术家独占热点领域,傅抱石、张大千、李可染三位大师共同成为热点。相比之下,当代书画板块的热度不高,在经过2014年年末的快速上涨后,更多地表现为调整和分化,买家对当代书画和"新水墨"的关注度在下降。

到了2016年秋拍,市场的"回暖"迹象变得明显起来,古代书画高价拍品继续涌现,近现代书画尤其是名家创作且流传有序的"作品"关注度持续上升,油画及现当代艺术板块的关注度仍然不是很高,但是出现了小幅度上升,也有了"触底反弹"的趋势。吴大羽、吴冠中、常玉、朱德群、赵无极等20世纪现代艺术大师依旧是20世纪早期油画板块的主力军。

2. 艺术收藏品

2016年艺术收藏品市场，瓷器、珠宝、佛造像、金石碑帖等都表现比较突出，出现了不少高价拍品，例如香港苏富比2.48亿港元拍出的鲜彩蓝色钻石配钻石戒和1.11亿港币成交的明永乐青花花卉锦纹如意耳扁壶，以及香港佳士得1.58亿港元成交的明青花五爪云龙纹大罐和1.3亿港币成交的彩色钻石戒指，还有佛像方面，中国嘉德超过7000万元成交的蒙古17世纪铜鎏金哲布尊丹巴像·扎那巴扎尔。

雅昌艺术市场监测中心的艺术品市场秋拍报告显示，2016年中国艺术品拍卖市场瓷杂板块，以明代和清三代官窑为代表的市场中坚力量在春拍中表现比较出色，市场参与度较高，成交价格也与中国艺术品拍卖市场高峰期时趋于持平。瓷杂板块2016年秋拍与春拍相比，各项数据出现稳定攀升的状态，可以说瓷杂板块自2015年开始走向了"调整中的稳定期"，瓷杂板块在三个主流板块中去除通货膨胀率平均年复收益率最高。

（三）工艺美术品行业分析

工艺美术品一直是中国传统的出口产品，本文中工艺美术品这一门类是指各种特殊工艺制成的手工艺品，与上述艺术品各门类相比更加大众化和生活化，更加具有实用性和装饰性的特点，例如民俗工艺品、日常穿戴的珠宝首饰、旅游纪念品、家居装饰艺术品等。

在工艺美术品众多门类中，珠宝首饰行业是市场份额占比最大的一部分。

1. 珠宝首饰行业发展状况

近几年我国珠宝行业一直以10%左右的速度快速增长，然而2015年行业发展却开始陷入停滞状态。由于过去黄金价格上涨，珠宝首饰行业依靠产品的溢价、材质的溢价就可以支撑利润的。由于政治、经济环境的影响，持续下跌，导致珠宝行业的利润随之下降。进入2016年，黄金价格开始回升，为了防范金价不稳带来的风险，珠宝行业需要开发多元化的产品。

国家统计局的数据显示，2016年我国限额以上单位金银珠宝零售额2996亿元，基本与上一年持平。2017年年初，我国珠宝行业发展明显改善，2017年1—2月我国限额以上单位金银珠宝零售额569亿元，同比增长8.2%，零售额、同比增速均高于 2016 年(541 亿元,－1.5％)及 2015 年(564 亿元,－2.4％)同期①,预计消费需求的增长将进一步拉动珠宝市场回暖。

据中国珠宝玉石首饰行业协会初步统计,2016 年我国珠宝业终端市场销售仍保持在 5000 亿元以上,总体稳中有升,内部品类冷热不均:黄金仍然在我国的珠宝消费中占主导地位,但基于首饰消费和实体投资两种目的的消费分化明显;珍珠、宝石稳步上升;翡翠、玉石企稳回升;高端产品表现亮眼,低端产品持续低迷;钻石及个性化珠宝首饰日益流行,增长明显。②

2. 珠宝行业发展亮点

(1) 珠宝电商行业的崛起

随着电商的发展和消费者消费习惯的转变,"互联网＋珠宝"的模式成为珠宝企业积极开拓的领域。天猫、京东、苏宁等开放式平台以及微商、网拍企业等为珠宝电商提供了新的互联网营销渠道。做珠宝电商不仅仅是把珠宝放到线上去销售,更要注重打造良好的企业品牌。电商要抓住互联网的特点,细分消费市场,把握消费者需求,注重与消费者的良性互动。拥有独一无二的产品是消费者的心理追求之一,个性化定制逐渐成为工艺美术业的趋势。以珠宝行业为例,珠宝电商要更注重个性和客户需求,因此出现了诸如定制珠宝等系列产品。传统珠宝行业从设计生产到出售都是单向的,缺乏与客户和消费者的沟通,而互联网为信息流通提供了更多便捷,并且有了计算机的帮助,设计师可以借助三维模型模拟成品效果,及时根据客户反馈修改方案,降低制作成本和时间成本。这样设计师和经销商就可以及时把握客户和消费者多方的信息和需求,有效整合行业资源,满足客户和消费者需求。

(2) 年轻消费群体需求旺盛

新一代的年轻人更加注重时尚,尤其是中青年女性中的精英白领,她们具有自主消费能力,追求"品质""个性""精致"的生活,是珠宝市场主要消费者。黄金、铂金、钻石等高端珠宝受高净值人群的欢迎;K 金、宝石镶嵌类时尚珠宝由于品类多样、时尚度较高且价格适中,是新近兴起的年青一代市场主流,并且有望出现自主性品牌引领市场潮流。

中国受传统婚庆观念影响较大,据 IBIS World 统计,婚庆在我国珠宝消费中

---

① 深圳市黄金珠宝首饰行业协会:《2017 市场回暖,珠宝玉石投资趋热》,汇金网,2017 年 4 月 21 日,http://www.0755zb.com/shichang/shichangdongtai_121436.html。

② 《2017 珠宝行业到底在发生哪些深刻变化?》,中国珠宝行业网,2017 年 5 月 22 日,http://www.chinajeweler.com/zbhy/zx/gn/34001.html。

占据了46%的份额,现如今,"80后""90后"一代进入结婚潮,将会带来黄金、钻石等珠宝市场的需求。

3. 各类工艺美术品出口企业情况

中国产业信息网发布的《2016年上半年工艺品行业分析报告》对各类工艺品出口企业做了统计,显示了工艺品行业发展情况的地域分布。我国烟花爆竹的出口货源地主要为湖南(68.1%)和江西(25.1%);浙江是刺绣(80.6%)和玻璃工艺品(50.7%)的主要出口货源地;广东是珠宝(68.9%)和陶瓷工艺品(72.9%)的主要出口货源地;中国艺术品、收藏品的主要出口货源地为上海(64.8%)和北京(16.9%)。

四、趋势展望

(一) 艺术品市场预期——向好发展

2012年艺术品市场大幅度下滑后,进入了调整期。艺术品市场是信心市场,人们在艺术品市场活跃时对其充满憧憬,倾向投入更多的关注和交易,从而促使市场进入一段愈加活跃的时期;而在艺术品市场萎靡不振时,人们犹豫不前,按兵不动,从而压抑市场需求,市场进入一段时期的"低潮"。所以艺术品市场存在周期性。从历史经验判断,这个周期时限一般为7年到10年。自1978年改革开放后,中国艺术品市场已经历了三次周期性"高潮"波动:第一个高潮在1995年至1997年,第二个高潮在2003年至2005年,第三个高潮在2009年至2011年。① 据此推算,接下来的艺术品市场第四次高潮将在2017年至2019年左右到来。2015年的市场表现似乎也验证了市场的反弹点的到来。因此,最近两年被视为进入艺术品市场的好时机。资深老藏家开始返场,一些新藏家开始进入市场小试身手,艺术品价格已经稳定在合理区间。接下来艺术品市场极可能进一步持续稳步回暖,艺术品投资需求和消费需求都将进一步提升。

(二) 文交所在艺术品金融领域追求创新发展

艺术品具有保值增值的作用,除了收藏价值外,投资和消费属性也是不容忽视的。艺术品金融在我国经历的时间短,还处于不成熟的探索期。2016年文交所整顿显示出国家对金融风险的重视。艺术银行的兴起也显示了艺术金融产品在拉动艺术品市场的投资和大众消费领域的广阔前景。

---

① 《2017艺术品市场或迎第四个高潮》,2017年4月11日,http://collection.sina.com.cn/2017-04-11/doc-ifyecezv3025966.shtml。

近两年兴起的艺术家公盘成为艺术品投资市场的新贵。艺术家公盘是将艺术品与金融、互联网有机结合起来构建的一个创新的投资交易平台,是一种新形式的电子盘。2016年11月29日,艺术家公盘限量书画藏品交易盘正式开盘,五个交易品种升幅均达到30%,全部涨停。① 总体来说,艺术家公盘取得了不错的市场效果。艺术家公盘运行时间较短,具体成效有待时间检验,但是可以确定的是,文交所会根据形势不断推出艺术投资交易产品。

艺术银行在国外已经有了比较完善的运作模式,例如商业性的艺术银行为高端客户提供艺术品相关金融业务或是非商业性银行在政府支持下的带有公益性质的艺术机构开展艺术品租赁业务。近年来,随着艺术品资产配置属性被越来越多的人重视,一些文化艺术机构、银行、文交所均开始尝试艺术银行的模式。由于我国体制与国外的差异,直接照搬西方模式是行不通的,艺术银行的模式亟待创新。在我国,艺术品金融的投资属性十分突出,消费属性相对被忽略,而中国的中产阶层迅速扩大,这一部分人群的购买力不容忽视。艺术品市场目前是一个相对小众的市场,怎样把艺术品市场大众化,让那些有购买力的人群接受,是艺术品金融追求的一个市场方向。

2017年5月29日,北京文化产权交易中心亮相2017年北京国际服务贸易交易会。值得关注的是,此次北京文化产权交易中心发布的艺术银行业务,致力于打造艺术品全产业链,使传统行业成为产业,从"小众"变为"大众"。通过搭建起直接对接企业或机构的公共空间,艺术银行这一服务将艺术品、艺术家资源精准对接到消费市场。② 在2016年11月,北京文化产权交易中心就尝试将艺术品租赁业务推广至企业空间,在提升企业文化的同时,让平时没有机会接触艺术品的白领能够接触并关注艺术品,这可以说是一种打开艺术品大众消费市场的策略。

(三)艺术品工艺美术行业借力新科技

借助高科技与互联网,艺术品和工艺美术行业获得新形式的发展,十分引人关注。高科技已经渗透到艺术品和工艺美术品的设计、制作、展览、市场交易、市场营销等方方面面,并且这种联系将会得到进一步密切和强化。

非物质文化遗产中有很多工艺美术行业赖以存在的传统技艺,但由于缺乏继承人和偏居一方缺乏知名度等原因面临着消亡的危险,在新时代迫切需要保护。面对直播这一新兴事物,一些直播网站把非物质文化遗产的内容与这种"网红"经

---

① 《全线涨停,艺术家公盘限量版画交易平台开盘给力》,2016年11月30日,http://collection.sina.com.cn/wjs/jj/2016-11-30/doc-ifxyawmp0631609.shtml。

② 卢扬:《艺术银行——打通大众消费新渠道》,《北京商报》2017年5月30日。

济结合起来,居然成为推广非物质文化遗产的新平台。例如2017年6月花椒直播举办了主题为"传承·匠新——非物质文化遗产巡播"第一季,"玉雕""龙泉剑""古法制香"等十余个非遗项目展现在网友面前,是"直播+非遗+电商"模式的新尝试。

同样,随着不同形式社交媒体的出现,这些平台都可以成为艺术品和工艺美术行业推广发展的渠道。通过受年轻人欢迎的新形式让他们接触一些非物质文化遗产和被忽视的手工技艺,为这些技艺提供了新的保护和开发形式。

另外,虚拟现实技术(VR)和增强现实技术(AR)在艺术品及工艺美术行业的应用同样值得关注。2016年,雅昌艺术网首次推出了"VR看展",借助网络,让爱好艺术的大众足不出户就可以欣赏到艺术展览。在虚拟展览中,不仅可以清晰地观看每一件作品,作品甚至可以由静态变为动态,还可以非常直观地将展馆整体空间尽收眼底,使展馆呈现出360度无视觉死角的立体感和空间感,给人身临其境的观展体验。只要有网络,看展不再受时间地点所限,人们有了更灵活的选择,与艺术的距离进一步拉近。另外,一些在历史上不幸受损的文物也可以借助技术复原,让人们欣赏到全貌。可以预测,"VR""AR",以及3D立体光雕投影技术、浮空投影技术等新的空间显像技术将成为艺术品展馆互动展览新趋势。

在市场交易层面,线上的艺术品交易势头强劲。与实体交易相比,线上交易一个明显的缺陷就是缺乏体验效果,虚拟现实和增强现实就可以弥补这一不足。例如一件艺术品可以借助相关设备展示出在家中陈设的效果,消费者可以据此决定要不要购买。

同样在工艺美术品行业中,虚拟现实技术应用领域可以模拟工艺品穿戴或是装饰效果,让客户自由选择搭配甚至自己参与到虚拟的设计制作环节中,模拟一件工艺品的制作过程,加深体验的兴趣。

行业报告十

文化创意与设计服务业年度发展报告

任 婷[*]

2016年我国文化创意和设计服务业发展的宏观政策环境不断优化、人民文化消费需求持续增长、知识产权领域的法律法规不断健全、大数据等新兴技术不断发展,从"大众创业,万众创新""互联网+""中国制造2025"等热潮涌动,到《"十三五"国家战略性新兴产业发展规划》中对"数字创意"的战略性定位,我国文化创意和设计服务业在2016年进入了发展快车道,产业活力和竞争力大大提升,与制造业、农业、旅游业、新型工业、文博业等相关产业的融合度和深度不断加强,展示交易、企业孵化、人才培育、投融资等服务平台加快建设,创意设计环境氛围愈加浓厚,消费市场潜力不断释放出来,但目前仍然面临产业基础薄弱、竞争力不强、人才缺乏、融合不深、资金不足等具体问题。未来仍需要落实产业相关扶持政策、增强产业投融资能力、改善人才培养模式、提升企业发展水平、增强产业集聚、扩大国际合作,来促进我国文化创意和设计服务业的专业化、国际化、品牌化发展。

一、产业发展环境

2016年中国文化创意和设计服务业发展加快,从产业发展背景看来,主要是相关的政策环境不断优化、市场需求不断增加、消费潜力不断释放、版权保护环境不断优化、新兴科学技术不断爆发,从政策、市场、科技等角度不断优化产业发展环境,提升行业发展能力和服务支撑能力,推进文化创意和设计服务业与相关产业的融合发展。

(一)政策环境

国家政策体系逐步健全、各项政策规划加快落实、重要举措逐步落地,为

---

[*] 任婷,中国海洋大学文学与新闻传播学院硕士研究生,主要研究文化创意设计、文物与博物馆产业化开发。

2016年我国文化创意和设计服务业的发展提供了更加完善的政策环境保障,从顶层规划促进产业健康发展。

1. 国家政策体系逐步健全

2016年和2017年年初,国务院及其所属部、委、司、局先后出台了一系列涉及文化创意和设计服务与相关产业融合发展的政策规划(如表1-10-1),进一步完善了国家政策体系,通过顶层战略规划以及具体的财税鼓励、知识产权保护、小微企业扶持、平台建设、消费市场培育等方面的政策举措推动文化创意和设计服务业的快速发展及其与相关产业的深度融合,并在全社会持续营造了浓厚的创新创业文化氛围,对促进传统产业结构升级转型和新业态培育发展有着强大示范作用。

系统性战略规划,为产业提供顶层设计引导。在《中华人民共和国国民经济和社会发展第十三个五年(2016—2020年)规划纲要》《"十三五"国家战略性新兴产业发展规划》中,数字创意被列为五大战略新兴产业之一,在创新驱动、制造强国等战略下,将深入推进大众创业万众创新、加快推动服务业优质高效发展、丰富文化产品和服务,从金融、财税等各个层面促进文化创意和设计服务业的产业生态化发展。《文化部"一带一路"文化发展行动计划(2016—2020年)》则在拓展文化产业国际化发展渠道、提升我国文化创意和设计服务业国际竞争力上有着重大意义。

培养文化消费市场,带动产业结构升级。文化部、财政部联合下发《关于开展引导城乡居民扩大文化消费试点工作的通知》,在2015年"拉动城乡居民文化消费试点项目"取得成效的基础上,在全国范围内开展引导城乡居民扩大文化消费试点工作,文化创意和设计服务业也作为文化产业的重要门类,将通过与相关产业的深度融合,满足大众多元化、多样化的文化消费需求,同时利用文化消费的支撑、促进作用,带动就业创业、推动创意设计产业结构优化调整。

改善知识产权保护环境,激发创新创造活力。国务院印发《"十三五"国家知识产权保护和运用规划》和《2016年全国打击侵犯知识产权和制售假冒伪劣商品工作要点》等体现了国家从战略部署、完善法规等方面加大对数字信息和文化创意领域的知识产权工作的重视,为文化创意和设计服务业等知识密集型产业提供更坚实的知识产权保障基础。《关于加快众创空间发展服务实体经济转型升级的指导意见》《关于建设大众创业万众创新示范基地的实施意见》《关于促进创业投资持续健康发展的若干意见》《国务院办公厅关于进一步激发社会领域投资活力的意见》,则将持续深入推进大众创业万众创新,促进创业创新人才流动,加大对文化等社会领域中小企业的服务力度,为创意设计服务业的发展营造良好的创新创意创业氛围。

创新发展方式,实现跨界融合。国务院2016年密集出台了各项支持政策,例如《关于推动实体零售创新转型的意见》《关于实施中华优秀传统文化传承发展工程的意见》《中国传统工艺振兴计划》《关于深入推进新型工业化产业示范基地建设的指导意见》等,促进零售、工业、制造业等传统行业与创意设计服务业的有机融合,加强对非物质文化遗产、民间工艺、传统文化的创意开发利用,实现跨行业联动,催生新业态、新模式。

表1-10-1　2016年涉及文化创意和设计服务与相关产业融合发展的主要中央政策

发布（印发）部门	政策文件	成文（发文）日期
国务院办公厅	《关于加快众创空间发展服务实体经济转型升级的指导意见》	2016-2
国务院	《国务院关于进一步加强文物工作的指导意见》	2016-3-8
国务院办公厅	《2016年全国打击侵犯知识产权和制售假冒伪劣商品工作要点》	2016-4-19
文化部、财政部	《关于开展引导城乡居民扩大文化消费试点工作的通知》	2016-5
国务院办公厅	《关于建设大众创业万众创新示范基地的实施意见》	2016-5-12
国务院办公厅	《国务院办公厅转发文化部等部门关于推动文化文物单位文化创意产品开发若干意见的通知》	2016-5-16
工信部等	《关于深入推进新型工业化产业示范基地建设的指导意见》	2016-6-8
国务院	《关于促进创业投资持续健康发展的若干意见》	2016-9
国务院办公厅	《关于推动实体零售创新转型的意见》	2016-11
国务院	《"十三五"国家战略性新兴产业发展规划》	2016-12-19
文化部	《文化部"一带一路"文化发展行动计划（2016—2020年）》	2016-12-28
工信部等	《工业和信息化部 财政部关于推进工业文化发展的指导意见》	2017-1-6
国务院	《"十三五"国家知识产权保护和运用规划》	2017-1-13
中共中央办公厅等	《关于实施中华优秀传统文化传承发展工程的意见》	2017-01
国务院办公厅	《国务院办公厅关于进一步激发社会领域投资活力的意见》	2017-3-16
文化部等	《中国传统工艺振兴计划》	2017-3-24

2. 各地政策规划纷纷出台

以《"十三五"国家战略性新兴产业发展规划》等战略规划为导向,2016年以来,北京、上海、深圳、天津等多个省市先后根据本区域实际情况,制定和发布了具体的针对性战略规划、实施意见、行动计划及专项规划,其中最突出的是我国三大"设计之都"分别出台了《北京市"十三五"时期文化创意产业发展规划》《深圳文化创意产业振兴发展政策》《上海创意与设计产业发展"十三五"规划》等战略规划,着重强调在新环境下,进一步发挥创意与设计业在产业转型升级中的先导和引领作用,促进文化创意与设计服务业及其相关产业的融合;应用新科技,提升创意设计的质量水平;打造有竞争力的创意设计品牌、提升国际影响力。

3. 重要举措逐步落地

专项资金支持变革力度加大。从中央文化产业发展专项资金来看,财政部下达2016年文化产业发展专项资金44.2亿元,在支持项目数量上为944个,与2015年(850个)相比有所增加。[①] 另外,专项资金2016年进行了如下三大变革,更加重视市场化运作机制、全面转向支持重大项目、各部门牵头负责,通过放大财政杠杆作用,明确权责衔接,专项资金的此番变革将进一步刺激文化创意与设计服务业的市场主体活力和高端化发展动力。

地方资金支持工作持续推进。北京、上海、深圳、河北、安徽等省、直辖市和地区分别设立了文化产业发展专项资金,其中北京、上海、深圳等城市还专门设立文化创意产业发展专项资金,为其提供有针对性的资金扶持。据深圳市发改委官网公示,深圳市文化创意产业发展专项资金2016年第一、二批扶持计划,一共资助了图书、服装、虚拟现实、房屋设计等五个项目。2017年上海市促进文化创意产业发展财政扶持资金项目评审工作中,拟支持项目涵盖了文博、动漫、教育、制造业、艺术品、虚拟现实等各行业的292个文化创意项目[②],从中也可见各地政府对创意与科技融合、数字创意产业的重视和支持。

国家对文化创意人才扶持持续跟进。一方面,加强对优秀青年设计人才的发掘、培养和培训,不断提升其创意设计水平和综合素质;另一方面,积极为创意设计人才提供展示交流的机会,满足创意人才成果转化和市场推广的需求,提升创意人才的才能价值,扩大创意人才的专业领域影响力。文化部和财政部联合实施

---

① 杨婷:《财政部下达44.2亿元文化产业专项资金》,新华网,2016年8月6日,http://news.xinhuanet.com/fortune/2016-08/05/c_1119342868.htm。

② 《2017年上海市促进文化创意产业发展财政扶持资金支持项目公示》,2017年5月27日,http://www.sohu.com/a/143950741_119562。

的文化产业创业创意人才扶持计划已进行三年,通过创业帮扶、培训交流、市场对接、推介宣传、成果转化及搭建平台等多样化方式扶持创意人才,如今有上千名创意设计人才入选文化部文化产业创业创意人才库。在2016年年初举行的创意作品征集中,有386件作品的作者入选文化部文化产业创业创意人才库[①],其作品在第12届中国(深圳)国际文化产业博览交易会、第11届中国(义乌)文化产品交易会等参与了现场推介及现场交易活动。

(二)消费市场环境

国家经济的健康发展、居民收入的稳步增长以及消费升级的持续影响,为文化创意与设计服务业的发展创造了良好的经济条件背景和充满活力的消费市场环境。

我国经济持续健康发展,综合国力和国际影响力再上新台阶。据国家统计局的信息,2016年,国内生产总值达到74万亿元,为文化产业等创意经济的发展、传统经济的转型升级奠定了扎实的经济基础。

居民收入稳步增长,消费能力进一步增强。2016年我国人均GDP约8100美元,2017年第一季度中国消费者信心指数达到两年来的峰值。另外,在扩大文化消费试点建设等政策的引导下,城乡居民文化消费也持续增加,全国人均文化娱乐消费支出从2015年的760元,增加到2016年的800元。[②] 中等收入群体的扩大,以及居民消费结构升级、文化娱乐消费占比加大,都预示着消费升级的方向将是更加追求高端化和服务升级。新型文化消费需求的满足、生活美学意境的营造,都离不开文化创意与设计服务业与生活、生产的融合发展。

(三)科学技术环境

2016年,科学技术的快速迭代,催生了创意创新,促进创意设计产业从形式、内容到产业链、产业生态各层面的跨越式转型升级。

根据中国互联网络信息中心发布的《第39次中国互联网络发展状况统计报告》,截至2016年12月,中国网民规模达7.31亿,互联网普及率为53.2%,手机网民的市场渗透率提升至95.1%,基本上实现了全覆盖。互联网通信技术的持续发展、移动终端的扩大普及,催生了P2P、众筹、众包、众创等互联共享的连接方式,为催生创意设计新平台、新模式提供基础。

---

① 中国义乌文交会:《2016年度文化部、财政部文化产业创业创意人才扶持计划——青年优秀创意初评结果公示》,2016年4月12日,http://design.ssofair.com/news/t22071.html。
② 《2016年中国文化产业增加值首次突破3万亿元》,2017年6月21日,http://wgxj.jc.gansu.gov.cn/art/2017/6/21/art_19001_337649.html。

以数字博物馆、全景漫游、虚拟家具设计、虚拟产品设计、写作机器人等为例，人工智能、大数据和虚拟现实的发展及应用，将有利于扩宽人类创意边界、实现规模化与个性化的结合、助推文化创意与设计服务业及其相关产业的融合。例如，意大利奥美用数十种图案和数千种颜色，配合专门的算法，自动演算出各不相同的 700 万种包装设计①，建立了庞大的数据库，其相关产品在一个月内销售一空，成为轰动业界的现象级营销案例。

二、文化创意与设计服务业发展现状

2016 年我国文化创意与设计服务业呈健康快速发展态势，产业整体实力不断增强，专业化产业服务平台不断建立，规模以上企业营收持续增长。"互联网+"等连接理念，新媒体、大数据、云计算、人工智能等技术工具正影响并重塑着创意设计业。"大众创业万众创新""创客"等热潮驱动着"众包""众筹""众创"等大众设计的新理念、设计创业、创客空间等新模式和新空间的出现。

（一）产业总体发展概况

首先，产业规模不断壮大，整体实力不断增强。据国家统计局官网信息，2016 年上半年，文化创意和设计服务业营业收入为 4341 亿元，增长 11.1%，是文化产业中实现两位数以上增长的 5 个行业之一。产业吸纳就业人员能力增强，截至 2015 年年底，文化创意和设计服务业就业人员为 366.7 万人，增长 18%，大量人才的持续涌入将为创意设计产业的发展升级提供基础。

其次，与文博、传统工艺、旅游业等其他相关产业的融合步伐加快。截至 2017 年 1 月，国家文物局公布了 154 家文化文物单位文化和创意产品开发试点单位。② 2016 年有第 11 届中国（义乌）文交会、深圳市第十二届文博会、第七届中国博物馆及相关产品与技术博览会（成都）等十多场展会活动举办，与文博行业的积极融合态势充分体现了文化创意与设计服务业的引领带动作用，但其中仍然存在着产品质量欠佳、优秀设计不足、展会营收偏低、展会同质化造成资源浪费等问题。

"创意设计+"氛围持续浓厚，知识产权综合发展环境不断优化。在创新战略指导和双创政策推动下，我国知识产权创造、运用和保护的水平稳步改善。据

---

① 郭苏妍：《一个月卖出 700 万瓶的巧克力酱，每瓶包装都不一样》，《第一财经周刊》2017 年 6 月 13 日。

② 参见《154 家文化文物单位文化创意产品开发试点单位名单公布》，2017 年 1 月 16 日，http://www.ce.cn/culture/gd/201701/16/t20170116_19620973.shtml。

《2016年中国知识产权发展状况评价报告》①,2010年以来,全国知识产权综合发展指数稳步上升,2015年达到187.3分,至2016年已达到200.3分,具体参数见图1-10-1。这种趋势反映出我国知识产权发展状况进入了一个全新的稳步发展阶段,创意设计作为重要的创新创造领域,输出着大量设计领域的创业项目和人才,以设计创业新风尚引领着大众创业,又由于融合性强的先天优势,为各行业提供着创意资源,促进万众创新。

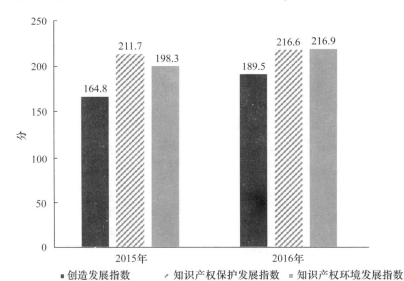

图1-10-1　2015年和2016年全国知识产权发展状况指数

（二）服务平台建设情况

1. 展会赛事活动

文化创意与设计服务相关会展活动是创意设计成果展示、转化、对接、交易的平台。2016年至2017年年初,全国范围内文化创意与设计服务相关展会数量持续增多,规模不断扩大,近两年新创办的如2016年第二届广东(中山)文化创意博览交易会、2016年大众创业万众创新活动周等,较为成熟的如中国苏州文化创意设计产业交易博览会、中国(北京)国际服务贸易交易会、北京国际设计周、中国北京国际文化创意产业博览会、杭州文化创意产业博览会、中国(义乌)文化产品交易会、浙江文创金融产业发展论坛等,促进了创意设计企业的交流、展示、贸易的

---

① 殷俊红:《〈2016年中国知识产权发展状况评价报告〉发布》,中国经济网,2017年6月13日,http://www.ce.cn/cysc/zljd/qwfb/201706/13/t20170613_23606293.shtml。

生态环境建设。

其次,展会活动内容不断丰富、形式更加多元,除了一般性的博览交易、竞赛评奖、论坛交流,还有专业性的企业服务、设计体验、版权服务、投融资服务等,侧重于创意设计交易及产业合作,例如2016首都文创产业投融资峰会。展会平台逐渐由周期性开始向常态化的服务平台演变,以完善创意设计服务体系。

再次,规模级别的创意设计赛事活动在2016年蔚为大观,数量不断增多,涉及地区愈加全面,内容涵盖更加广泛,对青年人才的重视不断提高。较为成熟的有2016第三届"紫金奖"文化创意设计大赛、2016第五届金华工业设计大赛、2016河北省第三届文化创意设计大赛等;近两年新创办的有湖南、山西、青海等省级赛事,有连云港、如皋、镇江、无锡、淮安、潍坊等市级赛事。

此等多元、创新、专业、开放的文化创意设计产业领域的各级展会赛事活动,将促进创意设计产业与相关产业经济的融合,加强国际交流和人才培养,发挥创意设计人才在促进文化大发展大繁荣中的基础性作用;将进一步激励创意作品、为文创与IP产业发展提供强大的项目数据库与智能支持。

2. 孵化平台建设

以各类孵化器、加速器及产业园为重点的孵化服务平台建设是文化创意与设计服务业发展的重要任务之一。包括创意产业设计园、工业设计园、广告园区、软件科技园等在内的创意园区不断增多,资源信息、公共技术、投资融资、交易展示、人才培养、交流合作等服务能力进一步提升,有力促进了文化创意与设计服务的产业集聚。据不完全统计,至2016年全国文化产业园区超过2500家,其中国家命名的文化创意产业各类相关基地、园区超过350家。①

在"大众创业,万众创新"政策和互联网技术助推下,创客空间、众创空间等新型孵化器迅速发展,通过官产学研紧密结合,为创新创业人才提供了更加完备的配套支持和培训服务。2016年5月,国务院办公厅印发的《关于建设大众创业万众创新示范基地的实施意见》确定了首批共28个双创示范基地。双创空间的高水平化发展,对文化创意与设计服务业在提升市场活力、拓宽市场主体发展空间、强化知识产权保护、加速科技成果转化、促进创业创新人才流动、加强协同创新和开放共享等方面起了重要作用。

---

① 范周:《2016文化创意产业园区发展面面观》,2017年2月4日,http://www.sohu.com/a/125454134_488231。

3. 互联网新平台

移动互联网、云计算、大数据、物联网等互联网技术和文化创意与设计服务业的结合,互联网电子商务、互联网金融等新业态和文化创意与设计服务业的互动为创意设计行业提供了众包、众筹等新的产业平台和发展模式、融资方式。

例如"任务中国""威客中国""第1设计网""主创网""集多帮"、特创易、特赞、花瓣美思、猪八戒、红动中国、一品威客、小圆桌等众包平台为供需双方提供匹配对接服务,降低选择沟通成本;筛选和监管等约束性保障机制能更好地保障设计质量。

以项目的实现为目的,根据出资额度获得相应回馈的众筹模式在吸纳闲散民间资本、推动产品创新、加快品牌推广营销、激发公众参与热情、促进建立完整的创意孵化链等方面具有强大的优势。据不完全统计,截至2016年2月底,包括"点名时间"、众筹网、京东众筹、淘宝众筹等一众网络平台在内,全国共有各种类型的众筹平台306家。① 作为互联网催生的新融资模式,众筹在创意设计领域的发展虽然还不够成熟,但在一定程度上将为创新创业项目、小微文化创意企业及文化创意与设计服务业提供融资新思路。

创立于2016年6月的设计类B2B平台"来设计",专注工业设计和产业链优化,依托海量的全球工业设计数据,以"产品合伙人"和"项目制"模式,通过资源整合和精准匹配,对接制造业和设计人才,解决中小企业在产品创新或转型升级过程中的难题,促进工业设计和制造业的融合。经过仅9个月左右的发展,平台已于2017年3月完成600万人民币的天使轮融资。② "互联网+"将通过大数据技术、众创平台等力量,创造产业链联系,促进产业间融合,持续并深刻地改变创意设计的行业生态。

(三) 创意设计企业发展

我国创意设计企业成长环境进一步改善,各地财政、税收政策的优惠,专项资金的扶持、规划举措不断出台落实;针对设计企业的公共服务体系也不断健全发展。2016年我国创意设计企业数量持续增长,骨干企业、示范性机构不断增加,其辐射带动能力和影响力持续增强,新兴战略产业——数字创意的企业表现不俗。

---

① 赵小燕:《〈2016年2月众筹行业报告〉出炉,淘宝众筹高居榜首》,中国新闻网,2016年3月10日,http://www.chinanews.com/cj/2016/03-10/7792585.shtml。

② 参见《设计获得600万元天使轮融资,专注工业设计和产业链优化》,2017年3月15日,http://finance.eastmoney.com/news/1667,20170315720320242.html。

创意设计企业营收持续增长。据国家统计局发布的信息,在2016年全国规模以上文化及相关产业企业营收中,文化创意和设计服务业增长绝对额9854亿元,比上年增长8.6%,增长率仅次于文化信息传输服务业、文化艺术服务业、文化休闲娱乐服务业。

上市、投融资事件日益增多。据"投资界"官方网站信息,从2016年至2017年年初,华凯创意、杰恩设计、熙云谷、嘉博设计、迪欣设计、新唐设计、思纳设计等创意设计企业成功上市。与此同时,文创领域的融资事件和融资金额日益增多,文创产业与资本市场的结合日益紧密。以北京为例①,截至2016年6月底,北京已有上市文创企业50余家,其中30家在境内主板上市;挂牌新三板的文创企业也有280余家,均在全国居于前列。

数字创意企业表现不俗。2016年刚被列入战略性新兴产业的数字创意,在产业营收规模为1586.4亿元、维持了33.1%的高速增长的背景下,企业重组并购方面交易额达362亿元;研发强度快速提升,由2014年的5.2%上升至6.4%,回归对内容制作的重视。② 作为数字创意的重要组成部分,文化创意设计与服务业在为之起着推动作用的同时,也将借力数字技术平台促进创意内容的跨越式提升。

三、存在问题及发展对策

在不断完善的政策体系、不断扩大的消费市场背景下,我国文化创意与设计服务业在总体概况、平台建设、企业发展等方面有着不俗表现,但是由于起步晚、底子薄,仍然面临融合不深、资金短缺、人才不足、整体竞争力弱等诸多问题,应通过扩宽融资路径、改善人才教育、发展产业集群等有针对性地思考其发展对策,促进产业长远发展。

(一)文化创业与设计服务业存在的问题

1. 与相关产业融合发展有待加强

文化创意与设计服务业及其相关产业的融合更多地体现为一种简单应用,而非全方位、宽领域、深层次的融合状态,要真正实现从外在形式到内容的深度融合,就要从策划、生产、制造、营销和消费的各个产业环节进行体系化的创意内容深耕。

---

① 李洋:《北京上市文创企业逾五十家》,《北京日报》2016年7月9日第1版。
② 邵希炜:《2016年数字创意产业上市公司业绩良好》,《中国经济报》2017年6月6日。

除了融合层次浅显，当前的融合发展理念、模式也不够全面科学，缺乏基础性研究。首先，要从创意设计与各相关产业的特点和发展规律出发进行基础性研究，探索科学的融合模式和机制。其次，结合文化精神、体验价值、心理情感、科技智能、生态环保等多重价值，从各个价值维度来考量创意设计与相关产业的融合路径和效果，并建立科学的评价机制和标准。

2. 产业国际竞争力有限

德国"iF 奖"、美国"IDEA 奖"、德国红点奖等国际创意设计奖项近年在我国也屡见不鲜，但是我国创意产业整体发展水平仍然偏低、企业竞争力仍然薄弱，国际影响力低、行业话语权不足。从产业层面来看，我国创意设计业起步晚、整体发展滞后、高水平设计作品缺乏且与市场对接不畅，作为高端产业链其纵向下游扩展和横向相关产业延伸能力不足；另外，版权、人才、资金、技术、管理等产业资源要素的国际配置能力较弱，国际运营模式较为单一。创意人才培养的国际化程度较低，专业化的国际交流、展示、贸易、对接平台缺乏；国际合作广度和深度不足，模式比较单一。

3. 人才问题依然突出

人才资源是创意设计与服务产业的核心要素，缺乏高端创意人才仍然是我国创意设计产业发展的重要瓶颈。我国设计师数量众多，但是由于传统的人才培养模式单一、理念落后、人才引进和国际交流合作不足等，仍然缺少高端设计人才、综合创意人才、复合型管理人才。同时，当前创意设计人才教育培训体系仍不完善，人才公共服务平台不够健全，创客空间、创业孵化等发展模式不够成熟，导致教育教学、创新创业、产业实践等环节的脱节。

4. 资金制约性依然较大

在文化创意产业发展中，企业融资问题比一般的中小企业更为突出，资金是产业发展的重要瓶颈。由于文化创意产业有着高投入、高风险、生产周期长、制作成本高、资金回收慢的特点，文化创意园区的规划定位、建设培育、项目创意、产品创作和经营周期都比较长，未来收益具有不确定和不稳定性，企业"项目性"的特点是不能产生稳定和持续的现金回报，削弱了银行授信动力。

另外，文化创意产权的经济属性难以确认，品牌等无形价值难以进行评估。知识产权价值评估仍然缺乏统一的标准及规则，评估的随意性较强，评估后确定的资产价值难以得到银行的认同。

5. 地区差异仍然较大

文化创意与设计服务业在各地之间的发展存在明显的层次性差异。我国创意设计产业资源主要分布在东部、中部地区，其中又以以北京为中心的环渤海地区、以上海为中心的长三角地区和以广州为中心的珠三角地区发展较为成熟，产业竞争力较强，骨干设计企业较多，具有一定的国内外市场影响力。西部地区的创意设计产业发展较为薄弱，缺乏优质项目、核心企业的引领，缺乏行业竞争力。

（二）发展对策

1. 拓宽资金来源渠道，增强投资融资能力

充分利用"互联网＋"背景下，文化产业与科技、金融等领域融合发展催生的新融资渠道和方式。拓宽融资渠道，引导风险投资资金进入；有实力的企业、团体、个人依法可发起组建各类文化创意产业投资基金和机构；商业银行创新文化创意产业信贷服务，为文化创意企业提供担保服务，开展文化创意产业保险服务。鼓励符合条件的文化创意企业通过上市，发行企业债券、公司债券、短期融资券和中期票据等方式融资，开展文化创意企业联合发行企业债券试点。

2. 改善人才培养模式，强化创意人才支撑

针对中国文化创意人才严重短缺、结构不合理、高端复合型人才尤为缺乏等现状，一是要专门制定文化创意人才培养的激励机制，重点培养既懂文化又懂市场、既懂产业又懂法律、既懂国际贸易又懂英语的外向型、创新型、复合型、协作型人才；二是要采取优惠政策，大力引进文化创意人才和创意团队，对符合条件的人才可采用"一人一策"的办法，吸引创意领军人物，带动团队发展；三是设立并实施"文化创意产业职业经理人发现培养计划"，重点培养一批符合行业要求的职业经理人队伍；四是持续大力保护和发展知识产权，落实2016年相关战略部署和政策规划，推进文化创意产业实现由"制造"向"创造"和"智造"的战略转变。①

3. 加强产业集聚，打造集群优势

在我国文化创意与设计服务业已有的集群化发展格局基础上，进一步整合和优化各类产业集群和集聚区的资源。例如，利用京津冀协同发展、长江经济带发展等区域优势，因地制宜、因业布局、因时施策，通过搭建区域集聚性的文化产业协会、文化产业园区、文创企业的多层次沟通交流平台，共享资源和信息，共同寻找在文化投资、文化消费等方面的契机，加强产业链上下游在区域的合理布局，形成点面结合、优势互补、错位发展、协调共享的战略性新兴文化创意产业园区集聚

---

① 张蔷：《中国城市文化创意产业现状、布局及发展对策》，《地理科学进展》2013年第8期。

发展的格局。

4. 深化国际合作,集聚高端要素

首先,把握"十三五"规划和"一带一路"倡议等战略机遇,建立国际合作集群。比如以发达国家和"一带一路"沿线国家为重点,建设双边特色文化创意产业国际合作园区,还可利用互联网的发展在实体基础上打造无界域、国际化的虚拟文化产业集群。

其次,通过与国际上知名设计企业的多方式合作交流,培养国内高端设计人才队伍,壮大国内设计品牌,同时健全创意设计产业链,提升文化创意产业集群发展的核心竞争力。其中,进一步集聚创意与设计领域里高端化、国际化、权威性的人才、赛事、奖项、媒体等高端要素,促进我国创意与设计产业高端竞争优势发展。

行业报告十一

会展节庆业年度发展报告[*]

韩东庆 徐文明[**]

作为现代服务业的重要内容，会展业一直以其"高效益、无污染且带动力极强"的特点受到国内外城市的高度重视，被寄予厚望。从全球会展业发展的趋势来看，在全球经济新常态下，世界会展业的版图正逐步转移到亚洲国家等新兴市场，并成为世界会展业发展的新动力，中国是世界会展业新兴市场当中的中坚力量。2016年到2017年年初我国会展节庆业已适应经济"新常态"，整体上呈现出由规模化、数量化向质量化、效益化转变的特点，在举办会议、展览和节庆的数量、规模以及总体收益等方面均呈现出趋于平缓的态势，发展平稳。在"一带一路"倡议的推动下，会展节庆业"引进来"和"走出去"步伐加快，国际化进程持续加快。在供给侧结构性改革的背景下，会展节庆业对国民经济的贡献及拉动效应不断增强，其行业风向标的作用日益显现。

2016年是"十三五"规划的开局之年，也是深化供给侧结构性改革的一年。在2015年国家和省级政府大的政策和规划出台的带动之下，地方政府在2016年到2017年年初出台的会展行业改革政策和举措不断。2016年9月杭州G20峰会、2016年5月首届世界旅游发展大会、2017年5月"一带一路"国际合作高峰论坛等国际性会议的召开，为会展节庆产业带来一抹亮丽的色彩。

一、2016年会展节庆产业发展现状和特征

2016年我国会展节庆产业延续2015年的平稳发展的状况。据中国会展经济研究会统计委员会统计，2016年，我国举办的展会数量为10472场，同比增长

---

[*] 山东省社科规划项目"文化旅游与体育产业融合发展的内在机理与具体路径研究"（16CLYJ18）的阶段性研究成果。

[**] 韩东庆，中国海洋大学国家文化产业研究中心文化产业管理专业硕士研究生，主要研究会展节庆产业、网络大电影等；徐文明，中国海洋大学管理学院博士后、讲师，主要研究文化旅游与文化企业发展等。

6.3%;展会面积达 1.3 亿平方米,同比增长 12.5%。在展览业快速发展的同时,会议产业、节庆产业、文化赛事、会奖旅游产业等也都取得了非常明显的成绩。

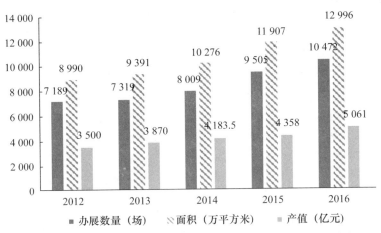

图 1-11-1 2012—2016 年我国办展量、办展面积、直接产值统计

(一) 总体特征

2016 年是"十三五"规划的开局之年,在众多政策叠加推动下,我国会展节庆产业整体上呈现出以下几个方面的突出特征。

1. 规范化、标准化进一步凸显

近年来会展节庆业中的乱象、发展不规范,行业和统计工作的不标准化,制约了会展节庆业有序健康发展,2016 年国家相关部门进一步规范会展节庆产业的发展,对会展节庆业中的乱象进一步整顿规范,在行业统计方面建立标准。

为贯彻落实国家标准化委员会办公室、商务部办公厅《关于加强展览业标准化工作的指导意见》(标委办服务联〔2016〕89 号)"协调相关市场主体,共同制定展览业团体标准"的要求,中国贸促会商业行业分会于 2016 年组织会展业的政府主管部门、行业组织、企事业单位、媒体机构和高等院校等 46 家单位联合成立标准起草工作组,共同开展标准研制工作。《会展职业经理人资质条件》团体标准(T/CCPITCSC 005-2017)规定了会展职业经理人等级划分、划分的依据和认定方法、管理原则及资质条件,适用于会展业的初、中、高级管理人员。我国标准体系包括国家标准、行业标准、地方标准、团体标准和企业标准等 5 种类型。目前,已出台会展业国家标准 6 项、行业标准 7 项和地方标准 21 项。《会展职业经理人资质条件》团体标准(T/CCPITCSC 005-2017)出台,填补了我国会展业团体标准的空白。

在很长一段时期内,我国会展行业最大的短板之一是行业统计制度缺失。2015年国家出台《国务院关于进一步促进展览业改革发展的若干意见》,对"健全行业统计制度"工作的部署是:"以国民经济行业分类为基础,建立和完善展览业统计监测分析体系,构建以展览数量、展出面积及展览业经营状况为主要内容的统计指标体系,建设以展馆、办展机构和展览服务企业为主要对象的统计调查渠道,综合运用统计调查和行政记录等多种方式采集数据,完善监测分析制度,建立综合性信息发布平台"。为对展览业进行科学有效的统计,增加展览行业的市场透明度,优化市场结构,规范、引导和推动展览行业有序健康发展,2016年2月,经国家统计局批准,商务部印发了《展览业统计监测报表制度》。《展览业统计监测报表制度》确定了15个大类60余项统计指标,涵盖了展览面积、参展商、观众和展会收支等核心指标,观众和参展商结构性细化指标,以及营业收支、外汇收支、从业人员等经济类指标,将有助于更全面、准确、及时地反映我国展览业发展状况,为各级政府部门制定展览业发展政策和发展规划、加强宏观管理提供决策参考。根据《展览业统计监测报表制度》的规定,商务部于2017年4月发布《中国展览业发展统计分析报告(2016)》。

在地方层面,昆明市政府正式把会展业纳入统计范畴,从2016年起定期发布会展行业数据,为行业企业、研究机构提供数据服务,其调查对象包括两大类六小类:一大类是会展企业单位,包括展览活动主承办企业单位、会议活动主承办企业单位以及专业会展场馆运营企业;二大类是非会展业企业单位,包括会展业专业服务企业、住宿业单位和非专业场馆单位。

此外,2016年9月,为进一步加强和规范中央和国家机关会议费管理,精简会议,改进会风,提高会议效率和质量,节约会议经费开支,财政部、国家机关事务管理局和中共中央直属机关事务管理局印发《中央和国家机关会议费管理办法》,进一步规范中央和国家机关会议。

2."一带一路"倡议推动会展节庆业快速发展

"一带一路"倡议推动会展节庆业尤其是会展业加快走出去步伐,助推会展业国际化水平。"一带一路"倡议的实施为会展企业"走出去"创造了历史机遇,是会展企业培育国际竞争力的新起点。在"一带一路"倡议背景下,沿线国家由于经济发展的不均衡,很多欠发达地区蕴藏着巨大的发展潜力。而会展企业在促进地区企业交流、市场开拓、产业结构优化等方面都发挥着重要的作用,也给城市之间的交往提供了新的渠道和平台。因此,通过"一带一路"的发展倡议,使得我国会展企业可以借助自身的平台,吸引更多地区的企业进行交流合作,并立足于国内市场,开发更多的国际资源,得到更大的国际发展空间。

自从"一带一路"倡议提出以来,我国会展业赴"一带一路"国家参展稳步提升。根据《中国展览经济发展报告(2016)》统计数据,截止到 2016 年 12 月,全国 83 个组展单位共赴 32 个"一带一路"沿线国家实施参展计划 603 项,较上年增加 83 项,占总量的 42.2%;展出总面积为 30.2 万平方米,较上年增加 7.3 万平方米,占总量的 39.7%;参展企业为 2 万家,较上年增加 0.4 万家,占总量的 37.4%。从国别上看,项目数排名前十位的"一带一路"国家依次为:俄罗斯、阿联酋、印度、印度尼西亚、土耳其、泰国、越南、伊朗、波兰、新加坡,其项目总数为 501 个,占赴"一带一路"沿线国家参展项目总数的 83.2%;展出总面积 24.5 万平方米,占比为 81.1%;参展企业为 1.6 万家,占企业总数的 80%。

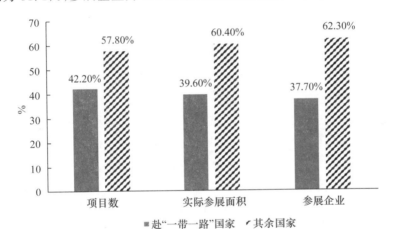

图 1-11-2 2016 年我国赴国外参展项目数、实际参展面积、参展企业统计

在"一带一路"助推会展节庆走向"一带一路"沿线国家的同时,以"一带一路"为主题的会展节庆在规模和质量上得到进一步提高,新设的会展节庆品牌如首届丝绸之路(敦煌)国际文化博览会、丝绸之路国际博览会等相继出现,相关联盟组织如 2017 年丝路国际联盟大会等相继成立。

3. 展览业规模和效益双提升

2016 年,我国会展节庆业在平稳发展的基础之上,展览行业规模持续扩大,经济效益也得到显著提升。2017 年 5 月,商务部发布《中国展览业发展统计分析报告 2016》。这是我国建立展览业统计监测报表制度之后首次由官方发布的年度统计分析报告,是当前我国展览业最权威的统计。《中国展览业发展统计分析报告 2016》显示,2016 年,在各方的共同努力下,我国展览业继续保持平稳发展态势,举办展览会规模和可供展览面积仍居全球首位,经济社会效益持续向好,发展新动能不断积聚。据商务部统计,2016年,我国在专业展览场馆举办的各类境内展览会5558场,总展览面积9475万平方米。大型展会数量增多,平均单体展览规模持续提升,展览面积在10万平方米以上的展会数量达100个。全国可供展览室内面积在5000平方米以上且正在运营使用的专业展览馆211个,可供展览室内总面积949万平方米。2016年,全国展览会平均利润率为19%,较2015年提升1个百分点。日用消费品及居民服务,房屋建筑、装饰及经营服务,工业与科技领域展览数量排名居前三位。全国展馆平均出租率为29%,比2015年增加2个百分点。

4. 会展业联盟成立,行业组织化进程加快

经过多年的发展,我国会展业取得了长足的进步。但是会展业当前存在的问题还有很多,如所办展会普遍定位不准、缺乏特色,专业人才匮乏、组织管理落后,这些都需要行业组织协调解决。为加强会展企业之间的沟通联系,需要逐步解决会展业发展由于行业协会缺失所带来的问题,搭建企业与政府之间沟通的桥梁,促进会展业规范、健康发展。2016年10月,中国会展业联盟成立,中国会展业联盟的成立标志着中国会展业进入"百家携手促发展"的新阶段,我国会展业发展又迈上新的台阶。中国会展业联盟是会展行业内部自愿发起成立的行业性组织,是一个非社团的组织,本着民主和协商的精神,中国会展业联盟的主要目的是联合讨论会展业的发展愿景、向政府主管部门反映会展企业的诉求、发出会展企业的心声。据了解,作为行业协会过渡的产物,在中国会展业联盟成立的基础上,未来将会成立中国会展业协会。

5. 会展节庆与旅游业融合发展进程加快

会展业和旅游业是两个独立的产业部门,但是它们具有较强的关联性和天然的融合性。会展业和旅游业有机融合之后可以产生一种新型的会展旅游产品,是旅游企业实现经营多元化的重要途径之一。旅游业是会展业的坚实基础和根本保障,会展业和旅游业相互依存,相互影响,共同进步发展。当前我国各大会展城市及旅游相关企业开始对会展旅游高度重视,会展节庆业与旅游业在2016年融合发展进程加快。

2016年12月国务院印发的《"十三五"旅游业发展规划》提到,发展国家化、专业化的商务会议会展旅游业,培育具有国际影响力的会议会展品牌,提高会展旅游专业化水平,加大会展促销力度,并要求国家旅游局和商务部予以落实。旅游与会展业的融合将在2017年出现新的局面。

6. 行业简政放权加快

2016年2月,国务院印发《关于第二批取消152项中央指定地方实施行政审批事项的决定》。其中涉及取消省级商务主管部门负责的地方境内对外经济技术展览会办展项目审批。备受诟病的会展批文制由此将退出历史舞台,备案制呼之欲出,由此可以看出政府对会展节庆产业简政放权的决心和力度。

7. 会议业整体呈现良好发展态势

根据《中国会展》杂志发布的《2016中国会议行业发展调查》报告,回顾2016年中国会议市场的发展情况,可以看出会议产业整体呈现出良好发展态势。

近年来,我国国内会议城市如雨后春笋般拔地而起,呈现出快速增长的势头。根据《2016中国会议行业发展调查》的数据显示,2016年北京、上海、广州等一线城市的会议产业发展速度较快,各自占比为16%、18%、17.3%。从数据可以看出,这三个城市的会议产业发展速度相差不大,表现出一线城市明显的发展优势和强大的竞争力。与2015年相比,2016年广州的发展速度增幅最大(2015年占比为12%)。由此可以看出,广州会议产业发展的潜力巨大。除此之外,深圳2016年增幅变化排第二名,占比为12%,比去年增加4%,说明深圳也开始重视会议产业的发展。整体上来看,重庆、杭州两个城市的会议产业加速发展,厦门、西安、成都、昆明、海口、大连等城市在2016年的会议产业发展速度减缓。

(二) 区域特征

1. "北上广"引领发展

受经济发展水平和区位因素的影响,2016年北京、上海、广州会展业的优势地位依然得到明显的保持。2017年3月由上海会展研究院(SMI)编制的会展蓝皮书《中外会展业动态评估研究报告(2016)》发布,该研究报告指出,我国会展业呈现出北上广三大会展城市群龙头引领、西南会展城市带快速崛起的格局。三大会展城市群以上海、北京、广州为核心,以点带面,呈辐射状带动周边地区会展业发展。

中国国际贸易促进会发布的《中国展览经济发展报告(2016)》统计数据显示,从展览会的数量来看,2016年排名前五位的城市分别是上海市、北京市、广州市、深圳市和郑州市。上海、北京、广州合计办展855场,占全国办展总量的33%,北上广仍然是中国最重要的展览城市,其中上海市优势尤为显著。从各城市展览会数量所占比重的角度来看,上海市展览会数量约占全国展览会总数的15%,北京市展览会数量约占全国展览会总数的10%,广州市展览会数量约占全国展览会总数的8%。从展览会总面积上看,2016年上海市展览会总面积约为1583万平方米,约占全国展览会总面积的 20%,居于全国首位;广州市展览会总面积约为 986 万平方米,约占全国展览会总面积的 12%,居于全国第 2 位;北京市展览会总面积约为 586 万平方米,约占全国展览会总面积的 7%,居于全国第 3 位。

表 1-11-1　2016 年举办 50 个以上展览会的城市列表

序号	城市	展览会数量
1	上海	390
2	北京	264
3	广州	201
4	郑州	97
5	深圳	97
6	成都	85
7	武汉	84
8	济南	76
9	南京	67
10	重庆	65
11	西安	62
12	沈阳	58
13	青岛	55
14	天津	50

2. 西南城市快速崛起

在东部地区,尤其是北上广引领会展业发展的同时,西南地区城市的会展业也在迅速崛起,两个区位之间的会展业发展差距正逐步缩小,其中最具代表性的当属成都市。2016 年 10 月,中国会展经济研究会首次面向全国发布国内城市会展业竞争力指数和 2015 年度全国城市会展业竞争力指数研究成果暨排行榜。北京、上海、广州、深圳、成都等城市入选首批"中国最具竞争力会展城市"。排行榜显示,成都在 2015 年度"中国最具竞争力会展城市"排行榜上位居全国第五、中西部第一,领跑中西部会展城市。

2016 年,成都市举办重大展会活动超过 530 场,其中国际性展会活动 115 场,同比增长 8.2%;展览面积超过 340 万平方米,同比增长 9.5%;会展业总收入约 792 亿元,同比增长 11.8%,其中直接收入约 83 亿元,同比增长 11.2%,综合收入约 709 亿元,同比增长 11.9%;参展(会、节)人数逾 9800 万人次;带动临时就业岗位 4600 个。① 2016 年,成都会展业直接收入达 83.1 亿元,会展业总收入达 830.8 亿元,举办重大展会数量达 539 场。值得一提的是,会展业的直接收入较 2007 年时增长了 7 倍。2016 年被称为成都会展"大年"。如表 1-11-2,多个高规格展会落户蓉城,不仅提升了成都的国际影响力,同时产生了明显的带动效应。2016 年成都会展业拉动收入达到 747.7 亿元,同比增长 18%,会展业对经济增长的综合拉动系数达到 1∶9。随着成都城市综合实力和国际影响力的提升,这标志着在打造"国际会展名城"的中国西部城市已然迎来会展业快速发展的"黄金期"。②

2017 年 4 月,四川省政府出台《四川省"十三五"服务业发展规划》,着力构建"一心四区、一极多点"的会展城市体系,努力打造以成都为中心的中国会展业"第四增长极"。2016 年 12 月,成都市发布《"136"行动计划》,力争 2017 年举办会展活动 1000 场以上,其中重大会展活动超过 590 个,展览面积 330 万平方米,总收入约 894 亿元,同比增长 12.8%,其中会展业直接收入约 93 亿元,同比增长 12%,综合收入约 801 亿元,同比增长 13%。新增国际展览联盟(UFI)认证展会项目 1 个,国际大会及会议协会(ICCA)认证会议 1 个,培育本土年营业收入过亿元会展企业 1 家,鼓励和推动合资会展企业加快发展。根据《成都市会展业发展"十三五"规划》,到 2020 年,成都会展业总收入将达到 1040 亿元,形成新的千亿产业(其中会展业直接收入将达到 110 亿元,间接收入可达到 930 亿元,年均增速 8%),实现成都会展业增加值占全市服务业增加值比重 6.5%。成都全年将举办重大会展 700 场,年度举办的国际性会展活动次数达 175 次,占全年重大会展活动的比重达到 25%。形成 10 个以上具有国际影响力的会展品牌;国际展览联盟(UFI)认证展会项目达到 5 个以上,在蓉举办的国际大会及会议协会(ICCA)认证会议达 20 个以上;境外参展商比例达到 20%以上。近年来,随着会展产业规模不断壮大,品牌影响持续扩大,成都正加快成为"国际会展名城"。

---

① 《2016 年成都会展业十大新闻》,2017 年 1 月 5 日,http://expo.ce.cn/gd/201701/05/t20170105_19394129.shtml。
② 杨弃非、余蕊均:《成都开启"一城两馆"大幕 会展业收入 10 年增长 7 倍》,《每日经济新闻》2017 年 1 月 20 日,http://www.nbd.com.cn/articles/2017-01-20/1071772.html。

表 1-11-2　2016 年成都举办的重大国际展会情况

举办时间	展会名称	展会情况
4月26—29日	2016年中国（西部）第15届国际口腔设备与材料展览会暨口腔医学学术会议	该展会是通过国际展览业协会（UFI）认证后亮相的第一届，也是国内首个被UFI认证的口腔行业展会，是成都乃至四川省第一个通过该认证的展会
6月24—26日	2016年中国·成都全球创新创业交易会	36国嘉宾到会，交易项目超3000个、交易额达185.1亿元
7月23—24日	2016年第三次G20财长和央行行长会	G20首次走进中国西部，发表《G20财长和央行行长会议公报》
9月2—11日	第十九届成都国际汽车展览会	国内外110个汽车品牌参展
9月1—3日	第三届诺贝尔奖获得者医学峰会暨中美院士论坛	设立了国际精准医学高峰论坛、中医精准医学与转化医学论坛、国际生物医药产业论坛、世界青年创新论坛四个主题论坛及系列分论坛
9月24—27日	第22届世界航线发展大会	有来自全球的各级政府机构、国际组织、航空公司、机场、旅游机构等约3500名代表参会，会议规模创历届之最
11月3—14日	第十六届中国西部国际博览会	全球9027家企业参展，签约投资合作项目1008个，总投资额7876.85亿元
11月25—27日	2016年中国国际通用航空博览会暨首届成都国际航空技术与设备展	继珠海之后我国航空领域最具权威性、专业性、国际性的通用航空盛会，未来将形成"航空航天看珠海，通用航空聚天府"的航空产业总体布局

3. 地方利好政策不断

2016 年是"十三五"规划的开局之年，在国家层面出台《关于进一步促进展览业改革发展的若干意见》后，2015 年有 13 个省、自治区和直辖市发布促进会展业改革发展的相关文件，在 2016 年一系列会展行业改革举措和会展业"十三五"发展规划也在全国各个地方和城市陆续开展，各地方的会展业发展利好政策不断。

2016 年 1 月山西省政府出台《山西省人民政府办公厅关于进一步加快展览业改革发展的实施意见》，提出到 2020 年，山西省专业展馆面积达到 15 万平方米以上，年展会数量突破 150 场（次），年展览面积突破 100 万平方米；展览面积 5 万平方米以上的展会达到 10 个以上；展览业直接收入达到 5 亿元。同期，四川省政府出台《关于进一步促进展览业改革发展的实施意见》，"十三五"期间，成都平原城市群新增 1—2 个区域会展中心城市，川南、川东北和攀西城市群各打造 1 个区域会展中心城市,支持展览产业链上下游企业之间跨界整合,探索"展览+旅游""展览+餐饮""展览+休闲娱乐"发展模式。2016年4月,广东省政府出台《广东省人民政府关于印发进一步促进展览业改革发展实施方案的通知》,为提高展品出入境通关效率,对展品进出口提供24小时预约通关服务,按规定加快验放;提出到2020年,基本建成结构优化、功能完善、基础扎实、布局合理、发展均衡的展览业体系。2016年9月,湖南省政府出台《湖南省人民政府办公厅关于促进会展业改革发展的实施意见》,力争到2020年,(国际会展联盟UFI)认证品牌展会1—2个,在国内具有较强影响力的品牌展会10—15个,永久落户湖南的国际性学术或研讨会议1—2个,年收入过亿元的会展企业5—8家,会展业直接收入年均增长15%以上,带动相关产业年收入1000亿元以上,并支持长沙市建设"中部会展高地"和国家会展中心城市。除上述省份外,在2016年内蒙古自治区、海南省、辽宁省和山东省也纷纷出台相关会展业改革发展目标和举措。

在地级市层面。2016年是"十三五"规划的开局之年。自从国家出台《国务院关于进一步促进展览业改革发展的若干意见》和省级政府层面出台相关会展业改革发展政策后,各地方城市也开始出台具有自身地方特色的会展业发展实施意见或会展业发展"十三五"规划。如表1-11-3,这些城市当中,不仅有传统老牌会展业强市如北京、上海、广州等,还有新兴的会展业城市如成都、厦门、宁波等,还有会展业发展水平不太高的绵阳、贵阳和潍坊等。各城市均提出到2020年的发展目标,其中北京、广州提出要打造成"国际会展中心城市";上海提出要打造成"国际会展之都";成都提出要打造成"国际会展名城";杭州提出要打造成全球知名的国际会议目的地、国内一流的展览中心城市、地方特色显著的节庆之都、中国会展业标准化示范城市、最具影响力的中国会展人才培养基地等。

此外,还有一些城市发布相关会展活动的实施方案。如2016年10月,沈阳市政府发布《沈阳市重点会展活动服务保障工作实施方案》,对各部门职责进行了明确和深入细化。

表1-11-3 部分城市会展业改革发展举措

城市	文件名称	出台时间	发展目标
北京	《北京市"十三五"时期会展业发展规划》	2016.6	将北京打造成为体系完善、结构优化、布局合理、环境优良的国际会展中心城市,将北京市会展业培育成为北京"高精尖"经济结构的重要组成部分,成为建设"四个中心"发展目标的重要载体之一。

(续表)

城市	文件名称	出台时间	发展目标
上海	《关于促进本市展览业改革发展的实施意见》	2016.5	到2020年,把上海打造成市场运行机制比较成熟、会展企业富有活力、具有全球市场重要话语权的国际会展之都。展览规模保持世界领先水平,国际展览占全市展览总面积的比重达到80%,全年举办面积超过10万平方米的展会50场。
广州	《广州市商务发展第十三个五年规划(2016—2020年)》	2016.11	新培育和引进优质专业品牌展会累计20个,重点展馆展览面积突破1000万平方米,打造国际会展中心城市。
杭州	《杭州市会展业发展"十三五"规划》	2017.5	通过5年左右时间,引进10家国际知名会展机构,打造30个知名会展品牌,培育10家会展龙头企业,培养引进50名以上会展领军人才。到2020年,努力建设全球知名的国际会议目的地、国内一流的展览中心城市、地方特色显著的节庆之都、中国会展业标准化示范城市、最具影响力的中国会展人才培养基地。
成都	《"136"行动计划》	2016.12	逐步建立以国际性会展品牌项目为龙头、以国家级和区域性会展品牌项目为主体、以地方性会展品牌项目为补充的会展项目品牌体系,打造国际会议目的地、国际展览品牌聚焦地和中国休闲节庆首选地。
成都	《成都市会展业发展"十三五"规划》	2017.3	2020年成都将基本建成结构优化、功能配套、基础扎实、布局合理、发展均衡的会展业体系,初步建成"国际会展名城"。
青岛	《青岛市"十三五"现代服务业发展规划》	2017.2	打造国际重大会展集聚地、国际组织活动主办地。争取到2020年,培育10个具有较高国际影响力的品牌会展活动,年举办展览总面积达到300万平方米。
厦门	《厦门市大力推动会展业改革创新发展的实施意见》	2016.2	到2020年,年展览面积达310万平方米,年外来参加会议人数达270万人,会展业总体效益达600亿元,旅游会展产业链达1700亿元,形成"大会展、大旅游、大商贸、大物流"的融合发展格局。
宁波	《宁波市会展业发展"十三五"规划》	2017.1	到2020年,会展业总体实力明显提升,展览业竞争力处于省内首位。

(续表)

城市	文件名称	出台时间	发展目标
潍坊	《潍坊市会展业"十三五"发展规划（2016—2020年）》	2017.1	到2020年，引进大型展览企业集团5家以上，年度举办各类展会190个以上，在国内具有较强影响力的品牌展会达到10个以上，培育具有发展潜力的品牌展会15个以上，将潍坊打造成有较高知名度和影响力的全国特色会展名城。
贵阳	《贵阳市会展业"十三五"发展规划》	2016.8	2020年进入全国省会城市前15位。
绵阳	《绵阳市会展业发展"十三五"规划》	2017.5	到2020年，基本形成现代会展业发展体系，全市年举办规模以上展览项目60个以上，年展览总面积达100万平方米；会展业年度总收入突破100亿元，会展业增速高于全市服务业增速5个百分点；重点培育10家至15家大型会展企业，力争年营业收入达3000万元的5家以上。

4. 地方扶持力度不断加大

2016年会展政策的另外一个主要特征是各地为推动当地会展节庆产业的发展，扶持力度不断加大，资金补贴政策如雨后春笋，层出不穷。

北京市为文化展会提供发展专项资金，怀柔区出台会展发展专项资金支持政策；广州财政对商贸流通业和会展业进行资金支持；湖南省出资扶持境外展项目；云南昆明出台会展业发展专项资金管理试行办法，到昆明办展最高可获补助120万元；山西省设置了万元资金补贴展会项目；海南省提供6000万元支持会展业发展，项目可享3年贷款贴息，海口、三亚也纷纷设置红包补贴会展；厦门市安排资金3000万元用以打造会展名城，市内的思明区、海沧区也出台会展奖励扶持措施，真金白银吸引主办，思明区对1万平方米以下的展会每届最高可奖励35万元，对几种类型的展会提供50%的场地补贴，最高可达80万元；深圳发起了会展专项资金扶持计划，宝安区提出展会融资困难供给担保的策略；潍坊、大连、威海、江门、洛阳、顺德、东莞等地也都有相关的补贴政策。①

5. 会议业亮点纷呈，展现中国形象

2016年到2017年在我国举办的国际会议亮点纷呈，如杭州G20峰会、世界

---

① 参见《厉害了Word哥——2016年度流行热词会展篇》，《中国会展》2017年第1期。

标准化组织大会等,尤其是由我国提出、倡议并举办的重大国际会议如第三届世界互联网大会、"一带一路"国际合作高峰论坛等,展现了我国会议业的精神和实力。

2016年9月4—5日,中国杭州二十国集团领导人峰会(G20)举行,G20 2016年峰会在我国举办,对我国会议业来说,是提升会议业国际化水平的重大机遇。G20峰会在杭州举办,更是对杭州会议业国际化服务能力和水平的一个重大考验,也是对我国会议业发展的肯定。杭州G20峰会不仅推动了杭州基础设施建设,增强了杭州的国际影响力,更是提升了杭州会议业的整体水准。在9月20日的杭州G20峰会浙江省总结表彰大会上,习近平在指示中强调,二十国集团领导人杭州峰会取得圆满成功,谈判协调有力有效,会议安排严谨有序,安全保障严密稳妥,新闻宣传有声有色,文艺演出精彩纷呈,后勤保障全面可靠,使杭州峰会落实了"西湖风光、江南韵味、中国气派、世界大同"的理念,向世界展示了中国精神、中国力量,在二十国集团进程中留下了深刻的中国印记。要做好后续工作,落实会议成果,放大会议效应,更好促进各项有关工作。这是对杭州乃至我国会议业界的褒奖与鼓舞。

由我国倡导并举办的第一届"一带一路"国际合作高峰论坛于2017年5月14日至15日在北京举行,有29位外国元首、政府首脑及联合国秘书长、红十字国际委员会主席等重要国际组织负责人出席高峰论坛,来自130多个国家的约1500名各界贵宾作为正式代表出席论坛。论坛取得了5大类,共76大项、270多项具体成果。第一届"一带一路"国际合作高峰论坛展现了我国会议业的良好形象。

6. 国际性会议的召开,推动地方会展业发展

2016年中国会展节庆业,最令世界瞩目的当属杭州G20峰会的召开。G20峰会的召开,为杭州会展业的发展带来了千载难逢的机遇。

G20峰会的召开,使得杭州展馆现状大幅度改善,承接大型展览能力显著提高。长期以来,杭州市会展业都经受着场馆设施的严峻挑战,10万平方米以上的大型展览会在杭州几乎无法举行。2015年白马湖国际会展中心(63884平方米)和2016年杭州国际博览中心(150000平方米)的建成,大大增加了杭州市会展场馆的室内总体可租用面积,提升了场馆设施的水准。尤其是杭州国际博览中心的建成,使杭州市展览馆的数目增加到6个,室内总的可租用面积由13万平方米增加为28万平方米,这是杭州会展场馆建设的一大跨越。在这样的基础上,杭州会展业的承接能力有了显著提升。经历了G20峰会的中国杭州必将成为世界会展业的重要窗口。有了杭州G20峰会的成功召开,世界将以新的视野看待浙江,看

待杭州。杭州市的城市知名度显著上升,杭州会展业的国际拓展性也在明显增强。

二、会展节庆业发展问题分析

从会展业的数量和规模这两个指标体系来看,我国是名副其实的会展业大国。当前我国会展业数量和规模虽大,但是与世界会展节庆业强国相比还有很大的差距。目前的不强主要体现在政府主导过强、市场化不足、会展业国际化和规模化不足等,这也是当前我国会展节庆产业所存在的问题。

(一)政府主导过强,市场化不足

当前我国会展节庆业呈现出政府发挥主导作用过强、市场化不足的局面。我国会展业虽然起步较晚,但是发展迅速。我国会展业快速发展的背后是政府这只有形的手在强力推动,作为我国会展业发展的领头羊,北京、上海、广州等城市中的大多数高水平的展会都是由政府主导的。随着改革的不断深入、自身走出去的要求、供给侧改革的推动、国外大型会展公司的强势来袭等因素,未来会展节庆业的发展急需市场化的推动,因此现有政府主导的发展模式不利于会展业的长远发展。

无论是国家还是地方政府,在处理与会展业的关系方面,应当明确政府与市场的关系,政府是领导者与服务者这两者之间的关系。政府应当借鉴国外会展业强国的发展经验,利用市场化平衡这两者之间的关系,尤其是利用行业协会等组织机构,加快中国会展业行业协会的成立,借助会展行业协会的主体作用,淡出有形之手,配合无形之手。还应该明确政府不是会展业发展的领导者,而是积极的服务者。

(二)国际化、规模化不足

在当下,我国会展企业频频赴海外参展,境外企业也大举进军中国市场,国际化势头相对明显,经济效益也比较可观。

根据中国国际贸易促进会发布的《中国展览经济发展报告(2016)》的统计数据,2016年我国97家组展单位共赴63个国家组织参展1492项,展出面积83.5万平方米,参展企业达到5.84万家。2016年的出国展览与2015年相比国别数和项目数出现"双降"的态势,我国会展国际化还远不够显著,规模和层次都较为落后。在国外的办展过程中,展览公司也经常暴露出展示理念、展品质量、参展水平等与会展强国的较大差距,知识产权问题也较突出。从举办国际性展会角度看,我国在展览公司与展会的品牌上还需作更多努力。此外,在国内自有的展会当中，我国除了广交会在国际社会中有一定影响力以外，其他大多数会展都局限于国内，且都是临时举办，未能实现规模化。

三、会展节庆业发展对策性思考

会展业国际化和规模化水平的提升是一个长期的过程，既需要组展单位、展览公司和企业积极赴国外办展，同时又要吸收借鉴国外会展业走出去的先进经验。

一方面，我们要在现有基础上整合资源，更积极地赴海外办展。我国要进一步加大海外办展力度，力争在国际竞争中增强竞争力和影响力。即便出国参展项目数和参展面积都明显增长，但我国开拓国际市场的竞争力还远远不够。在境外参展数量和规模上升的总体态势下，我们要改变仅仅是产品展示与销售、考察国外会展市场等相对简单的参展目的，参展类别也要从轻工服装、化工机械、农产品等方面拓展到更多的展会空间。另一方面，要抓住国外知名会展公司进军中国的机会，加强学习，提高办展水平。近些年，国外会展公司进入我国市场的势头很迅猛，如英国励展进入郑州、斯图加特进入南京。一直以来，以中国为核心的亚洲市场是德国会展业关注的重点，中国是德国国际化拓展的必争之地。知名会展公司大举进入中国，是我们提升经营理念和创新经营方式的好机会，也必将对我国会展业从业人员素质的提升有促进作用。在国外公司开展品牌移植的状况下，我国会展业要积极进行产业链改造，在酒店、运输、旅游等方面整合资源、优化结构，提升会展业的国际化水平。① 通过上述措施，逐步提升会展节庆业国际化和规模化水平。与此同时，我国政府也应逐步从政府主办或承办的角色中淡出，尽量把举办的活动交给专业的会展公司、中介组织等市场主体，把工作重心切实放在支持专业会展公司的发展和行业管理上，并协助筹建会展协会，加强行业指导管理，维护会展市场秩序，克服低水平、小规模、多头办展的状况，最终推动会展运作向市场化方向发展。

四、会展节庆业发展趋势分析

2017年2月国际展览联盟（UFI）发布了最新的《全球展览业晴雨表调查报告》。UFI研究发现，尽管全球经济增长持续放缓，国际舞台上开放贸易的促进者数量下降，但展览业在2017年仍然会持续增长，大多数公司的营业额会增长，维

---

① 张晓明、张健康：《德国会展业四大发展趋势及其对我国的启示》，《理论探索》2016年第3期。

持两年相对稳定的营业利润水平。中国的表现将高于全球平均水平。展望未来，在"一带一路"倡议推动、供给侧结构性改革、"互联网＋"、VR等新兴技术以及会展行业自身规范影响之下，未来我国会展节庆产业将会呈现出VR推动会展科技化的发展态势。由于我国各区域会展业发展的市场化程度不一，未来我国会展业区域发展不平衡将会加剧。

（一）VR推动会展科技化提升

"一带一路"促使越来越多的展览面向国外，走向世界。在有利的会展行业发展机遇下，单一的传统实物展模式已经不能满足需求。传统会展模式急需趁"一带一路"的推进，结合"互联网＋"国家战略，创造新的功用和新的发展空间。

以掌上世博平台为例，掌上世博平台"双线会展"模式正是能够解决传统会展模式痛点、缺点的必由之路。该模式基于"互联网＋"，利用大数据、云计算、VR、ZR（再造现实）与信息集成打造一个数字展会，并形成互联网上的会展产业闭环生态圈和经济圈，有效实现线下＋线上会展的"双线融合"，为展馆方、主办方、承办方、参展商、展装方和观众提供了线上会展整体解决方案和服务。

2016年被认为是中国VR市场火爆之年，以VR为代表的虚拟现实技术（AR/VR/MR）成为炙手可热的新事物，时下的弄潮儿。作为一种崭新的人机交互手段，"VR＋会展"让会展更加直观和现实。VR技术能帮助主办方在展前完成一个超真实的现场展位布局，让企业选展体验更高，观众和采购商的现场观展行为更加高效。在展后VR技术还能还原出一个更加真实的展会现场。这对传统的网展技术是一个不错的补充。对组织方而言，VR技术能让展会的潜在客户、采购商和观众更加直观地了解到展会的效果。同时，新技术的运用也能帮助展会组织者提升展会核心竞争力。对会场平台和展馆运营者而言，VR技术还可能会形成一个较强的需求。例如主办方需要场地的时候，可能会对会场的各个参数并没有直观的感觉，但虚拟现实技术能帮助会场实现实地场地风貌的多维呈现。[1]

（二）区域发展不平衡化加剧

经过几十年的发展，我国会展业已经初步形成了"京津冀""长三角""珠三角"和"川陕渝"四个热点板块，以中国—东盟博览会、中国—亚欧博览会、中国—东北亚博览会等为代表的周边板块，以及其他松散分布的热点城市。

根据《中外会展业动态评估研究报告（2016）》，当前我国会展业呈现出北上广

---

[1] 黄勇：《"VR"是不是会展业的菜？》，《中国会展》2016年第11期。

三大会展城市群龙头引领。中国国际贸易促进会发布的《中国展览经济发展报告(2016)》的统计数据显示,从展览会的数量来看,2016年排名前五位的城市分别是上海市、北京市、广州市、深圳市和郑州市。上海、北京、广州合计办展855个,占全国办展总量的33%,北上广仍然是中国最重要的展览城市。虽然以成都为代表的会展业新兴城市迅速崛起,但毕竟是一枝独秀。由于周边会展业板块的博览会具有特殊的政治、经济及社会功能,基本上都是由国家和地方政府主导的,市场化水平较低,将按照国家的战略部署保持稳定的发展态势,但是其他地区展览业的发展将因政策、场馆、市场等多方面的因素而不断调整,未来区域不平衡格局将进一步加剧。

行业报告十二

文化旅游产业年度发展报告

刘志芳[*]

文化是旅游的灵魂,旅游是文化传承、传播、交流的载体和平台,文旅融合发展将成为推进社会主义文化建设、建设文化强国的重要路径。2016年是"十三五"规则开局之年,经国务院同意,"十三五"全国旅游业发展规划纳入国家"十三五"重点专项规划,由国家旅游局牵头,国家发展改革委、财政部、国土资源部、环境保护部、交通运输部、农业部、林业局和扶贫办等部门共同参与编制,这在我国旅游业发展历史上尚属首次,充分体现了党中央、国务院对旅游业发展的高度重视,对全国旅游行业是巨大的鼓舞和鞭策。旅游供给侧改革不断发力,2016年全国旅游业实际完成投资12997亿元,旅游投资已经成为经济发展的重要引擎。2016年旅游政策利好不断。旅游业被国务院列为五大幸福产业之首,为服务消费提质扩容。

一、文化旅游的宏观环境分析

2016年,是旅游政策上下联动之年。盘点2016年旅游行业相关政策,国务院文件、国家旅游局文件以及其他部委文件近40个[①],《自驾车旅居车旅游发展的若干意见》《乡村旅游持续健康发展的若干意见》《交通运输与旅游融合发展的若干意见》《促进体育旅游发展的若干意见》等相继出台。其中,涉及文化旅游的相关政策文件如下。

(一)政策助推全域旅游的发展

推进全域旅游是我国新阶段旅游发展战略的再定位,是一场具有深远意义的变革。全域旅游战略为旅游产业发展注入一剂"强心针"。全域旅游的内容非常

---

[*] 刘志芳,国家开放大学金融学院院长、副教授,主要研究文化旅游产业等。
[①] 笔者整理的2016旅游行业政策相关文件共39个,其中,国务院文件18个,国家旅游局文件13个,其他部委文件8个。

丰富,如多规合一、厕所革命为代表的公共服务供给侧改革、"旅游+"、旅游扶贫、旅游富民、文明旅游、旅游数据、旅游外交等。

2016年,全国已有多个推动全域旅游发展的政策文件出台。2016年2月5日印发《国家旅游局关于公布首批创建"国家全域旅游示范区"名单的通知》。2月28日,交通运输部、国家旅游局等6部门联合印发《关于促进交通运输与旅游融合发展的若干意见》提出,到2020年,我国将基本建成结构合理、功能完善、特色突出、服务优良的旅游交通运输体系。3月5日,提交第十二届全国人大五次会议审议的《关于2016年国民经济和社会发展计划执行情况与2017年国民经济和社会发展计划草案的报告》提出,2017年我国将继续推进全域旅游,积极发展红色旅游、研学旅行,培育邮轮旅游等旅游市场。4月13日,国家发展和改革委员会在发布宏观经济运行情况并回应热点问题时,重点介绍了增补旅游休闲重大工程包的相关情况。4月15日,《国家全域旅游示范区创建工作导则》及《国家全域旅游示范区认定标准(征求意见稿)》发布。4月19日,国务院印发的《关于做好当前和今后一段时期就业创业工作的意见》指出,大力发展全域旅游、乡村旅游,并明确了国家发展和改革委员会、国家旅游局等相关部门的责任分工。5月5日,三亚正式启动全域旅游建设自查验收机制,通过对标验收指标、考核明细、整改提升、自评得分等措施,以标准化建设推动全域旅游重点项目落地落实。可见,在全域旅游战略体系下,旅游业已经从封闭的自循环向开放的"旅游+"融合发展转变。

(二)《"十三五"旅游业发展规划》

2016年12月26日,国务院印发《"十三五"旅游业发展规划》,旅游业首次列入国家专项发展规划。"十三五"期间,旅游业将实现旅游经济稳步增长、综合效益显著提升、人民群众更加满意、国际影响力大幅提升四大目标。到2020年,旅游市场总规模达67亿人次,旅游投资总额2万亿元,旅游业总收入7万亿元。旅游业规划被列入国家"十三五"重点专项规划并由国务院印发,这在我国旅游发展史上尚属首次。2017年5月7日,由中共中央办公厅、国务院办公厅印发的《国家"十三五"时期文化发展改革规划纲要》又明确提出,发展文化旅游,扩大休闲娱乐消费。

(三)国家大力发展运动休闲产业

2016年6月23日,国务院《关于印发全民健身计划(2016—2020年)的通知》(国发〔2016〕37号)重点内容是:大力发展健身跑、健步走、骑行、登山、徒步、游泳、球类、广场舞等群众喜闻乐见的运动项目,积极培育帆船、击剑、赛车、马术、极限运动、航空等具有消费引领特征的时尚休闲运动项目,扶持推广武术、太极拳、健身气功等民族民俗民间传统项目和乡村农味农趣运动项目,鼓励开发适合不同人群、不同地域和不同行业特点的特色运动项目。

2016年11月16日,国家发改委、国家体育总局等9大部门联合发布《水上运动产业发展规划》《航空运动产业发展规划》《山地户外运动产业发展规划》。3个规划描绘了到2020年有关运动产业发展的蓝图,提出到2020年各自的产业发展目标,其中水上运动产业总规模要达到3000亿元,航空运动产业总规模要达到2000亿元,山地户外运动产业规模要达到4000亿元。3个规划所提的产业总规模累计达9000亿元,并逐步形成山地户外"三纵三横"、水上运动"两江两海"、航空运动200公里飞行圈等运动产业发展新格局。

(四)国家全面推动健康医疗旅游的发展

《国务院办公厅关于印发深化医药卫生体制改革2017年重点工作任务的通知》(国办发〔2017〕37号)正式发布。通知明确提出,要推进健康医疗旅游示范基地建设。这是国家层面就推进健康医疗旅游示范基地建设的新举措。此前,国务院2016年年底印发的《"十三五"旅游业发展规划》提出,促进旅游与健康医疗融合发展;鼓励各地利用优势医疗资源和特色资源,建设一批健康医疗旅游示范基地;发展中医药健康旅游,启动中医药健康旅游示范区、示范基地和示范项目建设。2016年7月,国家旅游局和国家中医药管理局联合下发《关于开展国家中医药健康旅游示范区(基地、项目)创建工作的通知》提出,计划用3年左右时间,在全国建成10个国家中医药健康旅游示范区,100个国家中医药健康旅游示范基地,1000个国家中医药健康旅游示范项目,全面推动中医药健康旅游快速发展。

(五)研学旅游项目逐步落地

2016年1月25日,国家旅游局《关于公布首批"中国研学旅游目的地"和"全国研学旅游示范基地"的通知》(旅发[2016]8号)公布了北京市海淀区等首批10个"中国研学旅游目的地"城市、北京市卢沟桥中国人民抗日战争纪念馆等首批20家"全国研学旅游示范基地"名单。研学旅游品牌的创立,有利于促进旅游与研学深度结合,创新多元化的旅游发展模式。各研学旅游目的地和示范基地进一步挖掘研学旅游资源,深化打造主题品牌,扩大对青少年人群的政策优惠,加强接待配套设施建设,切实提高管理服务水平和安全保障能力,不断提升研学旅游的综合吸引力和品牌认知度。

(六)国家不断推动文化文物单位关于文化创意产品的开发

2016年5月16日,国务院办公厅转发文化部等部门《关于推动文化文物单位文化创意产品开发若干意见的通知》(国办〔2016〕36 号),该文件的重点内容是充分调动文化文物单位积极性、发挥各类市场主体作用、加强文化资源梳理与共享、提升文化创意产品开发水平、完善文化创意产品营销体系、加强文化创意品牌建设和保护以及促进文化创意产品开发的跨界融合等七项主要任务。

二、2016 年我国文化旅游发展概况

(一)基础数据

我国旅游业经过黄金十年,发展势头延续,2016 年中国旅游市场规模稳步扩大,继续领跑宏观经济。2016 年,国内旅游、入境旅游稳步增长,出境旅游理性发展,旅游经济继续领先宏观经济增速,成为稳增长、调结构、惠民生的重要力量。2016 年国内旅游 44.4 亿人次,同比增长 11%;国内旅游总收入 3.9 万亿元,同比增长 14%。入境旅游 1.38 亿人次,同比增长 3.8%,其中外国人入境 2814.2 万人次,同比增长 8.3%;国际旅游收入 1200 亿美元,同比增长 5.6%;出境旅游 1.22 亿人次,同比增长 4.3%;旅游服务贸易顺差 102 亿美元,较 2015 年扩大 11.5%。①

"五一"小长假,全国共接待游客 1.34 亿人次,同比增长 14.4%,实现旅游总收入 791 亿元,同比增长 16.2%。这组数字展示了假日旅游旺盛的消费力,映射了全域旅游焕发出的勃勃生机。

2016 年十一"黄金周"和春节"黄金周"都显示出出境游市场的火爆,催热全球旅游市场。(1)出境游仍是 2016 年十一"黄金周"的潮流,而随着交通日益便捷,"一带一路"建设的推进,让拥有独特热带风情的东盟国家成为出境游的"新宠",颇受中国游客青睐。中国旅游研究院、携程旅行发布的《2016"十一"旅游趋势报告与人气排行榜》称,2016 年十一期间有将近一半中国人外出旅游,成为有史以来国内出游人次最多的黄金周;预计黄金周出境游人次接近 600 万,创历史新高。(2)在境外过年已逐渐成为新潮流,中国的春节假期也已逐渐成为全球"黄金周"。根据"全国旅游团队服务管理系统"显示,春节期间,我国公民出境旅游总量约 615 万人次,同比增幅近 7%,其中团队人次 37.4 万,同比上涨 2.5%。

(二)中国出境游助力亚太地区跨境旅游业的繁荣

中国(不含港澳台地区)作为全球最大的客源地国家,在 2016 年继续占据榜

---

① 新华社:《2016 年国内旅游总收入 3.9 万亿元》,2017 年 1 月 9 日,http://news.xinhuanet.com/politics/2017-01/09/c_1120273532.htm。

首,扩大了领先优势,并助力亚太地区跨境旅游业的繁荣发展。2017年5月17日发布的"万事达卡亚太旅行目的地指数报告"显示,越来越多的中国消费者选择出境进行休闲和商务旅行。据统计,2016年171个亚太地区旅行目的地共接收5500万来自中国的入境过夜游客,这一数量占该地区国际总入境人次的比例也由2012年的9.9%增长至16.2%,这也是中国市场连续第五年成为亚太地区最大游客来源地。具体而言,在国际入境过夜游客数量排名前二十的亚太旅游目的地中,中国成为其中七大目的地的全球最大游客来源地,这七大城市依次是曼谷、新加坡、首尔、普吉、芭提雅、千叶和悉尼。

中国出境游的迅速扩张对亚太旅行目的地的经济发展来说可谓利好消息。从中国游客的跨境消费数据上看,2016年中国游客为亚太地区旅游目的地贡献的总消费额占据全球游客在此地区消费总额的17.7%。与此同时,中国市场的热门旅行目的地对亚太地区游客仍具有强劲吸引力。排名前二十的国际入境过夜游客人次亚太旅行目的地中,中国占据6席,分别是香港、台北、上海、北京、广东省(不含广州市及深圳市)、广州。此外,中国也是吸引亚太地区游客进行大额消费的主要市场。2016年,旅游业为亚太地区经济体共创收2.06万亿美元,并创造了1.566亿个工作岗位。①

(三) 中国在线旅游市场持续扩大

根据艾瑞统计数据显示,2016年中国在线旅游市场交易规模达6026亿元,同比增长34%,预计2019年中国在线旅游市场交易规模将超万亿元。艾瑞分析认为,在线旅游市场交易规模的快速增长主要得益于用户和企业两端:从用户端看,用户旅游决策和旅游预订行为进一步向移动端迁移,用户周边游、度假游、出境游等多元旅游需求比例提升;从企业端看,在线机票、住宿、度假市场的头部企业集中度提升,传统航空公司、酒店集团不断向线上延伸,满足用户长尾需求的创新企业也不断涌现,在线旅游在旅游整体市场中的渗透率不断提升,未来仍将保持中高速增长。从在线度假市场来看,随着旅游市场从传统的观赏型旅游向体验型旅游的转变,垂直主题类旅游,如体育旅游、医疗旅游等将受到旅游企业及资本的关注。酒店、旅游度假产品、景区门票、机票、社交媒体、租车等快速实现在线化,在线旅游度假产品、在线度假租赁、旅游网络购物、在线租车平台等快速生长。

(四) 全国旅游投资资金流向情况

随着全域旅游理念不断深入人心,"旅游+"加速推进,旅游管理体制、旅游公

---

① 《中国出境游客数量持续增长 扩大最大游客来源地领先优势》,中国新闻网,2017年05月18日,http://www.chinanews.com/cj/2017/05-17/8226559.shtml。

共服务、旅游市场监管、产业融合发展方面成效显著。根据国家旅游局发布的《2016中国旅游投资报告》,2016年全国旅游业实际完成投资12997亿元,比第三产业和固定资产投资增速分别高18个百分点和21个百分点。资金流向主要集中在文化旅游、生态旅游、乡村旅游以及温泉滑雪、低空飞行、工业旅游等新型业态。其中,文化旅游投资6593亿元,占比26.9%;生态旅游产品投资5717亿元,占比23.3%;乡村旅游为3856亿元,占比15.7%,比2015年同比增长47.6%;低空飞行、工业旅游较2015年同期分别增长84.2%和69.8%;滑雪、特色餐饮等项目同比增长111%和128.8%,投资增速最高。

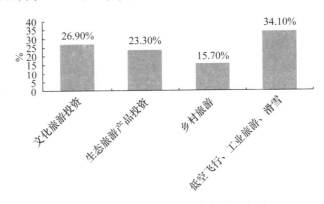

图1-12-1　2016年旅游投资各项目比重

(数据来源:国家旅游局)

(五)全域旅游遍地开花

全域旅游带来了"旅游+"概念,而"旅游+"成为多个产业发展的激励因素。2016年7月,习近平总书记在宁夏回族自治区考察时指出:"发展全域旅游,路子是对的,要坚持走下去。"2017年3月5日,国务院总理李克强在2017年3月的"两会"《政府工作报告》中明确提出,要"完善旅游设施和服务,大力发展乡村、休闲、全域旅游"。这是全域旅游首次写入政府工作报告。自国家旅游局局长李金早在2016年年初召开的全国旅游工作会上提出全域旅游理念以来,全域旅游工作已在全国很多地区落地、扎根、开花。

推进全域旅游是我国新阶段旅游发展战略的再定位,是一场具有深远意义的变革。国家旅游局启动国家全域旅游示范区创建工作后,得到了全国各地的积极响应,大批省、市(州)、县(区、旗)申请成为国家全域旅游示范区创建单位。经过筛选,国家旅游局于2016年2月选出首批262个条件较为成熟的区域作为创建单位。这262家单位不仅覆盖了全国31个省(自治区、直辖市),也囊括了旅游业发展的重点区域,成为旅游业发展的重要战略依托。2016年年底,国家旅游局在首批262家国家全域旅游示范区创建单位的基础上,再新增100家创建单位。全域旅游已经形成上下协同、深入推进的工作格局。

全域旅游工作开展以来,旅游工作也从局部走向全局,从旅游部门抓旅游转变为举当地之合力抓旅游。地方党委、政府对旅游业的认识发生了重大变化,各地积极推动"综合产业综合抓"体制机制改革。"局改委"便是全域旅游战略下的典型改革。据统计,目前全国已有22个省、自治区和直辖市区、155个地市州设立了旅游发展委员会,还有若干省区市正在酝酿之中。①

三、文化旅游产业创新趋势分析

(一)"一带一路"发展战略将促使文化旅游大有作为

2017年5月14日至15日,举世瞩目的"一带一路"国际合作高峰论坛在北京成功举办。习近平主席指出,要将"一带一路"建成和平之路、繁荣之路、开放之路、创新之路、文明之路。旅游以其独特的综合带动优势,完全可以大展身手,大有作为。丝绸之路是世界最精华旅游资源的汇集之路,汇集了80%的世界文化遗产;丝绸之路也是世界上最具活力和潜力的黄金旅游之路,涉及60多个国家,44亿人口。根据预测,"十三五"期间,我国将为"一带一路"沿线国家和地区输送1.5亿人次游客、2000亿美元旅游消费,同时我们还将吸引沿线国家和地区8500万人次来华旅游,拉动旅游消费约1100亿美元。② 国家将加快"一带一路"旅游产业转型升级步伐,推动"一带一路"旅游向特色旅游转型,大力发展文化体验、探险旅游、商务旅游等旅游新业态;推动"一带一路"旅游向休闲度假升级,稳步推进邮轮母港、游艇码头和海洋主题公园建设。

(二)IP战略将助推文化旅游供给侧改革

随着创意经济的崛起,产业融合成为发展趋势,资源要素的整合与再配置使得产业边界日益模糊,不断涌现出新兴业态。文化旅游作为一种富含人文内涵、注重感知体验的综合性旅游活动,成为文化与旅游融合发展的新趋势。文化部、国家新闻出版广电总局、国家文物局等八部委联合印发了《"十三五"时期文化旅游提升工程实施方案》,着力改善我国旅游产品和服务供给的总量及结构性矛盾,

---

① 《让全域旅游战略落地扎根生花》,《中国旅游报》2017年5月18日,http://www.cnta.gov.cn/xxfb/jdxwnew2/201705/t20170518_825869.shtml。
② 《"一带一路"发展战略,旅游可以大有作为》,2017年5月18日,http://www.cnta.gov.cn/xxfb/jdxwnew2/201705/t20170518_825816.shtml。

提升旅游发展的质量和效益。相比传统旅游,文化旅游有助于保护和开发地方特色文化,丰富和完善旅游产品的内涵及价值,促进地区经济结构的转型与发展,为当地带来良好的综合经济与社会效益。在运营模式上,文化旅游不同于传统旅游依靠基础设施投资建设景区、营造景观以获取投资收益,而是通过文化资源的创意转化为旅游产品以获取文化附加值。

文化旅游的核心是文化和创意,两者相结合的外显形式就是近期被普遍关注的IP。所谓IP,即Intellectual Property,直译是知识产权,它可以是一个故事,一种形象,一件艺术品,一种流行文化。对于IP的内涵,现在大家约定俗成地会着重强调其非凡价值。通常认为,品牌、"粉丝"群、产业链是IP存在的基础。成为IP应该具备几个条件,这也是其具体价值的体现:(1)知名度高。在目标受众中影响巨大,有广泛的粉丝群。(2)衍生能力强。能够以IP为核心开发大量衍生产品,形成系列产业链条,附加价值高。(3)迁移能力强。在开发衍生产品时可以吸引IP原有粉丝群的迁移性消费,形成固定的消费群体。一个好的IP具有极大的商业价值,它可以后续衍生为电影、电视、游戏、音乐、动漫等娱乐产品。2016年被称为IP爆发之年,影视、动漫、游戏、音乐、演艺、娱乐等产业以IP为核心,构建了一个知识产权新生态。未来IP将会发挥更大的价值,通过IP运营提升旅游产品和服务价值,是文化旅游带动区域经济社会复合式发展的关键所在。

(三)出境游挑战与机遇并存

随着美国入境政策的收紧,赴美游正在出现波动。而自2016年以来,受安全局势影响很大的欧洲及中东非旅游,因为2017年将要举行的备受瞩目的荷兰、法国、意大利大选,及其可能随之出现的"特朗普效应",都会对国内出境游产生一定影响。然而,对于东欧旅游来说,2017年应该是一个很好的机遇之年。对于亚洲市场而言,我国台湾和韩国等地的出境游仍然不太乐观,东南亚市场未来市场空间将会有一定发展。

四、文化旅游业发展问题分析

综合近些年文化旅游产业年度发展报告所列举的问题,并结合2016年文化旅游发展情况,笔者总结了目前我国文化旅游业发展仍然存在的问题。

(一)文化旅游设施仍有待完善

文化旅游景区仍处于较为初级的旅游利用阶段,旅游方式单一化,活动内容单调,缺乏可让旅客直接参与的活动,直接导致景点吸引力弱,旅客不愿长时间停留。同时,旅游质量也不高,无法让游人产生再次参观的愿望。旅游基础设施薄弱,旅游配套设施跟不上旅游发展步伐,可进入性差,周边环境不佳,吃住行游购娱得不到基本满足。发展性投资相对较少,基本上是"以门票养旅游",经济效益不佳,只能因陋就简,以致设施不全。

(二)文化旅游项目缺乏足够的调研论证

地方政府或旅游开发管理人员,在文化旅游开发前期缺乏对市场环境的调研和分析,没有对比其自身特色与现有市场中其他已开发资源的优势,盲目开发重复建设,使文化旅游项目开而难发、开而不发,难于立足旅游市场。

(三)文化旅游资源的开发和继承没有得到重视

有些极具文化和观赏价值的旅游资源,没有得到足够的重视,缺少资金投入,开拓性激活的能力不足,综合效应发挥不好。一些文化旅游资源涉及较深的传统文化内容,比如宗教壁画、碑刻楹联等,由于历史文化、社会背景与今天的实际生活有一定距离,再加上资料失传,研究、提炼、挖掘不够充分,存在着无法穿越、读不懂的尴尬,文化资源成了玩不转的宝贝。

(四)文化旅游景区同质化明显

文化旅游景区没有深度挖掘自身文化内涵,一味照搬模仿,多处旅游景区门口都是一样的现代化广场、一样的现代化停车场、现代化售票大厅、现代化购物商店,连商店里卖的文化旅游商品都一样。有些开发者不顾及景点文化主题,追求旅游项目样样俱全,一味扩建景区,推出的游览项目不伦不类,使景点变得大而寡味。很多文化旅游景区相似程度非常高,每个景区都建有同样模式的公园:假山、人工湖、浮桥、长廊等,抄袭模仿的开发建设,粗制滥造的人为景观,掩盖了文化旅游景点原有的特色,降低了文化旅游应有的品位。

(五)文化旅游资源环境缺乏保护

片面追求经济效益,不惜以破坏环境为代价,在文化景区内进行不适合的工程建设,如舍弃自然的登山道路而铺设拙劣的水泥台阶,在古城中修建现代化的高层建筑,随意移走古树名木,在文化遗产划定的保护范围内随意施工,建了拆、拆了建,不但造成巨大的经济损失,而且更为严重的是,这些行为对文化旅游资源的美学价值造成的破坏大多难以恢复。加之缺乏科学有效的管理,使旅游环境受到污染,文化资源遭到破坏,如环境污染导致某些旅游资源枯竭消失,管理漏洞致使某些古建筑毁于雷电火灾等,造成无法挽回的损失,导致旅游质量下降。

(六)文化旅游景区收入模式单一

大多数文化旅游景区还处于"门票经济"阶段,文化旅游产业基本上空白,景区纪念品摊位和一些有收入的项目由私人承包,出售的纪念品档次低下,品类单调,且假货次货充盈;一些初步尝试文化产业的景区,还停留在出售印有文化旅游元素的明信片、书籍、扑克牌、文化衫等简单商品的初步探索阶段,且收益不大。

(七)文化旅游产品缺乏创意

有些已成规模的文化旅游商品市场,开发的产品缺乏地方文化特色,纵使有几件具有特色、稍上档次的商品,定价普遍过高,动辄数百上千元,物非所值,削弱了参观者购买的兴趣。面对这种情况,有的地方政府和旅游企业,不是致力于开发极具特色、质量上乘、价格合理、深受游客喜爱的产品,而是以回扣绑架导游,因此经常出现导游强迫游客购物的事件。

五、对策性思考

(一)部门联手推动文化旅游业的发展

加强政府主导,利用行政手段,制定有关文化旅游产业政策,指导文化旅游适度发展,引导资金正确投向。加强宏观管理,协调交通、饮食、娱乐、园林、商业、文化等相关部门相互衔接,共同为文化旅游业服务。

(二)重视文化旅游市场调研

通过文化旅游市场调研,准确把握国际国内文化旅游市场需求动态,抓住转瞬即逝的市场契机,有针对性地开发适销对路的文化旅游产品。在深度挖掘旅游文化内涵的过程中,力争文化元素既要第一,又要唯一,突出文化旅游的特色。

(三)打造具有竞争力的文化旅游品牌

充分发挥品牌对文化旅游产业发展的引擎作用。从长远出发,做好自己的市场定位,深层次挖掘文化旅游潜力,挖掘文化内涵,分析市场需求和竞争关系,依靠特色与内涵树立品牌,形成自己的品牌优势。同时讲究品牌的推介、宣传与包装,形成独特的品牌文化。

(四)加强培训,提高导游人员的文化审美能力

山水楼台,都是美的结晶;庙观碑塔,都是文化的倒影。一个个人文景观就是一部部集中国历史、建筑、文学、艺术为一体的琳琅奇书。对文化景区美的发掘与破译,要靠多方面的、甚至较深厚的文化修养。这就需要导游人员具备较高的文化欣赏与审美能力,能够对游客进行恰当的审美点拨,带领游客感受、理解、体验、探索景区的文化内涵,帮助游客提高审美注意力,进入较高层次的审美境界。

(五)打造具有竞争力的文化旅游产品生产及销售体系

大力发展文化旅游商品,满足不同层次旅游者的消费需求,提高旅游业综合收入。拓展和延伸文化产品的纪念意义、审美功能、收藏价值,递次推出具有"特

色性、观赏性、便携性、宣传性、多价性"的产品,逐步形成品种齐全、特色鲜明、优势突出、富有竞争力的文化产品体系。引入市场营销的理论、方法和手段,设立销售机构,最大限度地扩大销售。要广设网点,不但要在景点内设立专门的购物商店,开设网上商店,还要在机场、车站、大型饭店和城市的中心购物区设立销售网络。

（六）重视文化旅游宣传

在文化旅游宣传方面,除利用电视、广播、报纸、网络等媒体进行常规宣传,举办特色大型活动、拍摄专题宣传片、参加旅游促销等方式之外,要特别注重游客的口碑效应,充分发挥驴友和名人游记的宣传作用,发挥文化旅游商品的宣传作用。

（七）继续强化旅游行业的监管

利用法律手段打击不法经营,维护旅游者的正当权益。旅游主管部门和地方政府要对旅游目的地的旅游质量做出保证承诺,要在法律指导下,会同有关部门加大对旅游行业的监督管理。

行业报告十三

教育培训业年度发展报告

宋 菲 李 晶 范玉陶*

在知识经济不断发展的背景下,教育产业在提升国家竞争力的过程中扮演着越来越重要的作用,教育培训产业强大的正外部性对于促进国家和地区经济发展的作用显而易见。随着供给侧改革的不断推进,社会经济发展对人力资源的素质提出了更高要求,教育培训无疑是提升人力资源能力及素质的重要途径,相对于学历教育来说,各种教育培训形式也为人们提供了多样化的选择,更加符合当前社会多元化及碎片化的特点。因此,作为学历教育的重要补充,教育培训产业被视为未来十年中国经济的下一个风口,孕育万亿元级的市场。在过去的几年中,教育培训市场蓬勃发展,吸引了众多资本的青睐,市场细分布局日趋深入,教育培训产业在科技化及信息化背景下也在经历着一场重大的变革。

一、教育培训产业的宏观环境及现状分析

教育培训的本质是做知识服务,为用户、消费者提供知识信息,帮助受教育者成为更好的自己,这是教育培训的最高目标。

(一)教育培训产业的宏观环境分析

1. 政策环境

在过去的一年中,从社会、经济政策及相关教育政策方面来看,对教育培训产业均显现出诸多利好。2016年1月1日我国正式步入全面二孩时代,根据2016年1‰人口抽样调查数据显示,2016年,全年出生人口1786万人,超过45%是二孩或二孩以上,全面二孩政策初见成效。根据相关专家估计,全面二孩政策的红利将在未来十年逐步释放,这对于教育培训产业,尤其是婴幼儿早期教育无疑是重大机遇。2016年6月21日,国家财政部发布了《关于进一步明确全面推开营

---

* 宋菲,河北传媒学院讲师,主要研究文化形象管理、教育培训产业;李晶,河北传媒学院讲师,主要研究社会学、文化市场调查;范玉陶,河北传媒学院讲师,主要研究文化产业政策与法规、文化创意与策划。

改增试点有关再保险、不动产租赁和非学历教育等政策的通知》。《通知》指出,"一般纳税人提供非学历教育服务,可以选择适用简易计税方法按照3%征收率计算应纳税额。"该规定对广大教育培训机构而言,在一定程度上降低了运营中的税收负担。2017年1月10日,国务院印发了《国家教育事业发展"十三五"规划》(国发〔2017〕4号),该规划明确提出了全民终身学习机会进一步扩大、教育发展成果更公平地惠及全民、教育体系制度更加成熟定型等五大目标,指出了促进和规范民办教育发展、积极发展"互联网+教育"等改革方向。在2017年1月13日至14日召开的全国教育工作会议中,教育部部长陈宝生进一步强调了终身学习的重要性,陈部长指出学校教育无法满足终身教育的需求,在学校教育体系之外还需建立更完善的终身学习体系,这对各类培训教育机构来讲释放了强烈的政策信号。

2. 经济环境

2016年我国宏观经济实现平稳健康发展,《2016年国民经济和社会发展统计公报》显示全年国内生产总值达744127亿元,居民人均可支配收入23821元。在全国居民人均消费支出及其构成中,人均教育文化娱乐消费1915元,占全国居民人均消费总支出的11.2%,较上一年增长0.2%。艾瑞咨询集团的调查显示,2016年,中国家庭平均月教育支出2000元以上的占7.9%,1000—2000元的占11.2%,500—1000元的占19.5%,在不同发达程度的城市之间,家庭月平均教育产品支出情况呈现一定的差异,一线城市、二线城市和三线及四线城市平均月教育产品支出大于1000元的比例分别为32.8%、17.2%和7%。

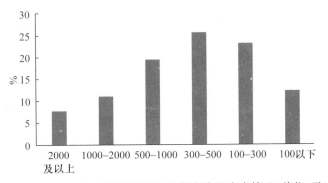

图1-13-1　2016年中国家庭平均月教育产品支出情况(单位:元)

3. 社会及文化环境

随着居民收入水平的提高,家长对孩子的受教育问题愈加重视,不同于以往的是,虽然家长注重孩子的学习成绩,但对孩子综合素质的培养也有较大的需求。艾瑞咨询集团 2016 年的《中国家庭教育消费者调查》显示,在家长对孩子的教育侧重点方面,可以明显看出,学习成绩已然不是家长最为侧重的教育点,并且不同年龄段的家长对孩子的教育侧重点有较大的差距:大多 90 后家长由于孩子尚处在学龄前期,对孩子的成绩关注度较低,他们更加关注的是孩子生活习惯的养成及道德品质的塑造;80 后家长更加关注的是孩子生活习惯养成及沟通表达能力的锻炼;众多 60 后 70 后家长,由于孩子大都面临升学问题,因此相较 80 后和 90 后家长而言,对学习成绩的关注度相对较高。家长多元化的教育需求为各种教育培训提供了巨大的市场。

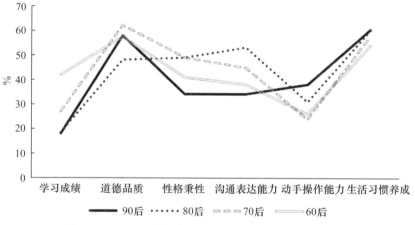

图 1-13-2　2016 年各年龄阶段家长教育侧重点分布图

少年儿童固然是教育培训市场的主要面向对象,然而中青年乃至老年人也是教育培训市场中不可小觑的力量。《国家教育事业发展"十三五"规划》中强调了全民终身学习的新语境,这也是供给侧改革及"大众创业、万众创新"政策的重要体现,也是构建学习型社会的指导思想。供给侧改革在淘汰落后产能的过程中会使一些岗位不复存在,一些劳动者失去工作,加之社会与科技的不断进步与发展,众多劳动者必然选择通过各种培训提高自身素质及技能,进而增加就业的竞争力。随着我国居民受教育水平及消费水平的不断提高,公众对于生活美学的态度和观念也发生了较大的变化,正如《史记》所云"仓廪实而知礼节",公众对于生活的认知不仅仅停留在吃饱穿暖的水平上,对于生活品质的要求有了较大的提升,同样也催生了一批关于生活美学的培训机构,培训内容涉及花艺、手工、烘焙、咖啡、精油等。

(二) 教育培训市场现状分析

1. 教育培训市场体量巨大，增速高，行业集中度低

市场体量、增长速度、行业集中度是衡量某一市场发展前景的几个主要维度，目前我国教育培训市场体量巨大，早在2013年市场规模已超万亿元，年均增速达10%，尤其是K-12领域，刚需强劲，发展尤为迅猛。虽然在培训教育市场中也出现了诸多领先企业，然而相较于家电、地产等成熟行业，教育培训市场行业集中度仍相对较低，行业龙头新东方和好未来所占市场份额均不足行业总体量的2%。

2. 混合学习模式渐成王道

由于传统线上课程的固有缺陷，针对传统线上课程的局限性，如学习效果差、针对性不足等问题，混合学习模式渐成王道。混合式学习集线上、线下课程优势于一身，不仅达到了教师价值的最大化，同时兼顾了学生的差异化，增强了教师与学生之间的黏性。私播课SPOC是这样一种典型的模式，私播课SPOC(Small Private Online Course)可以直译为"小规模限制性在线课程"，兴起于哈佛、麻省理工学院等著名学府，由于其具有受众规模小、内容定制化等特点，受到了市场的广泛关注。俞敏洪老师在新东方2016财年第一季度分析师会议上更是直言"就中国目前的情况，我更看好优能的O2O私播课"。O2O私播课是北京优能近两年推出的混合学习产品，该产品实现了offline to online的反转，教师将线下生源导入线上，如学生可以在周末时间参加新东方的线下课程，平时则可以购买该教师的SPOC的教学短片对周末所学的课程进行巩固，SPOC老师拥有较大的自主权，可以利用自己的业余时间，进行私播课的录制、上传，课程形式由教师决定，教师通过多种线上形式与学生互动，督促学生完成观看、笔记打卡，同时为学生答疑解惑。

3. 探索"互联网＋教育＋金融"的商业模式

从2016年开始，不断有互联网教育机构与保险公司、国有银行开展合作的案例，众多金融机构也看中了教育培训行业的巨大潜力，纷纷向教育进军。2016年10月，沪江教育联合浦发银行展开了"浦发—沪江网校联名卡"的发行工作，该卡主要针对有就业、职业及技能培训需求的人群，关注其学习及生活中的金融与成长需求，为其提供学习、培训、社群互动等金融领域知识服务。新东方在线同京东金融达成了战略合作协议，由京东金融推出针对教育培训领域的专项信贷服务——"教育白条"，这是一款为新东方在线学员提供"先上课，后还款"的分期信贷服务；该项信贷服务对新东方在线网站中所有500元以上的课程提供免息分期付款。"互联网＋教育＋金融"商业模式不仅解除了家长和学生的顾虑，同时在一定程度上解决了教育培训机构流动资金不足、发展受限等难题。

4. 自适应教育产品出现

培生集团《解码自适应学习》的报告对自适应学习做出了如下的解释:"自适应学习是一种教育科技手段,它通过自主提供适合每位学生的独立帮助,在现实中与学生产生实时互动。"作为一种全新的教育手段,自适应教育借助大数据与智能技术,精准匹配学生能力,为学生定制个性化的学习方案,进而实现学习效率的大幅度提升。自适应教育产品一般由三种工具构成,包括自适应内容、自适应评估、自适应序列。自适应内容是占据市场份额最大的一种自适应学习工具,它会根据不同学生的学习情况提供及时的反馈,通过学生学习过程中的不同表现,适时调整学生的学习内容。以 CogBooks 为例,这一款英国的自适应内容工具,主要以提供线上课程为主,通过分析学生的自信心指数、自测成绩、测试完成时间、知识点的掌握程度、学习表现等,不断分析学生与课程内容互动的数据。通过与亚利桑那州立大学的合作,在生物和历史两门线上课程结束后,共有 81% 的学生希望可以将该自适应内容应用到其他科目的学习上;有 81% 的学生认为线上课程的难易程度合适;有 84% 的学生认为该自适应工具能够更好地帮助理解学习内容;有 68% 的同学表示该自适应工具的实时反馈功能非常有帮助。在国内,2016 年 1 月,乂学教育自适应学习系统正式上线,成为我国第一家成功开发的拥有自主知识产权、应用高级算法的自适应学习引擎。同样在 1 月,好未来公司正式宣布将联手全球领先的自适应学习平台 Knewton,推动国内自适应学习产品市场的发展。

二、教育培训产业重点类型介绍

互联网教育研究院的研究数据表明,中国 2017 年教育市场规模将超过 9 万亿元大关,其中以课外辅导和民办学校为主的中小学教育市场规模仍然是所占比重最大,约为 6800 亿元;随着近些年政府及社会对职业教育的不断关注,其市场份额 2017 年可达 6000 亿元;随着二孩政策的放开及 80、90 后家长数量的增加,幼儿教育市场份额可达到 3800 亿元;大学教育的普及与高等教育市场化程度不断提高,高等教育市场份额约为 2530 亿元;市场经济的激烈竞争使得企业培训需求巨大,市场份额约 1500 亿元;留学热、经济市场的全球化推动了语言学习市场的发展壮大,2017 年可收入 900 亿元。随着"终身学习"理念的普及,教育培训产业日益发展成为一个覆盖全年龄段、覆盖全行业、方式灵活多样的产业。本报告特选取其中较有代表性的教育培训产业类别进行分析。

（一）婴幼儿教育

国家统计局相关统计数据显示，我国每年新出生人口数量超过 1600 万，其中 0—6 岁人口数量已经占到人口总数的 10%，将达到 1.3 亿人。随着"二孩政策"的全面放开，2016 年我国迎来了生育高峰，扭转了新生儿数量下降的趋势，新生儿数量达 1786 万人。前瞻产业研究院相关报告数据显示，全国约 9000 万育龄夫妻有生育两个孩子的意愿和计划；联合国测算，2020 年中国婴幼儿数量将达到峰值，即 2.61 亿左右。因此婴幼儿教育市场需求旺盛，婴幼儿教育将迎来飞速发展的黄金时代。

1. 婴儿早期教育

中国产业信息网有关数据显示，伴随"二孩时代"的到来，以及人们消费观念的改变，中国 2017 年早教市场规模有望突破 2000 亿元大关，2020 年将达到 3480 亿元。

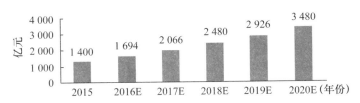

图 1-13-3　2016—2020 年早教市场规模预测

（资料来源：中国产业信息网）

截至本报告终稿时，在百度地图中键入"早教"二字，可知道全国共约有 17031 个早教机构，其中北京市 857 所，上海市 1022 所，广州市 391 所，苏州市 383 所，深圳市 374 所。从分布的区域及数量来看，早教市场"二元化"现象明显，发达地区早教机构数量明显多于经济落后地区，城市早教机构数量明显多于农村。一线城市早教市场异常繁荣，竞争激烈，二、三线城市早教市场处在快速发展时期。

从早教机构的性质来看，洋品牌与本土品牌竞争激烈，由于其新颖的教育理念和成功的营销推广，洋品牌在高端早教市场独领风骚。从搜狐教育相关新闻报道及相关文章中可知，2017 年早教品牌前十名中，源自于美国或者源自于美国教育理念的品牌占据排行榜 5 席，一个品牌源自于澳洲；中国自主品牌无一不是自主创新与引进或者借鉴国外早教理念相结合。在中国知名度较高、加盟店较多的早教品牌有金宝贝、红黄蓝、东方爱婴、新爱婴、亲亲袋鼠；以特色课程获得后发优势的品牌有优贝乐、美吉姆、爱乐悦。整体来说，涵盖科学、技术、工程、艺术及数学领域的美式早教是现代市场的主流,旨在培养孩子们的综合素养。

比特网的相关研究表明,从品牌忠诚度来看,传统早教品牌更注重3岁之前的启智教育、兴趣培养,以游戏为主,而后起品牌则将注意力放在3岁至8岁的幼小衔接、适学教育上,它们常常将早教课程与幼儿园、小学相匹配,对于中国家长的吸引力更大,品牌忠诚度更高。从师资来看,早教行业进入门槛较低,早教资格管理缺乏统一有效的权威机构,很多从业者并不具备相关职业资格证书,老师大多并没有早教资格证,很多都是从相关专业转行从事早教工作。早教企业为了改善师资,也为了在竞争中获得优势,都认为应该为教师提供全面而专业的培训,并已经开始尝试不同的培训方式,实力雄厚的企业还为老师提供海外培训机会。创新是早教发展的第一动力,需要大量资金与专业人才的支持。而目前市场由于需求量激增,发展较为迅猛,真正把大量资金投入到课程研发、教学研发的企业几乎没有。再加上专业人才的匮乏,早教市场普遍存在创新不足、研发力量薄弱的问题。

消费者在选择早教机构时,校区面积已经不是主要考虑的因素。随着租金上涨、竞争压力增加、装修成本上升等因素的不断影响,早教的发展也脱离了早期"跑马圈地"的阶段,合理的空间设计布局、高效的空间利用、精致的校区装修成为竞争力的体现,400—500平方米成为目前早教校区面积的主流。

根据资料可知,新一代的中国家长对让孩子接受早教极为重视,也愿意在早教上投入更多。家长在选择早教机构时较为青睐国际品牌、洋品牌,在早教产品消费观念上更为开放更为大胆,对孩子和早教机构的要求也更高。但在消费者行为选择过程中,市场引导影响较大。

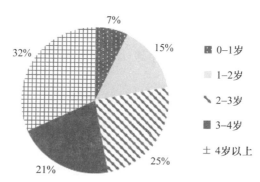

图 1-13-4 婴幼儿接受早教年龄分布

(数据来源:中国产业信息网)

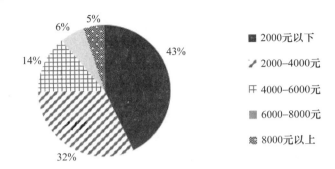

图 1-13-5　家长可接受的早教价格分布
（数据来源：中国产业信息网）

2. 民办幼儿园教育

幼儿园教育主要涉及五大领域，分别是健康、科学、社会、语言、艺术，涵盖年龄段为3—6岁，是婴儿早期教育的延续，也是学前过渡教育阶段。《2016—2021年学前教育行业深度分析及"十三五"发展规划指导报告》显示，2016年上半年我国出生人口831万人，同比增长6.9%，二孩出生比例为44.6%，与2015年相比上升了6.7个百分点。教育部发布的《教育规划纲要（2010—2020年）》指出，到2020年我国学前三年毛入学率要达到70%。随着"二孩"的全面放开，我国对于幼儿园教育需求越来越大，《中国青年报》2016年相关文章预计到2021年我国需要31.95万所幼儿园，存在11万所缺口，保育人员缺口将会超过300万，办学压力巨大。

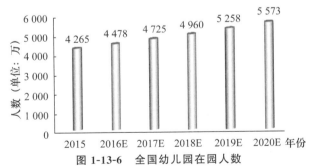

图 1-13-6　全国幼儿园在园人数
（数据来源：智研咨询：《中国幼儿教育市场运行态势及投资战略研究报告》，2016年10月）

目前我国幼儿园教育呈现出"二元化"的现象，城市儿童入园率远高于农村儿童。同时，即使在教育资源相对丰富的城市，幼儿园教育资源依然处于短缺状态。

每逢入园报名阶段,我们总会听到家长通宵排队、入园资格一票难求的新闻。即便进入幼儿园,优质资源依然稀缺,超员班现象严重。教育部发展规划司司长谢焕忠表示:"2016 年全国共有各级各类民办学校 17.1 万所,比上年增加 8253 所,其中有民办幼儿园 15.42 万所,比上年增加 7827 万所,占全国学前教育的比例为 53%—54%。"公办幼儿园无法满足市场的巨大需求,民办幼儿园发展空间巨大。

为了缓解幼儿园教育的困境,《教育规划纲要(2010—2020 年)》指出国家要加大财政投入,支持民办幼儿园的发展,从 2010 年开始民办幼儿园数量稳步增长,预计到 2020 年将会超过 16 万所。

国家在支持民办幼儿园发展的同时,还加强了对服务的购买和对公办幼儿园的扶持力度。根据中国产业信息网资料,2016 年 2 月下旬,教育部选择了全国 36 个地区开展公益普惠的学前教育实验,以缓解公办幼儿园数量过少、民办幼儿园溢价收费的问题。若这一实验成功,并在全国范围内推广,民办幼儿园溢价收费将会得到缓解,溢价收费的天花板即将出现,公办幼儿园或者公助性质的幼儿园数量将会增加。目前来看,公办幼儿园或者平价幼儿园数量有望增加,民办幼儿园收费虽仍在增长,但增速已经放缓。

通过中国产业信息网及搜狐教育网的相关研究我们可以看到,由于幼儿家长与幼儿园关系密切且家长数量众多,幼儿园成为聚集人流的最有效的平台,为其他幼儿相关产业提供了良好的发展空间。幼儿园除了提供常规课程和基本素质培养之外,利用自己的平台优势,根据家长对于孩子拓展培训的要求常常会跟一些教育培训机构合作,将课外辅导班直接开设在园区内。这样一来,既减轻了家长接送孩子的负担,提高了补习班的招生数量,又能为幼儿园开源并降低培训机构的办班成本,更好地保证幼儿的安全,实现多赢。除了整合教育类产品资源之外,幼儿园还可以作为非教育类幼儿产品供给的整合平台,将食品、餐饮、保险、医疗、服饰、娱乐等产品集中整合,寻找幼儿园增收的新途径。实力强大的幼儿园教育企业可以直接拓展自己的经营范围,以幼儿园为品牌利用自身优势直接进军幼儿产品市场,发展成为幼儿产品综合性企业。

当然,民办幼儿园也面临一系列问题亟待解决。首先,民办幼儿园师资质量良莠不齐,稳定性不强。幼教行业进入门槛较低,对学历、资格等没有过多强制性要求,我们经常会听到一些教师虐待儿童的事件发生,教育质量也很难有统一衡量标准。民办幼儿园待遇差距较大,教师工作压力较大,常常发生幼教老师无法容忍高强度工作而纷纷离职的现象。其次,民办幼儿园收费缺乏有效监控,随意性较强。民办幼儿园单元收费从几百元到几万元不等,物价部门并无统一定价标准,各种收费项目家长也无从知晓其合理性。再次,民办幼儿园"二元化"现象明显。城市民办幼儿园不管是规模质量还是入园人数收费水平都远远高于农村。与城市幼儿园动辄每月几千元的收费不同,农村幼儿园每月收费仅几百元;与之相对应的教育水平也出现了较为明显的差距,农村幼儿园仅仅是起到了"看孩子"的作用。

(二) K-12 教育

K-12 教育是中国教育培训产业的中流砥柱,也是市场需求最为旺盛的。2016 年《中国辅导教育行业及辅导机构教师现状调查报告》显示,我国中小学参加课外辅导的学生人数就超过 1.37 亿人次,培训机构教师人数高达 700 万—850 万人,2016 年市场规模超过 8000 亿元。

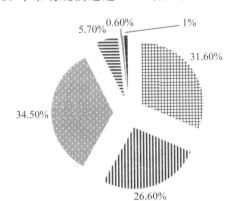

图 1-13-7　中国家长对 K-12 课外辅导重要性的认可情况
(资料来源:《中国辅导行业及辅导机构教师现状调查报告》)

1. 传统课外辅导培训

市场潜力巨大,家长参与积极性高。据大学院校库网站数据显示,截至 2017 年 6 月,我国高中在校生人数为 2366 万人,初中在校生人数为 4329.4 万人,小学在校生人数达 9913 万人,潜在市场消费者超过 1.65 亿人,市场规模巨大。随着教育改革的不断深入,为了使孩子获得更好的人生,更多家长把希望寄托在课外培训辅导上,使得培训市场的发展如火如荼,《中国 K-12 课外辅导行业发展与投资趋势报告》显示,北京地区中小学课外辅导普及率超过 70%。

应试目的突出,素质培养需求增加。初中高中课外辅导主要集中在数学、外语、物理等文化课以及艺术特长培养方面,以完成初升高、高考为主要目的,小学阶段的课外辅导并没有特别突出的应试目的,很多家长以培养孩子学习兴趣、提高孩子的素质为目的。

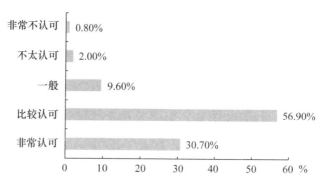

图 1-13-8　2016 年中国家长对课外辅导重要性的认可情况
（资料来源：中国教育学会：《中国辅导行业及辅导机构教师现状调查报告》，2016 年 12 月。）

课外辅导班选择中更注重品牌、质量等因素。在调查过程中，大多数家长选择课外辅导班都会参照以往辅导成绩和辅导教师资历，为了规避选择风险，很多人会直接选择较有影响力的培训品牌来保证教育培训的质量。新东方、学大、巨人、学而思等教育品牌依然是人们的首选，由于价格、机构数量分布等因素，目前依然是众多中小型培训机构占据大部分培训市场。

培训教师水平参差不齐，流动性强，教学效果很难保证。由于人力资源紧张，培训机构为了解决专职教师不足的问题，往往会雇用兼职教师，甚至常常雇用在校大学生。教师学历主要以本科为主，存在大量非师范类教育类专业的从业人员，教学水平、教学质量难以得到保证。同时由于待遇问题、同行竞争问题，培训机构教师流动性较强，教育连续性难以得到保证。

2. 在线教育

在信息技术不断成熟发展的今天，随着线下教育市场竞争的白热化，以"互联网＋"技术为支撑的 K-12 在线教育培训成为未来发展的方向。三好网《2016 年中国在线教育发展白皮书·数据调查报告》预计，到 2020 年在线教育市场规模将攀升至 5096 亿元，线上化率 2.31％。互联网巨头纷纷布局在线教育培训产业。K-12 教育线上的最终产品主要有四种形式——教育云平台、题库测评、家教平台、作业答疑；虽然普及率不高，但是发展前景巨大，发展速度迅猛。在线教育适应了当下碎片化时间与个性化教育的需求，是未来教育培训发展的新方向。根据互联网教育研究院的不完全统计，在线教育企业已达到 2500 家以上，其中从事

K-12在线教育的企业在700～800家,其中绝大多数是近几年成立的新企业,其中影响较大的有作业帮、阿凡题、网易云课堂、学而思网校、沪江网校。2016年随着互联网直播技术的成熟,教育直播迅速成为K-12教育培训的新的增长点。搜狐教育发布的《2016中国教育行业白皮书》显示,2011—2016年教育直播公司融资金额高达20.5亿美元,占在线培训行业融资总金额的84%。

(三) 职业教育

职业教育发展迅猛,市场规模巨大。

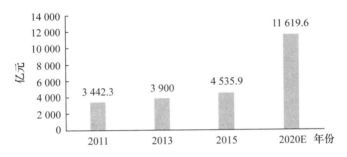

图 1-13-9　我国职业教育市场规模

(资料来源:中国产业信息网)

1. 学历教育

学历教育就是传统意义上的初中高等职业学校教育,中等职业教育体系又可以分为中专、技校、职高、成人中专四大类。《2015年全国教育事业发展统计公告》显示,2015年,我国中等职业教育占高中阶段教育在校生总数的41%,共有在校学生1656.7万人,教育免费率90%以上;高等职业教育在校生数达849.65万人,共有1341所高等职业院校。民办教育多集中于高职教育,预计到2020年,民办高等职业教育人数将达到296万人,其市场规模将突破500亿元。

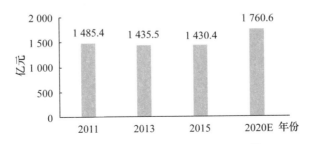

图 1-13-10　我国职业学历教育市场规模

(资料来源:中国产业信息网)

2. 非学历教育

非学历教育在我国以民办为主,可以细分为语言培训、技能培训、企业培训、职业资格考试培训等领域。而职业资格考试培训又包括公务员考试培训、各类职业资格证考试培训,其中公务员、金融、财务考试培训又格外受人关注。技能培训中,IT培训最为热门,语言培训中英语和小语种培训较为火爆。各类职业培训教育机构中,线下教育知名品牌有华图教育、北大青鸟、新东方、英孚教育、华企商学院、和君商学院,线上职业教育领军品牌有尚德机、中华会计网校、好学教育、慕课网、沪江网、VIPABC、优未网等。

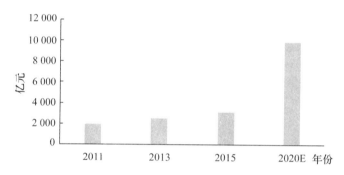

图 1-13-11　我国职业学历教育市场规模

(资料来源:中国产业信息网)

随着互联网技术的不断发展,网络职业教育培训将成为职业教育竞争的蓝海。职业教育的特色化、定制培训将引领下一个市场发展的趋势,细分职业教育领域,将会寻找到更广阔的发展空间。

"进入体制内"是多数中国人的梦想,因此人才招录考试培训市场需求巨大,中公与华图教育纷纷将目光对准公务员、事业单位、金融机构、乡村教师等人才招录考试培训,一举成为全国招录培训市场的两大巨头。考虑到行业待遇、行业发展前景问题,目前在中国资格认证考试中,较为火爆的是金融行业资格认证和教师资格认证。根据《2016年职业教育行业深度分析》可知,现阶段我国12种主流金融财会考试培训市场规模达59亿元,其余金融财会考试预估市场在15亿元,总计达74亿元;伴随着教师资格改革,至2020年,我国教师资格培训市场规模将达41.44亿元,而我国IT培训市场由于IT行业的快速发展、IT技术的不断更新换代以及IT产业机构调整和"互联网+"概念的兴起,其培训市场规模在2020年也将达到308亿元。我国企业数量日益增多,企业规模不断壮大,企业对于培训越来越重视,企业培训内容主要围绕人力资源管理、市场营销管理、经营管理等八大类别,培训方式主要集中于课堂培训、在岗培训(OJT)、E-learning。语言培训方面,少儿英语培训市场占据70%的市场份额,成人英语培训占30%,在线英语培训市场份额也将越来越大,2017年预计将会达到164.4亿元。线下英语培训市场已经成熟,新东方、英孚等几大品牌是市场主力,同时,线下品牌也纷纷进入线上教育领域。随着中国经济的发展,未来在线职业语言培训将会更注重商务交流,注重口语的培训,线上教育与线下教育相比,低廉的费用、灵活的时间使得英语口语更受消费者欢迎。随着职业竞争的加剧,国际贸易的发展,人们不仅需要英语培训,对小语种培训的需求也变得更为迫切。这就使得在线小语种培训机构获得投资青睐,欧那教育于2015年10月获得中金资本数百万元天使轮投资,而日语在线教育服务商早道网校也于2016年4月获1500万元A轮投资。

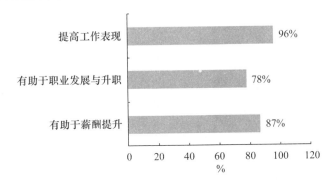

图1-13-12 参加职业技能培训的原因
(资料来源:中国产业信息网)

(四)留学培训

留学市场的低龄化依然是其主要发展趋势。由于雾霾、房价、教育资源的不平衡、竞争压力等原因,越来越多的70后、80后家长更愿意将孩子送出国门,2016年热播电视剧《小别离》就很好地说明了这个问题。00后成为留学市场的新生力量,他们独特的个性与需求为留学市场带来了新的变化。

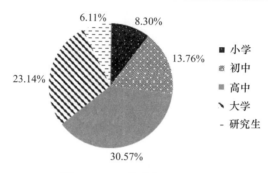

图 1-13-13　留学年龄段分布

（数据来源：胡润百富：《2016至尚优品——中国千万富豪品牌倾向报告》）

留学市场的另一个趋势是"留学后服务时代"的到来。除了为顾客提供留学信息、进行语言培训、帮助申请专业和院校的传统服务之外，越来越多的家长和学生更希望留学机构可以为他们做出更详细的留学规划，包括在留学期间的生活规划，留学之后的发展规划，甚至是创业规划、职业生涯规划。随着经济的发展，留学生中需要移民、置业服务的人数也越来越多，这些都对留学机构提出了更高的服务要求。

留学的目的地和留学课程发生变化。美国、英国等传统留学目的地依然是出国留学人员的热门选择，但以往不太被人关注的北欧等国家逐渐走进人们的视野。选择课程性质上来说，以往留学生主要选择学位学历教育，而今后随着个性化消费的增多和经济条件的不断改善，短期留学、游学需求将会越来越多。世纪明德教育公司预计中国游学产业进入4.0时代，存在千亿元市场规模容量。世纪明德创始人王学辉认为，随着城镇化水平的不断提高，参加出境游学夏令营成为一种趋势，预计未来十年有750亿元的市场容量，若加上泛游学市场需求，整体出境游学市场规模要超过两千亿元。

留学行业进入到整合时代，行业开始重新洗牌。由于早期信息的不对称，留学市场利润丰厚，进入门槛较低，行业内部缺乏统一有效的管理机制，中介机构鱼龙混杂。随着经济的发展、互联网技术的进步，人们获取信息的渠道越来越多，加上人们消费的理性不断提升，留学市场变得日益规范，行业竞争也越来越激烈。从2010年开始，留学行业进入到了整合调整时期，大批不规范的小型留学中介逐渐被市场淘汰，众多知名公司也纷纷进入到留学市场。

在线留学培训也将成为未来发展的一个主要趋势。一些热门留学中介机构早就开启了互联网服务的旅程，期望借助"互联网+"的趋势抢占在线留学培训市场份额,甚至已经有机构推出了直播培训、慕课培训方式。

政策红利逐渐显现。国家为了促进经济的发展、人才素质的提升,也在不遗余力地推动留学产业的发展。国务院、教育部、国家旅游局纷纷出台了一系列政策措施,以促进中国留学产业的发展,加大对留学企业的支持力度,放宽了对留学企业的限制。众多投资不但流向留学产业,众多留学机构也纷纷抓住时机布局。

三、关于教育培训市场发展趋势的思考

(一)"内容+科技"必将助力教育培训产业的改造升级

据EdTechXGlobal报告显示,到2020年,全球教育科技市场将达到2520亿美元。从2017年一季度,教育技术行业投资增速明显提升,有两家教育科技公司横空出世。Age of Learning是一家为儿童提供在线学习资源的公司,今年5月份从ICONIQ Capital募集了1.5亿美元的增长资金,当时公司估值为10亿美元。另一家公司是Pluralsight,它主要为专业软件开发商提供在线学习平台。无论是VR、AR、MR还是云技术、大数据,抑或是CG复原技术都将不断改变教育模式,然而过多地依赖技术手段并非教育理念的真谛,只有"内容+科技"才能不断助推培训产业的改造升级。

(二)从教育培训产品到教育生态的建立

未来的教育培训市场将不再是单一地关注课程、师资,而是着力于教育生态的建立。沪江合伙人常智韬认为:在线教育尤其要注重打造教育生态和平台,打造教育生态的前提一定是要有大量丰富的系列化产品,然后能够通过大数据技术分析来满足学习者的个性化需求,达到用户良好的体验,进而有效地提高学习效率。"跟谁学"彻底抓住中小教育机构系统开发能力弱、管理理念落后、营销乏力等行业痛点,开发了"天校系统""商学院""U盟分销"和"百家云",创办三年以来跟谁学平台已入驻老师60多万人,入驻机构7万多家,用户超过8000万人,成为全球最大的找好老师学习服务平台,同时也构造了一个初具雏形的教育生态系统。

(三)老年人教育市场或成未来三十年的蓝海

2016年10月19日,国务院办公厅印发了《老年教育发展规划(2016—2020年)》,这是我国首次将老年教育作为专题的发文。《规划》的颁布与我国老龄化社会的发展背景是息息相关的,与西方发达国家相比,由于我国实施了较为严格的计划生育政策,我国老龄化社会进程被加速推进。《2016年国民经济和社会发展

统计公报》显示,我国 60 岁以上老年人 23086 万,占人口比重 16.7%,且在 60 岁以上老人中,低龄老人相对较多,60—65 岁的人群占比达 35%,这些低龄老年人对养老有更多新的需求,对老年教育的新需求也非常迫切。根据老龄化社会发展的规律,未来 30 年,我国将进入加速老龄化时期。庞大的老年人群体孕育了巨大的老年教育培训市场,现有的教育培训市场远远难以满足老龄化社会发展的需要,构成了较大的市场空白。

行业报告十四

体育产业年度发展报告

何文义 郭 彬 余 清 封 英 邹昀瑾[*]

2016年中国的体育产业可谓是冰火两重天,一边是奥运会、欧洲杯举办得如火如荼,一边是现金流弱、融资困难的资本寒潮。历经2014年、2015年两年的躁动和盲目,蜕去蜂拥而至的资本外壳后的2016年我们渐渐发现,频繁政策的利好、大量资金的注入无法补齐体育内容和体育人才匮乏的短板。大批投资人纷纷把热钱撒向了国外,大肆购买俱乐部、体育媒体平台等优质体育IP。国内资本市场也开始趋于理性,投资人的目光转向现金流好的体育培训、小众垂直的项目。2016年12月乐视体育出现版权危机,预示着互联网"讲故事"的体育市场逐渐走向实战,产业融合成为发展主流,体育旅游、体育小镇在这一年不断发酵。本文将从宏观的环境分析与微观的市场角度,对2016年中国体育文化产业发展进行分析。

一、中国体育文化产业发展环境分析

(一)体育产业政策数量递增、垂直领域细分

产业政策,是指国家制定的,引导国家产业发展,协调产业结构,以实现社会资源配置,从而促进国民经济健康有序发展的各种政策总和。体育产业政策,则是指国家为实现一定历史时期的体育产业路线而制订的行动准则,是国家干预体育产业发展的一种经济政策,也是国家宏观领导、优化、调控、监督体育产业发展和运行的重要依据和手段。[①]我国体育产业起步较晚,体育产业政策也大致经历了体育产业政策的准备和起步(1978—1992年),体育产业政策的探索和实践

---

[*] 何文义,北京大学中国体育产业研究中心执行主任、研究员,主要研究体育产业;郭彬,北京大学中国体育产业研究中心副研究员,北京体育职业学院讲师,主要研究体育产业;余清,首都体育学院体育管理研究生;封英,中国传媒大学博士研究生;邹昀瑾,北京大学体育管理研究生。
[①] 赵炳璞等:《体育产业政策体系研究》,《体育科学》1997年第4期。

(1992—1997年),体育产业政策的发展、明确、见效(1997年至今)三个阶段。[①]从1978年党的十一届三中全会开始不断制定与完善,直到2014年10月国务院印发《关于加快发展体育产业促进体育消费的若干意见》(以下简称《46号文件》),把体育产业上升到了国家发展战略,开启了体育产业市场化的大门,资本争相涌进体育产业。

《46号文件》发布之前,国家体育总局和财政部在2014年1月初便联合发布了《关于推进大型体育场馆免费低收费开放的通知》,同年9月12日,国家体育总局印发关于《大型体育场馆基本公共服务规范》《大型体育场馆运营管理综合评价体系》的通知。10月发布《46号文件》后,从国务院到体育总局,再到发改委、财政部、文化部、教育部、国家新闻出版广电总局、国家旅游局都相继出台了相关政策。2014年12月24日,国家体育总局印发《关于推进体育赛事审批制度改革的若干意见》和《在华举办国际体育赛事审批事项改革方案》的通知;2015年1月15日,国家体育总局印发《体育场馆运营管理办法》的通知;2015年3月8日,国务院办公厅印发《中国足球改革发展总体方案》;2015年11月国务院办公厅转发文化部、财政部、新闻出版广电总局、体育总局《〈关于做好政府向社会力量购买公共文化服务工作意见〉的通知》;2015年12月17日,财政部、国家税务总局发布了《关于体育场馆房产税和城镇土地使用税政策的通知》;2015年12月24日,国家新闻出版广电总局印发了《关于改进体育比赛广播电视报道和转播工作的通知》。到了2016年,体育产业政策出台的数量则直线上升,其中一个重要的特征是政策更垂直细分。

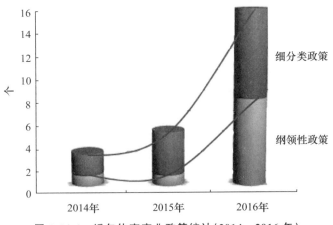

图1-14-1 近年体育产业政策统计(2014—2016年)

---

① 王子朴:《我国体育产业政策发展历程及其特点》,《上海体育学院学报》2008年第2期。

从图 1-14-1 中可以看出，2014—2015 年两年间政府部门颁发的体育领域相关政策共计 9 个，从 2014 年 1 月开始国家体育总局和财政部便联合发布《关于推进大型体育场馆免费低收费开放的通知》，而在《46 号文》发布之后从国务院到体育总局，再到发改委、财政部、文化部、教育部、国家新闻出版广电总局、国家旅游局都相继出台了相关政策，可见政府对于体育事业的支持力度加大。只是在这个阶段政策还仅停留在场馆和赛事方面，涉及的范围比较窄。

表 1-14-1　2016 年相关体育政策

序号	时间	政策	要点
1	2016 年 4 月 6 日	《中国足球中长期发展规划（2016—2050）》	提出中国足球未来发展三个目标时间点：近期目标（2016—2020）、中期目标（2021—2030）、远期目标（2031—2050）。
2	2016 年 5 月 5 日	《体育发展"十三五"规划》	明确了"十三五"时期体育发展的指导思想、基本原则、主要目标和基本理念。
3	2016 年 5 月 6 日	《关于强化学校体育促进学生身心健康全面发展的意见》	明确到 2020 年，学校体育办学条件总体达到国家标准，体育课时和锻炼时间切实保证，教学、训练与竞赛体系基本完备，体育教学质量明显提高。
4	2016 年 5 月 9 日	《全国足球场地设施建设规划（2016—2020）》	提出到 2020 年，全国足球场地数量超过 7 万块，平均万人拥有足球场地达到 0.5 块以上。
5	2016 年 5 月 15 日	《关于推进体育旅游融合发展的合作协议》	启动全国体育旅游示范基地和体育旅游项目的遴选，探索建立体育旅游统计指标体系和标准体系，加强体育旅游从业人员培训进而提高服务质量。
6	2016 年 6 月 15 日	《全民健身计划（2016—2020）》	对未来 5 年的全民健身工作，作出了总体规划，明确了到 2020 年全民健身的具体目标。
7	2016 年 7 月 13 日	《体育产业发展"十三五"规划》	对"十三五"期间体育产业的发展基础与面临形势、总体要求、主要任务、重点行业和主要措施等五大方面做了科学系统的描述和部署。
8	2016 年 8 月 30 日	《竞技体育"十三五"规划》	规划了"十三五"期间我国竞技体育工作。
9	2016 年 9 月 5 日	《青少年体育"十三五"规划》	对"十二五"期间我国青少年体育的发展进行了回顾，明确了"十三五"时期青少年体育发展的总体要求、目标任务及举措。

(续表)

序号	时间	政策	要点
10	2016年10月	《"健康中国2030"规划纲要》	提出了今后15年我国推进"健康中国"建设的行动纲领。
11	2016年10月14日	《国务院确定进一步扩大国内消费政策措施》	消除制约体育等消费的体制机制障碍,加快发展健身休闲产业指导意见,发展冰雪、山地、水上、汽摩、航空等户外运动和电子竞技等。
12	2016年10月25日	《关于加快发展健身休闲产业的指导意见》	到2025年,基本形成布局合理、功能完善、门类齐全的健身休闲产业发展格局,产业总规模达到3万亿元。
13	2016年11月2日	《冰雪运动发展规划(2016—2025年)》《全国冰雪场地设施建设规划(2016—2022年)》《群众冬季运动推广普及计划(2016—2020)年》	全国冰雪产业总规模到2020年将达到6000亿元,到2025年将达到1000亿元,到2020年全国滑冰馆数量将不少于650座。
14	2016年11月8日	《水上运动产业发展规划》《航空运动产业发展规划》《山地户外运动产业发展规划》	三个规划所提出的产业总规模累计达9000亿元,并逐步形成山地户外"三纵三横"、水上运动"两江两海"、航空运动200公里飞行圈等运动产业发展新格局。
15	2016年11月28日	《关于进一步扩大旅游文化体育健康养老教育培训等领域消费的意见》	进一步扩大国内消费特别是旅游文化体育健康养老教育培训等服务消费政策措施。
16	2016年12月22日	《关于大力发展体育旅游的指导意见》	到2020年体育旅游总人数达到10亿人次,占旅游总人数的15%,体育旅游总消费规模突破1万亿元。

2016年体育产业新政策迎来爆发期,出台政策数量翻倍增长,涉及的领域也更垂直和细分。相较于近年的政策,2016年除颁发了《体育"十三五"规划》这种总体规划性纲领以及足球、冰雪、学校体育、青少年体育、体育旅游、体育休闲、体育场馆类的政策外,还专门发布了体育培训、水上运动、户外运动、航空运动等垂直细分领域的具体规划。

(二)第三产业发展迅速,消费持续升级

2016年是中国经济持续探底的一年,国内生产总值达到74万亿元,产业结构优化升级。第一产业增加值增速为3.6%,第二产业为5.3%,第三产业为8.6%。其中第三产业持续较快发展,对经济社会发展的支撑带动作用与日俱增。

2013—2016年,第三产业增加值年均增长8%,比国内生产总值增速高0.8个百分点。

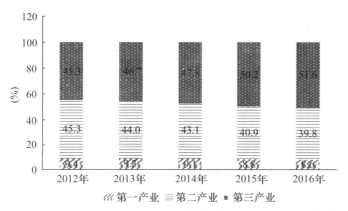

图1-14-2 2013—2016年三大产业增加值占国内生产总值比重

其次,消费成为经济的重要驱动元素。在扩大内需政策措施作用下,居民消费潜力有序释放,消费升级势能持续增强,消费的基础性作用不断发挥,成为经济增长的主要推动力,2016年我国最终消费率为53.6%。根据Economist报告China Gets Its Game On显示,目前中国人均消费总额已突破4万亿美元,未来十年人均消费的增速还将保持在6%以上,高于GDP增速,预计到2030年个人消费总额将比2015年高出3倍。与此同时,2016年中国中产阶级人数已经达到2.25亿,根据橄榄形社会结构,人均GDP从800美元跃升到3000美元将是一个国家国民经济获得快速增长的时期,也是居民消费更新换代、休闲娱乐需求快速增长的时期,其中健康消费也逐渐成为消费者的关注点。

(三)国内优质PI缺乏,涌现海外购买狂潮

2016年是中国资本对海外俱乐部"买买买"的一年。据不完全统计,中国资本海外俱乐部标的达11项,收购总值超过200亿元。这主要是由国内外体育产业发展的双重形式决定的。首先,国内缺乏优质的体育资源,进行海外并购是快速获取相关资源的一个捷径。可以给相关企业带来实质性的商务收益,主要集中在体育营销、经纪公司等。未来由于中国体育市场的爆发性以及持续性成长,此类收益将会不断增加。其次是市值管理以及品牌宣传的需要,主要上市公司为提高市场估值,或者打开海外市场,会通过体育强化品牌影响力。

表 1-14-2　中资收购海外俱乐部一览表

2016 年 6 月	双刃剑体育 3700 万欧元全资收购西甲格拉纳达俱乐部
2016 年 6 月	苏宁旗下苏宁体育 2.7 亿欧元收购国际米兰 68.5％股份
2016 年 6 月	西甲解说员唐晖与李翔等完成了对西乙 B 联赛俱乐部胡米利亚的收购
2016 年 7 月	7 天连锁酒店创始人郑南雁以个人名义与中美投资者联合收购法国尼斯足球俱乐部 80％的股份,郑南雁拿到其中 40％的股份
2016 年 7 月	联合睿康集团 7650 万英镑全资收购英冠阿斯顿维拉俱乐部
2016 年 7 月	雷曼完成了对澳大利亚纽卡斯尔喷气机足球俱乐部的全资收购
2016 年 7 月	复星集团以 4500 万英镑全资收购英冠狼队
2016 年 8 月	上海云毅国凯体育控股英超西布罗姆维奇,收购金额并未透露
2016 年 8 月	奥瑞金 700 万欧元收购法国欧塞尔足球俱乐部 59.95％股权
2016 年 8 月	中欧体育基金以 7.4 亿欧元收购 AC 米兰 99.93％股份
2016 年 8 月	IDG 资本宣布 1 亿欧元收购里昂俱乐部母公司 OL 集团 20％股权

如此火热的投资态势也引起了国家有关部门的注意。2016 年 12 月 6 日,发展改革委、商务部、人民银行、外汇局四部门负责人就当前对外投资形势下中国相关部门将加强对外投资监管答记者问。其中明确表示,鼓励企业参与国际经济竞争与合作、融入全球产业链和价值链的方针没有变,但也密切关注近期在房地产、酒店、影城、娱乐业、体育俱乐部等领域出现的一些非理性对外投资的倾向。

二、中国体育产业发展 2016 年全产业链分析

体育产业的界定是进行体育产业统计的前提。但迄今为止,理论和实践界对体育产业的概念一直未能达成共识,根据 2015 年国家统计局发布的《国家体育产业统计分类》将体育产业范围确定为体育管理活动,体育竞赛表演活动,体育健身休闲活动,体育场馆服务,体育中介服务,体育培训与教育,体育传媒与信息服务,其他与体育相关服务,体育用品及相关产品制造,体育用品及相关产品销售、贸易代理与出租,体育场地设施建设等十一大类。

表 1-14-3　体育及相关产业分类与层次对应表

层次	行业分类
体育产业核心层	体育组织管理活动(4)
	体育场馆管理活动(1)
	体育健身休闲活动(1)

(续表)

层次	行业分类
体育产业外围层	体育中介活动(3)
	其他体育活动(14)
相关体育产业层	体育用品、服装、鞋帽及相关体育产品的制造(19)
	体育用品、服装、鞋帽及相关体育产品的销售(13)
	体育场馆建筑活动(2)

注:( )里表示的是行业小类的个数。

体育产业是跨行业的融合,整个产业的参与者众多,各细分行业的成熟度不尽相同。表中把体育产业分为核心层、外围层和相关产业层,根据此分类,笔者把体育产业链划分为上游赛事资源、中游媒体传播、下游体育衍生产业。上游内容资源主要包括赛事运营、俱乐部团体以及体育场馆等产业,这些产业具有优质资源相对稀缺且行业进入壁垒较高的特征,特别是其中的赛事运营,衔接了产业发展前后端,居于产业链中心地位。中游有体育中介活动,包括体育传媒、体育经纪;下游则包括体育用品、体育彩票、健身培训、参与体验以及周边的衍生服务。这些行业都是体育产业变现方式,构成了体育产业的完整轮廓。

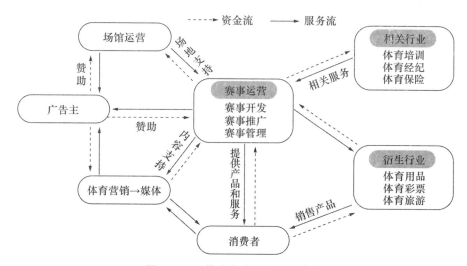

图 1-14-3 体育产业链关系示意图

(资料来源:易观智库,国信证券经济研究所整理)

（一）上游产业

1. 体育赛事

体育赛事是产业链中最为核心的内容，围绕着体育赛事的运营能够衍生出整个体育产业链，在整个体育产业中发挥着引擎作用。目前我国大大小小的体育赛事良莠不齐，其中影响力最大、商业价值最高的是中国足球超级联赛。据2016年《中国足球超级联赛的商业价值报告》显示，2016赛季中超公司总营收为15亿元，同比增长144%，主要来自版权增长，2016赛季版权收入达10亿元。中超联赛价值以2.77亿英镑高居全球第一；版权收益较上赛季提高了12倍；现场观众580万人次，保持亚洲第一。电视收视规模为3.42亿人次；在CCTV-5转播的2016年足球赛事中，中超收视率0.67%，排名第5；乐视体育累计收视用户超1亿，收视人次达6亿；场均上座人数突破2.4万，和西甲接近。

2016赛季中超俱乐部投资及赞助收入为57.3亿元，其中投入41.1亿元，赞助收入15.9亿元；门票收入5.2亿元，其中广州恒大、江苏苏宁、北京国安位列前三；衍生品收入3355万元，仅占总收入的1%。但相较于16亿元的赞助收入，2016年中超总投资达41亿元，其中引援超过了34.3亿元。

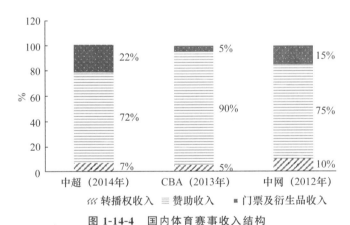

图1-14-4 国内体育赛事收入结构

从中国国内顶级体育赛事收入的构成可以看出，体育赛事收入结构一般分为转播收入、赞助收入、门票及衍生品收入。其中主要收入来源于赞助，占比达到了70%；转播权收入不足10%，与国际赛事占比40%相比还存在很大差距，门票及衍生品的收入依然处于弱势。国内体育赛事的商业化运营程度比较低、资本程度较弱，文化娱乐属性不强，待开发的空间还很大。

除了职业体育的中超联赛之外，近年大众体育赛事如火如荼，尤其是马拉松赛事呈持续爆发。《2016年中国马拉松年度报告》显示，2016年在中国田径协会注册的马拉松及相关运动赛事达到328场，较2015年134场增加了近1.5倍，是2011年22场赛事的近15倍。其中，与中国田径协会共同主办赛事122场；全程马拉松125场、半程马拉松128场、其他路跑赛事75场。2016年全年参加比赛的总人次近280万，较2015年增长130万，是2011年40万参赛人次的近7倍，参加全程及半程马拉松项目的总人次超过120万。

与此同时，自行车运动逐渐成为全民健身的主流运动方式之一。共享单车的出现，更是带动了人们参与自行车运动。人民网发布的"2016自行车赛事排行榜"数据显示，2016年国内自行车赛事参赛人数超过5000人的有8场，参赛人数上千人的比赛近30场，人数规模为历年之最。目前中国运动自行车的爱好者仅有600万左右，人均自行车整车消费1500元，人均零配件消费1200元，平均一年换1次车，按这个人数测算运动自行车的年产值在162亿元左右。到2025年国内自行车运动人口最高可以达到全国人口的6%，即约8400万人，10年增长幅度大约为14倍。假设人均年自行车整车消费3000元，年零配件消费2000元，预计市场规模可达4200亿元左右。

当然除了传统的竞技体育赛事外，2016年非传统体育赛事发展迅猛，尤其是像Color Run、泥泞跑、垂直马拉松这类富有娱乐性的赛事。

2. 体育场馆

体育场馆是进行运动训练、运动竞赛及身体锻炼的专业性场所。它是为了满足运动训练、运动竞赛及大众体育消费需要而专门修建的各类运动场所的总称。根据国家统计局2015年公布的《国家体育产业统计分类》，体育场馆服务、体育场地设施建设被纳入了体育产业11个大类中。

根据第六次全国体育场地普查数据，截止到2013年12月，共有体育场地1694607个，体育场地面积1991996957平方米，人均面积1.46平方米。其中，室内场地169113个，建筑面积259156182平方米，人均面积0.19平方米。其中用于满足高水平比赛的大型体育场馆（体育场、体育馆、游泳跳水馆）1000多个。

目前国内大型体育场馆设施多为政府投资建设，主要用于满足城市体育事业发展基础配套，存在着重公益、重竞赛功能、忽视配套服务和赛后运营等问题，使得运营难度加大。2016年随着PPP模式的推进，使得民间资本通过各种渠道和途径注入公共体育场馆的建设及运营中，调动民间资本参与体育事业的积极性，活跃了市场，突破了体育场馆的资金"瓶颈"，能够最大限度地盘活现有资源。

表 1-14-4　体育场馆主要运行模式

分类	运行模式	备注
场馆规划设计	1. 政府主导规划设计，设计招标 2. 规划设计、建设、运营一体化，运营单位前期介入 3. 聘请咨询顾问	政府主导 企业参与
场馆投融资	1. BT、BOT 等模式 2. PPP 模式	缺少投资基金等机构参与
场馆建设	政府建设管理 代建管理	政府建设、移交为主
场馆运营	事业单位模式（60%以上） 委托运营模式（不足 10%） 合作运营模式 政府行为企业化公司化模式	企业化、市场化是趋势，新建场馆难以新设事业单位

尽管 PPP 模式的试运营取得一定成绩，但场馆运营与城市经济、人口、体育文化等密切相关。北京、上海、广州、深圳等地方能够盘活，但在二三线城市尤其是乡镇地方体育场馆的利用率还是极其低的。首先，场馆数量少，就算有也处在偏远郊区或者交通不便的地方，使得其运营成本非常大；其次，缺乏体育内容和有效的管理人才，无法吸引人群活跃场馆。

2016 年 1 月 1 日，乐视体育冠名了华熙国际旗下五棵松体育馆为"乐视体育生态中心"（以下简称乐视体育中心）。同时其成立了智能场馆运营公司，与华熙国际、中兴通讯一起，以乐视体育中心智能场馆为蓝本，乐视体育云为云端支撑，引领国内场馆的无线化智能化升级，并以乐视体育和乐视音乐的生态体系为依托，重新定义赛事、直播和演出模式，拟开辟场馆服务和盈利新蓝海。只是比较遗憾，在这一年"智慧场馆"给人们寄予了很大的期待，却终究没有挖掘出清晰的盈利点。场馆本身性能固然重要，但是没有优质的体育内容和完善的配套设置才是盘活体育场馆的最大壁垒。

3. 俱乐部运营

2015 年 11 月广州恒大淘宝俱乐部正式挂牌新三板，估值 150 亿元，成为国内第一家上市的足球俱乐部。恒大俱乐部的盈利模式主要通过向球迷销售比赛门票、球迷周边商品等获得销售收入，并帮助广告主向目标受众群体投放广告获得广告收入，以及授权使用费等其他收入。除传统足球俱乐部收入模式之外，恒大淘宝还专门成立了互联网事业部，除互联网运营与产品推广外，公司依赖股东阿里在金融领域的布局，规划推出足球互联网金融产品及其他相关产品，在未来依托球迷受众基础通过互联网模式产生盈利。

2016年恒大公布的财报显示,主营业务实现收入5.6亿元,同比增长47.38%。其中广告收入3.99亿元,同比增长214.99%,占比71.16%;中超公司转播收入增加分派给各俱乐部的参赛费及奖金收入1亿元,同比增加8248万元。门票销售收入4772万元,占比8.51%;同上年球票收入占比营收55%相比,球票收入下滑明显;球迷商品销售收入为1042万元,同比下降约50%。然而,营业收入的大幅增长并没有使俱乐部在2016年度扭亏为盈,其亏损额仍达8.11亿元。究其原因,主要还是在于引进教练和球员的转会费及薪酬成本较高,营业成本居高不下。

不单单是广州恒大俱乐部亏损严重,《2016中超联赛商业价值报告》中显示2016年中超16支球队,只有两家俱乐部盈利,一支是长春亚泰,另一支是延边富德,其他14支球队或多或少都存在亏损。其中亏损最多的是广州恒大(亏损约3.34亿元),其次烧钱大户江苏苏宁(亏损约1.36亿元)、上海申花(亏损约1.2亿元)和上海上港(亏损约3500万元)等都有着比较大的亏损数额。这些球队的共同特征都是在引援上花费了巨额资金,几乎不可能在半个赛季实现盈利,当然其他亏损球队也很难短期内扭亏为盈。此外,作为中超的升班马,权健同样在转会市场烧钱势头很猛,也很难实现盈利。

表1-14-5 2016赛季中超部分引援名单

外援	转会费(万欧元)	转入俱乐部
胡尔克	5580	上海上港
特谢拉	5000	江苏苏宁
杰克逊—马丁内斯	4200	广州恒大淘宝
拉米雷斯	2800	江苏苏宁
埃尔克森	1850	上海上港
佩莱	1800	山东鲁能
乌贾	1300	辽宁宏远
罗杰—马丁内斯	890	江苏苏宁

为遏制引援烧钱的疯狂趋势,2017年4月中国足协发布新规:"为限制职业足球俱乐部追求短期成绩、盲目攀比、高价引援、哄抬价格的行为,维护职业足球联赛市场秩序,促进职业足球健康、稳定发展,自2017年夏季注册转会期起,对处

于亏损状态的俱乐部征收引援调节费用。对于有关俱乐部通过转会引入球员的资金支出,将收取与引援支出等额的费用,该项费用全额纳入中国足球发展基金会,用于青少年球员的培养及足球公益活动等。"

2016年俱乐部运营方面还有一件大事,就是CBA联赛的管办分离。从2016年1月开始由姚明牵头的CBA联赛18家俱乐部投资人在东莞召开会议,着手注册"中职联篮球(北京)股份有限公司",到2016年11月中篮联(北京)体育有限公司(简称CBA公司)在北京正式挂牌成立整整历时一年。至此,中国篮协与有关各方共同推动多年的CBA联赛"两步走"改革,迈出了坚实的第一步。新成立的CBA公司将获得CBA联赛的商务运营权,未来待到条件成熟,中国篮协还会将办赛职能全部移交给CBA公司。成立联合公司是发展CBA联赛、激活篮球市场的重要一步,有利于俱乐部与篮协形成真正意义上的利益共同体。

与中超俱乐部类似的是,CBA俱乐部每年也都在亏损。2011—2012赛季,CBA俱乐部年均投入3800万元,17家俱乐部总投入超过6亿元。2015年赛季末,这一数字已飞涨到14亿元,俱乐部平均投入7000万元左右。投入最多的新疆已超过1亿元,最少的八一、吉林等俱乐部也超过3000万元。随着CBA公司的成立和新商务周期的到来,CAB联赛和俱乐部的价值也有待在2017年出现巨变。但管办分离是否换汤不换药,市场运作的程度有多大,这都是关系到联赛水平以及俱乐部能否成为更具价值的真正体育核心IP的重要因素。

(二)中游产业

1. 体育媒体

体育媒体是指专门报道体育活动的新闻媒体,包括体育报纸、体育杂志、体育电视、体育电台、体育互联网、体育手机等。而对于以赛事内容直播为主要业务的媒体公司来说,版权是其最重要的生命线。此前央视作为中国最有影响力的体育平台,多年以来一直扮演垄断者的角色。由于一家独大,缺乏竞争,很多国际顶级赛事为了打开中国体育市场,版权方在版权方面往往没有任何谈判的筹码,只能低价卖给央视,甚至是倒贴。随着中国体育产业热度增加,体育版权作为稀缺资源也成为各大平台争抢的焦点。从中超5年80亿元至英超3年50亿元,天价版权持续升温。

表 1-14-6 2016 年中国体育媒体版权一览表

公司	播出平台	核心媒体资源
腾讯	腾讯体育	2015—2020 赛季中国 NBA 版权、2017—2025 年国际篮联（FIBA）互联网增值服务提供商、携手甘肃卫视网台互动制作中超联赛、腾讯棋牌
苏宁体育	PPTV 体育、懂球帝	懂球帝、2017 年中超新媒体独家版权、2019—2022 赛季的英超版权、2015—2020 年西甲联赛（中国地区）独家全媒体版权、2015—2018 年荷甲联赛中国地区全媒体独家版权、2015—2018 三个赛季的欧冠、欧联杯以及欧洲超级杯的视频直播、点播权益、2018—2023 年德甲联赛独家全媒体版权
乐视体育	乐视体育	2016 年、2017 年两年中超新媒体独家版权、港澳地区 NBA 独家版权、2016—2018 年温布尔登网球公开赛独家新媒体转播权、2016—2019 年中国香港地区英超转播的独家权益、2016—2020 年 ATP 在中国的独家新媒体等 310 多项赛事版权
阿里体育	优酷	2016 年里约奥运会点播权、2017 年亚冬会独家新媒体版权、2016—2017 赛季 NFL 中国大陆地区、转播权、2016 年乒超独家互联网商务权及新媒体版权、CUBA 及 WCBA 独家转播权
暴风体育	MPV、暴风体育	MP&Silva65% 的股份、2016—2017 中超新媒体转播权（PC 端和移动端的每轮一场央视比赛转播权）、CBA 联赛官方合作伙伴
新英体育	新英体育	2013—2019 年英超独家转播权
体奥动力	无	2016—2020 年中超 5 年版权
百视通	无	2013—2016 年三个赛季 NBA 内容资源授权、IPTV、OTT、BesTV 手机客户端平台英超直播权

从表 1-14-6 中我们可以看出各个体育巨头都在积极地布局体育版权市场，尤其是互联网企业。2016 年马国力曾在公开场合指出："2020 年左右，中国会出现一个全世界原来都没有过的，但又是有中国特点的，而且整个盈利模式已经存在，且与发达国家的电视体育的盈利模式差不多的这么三到四家体育集团。中央五套肯定是一个，另外的两到三家应该都是来自于互联网。"

将版权收入囊中并非体育媒体平台的最终目的，实现流量的变现才是运营版权的王道。体育媒体商业模式的核心就是体育赛事的直播内容高效地提供给消费者，其赛事媒体版权的价值转化由 4 个关键部分组成：版权拥有者、内容制作、内容分发、内容消费方式。目前市场上主要存在三种变现模式：一是如体奥动力、新英体育寻求代理机构分发版权，或者卖给电视台，由播出平台进行内容的变现。二是以乐视、苏宁和腾讯为代表，全方位收割版权，如苏宁体育几乎囊括了足球领域所有版权，其核心逻辑是，以高价购买实现资源独占，以垄断优势通过会员付费、体育商城打通变现之路。三是以腾讯体育为代表的精耕细作,其独占了NBA所有版权,其策略是锁定某个具有巨大影响力的核心资源,聚焦用户全力运营,增加受众黏性产生流量和广告变现。

2. 体育经纪

2015年美国体育产业的产值报告中,体育经纪的体量为200亿美元。而《福布斯》2016年9月公布的全球十大体育经纪公司数据显示,位居首位的CAA与包括美国四大职业联盟在内的众多运动项目领域的307名运动员签订了总价值64.3亿美元、总年限达1014年的经纪合同,而公司自身所赚取的佣金总额也高达2.6亿美元。由此可见,体育经纪是体育产业的一个重要组成部分,也是体育产业的重要实体。它是连接体育产业上游和下游之间的纽带,也是提升产业发展水平的润滑剂和催化剂。体育经纪公司在拉动体育经济增长、繁荣体育市场、促进体育产业发展方面起着重要的作用。

体育经纪人分三类,即赛事经纪人、运动员经纪人和体育组织经纪人。其中体育组织和赛事的经纪人主要包括策划、包装、推广体育赛事、销售电视转播权、赞助及广告销售、开发赛事特许产品、销售门票及其他杂项。然而,截至2014年,通过了体育经纪人国家职业资格认证考试的仅为1169人,这显然无法满足中国持续扩张的体育产业市场。于是,国内资本也瞄准体育经纪这块肥肉相继切入体育产业。

2015年2月万达集团宣布10.5亿欧元并购瑞士盈方体育传媒集团,享誉全球的专业体育营销公司拥有丰富的顶级赛事资源和相关商业权益。盈方与130家体育组织,以及数百家赞助商、传媒机构建立了深入、长远的合作关系。2015年4月,贵人鸟发布公告,投资2000万欧元入股西班牙足球经纪公司BOY(THE BEST OF YOU SPORTS, S.A),布局体育经纪产业。2015年10月28日乐视体育收购拉加代尔20%的股份。拉加代尔是世界五大体育营销公司之一,是一个国际性的体育营销和赞助机构。

2016年1月18日,郭广昌主导投资的复娱文化公告,其子公司复娱香港以200万欧元,约折合人民币1366.84万元购买START BV持有的START S.A约0.865%的股权。START S.A是豪尔赫·门德斯旗下的经纪公司。2016年4月18日,道博股份公告称,拟出资3950万欧元(折合人民币约29032.5万元)受让上海耐丝所持Nice International Sports Limited(简称"耐丝国际")100%股权,从而实现对旗下两家经纪公司MBS(西班牙)和MBS(英国)的间接控制。

2017年4月黎瑞刚领导的华人文化产业投资基金入股全球最大的经纪公

司——美国CAA。与此同时,华人文化还将与CAA共同组建合资公司——"CAA中国",在CAA现有中国业务基础上,规划新战略,进一步发展中美跨境艺人经纪业务,并拓展在电影、电视、现场娱乐、体育、活动营销等相关领域的业务布局。

表 1-14-7 2016 年中国部分运动员经纪业务一览表

企业	经纪业务
阿里体育	杜丽、陶璐娜、焦刘洋、汪皓、张娟娟、仲满、火亮、黄旭等近100位奥运冠军
香蕉体育	武磊、计划中的古雅沙、雷声、邹凯、周捷、李金哲、薛长锐等明星运动员
旭日五环	陈若琳、秦凯、何姿、江钰源、丁宁、叶诗文、杨威等近200位运动员
盛力世家	花样滑冰运动员申雪、赵宏博,职业拳手邹市明、杨连慧,极限马拉松跑者陈盆滨,足坛新星张玉宁,F1车手马青骅等近200名运动员
众辉体育	姚明、纳什、丁俊晖、易建联、张琳、侯逸凡、林丹、中国国际象棋队球队、上海东方篮球队等国内外运动员和运动队的经纪代理机构
乐视体育	郭艾伦
欧迅体育	华天

目前运动员经纪在我国尚未成熟。一方面是时间上的矛盾,国内运动员的训练任务大,没有太多的时间参加商业性赛事;另一方面,现役运动员和管理中心的权益归属矛盾,也会为企业赞助砌高墙。如因拒绝代言与游泳中心签下合作协议的某乳业品牌,宁泽涛就曾与游泳管理中心发生过摩擦。2011年,游泳队"一哥"孙杨也因为"被代言"事件引发热议。

(三)部分下游产业

1. 体育用品

全球体育产业整体1.5万亿美元的规模中,体育用品占40%,体育服务占50%。中国体育产业结构中,75%是体育用品业,服务业占比仅15%。此前经受互联网打击的体育用品零售业一直处于寒冬状态,直到2016年体育用品行业开始出现转暖的趋势。

国家统计局发布的《2016中国体育用品产业发展白皮书》数据显示,2016年行业实现销售收入为1472.1亿元,同比增速为12%。中国体育用品行业(运动服、运动鞋、运动器材及相关体育产品的制造和销售)达到3077亿元,增长率为11.65%,连续三年保持两位数增长。不过,进出口额连续两年负增长。过去一年中国体育用品行业进出口总额为170.22亿美元,同比下降16.94%;实现贸易顺差153.07亿美元,同比降低17.65%。

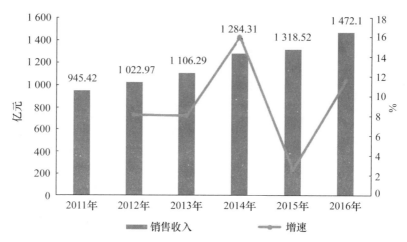

图1-14-5　2011—2016年中国体育用品行业销售收入变化趋势图
（资料来源：根据国家统计局和前瞻产业研究院数据整理）

2016年，各大体育用品厂商电商业务表现都极为抢眼。2016年上半年，安踏体育电商业务收入同比增长超过50%，在总收入中的比重超过10%；2016年上半年，特步国际电商业务收入同比增长约100%，在总收入中的比重超过15%；2016年，李宁公司电商业务收入同比增长88%，在总收入中的比重超过14%。

2. 体育旅游

体育旅游是指人们以参与和观看体育运动为目的或内容的一种旅游形式，是旅游产业和体育产业深度融合的新兴产业形态。据世界旅游组织称，体育旅游产业的产值已经超过了每年4500亿欧元。且当整体的旅游产业的增长额在2%—3%左右浮动时，体育旅游是全球旅游市场中增长最快的，增长率能够达到每年14%。2015年我国体育旅游实际完成投资791亿元，同比增长71.9%。

与此同时，随着近年来我国居民消费升级，2016年12月国家旅游局、国家体育总局《关于大力发展体育旅游的指导意见》指出，到2020年，在全国建成100个具有重要影响力的体育旅游目的地，建成100家国家级体育旅游示范基地，推出100项体育旅游精品赛事，打造100条体育旅游精品线路，培育100家具有较高知名度和市场竞争力的体育旅游企业与知名品牌，体育旅游总人数达到10亿人次，占旅游总人数的15%，体育旅游总消费规模突破1万亿元。

体育旅游按赛事的参与形式可以分为观赛游以及参赛游。据华奥星空提供的数据显示，2016年1月至4月举办的311场各类大型体育赛事中，观赛和参赛人数共计338万人，由赛事产生的旅游、交通、住宿、餐饮等关联消费达119亿元，

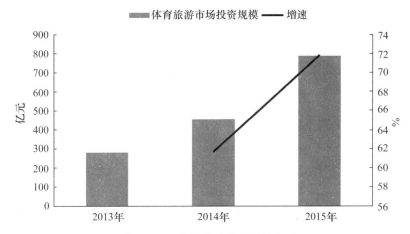

图 1-14-6　全国体育旅游投资规模

(资料来源:根据国家旅游局发布的《2015年全国旅游业投资报告》)

对举办地的经济拉动超过300亿元。相比于传统旅游,体育旅游对资源和专业度的要求更高。从目前的产品结构来看,大部分的体育旅游产品多集中在轻度体验类的旅行产品中。

3. 体育培训

青少年体育培训是我国未来体育产业发展的根基所在,国家体育总局也印发了《青少年体育"十三五"规划》。《规划》明确指出了提升青少年体育素养、广泛深入开展青少年体育活动、完善青少年体育组织网络、完善青少年训练竞赛体系、积极推进科训结合和科学选材、促进青少年体育协调发展、健全青少年体育政策制度体系等11项青少年体育发展主要任务。

根据德勤2016年的教育产业报告,2015年中国K-12培训产业市场规模达到1800亿元,并预计在2020年达到5000亿元的市场规模。青少年体育培训又是这个行业中隶属于体育服务行业的一个分支。目前体育培训行业占整个体育行业的比重大约20%。在整个培训行业中,青少年儿童超过1亿人次,体育、艺术和学科平分秋色,因此体育培训业将是一个超过1000亿元的巨大市场。在这个诱因下,体育培训业在资本相对寒冷的年份里额外受到青睐,有16家企业融资成功。

图 1-14-7 2016 年部分体育培训企业融资一览表

公司名称	主营业务	融资轮次金融	创始人
宏远时代	综合培训	A 轮 3 亿元	那立伟
新梦想体育	足球培训	天使轮 400 万元	单金义
动吧体育	足球培训	A 轮 3000 万元	白强
索福德体育	足球培训	B+轮数千万元	范承恩
恒圣体育	足球培训	Pre-A1000 万元	胡良平
熠帆钟玲	艺术体操	天使轮千万级	钟玲
熠帆五方	篮球培训	天使轮千万级	孙辉
兰博文	少年儿童培训	不详	相九州
古德体育	体能训练培训	Pre-A500 万元	邵苏
万国体育	击剑培训	挂牌新三板	王剑
优肯篮球	篮球培训	A 轮数百万元	丁仁海
帝立奥巴	篮球培训	天使轮数百万元	巴特尔
果辉足球	足球培训	A 轮 1000 万元	果辉
毅涛足球	足球培训	天使轮百万元	葛毅炯
趣游泳	游泳培训	不详	吴克总
界内体育	羽毛球培训	A 轮	郭思慰

(资料来源:亿欧网)

尽管体育培训受到资本市场的青睐,但是整个市场还是出现了门槛低、教练员素质参差不齐的问题,其次场地也是制约体育培训现金流增加的重要因素。因此,一方面需要加强培训体系的运营管理能力和教练员培训机制;另一方面要积极整合资源,比如与俱乐部、赛事活动合作,实现多方面延伸。

4. 体育健身

2016 年是"十三五"规划的开局之年,广泛开展全民健身运动作为推进健康中国行动计划中的重要组成部分,被首次单独提及。《全民健身计划(2016—2020)》和《"健康中国 2030"纲要》相继颁发,"十三五"期间,落实全民健身国家战略将是全民健身发展的工作主线。可以看出,大众健身在政府层面已经上升为国家战略,同时消费升级也让居民更加注重身心健康。

我国健身服务产业目前约 300 亿元规模,1500 万会员,2015 年市场规模增长 14%,俱乐部数量增长 20%。2016 年健身俱乐部有将近 2 万家,以每家俱乐部有 2000 多会员进行推算,日常经常进行健身运动的人群就达到了 3000 万—4000 万人。而美国拥有健身俱乐部 3 万个以上,平均 1 万多人拥有 1 家健身俱乐部。相比欧美国家,我国平均每26.8万人拥有1家健身俱乐部,这种覆盖密度仍然较低。

由于同质化竞争严重,2016年在现有的健身俱乐部中只有20%处于盈利状态,其余大约80%的健身俱乐部基本处于维持或亏损状态。健身房的收入来源比较单一,主要通过收取会员的会费来创造营收,大部分健身房只能通过打价格战来吸引客源,因此陷入盈利不断降低的恶性循环中。健身行业正从零售业向服务业升级,未来变现将更加多元化。

5. 体育彩票

体育彩票由于轻资产、高增长、高现金流、高利润率的特质成为体育产业中不可或缺的细分行业。同时体育彩票一方面对接消费者,打通C端消费;另一方面,体育彩票又具备很强的金融属性,其作为一种融资来源,带来的公益金又将用于竞技体育,乃至群众体育的各个环节,从而推动体育产业发展。

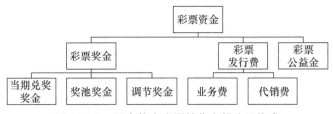

图1-14-8 国内体育彩票销售金额分配构成

根据2015年11月财政部发布的《关于进一步规范和加强彩票资金构成比例政策管理的通知》,要严格限定彩票奖金比例、切实保障公益金比例、合理控制彩票发行费比例。从这一政策上看国家对彩票发行费用进行控制的趋势更加明显,彩票发行渠道稀缺性逐步提升,壁垒逐步提高。而从对于奖金比例的控制以及彩种研发的规范等方面看,彩种研发仍然处于较强的行政控制范围内,在一定程度上成为行业发展的短板。好在2016年5月发布的《体育发展"十三五"规划》,着重提到做好体育彩票工作以及互联网售彩重启的预期逐步升温,大大推动了体育彩票市场的发展。

财政部官方网站公布的2016年12月全国彩票销售数据显示,2016年12月,全国共销售彩票365.94亿元,比上年同期(简称"同比")增加24.73亿元,增长7.2%。其中,体育彩票销售166.1亿元,同比增加17.02亿元,增长11.4%。2016年1月至12月,全国共销售彩票3946.41亿元,同比增加267.57亿元,增长7.3%。其中,体育彩票销售1881.49亿元(注:此前有报道称体彩2016年销量为

1881.5亿元),同比增加217.76亿元,增长13.1%。全国有27个省份体彩全年销量实现同比增长。

三、2016年中国体育产业发展的主要问题

(一)体育产业政策落实推进难度大,去行政化难

2016年体育产业政策相继颁布,国家就进一步加强体育事业和体育产业的发展做出顶层设计,大大小小的体育产业政策细分到各个运动项目。但如何将顶层设计落地生根是目前体育产业发展前进道路上的阻碍,如将"健康中国2030"从省级、市级、县级最终落实到人民群众的生活中,这就需要强大的制度和严厉的执行力。其次,2016年2月的足球运动管理中心撤销,中国足协与国家体育总局脱钩;2016年11月中篮联公司成立,CBA联赛改革推进。尽管中国职业体育两大超级联赛相继实现管办分离,但去行政化的道路似乎还很遥远。一方面职业联赛与国家竞技体育人才培养密切相关,另一方面职业联赛需要遵循市场规律,充分发挥竞争机制,因此职业联赛要真正实现市场化运营,则需解决好这一矛盾。

(二)体育人才的培养与产业发展的速度失衡

2015年国家体育产业总产出(总规模)为1.7万亿元,比2014年增长26.02%,产业增加值比2014年增长35.97%,产业增加值占GDP的比重由2014年的0.64%增长至0.8%。同一时期,美国的体育产业规模为4984亿美元,约占GDP的3%,占全球体育产业总值的1/3。从这些数据我们可以看到中国体育产业发展速度快,但与美国的体育产业相比差距甚远。这一时期美国体育从业人口达320万左右,与人口基数近14亿的中国相差无几。

国家体育产业"十三五"规划指出,2020年中国体育产业的从业人口要达到600万,据2008年国家统计局显示,体育产业的从业人口数据为317.09万,平均约占我国全部劳动人口0.4%。以这一数据为基础,相关专家推测2016年中国从事体育产业人口不到430万,今后五年还要增加170万人,平均每年要增加30多万人。由此中国体育产业发展面临的一个长期问题就是人才的培养。

(三)消费升级下体育消费基础相对薄弱,企业盈利难

根据国际经验,当一个国家人均GDP超过3000美元时,休闲消费就进入大众化阶段;超过5000美元时,这一时期人们在文化、娱乐方面的消费将会增加。国家统计局数据显示,2016年我国人均GDP达到了53817元,有9个省份的人均GDP超过了1万美元,但人均体育消费只相当于全球平均水平的十分之一。这从一定程度上反映出中国产业的虚火旺盛,归根到底还是居民运动习惯尚未养

成,体育消费意识还比较薄弱,而没有体育消费也就无法带动体育产业的发展,导致资本注入后的体育企业陷入了盈利困难、现金流弱的尴尬局面。

四、发展建议

（一）促进产业融合效应,培育体育产业新增长点

产业融合是指不同产业或行业的相互渗透,是当今经济发展的重要趋势。体育产业链较长,辐射范围广、关联度高,赛事的转播、运营与组织等都与其他行业密切相关。因此要充分发挥体育产业的带动作用,推进体育产业和经济社会各个领域的行业进行交互融合。如体育旅游、体育培训、体育地产、体育养老等都将为体育产业创造出新的经济增长点。

（二）大力发展体育教育事业,培养运动和体育消费意识

首先,体育培训业是如今整个体育产业中现金流最快、最稳定的行业之一,其相继带动了以体育为介质的旅游、体育鞋服的销售和体育赛事的举办。这也反映了体育培训能够促进体育消费。其次,发展体育教育也能够培养人们的运动意识,尤其是青少年儿童的运动习惯的养成,从长远来看运动习惯养成后能够反哺体育消费,从而促进整个体育产业的发展。

（三）完善体育人才培养制度,打造优质体育IP

要高度重视体育人才的培养,无论是运动员、教练员、体育教师、体育公职人员,还是体育核心产业从业人员,每一环节的人才制度都关系着行业的发展和未来。这要求政府部门、教育部门、各个企业的共同协作,如提高体育从业人员的待遇,举办相关体育人才培训班,吸引跨界人才进入体育行业。同时体育产业作为以内容为核心的产业,需要提高自身影响力,打造一批观赏度高的职业联赛和娱乐性强的体验型赛事。

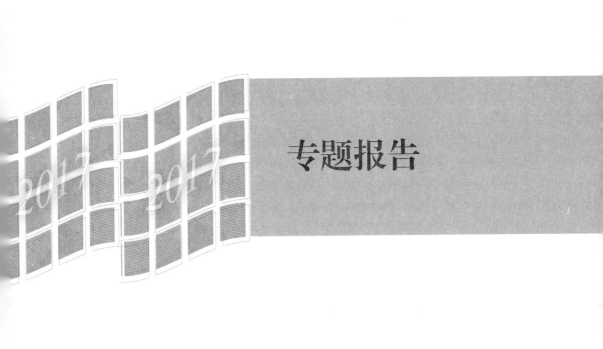

专题报告

专题报告一

自贸区 3.0：国家试验与打造中国文化对外开放的新优势

花 建[*]

一、具有全局意义的国家试验

建立自贸区是中国在新的历史条件下，适应全球经贸发展的新趋势，更加积极主动地以开放促改革，建立融入全球新格局新规则的国家战略和国家试验。这一重大举措，为我国文化产业提供了以开放倒逼改革、促进发展的强大动力。

自由贸易园区（Free Trade Zone, FTZ）是在全球化背景下，各国推进投资便利化和贸易自由化的有效工具，也是各国分享全球经济利益和参与全球化竞争的重要机制和发展平台。根据1973年国际海关理事会《京都公约》的定义，自由贸易园区是"在一个国家的部分领土内，免于实施惯常的海关监管制度，对于运入其中的任何货物，就进口关税及其他各税来说，被认为在关境以外"。它所具有的"境内关外"与保税区的"境内关内"具有根本的区别。它意味着法律赋予了自由贸易园区特殊的关税政策，根据一国的贸易情况和经济发展需求，可以适时调节园区内的税收、贸易、产业、金融和物流等方面的政策，具有更大的政策灵活性和贸易自由度。1228年，法国南部的马赛港率先建立了自由贸易港区，形成了自由贸易园区的率先探索；1367年德国北部的多个自由市联合设立了自由贸易联盟；18世纪以后，北美等地区也兴起了诸多自由贸易园区，目前在全球135个国家和地区，已经有近4000个自由贸易园区。进入21世纪以来，全球自由贸易园区的功能出现了重大的变化。

---

[*] 花建，上海社会科学院文化产业研究中心主任、研究员，北京大学文化产业研究院研究员，长期从事文化产业、创意经济、城市文化研究和决策服务工作。

1. 由货物贸易功能为主向货物贸易和服务贸易功能并重转变。在全球货物贸易增长乏力的背景下,全球服务贸易温和增长,2015年全球货物贸易为165万亿美元,服务贸易总额为47万亿美元,服务贸易发展继续优于货物贸易,服务贸易占世界贸易比重达到22.2%。① 特别是在数字技术突飞猛进的背景下,越来越多的服务贸易领域可以实现跨境支付,原来不可贸易的服务,通过数字储存转化成为可以贸易的服务产品,如离岸设计外包、呼叫转移服务等。适应这一趋势,全球许多自贸园区向服务贸易领域延伸拓展,成为全球服务贸易的重要载体。

2. 由单一贸易功能向贸易功能和投资功能并重转变。从20世纪末开始,北美自由贸易区(NAFTA)、亚太经济合作组织(APEC)、东盟投资区框架协议等都做出了投资自由化的规定。许多自由贸易园区在市场准入、外资同等国民待遇、投资服务等方面更注重宽松的环境,一些发达国家的自由贸易园区对来自境外的文化艺术品和设备的展销采取了更加便利的免税政策。

3. 由区域性的特殊贸易功能区域,向辐射周边地区乃至跨国型的贸易枢纽转变。比如位于巴拿马运河大西洋入海口处的巴拿马科隆自由贸易区,是整个西半球最大的自由贸易园区,同时也是仅次于中国香港的世界第二大自由贸易园区。科隆自由贸易区成立于1948年,位于科隆市东北部,与美国迈阿密(Miami)并列为对中南美洲转口中心。它也是全球第二大转口贸易枢纽。许多来自欧洲、东亚、中东的跨国公司均把科隆自由贸易区作为基地,向中南美洲国家的市场辐射。

4. 由在岸业务功能为主向在岸与离岸业务功能同步发展转变。自由贸易园区具有境内关外的特点,随着跨国公司的分工深化,不断拓展离岸功能:一是离岸贸易越来越发达,如香港贸易发展局研究总监关家明在2013年明确表示:香港已经从转口贸易转型至离岸贸易阶段。从2002年至2011年,香港离岸贸易货值增加超过200%,远高于同期香港转口货值130%的增幅②。二是离岸金融不断创新,包括离岸账户资金托管、离岸担保、离岸再保险等业务内容不断拓展。

5. 由生产贸易型企业集聚功能为主向集聚跨国公司地区总部功能转变。跨国公司地区总部是联系公司总部与分支机构的中间形式,是跨国公司全球价值链资源配置的重要节点。自由贸易园区注重改善经营环境,与跨国公司总部选址的条件形成了深度的契合,如新加坡有4200家跨国公司设立了地区总部,香港吸引

---

① 参见世界贸易组织:《2016年全球贸易统计报告》,2016年4月7日,http://chinasourcing.mofcom.gov.cn/contents/128/70408.html。
② 《香港进入离岸贸易阶段》,《第一财经日报》2013年8月1日。

了3500家企业设立总部机构,前述的巴拿马科隆自由贸易区有2200多家跨国公司的地区总部,成为沟通中南美洲与世界投资与贸易的重要枢纽。

中国作为新兴的全球大国,要在全球经济和贸易大格局中发挥重大作用,推动中国的经济逐步进入全球价值链的高端,必须通过建设自由贸易园区,推进投资便利化和贸易自由化,并且分享全球经济利益和参与全球化竞争。早在20世纪90年代,上海就通过建立和运营保税区,进行了自贸园区的率先探索和实践。2013年中国(上海)自由贸易试验区正式设立,为中国新一轮对外开放的先行先试提供了国际化的战略平台。随着2015年广东、福建、天津三个自贸区建立,宣告中国自贸区战略跨入2.0时代,在推动粤港澳联动、海西经济区建设、东北亚经贸合作等方面发挥了重要作用;2016年四川、重庆、浙江、河南等七个自贸区建立,标志着中国自贸区战略进入到3.0版的新阶段。

中国自贸区建设承载着国家的重任和人民的期望,是中国以开放倒逼改革的试验田和示范区。正如2015年11月25日,李克强总理第三次考察上海自贸区时指出的:"自贸区要勇于承担先行先试的职责,当好推进改革的掘进机、扩大开放的破冰船,用更高水平的改革开放释放经济发展的潜力。要砍掉束缚发展的荆棘,继续努力跑出改革开放加速度。"① 中国和世界许多国家一样,是全球化的受益者和推动者,关键在于中国一直在坚持不断地扩大开放。正如李克强总理在2017年全国"两会"期间所指出的:中国首先要把自己的事情办好,但关起门来也办不好自己的事情。所以我们的开放大门会越开越大。"我们推动上海自贸试验区建设,已经逐步扩大到11个省区市,而且还会把普遍适用的经验向全国推广。"②

从上海、广东、福建、天津等自贸区的开放实践来看,它们在接轨国际投资和贸易规则,推动先行先试、制度创新方面积累了一系列的重要经验。

第一,建立"境内关外"的海关监管制度。"境内关外"海关监管模式是自由贸易园区最为典型的特征,也是我国海关特殊监管区域转型成为自由贸易园区的核心突破点。从整体上看,我国海关特殊监管区域实际上采取的是"境内关内"模式,在通关效率、人员进出、货物进出、资金进出等方面具有较大的政策约束。而自由贸易园区按照国际通行的"境内关外"规则,采用"一线放开,二线管住,区内自由"的做法,并且被赋予了"准自由港"的地位,大大提升了通关效率,推动了人

---

① 金姬:《上海自贸区2.0:改革新高地,开放新标杆》,《新民周刊》2015年11月29日。
② 《李克强:会把自贸区普遍适用的经验向全国推广》,中国青年网,2017年3月15日,http://news.youth.cn/sz/201703/t20170315_9294922.htm。

员进出、货物进出、资金进出的便利性。

第二,实施接轨国际的服务贸易管理制度,除了涉及意识形态、国家安全以及敏感领域外,重点推进金融、高端航运服务、分销业务、专业服务、文化娱乐、健康医疗等领域的对外开放试点,推动服务贸易的便利化,对以实物载体形式出口的服务提供通关便利,为服务贸易商务签证、进出口审批提供便利等。

第三,建立基于负面清单管理的外资准入制度。选择部分产业,在一定额度内试点准入前同等国民待遇,完善外资享受准入前同等国民待遇的风险防范、外汇登记、海关监管、安全审查等配套设施与机制,而且不断简化和缩短负面清单名录,形成适应我国现阶段发展水平的负面清单管理总体框架。

第四,建立更加高效规范的投资管理制度。当前我国面临着跨国公司总部和功能性机构加速向亚太地区转移的战略性机遇,也面临着加快推动中国企业"走出去"拓展外部发展空间的战略需求。自贸区建设推动了外资项目备案制度、外商投资安全审查制度和境外投资备案管理及年检制度,大幅度地创新了企业境外投资管理机制,简化了投资审批手续和流程,取消了事前核准,试点实行备案管理制度,建立多部门信息共享机制和境外投资年检制度等。

第五,建立服务实体经济发展的金融开放创新制度。比如以自由贸易账户为核心的金融开放创新深入推进,面向国际的金融交易平台相继建立,包括"沪港通"顺利启动,上海黄金交易所"国际板"成功设立,逐步形成信息共享的金融综合监管模式。自贸区推动了人民币跨境贸易结算与跨境直接投资,探索建立了"区内—境外"跨境直接投资模式、跨境融资管理模式,稳步拓宽跨境人民币投融资渠道等,有利于中国企业参与国际市场竞争,规避各种风险。

第六,建立与开放型市场经济相适应的政府管理制度。浦东新区在全国率先启动"证照分离"改革试点,企业准入门槛进一步降低,与之相适应的事中事后监管制度也初步建立。又如 2017 年 10 月以来,河南自贸区开封片区实现"一号"申请、"一窗"受理、"一网"通办及名称自主申报、工商登记全程电子化等改革试点,把自贸区商事制度改革继续推向深入。

第七,建立与国际惯例相适应的法律制度。在上海自贸区,立法引领改革的局面基本形成,同时司法保障和争议解决机制基本建立,自贸区法庭、知识产权法庭等相继成立,自贸区仲裁院投入运行,多元化的争议解决机制已经在自贸区初步形成,提高了法律服务的效率。

中国自贸区建设从 1.0 版到 3.0 版,逐步测试了中国对于国际贸易自由化的压力承受度,提升了我国经济对国际贸易市场新规则的适应能力,也为中国文化产业进一步打造对外开放的新优势创造了重要条件。

二、有力地促进文化对外开放

在自贸区先行先试制度创新的推动下,中国自贸区推动文化产业资源要素的双向流通和最优配置,吸引国际上的资本、技术、人才、项目等优质资源,同时,率先推出区内企业到境外投资开办企业,实施以境外投资备案制为主等创新管理方式,对文化企业在区内建立FT账户,在人民币资本项下自由兑换、外汇资金结算便利、资金进出自由等方面给予了适应国际规则的便利化,推动中国文化企业进入国际市场,投资、研发、承包和运营海外文化项目,建立横跨境内外的文化服务链、文化价值链、文化产业链。这些重要的开放举措是在中国逐步对接国际贸易规则、保障国家文化安全的前提下稳步推进的,不但推动了中国文化企业对国际竞争压力的适应度,也提升了中国文化市场管理部门对于开放型经济和全球化市场的适应能力。

有学者指出:从全球范围来看,比较成熟的自由贸易园区的核心制度框架,可以概括为"三自由一保障"①。一是货物进出的自由制度安排,不存在关税壁垒和非关税壁垒,凡是符合国际惯例的货物都可以畅通进出,免于海关惯常的监管和审查;二是投资自由制度安排,没有因为国别差异而带来的行业限制和经营方式限制,包括投资自由、运营自由、雇员自由、经营自由、经营人员的出入境自由,特别是在数字贸易的背景下,推动了数据流动和数据存储的自由,大大便利了数字贸易的国际开展;三是金融自由制度安排,包括汇兑自由、资金出入自由、资金转移自由和资金经营自由等,没有国民待遇和非国民待遇之区别;四是法律和法规保障制度安排。

从历史的角度看,发达国家建设自由贸易园区已经有数百年的历史了,贸易自由化、投资自由化、金融自由化在大多数发达的市场经济国家,都是受到法律保障的基本经济制度。正如有学者对新加坡自由港所概括的那样:"在发达的法治基础上给予最大的自由和便利",这些国家的基本经济制度本身就具有良好的法治基础。而自由贸易园区则是在这个基础上实现更加特殊、更加便利、更加开放的制度安排和法治保障。这与中国从一个过去相对封闭的发展中国家,逐步走向全面融入世界经济体系,成为全球大国的国情不完全相同,也和中国的文化产业在社会主义意识形态框架内,既要大力发展文化生产力,推动文化贸易,又要保护

---

① 肖林:《国家试验》,格致出版社、上海人民出版社2016年版,第12页。

国家文化安全的要求不完全相同。中国建立自由贸易园区，既要利用境内关外的特殊条件，增强中国文化产业的竞争力，又要逐步扩大开放，提升中国文化市场对国际贸易自由化的适应能力和安全保障。

从2014年4月以来，上海市政府和天津市政府先后公布了自贸区文化市场开放项目实施细则，允许外资企业从事游戏游艺设备的生产和销售，通过文化主管部门内容审查的游戏游艺设备可面向国内市场销售；取消外资演出经纪机构的股比限制，允许设立外商独资演出经纪机构，为本地提供服务；允许在自贸区内设立外资经营的娱乐场所；允许在自贸区内设立外资经营的演出场所经营单位，举办经营性演出等四项扩大文化开放措施。

2015年12月19日，国务院批复《上海市开展"证照分离"改革试点总体方案》，其中涉及文化产业的共计32项，包括出版、影视、演艺、拍卖、广告及旅游等行业，自贸区再次成为对外文化开放的排头兵和试验田。2016年7月，国务院下发《关于在自由贸易实验区内暂时调整有关行政法规、国务院文件和经国务院批准的部门规章规定的决定》，允许在全国所有的自贸实验区内设立从事其他印刷品印刷经营活动的外资企业，并且把允许外国投资者、台湾地区的投资者设立独资演出经纪机构和允许设立外资独资经营的娱乐场所等政策扩展到广东、天津、福建自贸区以及上海自贸区的扩展区域。这些稳步推进的对外文化开放举措，有利于推动外资进入我国文化服务业，吸引国际上与文化产业有关的资本、技术、人才等中高端资源，实际上也在逐步测试我国文化产业对于国际贸易自由化的压力承受能力，把握我国文化产业对国际市场规则的适应能力，以便在国际文化贸易中争取更大的主动权。

中国自贸区积极推动文化产业资源要素的双向流通和最优配置，逐步探索和测试对国际贸易自由化的适应能力，扩大对外文化开放，是在中国综合国力和文化实力稳步增强、整合国内外文化资源的能力不断提高，同时保障国家文化安全的背景下稳步推进的。根据国家商务部统计，截至2017年4月，上海自贸区累计设立外资企业8734家，吸引合同外资6880亿元。上海自贸区经验推广后，广东、福建、天津3个自贸区累计设立外资企业12712家，吸引合同外资11357亿元，也就是说，4个自贸区以十万分之五的国土面积吸引了全国十分之一的外资。[①] 这在文化产业也表现得十分明显。以上海自贸区为例，在扩大引进文化领域的外资企业方面采用了三种区别对待的方式，取得了稳妥而积极的效果。

---

① 季明等：《算好三笔账，上海自贸区赢得发展新空间》，《中国文化报》2017年6月12日第7版。

第一类：在自贸区投资的外资企业从事游戏游艺设备的生产和销售，可以通过文化主管部门内容审查，面向中国的国内市场销售。作为第一家入驻上海自贸区的海外游戏机企业，微软 Xbox 就是一个比较典型的案例。Xbox 是由美国微软公司开发并于 2001 年发售的一款家用电视游戏机。Xbox 和 SONY 的 PS2，以及任天堂公司的 NGC 在当时的游戏机领域形成三足鼎立的局面。Xbox 依托微软公司强大的软件研发能力，逐步实现技术升级。Xbox 属于当时的"三大主机"。Xbox Live 是 Xbox 及其后的第二代占据目前市场主流的 Xbox 360 专用的多用户在线对战平台。原来受到中国国内文化管理制度的限制，海外游戏机难以进入中国国内市场。在上海自贸区负面清单管理模式的推动下，Xbox 在中国国内市场的软件和硬件销售获得了两位数的增长，微软公司方面表示要进一步加大对于 Xbox 的研发投入。

第二类，在自贸区投资的外资演出经纪企业，可以通过文化主管部门的批准，把经营范围扩大到自贸区之外的整个上海市，这也给中国本土的文化艺术企业创造与强手联合、与高人过招的重要机遇，推动本土诞生更多具有国际竞争力的文化领军企业。比如来自美国百老汇的倪德伦、香港的寰亚、韩国希杰集团等，已经入驻上海自贸区并且开展了相应的业务。倪德伦环球娱乐公司在纽约百老汇管理着超过半数大型剧院，在投资、研发、运营音乐剧方面具有丰富的资源和成熟的经验。上海实业集团倾力打造的上海北外滩音乐剧生态圈，正在与倪德伦环球娱乐公司合作，目的是在最大程度上还原纽约百老汇所在的时代广场街区的"一站式"体验。上实中心剧院预计 2020 年落成后的开幕大戏，将与倪德伦环球娱乐公司合作，推出代表百老汇的经典之作《金牌制作人》，随后，一大批英文原版的百老汇剧目如《剧院魅影》《妈妈咪呀》《狮子王》《金牌制作人》《女巫前传》《汉密尔顿》《42nd Street》等，将在未来 5 年至 10 年通过上实中心剧院进入上海。

第三类，在自贸区投资的外资独资经营娱乐场所，可以在自贸区范围内开展经营。比如坐落于上海自贸区内的太田动漫（上海）有限公司是一家经营室内电子游艺娱乐场所的外商独资公司。它经营的太田游戏体验中心是全国各自贸区内第一家外商投资的娱乐场所。该体验中心采用从日本进口最新型的游艺设备 310 台，占地 1800 多平方米，实施日式化的娱乐中心管理团队服务。

三、中国文化竞争力的地缘新布局

中国自贸区从 1.0 版到 3.0 版，体现了中国对外开放战略与中国文化地缘格局的有机结合。中国第一批和第二批自贸区主要是分布在沿海地区，充分利用了国际航运发达、国际化程度高、国际联系密切的优势；而第三批自贸区包括浙江、河南、四川、陕西、重庆、辽宁、湖北等，既有沿海地区，也有内陆省份，具有引领东中西部的全方位开放意义。在中国率先倡导"一带一路"，为遭遇各种挫折和困难的全球化提供中国经验和正能量，打造人类命运共同体的背景下，中国自贸区从1.0版到3.0版的意义就更为重大。

相比较而言，上海自贸区突出了依托国际金融、经济、贸易、航运中心的创新和综合改革，突出了打造具有全球影响力的科创中心和国际文化大都市，处于对外开放的龙头位置；广东自贸区突出了粤港澳合作与辐射东南亚地区、进入印度洋地区，为建设粤港澳大湾区提供了强有力的枢纽和支点，福建自贸区突出了海峡两岸合作，天津自贸区突出了京津冀联动，同时向东北亚辐射。而在自贸区3.0版的时代，浙江、河南、四川、陕西、重庆、辽宁、湖北等自贸区的设立，将突出沿海和内陆开放型经济高地的使命和特色，适应我国推动"一带一路"倡议的大格局，把更多的东中西省份进一步推向对外开放的最前沿，不但是传统经贸合作的向东开放，而且是向南、向西和向北全方位的开放，集聚和配置全球范围内创意型、科技型、智慧型的文化资源，为我国文化产业打造对外开放的新优势提供重要的机遇和动力。

上海自贸区突出了对全球文化中高端要素的整合，充分利用自贸区建立"境内关外"的海关监管制度、接轨国际的服务贸易管理制度、基于负面清单管理的外资准入制度等一系列制度创新，积极培育对外文化合作、投资、贸易的新业态。比如，位于上海自贸区的国家对外文化贸易基地从2014年开始，创办了一种全新的文化交易合作业态——中国（上海）自由贸易试验区文化授权交易会（简称"CCLF文化授权交易会"）。它的目的是培育文化类授权产业的市场亮点，结合自贸区的开放政策、功能优势和基地服务功能，开展自贸区内对外文化贸易促进举措的"先行先试"。CCLF自2014年到2016年连续举办三届，它定位高端化运作、专业化服务，以B2B洽谈结合专题论坛和配套专业服务的创新形式，探索实践文化与授权相融合、相交互的发展业态，支持文化企业与国际市场互动与对接。第三届CCLF已经汇聚了来自中国、新加坡、以色列、泰国、南非、丹麦、印度、美国、加拿大、法国、德国、英国、俄罗斯、日本、韩国等15个国家和中国香港、台湾地区的130余家展商、140个重点参展项目、200余个优质知识产权IP、万余件展品与项目前来参展，交易增幅高达20%，其中新IP和品牌占比一半以上。90%的展商及展品都与心仪的专业观众或机构进行了洽谈，达成了多项意向合作。CCLF首次引入南亚、东南亚、北欧和非洲地区的展商，吸引了多个"一带一路"重点国家及

"金砖五国"成员国家展商参展,积极对接海外文化授权市场,打造文化授权领域的国际展示与交易平台。为突显自贸区文化交易会的公共服务功能,每届CCLF特别配套了金融服务、版权服务、综合业务等咨询中心平台,而且首创了高端酒店式文化授权服务的新模式。

四川、重庆、湖北、河南自贸区位于"一带一路"的中西部节点,在向东、向西、向北、向南开放的各个战略方向上具有综合的优势,与沿线城市即"丝路城市"通过信息、资源、创意、市场、政策和民心的互联互通,打造国际经济和文化共同体的活力网络。所谓"丝路城市",一般是指所在国的重要节点性城市,属于国家或者区域的相对发达节点。它们的发展价值,不仅仅在于单一城市的自身优势,而在于依托这些重要节点性城市,形成城市间的网络建构,形成沿线经济要素的逐步传递,开展不同区域间的贸易需求。比如河南自贸区开封片区的创新重点是深入开掘开封深厚丰富的历史文化遗产,打造"文化开封",成为以大宋文化为代表的中华文化复兴基地和国际传播中心,以创意设计、品牌服务、国际会展等提升旅游、工业、商贸、现代农业等的国际竞争力,全面推动产业和城市的升级。鼓励文化创意与设计服务等与工业、城市建设业、商贸业、旅游业等的融合,把宋都文化的内涵和基因渗透到生活日用品、礼仪休闲、家用电器、服装服饰、家居用品、数字产品、食品、文体用品等领域,增加多样化供给,引导消费升级,全面提升上述产品的文化品牌和市场竞争力;与"一带一路"沿线的城市形成紧密型的联通网络,通过制度创新推动服务外包、创意设计、文化传媒、艺术品交易、休闲旅游、文化金融、现代物流等领域的合作联盟、合资项目、协同网络、演出和电影院线等,吸引"一带一路"合作网络的文化基金、管理中心、研发中心、组织总部等落户,推动资金、技术、品牌等的便利化流通。

四川自贸区以成都等为中心,利用地处西部的地缘优势,积极服务国家"一带一路"倡议,打造了成都创意设计周等一系列开放式平台,采用合作研发、产业联盟、对外投资、技术贸易等多管齐下的新路径,推动四川文化产业在对外贸易方面跨出了新的步伐。作为中国中西部的经济大省,四川在推动文化装备、音乐制品、数字媒体、网络游戏、工艺品等方面,具有独特的优势。比如依托自贸区建设,四川自贡成为彩灯出口重镇。自贡灯会具有悠久的历史,产业化程度高,近年来自贡市有彩灯企业380余户,从业人员8万人,年产值25亿元。自贡彩灯已占据国内80%、国外90%以上的市场份额。从2017年1月到5月,自贡彩灯、仿真恐龙出口540万美元,自贡彩灯到境外展出15场次,对外文化贸易创汇258万美元,比去年同期增长17.44%①,自贡彩灯文化出口基地被四川省商务厅命名为"四川服务贸易特色基地(彩灯文化)"。又比如四川的音乐产业也进入到国际贸易的领域。2015年四川音乐产业达到350亿元产值,成都在当年军工厂"东郊记忆"建设的中国移动音乐产业基地,突出移动互联网与音乐产业的结合,并且积极向海外市场输出。

浙江自贸区依托中国海岸线中端,突出西太平洋的地缘优势,积极建设国际艺术品交易平台,针对近年来国际艺术品市场形成美、中、英三强的局面,和近年来中国居民购买境外艺术品的消费需求持续上升的局面,吸引中国居民购买境外艺术品的大量资金回流,同时进一步开发沿海地区丰富的艺术品资源和广阔的艺术品投资市场。利用自贸区的保税区优势,通过先进的艺术品国际交易市场和相关服务(如艺术品保税仓库和配套服务、艺术品电子盘交易等),开展国际艺术品仓储物流服务、艺术品展示交易服务、艺术品金融服务、艺术品客户服务、艺术品电子盘交易等,大幅降低艺术品进出口的税率,在有效监督下试点实行文化艺术品交易零税率,促进文化艺术品的合法进出口和便利交易,把艺术品、非遗产品、影视和视听、综合类文化产品等四大门类作为重点,逐步开发成为可交易、可投资、可存储的文化资产和文化金融产品,扩大文化艺术品的内需市场,同时推动中国艺术品进入国际市场。

四、推动目标升级和培育新兴业态

在中国自贸区战略的推动下,中国提升对外文化贸易,正在呈现出特色鲜明的目标升级战略和新兴业态培育路径。

中国增强文化产业的国际竞争力,推动提升对外文化贸易的结构和能级,与美国倡导的基于比较优势理论的自由贸易战略、法国和加拿大倡导的"文化例外"保护战略、日本和韩国倡导政府积极干预的"新赶超战略"都有很大的不同,实际上在实践一种独特的目标升级战略。正如有学者指出的:"经济全球化的本质特征是生产要素的国际流动"。由于生产要素存在流动性差异,技术、品牌、管理、创意等高级要素具有高流动性,土地和劳动力等低级要素具有低流动性,所以要素流动必然是发达国家的高级要素向发展中国家的低级要素流动。"低级要素充裕而高级要素稀缺是中国参与全球化收益相对较低的根本原因,因而高级要素培育

---

① 根据课题组在四川省的调研。

是贸易强国战略的基础与核心"[①]。中国的路径与美欧日发达国家依托跨国公司的优势、实施全球产业布局的策略不同,也和大部分发展中国家作为发达国家文化产品销售市场的地位不同。

中国是全球化的参与者、贡献者和受益者。中国从吸引跨国公司的文化投资开始,吸纳全球优质要素资源。积极扩大先进的文化技术和关键设备、零部件进口,以及国内急需的研发设计、环境服务等知识、技术密集型生产性服务进口,使得本土资源和各国要素在中国获得合理组合,激活了当时闲置的大量资源包括劳动力、土地和初级自然资源,实现对外文化出口,又在这个过程中实施自主创新战略,培育中国自己的高端文化产业要素和对外文化贸易优势,加强文化科技的装备和内涵,发展外向型的文化企业和文化跨国公司,扩大中国在全球文化贸易市场上的话语权。

积极服务"一带一路"建设,要把对外文化外商直接投资(FDI)的正向和反向两个向度结合起来,在全球进行全方位布局,一方面积极进入美欧日澳等主流国家,投资和并购高端文化资源,与此同时,积极进入发展中国家和新兴市场国家,抢先开拓新的市场空间。全球范围内自贸区功能的重大升级,为我国文化产业参与全球化竞争提供了重大的课题,也提供了积极的动力,即不但要吸取自贸区在负面清单投资管理、贸易便利化、服务实体经济、适应开放型市场等方面先行先试的经验,更要结合我国文化产业的海外投资布局,推动产业合作由加工制造环节为主向合作研发、联合设计、市场营销、品牌培育等高端环节延伸。

比如,上海自贸区国家对外文化贸易基地文化装备产业基地 TCDIC 立足上海,服务全国,连接国内外,坚持文化科技创新的导向。从 2015 年开始,中国(上海)国际跨媒体技术装备博览会 NAB Show,Global Innovation Exchange:Shanghai(NAB SHOW GIX)连续在上海自贸区举办,TCDIC 与美国国家广播电视业协会(NAB)全面合作,对于我国发展高科技文化装备产业意义深远。2017年6月,NAB Show Shanghai 上海国际电影电视节跨媒体技术展由美国国家广播电视业协会、中国国家对外文化贸易基地(上海)和上海国际影视节中心联合主办,共建全球数字内容生态圈,进行常态化的全球高科技文化装备最新信息和技术的发布。这有益于增进中国与世界文化装备产业在技术发展上的了解与接触,为文化装备产业从"中国使用"向"中国制造"最终向"中国创造"变化与发展,奠定更加坚实的基础。

[①] 张幼文:《要素收益与贸易强国道路》,人民出版社 2016 年版,第 80 页。

该基地的临港地块 35 亩地、闵行区块 8 万平方米等，汇聚了 100 多家文化科技装备企业，包括科视、大丰、鹏博士等龙头企业。基地努力加强跨地区辐射带动效应，2016 年 9 月与陕西曲江新区正式签署战略合作协议，规划建设大明宫 VR 展示厅。同期，组织文化装备企业在陕西丝绸之路电影节开展专场 VR 展映。同期，与美国 FMC 合作开展文化装备设备制作培训，通过组织国内外多家技术装备企业集合形成文化装备集成产品案例库，学习国外先进技术，为国内外文化装备技术应用提供了枢纽和桥梁。① 与此同时，基地启动与墨西哥合作投资和运营玛雅太阳金字塔展示项目，显示了基地从一开始就不限于本土市场，而是配合国家"一带一路"倡议，在文化科技装备领域中积极拓展对外开放的新优势，形成正向 FDI 和反向 FDI 的两大导向。前者是与发达国家的企业和机构合作，投资技术研发的前沿领域，目的是获得先进技术、优良效率；后者是与新兴经济体和发展中国家合作，投资具有未来潜力的文化科技装备项目，目的是获得市场空间和资源。这样的双向拓展，也有助于推动交融互鉴，创新发展。秉承和而不同、互鉴互惠的理念，尊重"一带一路"沿线国家和地区人民的精神创造和文化传统，以创新为动力，充分运用互联网思维和新科技手段，推动"一带一路"多元文化深度融合，在文化产业和文化贸易方面实现互利共赢。

中国自贸区战略从 1.0 版到 3.0 版，正是中国对外文化开放，从主要引进境外优质文化产品和文化装备为主，到逐步推动双向流通，加快"走出去"步伐的战略转变时期。从各国的比较看，中国在全球货物贸易和服务贸易中的地位正在逐步提升。根据 WTO 和 UNCTAD 秘书处的统计，2015 年世界服务贸易出口的前五位是：美国 690 亿美元、英国 345 亿美元、中国 285 亿美元、德国 247 亿美元、法国 240 亿美元；同年世界服务贸易进口的前五位是：美国 465 亿美元、中国 466 亿美元、德国 289 亿美元、法国 228 亿美元、英国 208 亿美元。② 中国的对外文化开放既有积极的引进和消化，又有大踏步的对外投资。中国文化产业对外投资不是单纯抢占沿线国家和地区的市场，也不仅仅是利用这些地区的自然资源和劳动力优势，而是实施投资与出口、并购与融合、创新驱动与规模优势、海外投资和自主研发相结合的竞争举措，拓展投资贸易、版权贸易、技术贸易等新路径。正是从这个意义上说，中国自贸区建设推动贸易自由化、投资自由化、金融自由化的实践，包括设立 FT 账户、创新企业境外投资管理机制、简化投资审批手续和流程、推动

---

① 根据课题组在上海自贸区国家对外文化贸易基地文化装备产业基地 TCDIC 的调研。
② 上海市商务委员会：《2015 年上海服务贸易总报告》，载《2016 上海服务贸易发展报告》，上海人民出版社 2016 年版。

境外投资和融资的便利化等,为中国文化产业提升国际竞争力提供了有利的条件。以上海为例,从 2013 年到 2017 年的对外投资稳步增长。2017 年上半年,上海对外实际投资就达到 145 亿美元,而实际使用外资 87 亿美元,这说明上海外向型经济开始形成进出两畅通的"双向快车道"①。截至 2016 年 12 月底,跨国公司在沪已经建立了 402 家研发中心,其中包括微软、IBM、摩托罗拉、西门子、北电网络、惠普、罗氏、诺华等一大批世界 500 强企业和顶级的研究机构,其数量连续多年占全国第一位,占全国总量的 1/4。② 为了在全球文化价值链中占据中高端的有利地位,上海结合国家自贸区战略,积极推动文化企业开展对外投资和出口。越来越多的上海文化企业,通过在境外重点地区和城市的布局,增强对全球资源的利用驾驭能力和资源配置能力。比如巨人网络以 305 亿元收购以色列网络游戏公司 Playtika,旨在深耕亚太地区的网络游戏市场;游族网络以 8000 万欧元收购欧洲游戏商 Bigpoint,期冀获得更多精品以及在优质的 IP 知识产权方面开展合作;三七互娱继续实施海外"雏鹰养成"计划,成立 1 亿美元的海外种子投资基金,以 310 万美元投资加拿大虚拟现实技术公司 Archiact;华人文化控股集团入股好莱坞影视制作公司"想象娱乐",投资美国 VR 直播顶尖企业 NextVR 和 Jaunt 等,获得国际优质文化科技资源。

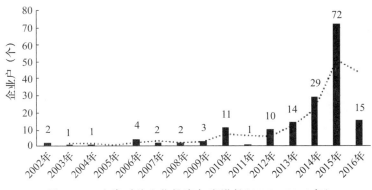

图 2-1-2　上海对外文化投资年度增长(2002—2016 年)

从全局看,上海文化企业对外投资的规模和幅度逐步加快。从 2002 年到 2016 年,上海开展对外文化投资的企业数量呈现波动式上升,已经有 126 家文化

---

① 参见《对外投资成为"挡不住的诱惑"》,《文汇报》2016 年 8 月 17 日第 2 版。
② 参见《在沪跨国公司研发中心达到 402 家》,东方网,2016 年 8 月 17 日,http://news.cqnews.net/html/2016-08/17/content_38139718.htm;《上海:跨国公司研发中心数量居全国之首》,中新网,2014 年 4 月 22 日,http://www.chinadaily.com.cn/hqgj/jryw/2014-04-22/content_11625446.html。

企业的对外投资获得审批。特别是2011年以来，上海开展对外文化投资的企业数量呈现明显上升趋势，而且投资的重点领域高度集中在文化创意和设计服务领域（占投资规模的36%）和文化产品生产的辅助生产领域（占投资规模的24%）。在上海文化企业的对外投资细分领域中，文化信息传输服务占10%，广播电影电视服务占9%，文化艺术服务占7%，工艺美术品占6%。有关统计显示：上海对外文化投资集中在以创新、研发、技术、创造为引领的文化产业新兴领域，以及以版权、贸易、服务为导向的文化产品辅助生产领域，显示了上海文化产业创新驱动、布局世界、整合国内外两个市场和两大资源的积极趋势，也显示了自贸区战略推动中国对外文化开放新优势的美好前景。

专题报告二

"一带一路"文化贸易发展研究

毕绪龙*

"一带一路"建设是习近平总书记在观察和思考世界形势的基础上于2013年提出的中国介入全球治理的区域性国际倡议。习近平指出,人文交流合作也是"一带一路"建设的重要内容。真正要建成"一带一路",必须在沿线国家民众中形成一个相互欣赏、相互理解、相互尊重的人文格局。民心相通是"一带一路"建设的重要内容,也是"一带一路"建设的人文基础。要坚持经济合作和人文交流共同推进,注重在人文领域精耕细作,尊重各国人民文化历史、风俗习惯,加强同沿线国家人民的友好往来,为"一带一路"建设打下广泛社会基础。2017年5月14日至15日,习近平在"一带一路"国际合作高峰论坛发表重要讲话指出,"一带一路"建设的核心内容是促进基础设施建设和互联互通,对接各国政策和发展战略,深化务实合作,促进协调联动发展,实现共同繁荣;共同目标是让政策沟通、设施联通、贸易畅通、资金融通、民心相通。"一带一路"建设对外而言是中国的新全球化区域性国际倡议。对国内而言,"一带一路"建设是我国向西开放战略的全面深化,对各地经济社会发展具有重要影响。服务"一带一路"建设国家倡议,我国文化发展必然出现为实现民心相通的文化包容性国际实验、中华文化"走出去"的升级版、中国标准的文化产业转型升级等增量特征或者内在要求。其中,文化贸易也将会超出"贸易畅通"的范畴,更带有文化交流、民心相通的双重或多重功能和内涵。

一、必要性与重要性

(一)"一带一路"建设把对外文化贸易推进到新阶段

"一带一路"国际合作高峰论坛形成的成果清单涵盖政策沟通、设施联通、贸

---

* 毕绪龙,博士,中央文化管理干部学院科研处副处长、研究员,主要研究文化体制机制改革和文化政策。

易畅通、资金融通、民心相通 5 大类,共 76 大项、270 多项具体成果,其中,在扩大产业投资、实现贸易畅通方面有 16 项成果。我国已经与 30 个国家的政府签署经贸合作协议,商务部、国家发展改革委、海关总署、农业部、质量监督检验检疫总局、中国进出口银行、国家开发银行等与"一带一路"沿线国家及国际组织签署了若干投资、经贸等合作协议,展现了三年来"一带一路"投资和贸易的崭新成果。2014 年国务院办公厅印发《关于加快发展对外文化贸易的意见》,体现出对对外文化贸易的重视。2015 年国家发展改革委、外交部、商务部印发《推动共建丝绸之路经济带和 21 世纪海上丝绸之路的愿景与行动》,在各地开放态势的统一部署中对各地参与"一带一路"文化发展也做出了定位和要求,对加强与"一带一路"沿线国家和地区开展人文交流合作做出安排。2016 年文化部印发《"一带一路"文化发展行动计划(2016—2020 年)》,提出 12 个专项计划落实中央文件精神。对外文化贸易政策在"一带一路"建设的大背景下开始构建,体现出我国对外文化贸易开始向"一带一路"沿线国家地区倾斜的趋势。"一带一路"倡议决定了我国对外文化贸易在原来的基础上要侧重与沿线国家政策和战略等深度对接,势必带来对外文化贸易的目标市场、贸易结构、产品供给等方面的结构性变化。在此之前,我国对外文化贸易的渠道、平台、机制等尚未有如此聚焦,也没有战略性方向,同时在对外文化交流体系中也没有体现出其应有的地位和功能。可以说,"一带一路"倡议为我国对外文化贸易提供了战略机遇、重点方向和历史任务,因此也就具有了新阶段的特征。

(二)"一带一路"推进我国对外文化贸易结构新调整

虽然"一带一路"并不局限于沿线国家和地区,但聚焦"一带一路"沿线国家和地区的文化贸易肯定是核心或重点,即我国对外文化贸易的目标将会向西、向北、向南开放发展,涉及亚洲、非洲发展中国家(及少数发达国家和地区)和西欧发达国家。这些国家和地区的文化市场和公众文化需求将会从某种程度上决定"一带一路"文化贸易的结构。这可能为我国文化产品及服务"走出去"带来新的结构性调整。在"五通"目标的渐进实现和其有力支持下,国内"丝绸之路"经济带地区,主要是西部九省区,受"一带一路"倡议和对外文化贸易政策的支持,将会在目前比较薄弱的外贸基础上,在国内发达城市的助力下,形成面向"一带一路"沿线国家和地区的文化贸易结构;国内"海上丝绸之路"沿线地区,在文化贸易较好基础之上,将会优化对外贸易进出口结构,形成"一带一路"沿线市场的新的产品及服务供给;国内其他地区则将根据自身文化产业优势,与国内外地区加强合作,从而形成自身的对外文化贸易优势。随着"一带一路"建设的深入进行,我国对外文化贸易将会完成一轮新的结构调整,从而形成以向西开放为主体的对外文化贸易新格局。

(三)"一带一路"文化贸易推进我国文化产业转型升级

对外文化贸易的发展与国内文化产业发展紧密相连。随着我国进入经济发展新常态,以技术进步和创意创新为核心、以消费为导向的产业类型有望成为新时代我国重要的经济增长点。"十二五"以来,特别是2014年国务院印发《关于推进文化创意和设计服务与相关产业融合发展的若干意见》以来,文化及相关产业作为新的经济增长点,开始深度介入国民经济社会发展、服务经济转型升级。在"大众创业、万众创新"大潮中诞生的一大批创业企业,文化创意企业占据大半。"一带一路"文化贸易的推进与发展,迫切需要国内文化产业支撑,特别是针对沿线国家地区目标市场的产品与服务供给急需转型升级。这就需要全国各地树立服务"一带一路"国家战略的新思维,根据国家赋予的定位和方向,各自发挥优势、加强协调合作,加强国际文化产业合作,特别是"一带一路"文化产业合作,拓展海外文化市场,增加境外优质文化资产,形成对外文化贸易新格局。

二、基本状况

(一)"一带一路"文化交流合作机制和平台建设

我国提出"一带一路"倡议以来,加快与"一带一路"沿线国家和地区建立人文交流合作机制、平台。文化部"一带一路"工作领导小组发布《"一带一路"文化发展行动计划(2016~2020年)》,提出健全"一带一路"文化交流合作机制、完善文化交流合作平台、打造文化交流品牌、推动文化产业繁荣发展、促进文化贸易合作等五项重点任务,推动文化交流、文化传播、文化贸易的创新发展。一是签订文化交流合作协定、建立对话机制。截止到2016年年底,中国已与"一带一路"沿线的64个国家全部签订了政府间文化交流合作协定,实现全覆盖,政府文化协定成为指引两国之间文化交流的纲领性文件,并且其中绝大部分国家为了落实这个政府协定,每2—3年签订一个更加务实的执行计划。中国与"一带一路"相关国家还建立了各种区域性的对话机制,如每年举行一次的上海合作组织成员国文化部长会晤、中国—中东欧国家文化部长合作论坛、中阿文化部长论坛、中国与东盟"10+1"文化部长会议等,这些机制都从政府层面保证了"一带一路"国家文化合作的根本框架。二是在沿线国家和地区设立中国文化中心,努力形成布局合理、功能完备的设施网络。在"一带一路"沿线64个国家中,蒙古、俄罗斯、埃及、斯里兰卡、老挝、泰国、尼泊尔、新加坡、巴基斯坦等25个国家的中国文化中心已建成,成为开展对外文化交流和文化贸易的重要窗口和平台。计划到2020年建成50个中国海外文化中心。三是推进国际文化艺术联盟,正在积极建设丝绸之路国际剧院联盟(已有73家剧院和表演团体)、国际艺术节联盟(18国22个艺术节组委会)、国际博物馆联盟、丝绸之路国际美术馆联盟(筹建)、丝绸之路国际图书馆联盟(筹建),不断加强中国与沿线国家和地区文化艺术的交流合作。四是发挥国家及地方对外文化贸易基地服务"一带一路"文化贸易的平台作用,目前除了上海、北京、深圳等国家对外文化贸易基地,各地也正在结合服务"一带一路"建设的地缘优势、文化优势和经贸优势等建立相应功能的基地、园区等平台。另外,国内各城市与沿线国家和地区城市的文化交流和文化贸易也进入阶段性活跃期。五是民间文化交流和经贸平台比较活跃,如五洲文化交流中心与XYGLOBAL酒店集团、歌华集团日前签署"一带一路"国际文化交流平台亚太地区战略合作协议,在东亚、东南亚国家建设融媒体传播平台、文化教育服务平台及国际商务交流平台。四达时代公司目前已在非洲30多个国家注册成立公司开展数字电视运营,成为非洲发展最快、影响最大的数字电视运营商之一。万达集团旗下的美国AMC公司出资9.3亿美元并购北欧最大院线"北欧院线集团",以此继续扩大其在世界娱乐领域的影响力。由上海巨人网络科技有限公司牵头、数家金融机构参与,以44亿美元收购美国凯撒互动娱乐旗下在线博彩类游戏开发商Playtika(总部在以色列),希望能满足中国及其他新兴市场对于移动游戏迅速增长的需求。

(二)我国与"一带一路"沿线国家双边贸易状况

2014—2016年,中国与沿线国家贸易总额约20万亿元人民币,增速高于全球平均水平。我国企业先后在20个沿线国家建设了56个境外经贸合作区。中国企业对沿线国家对外直接投资超过500亿美元;在沿线国家新签对外承包工程合同额3049亿美元。目前累计投资超过185亿美元,为东道国创造了超过11亿美元的税收和18万个就业岗位。[①]

《"一带一路"贸易合作大数据报告(2017)》显示,自2011年以来,中国向沿线国家出口整体呈现上升态势。2016年向沿线国家出口5874.8亿美元,达到近年来的高位。2016年中国与沿线国家贸易总额约为9535.9亿美元,占中国对外贸易总额的比重达25.7%,较2015年上升了0.4个百分点。从进出口结构看,2011—2015年,中国与沿线国家的贸易顺差额逐渐扩大,2016年顺差额为

---

① 商务部:《"一带一路"贸易总额20万亿元 增速高于全球平均水平》,东方网,2017年5月10日,http://news.eastday.com/c/20170510/u1a12957632.html。

2213.7亿美元,是近年来的首次下降。从贸易合作模式看,越南、马来西亚、泰国、新加坡等7个国家与中国的贸易合作规模大、贸易商品广泛、贸易合作历史悠久,属于"全面合作型"国家;吉尔吉斯斯坦、匈牙利、罗马尼亚、柬埔寨等19个国家与中国的贸易规模较大,且贸易额增长较快,在全球贸易疲软的背景下表现突出,属"潜力增长型"国家;俄罗斯、沙特阿拉伯、阿联酋等22国与中国贸易产品中能源或原材料产品贸易额比重通常接近甚至超过50%,贸易结构较单一;土耳其、哈萨克斯坦等16国与中国的贸易合作体量尚不够大,贸易合作有待加强。从贸易市场看,东南亚是最大的出口目的地和最大的进口来源地,进出口产品均以机电产品为主。其中越南超越马来西亚,成为我国在沿线国家中最大的贸易伙伴。

从国内各省市对"一带一路"沿线国家的贸易额看,华东、华南、华北是与沿线国家开展贸易合作的主要地区,广东是国内与沿线国家贸易额最大的省份,占全国20.9%,其次为江苏、浙江、北京,比重均高于10%。从出口看,华东地区和华南地区占据我国向"一带一路"沿线国家出口额的前两位,合计占比达72.1%;华东、华南、华北则是沿线国家进口的主要地区,占据了我国自"一带一路"沿线国家进口额的前三位,合计占比达85.2%。整体看来,中国各区域与沿线国家贸易的区域集中度进一步提高,呈现"强者愈强"的态势。①

(三) 我国对外文化贸易状况

国家统计局数据显示,2005年至2016年,中国核心文化产品进出口从82.3亿美元上升至885.2亿美元。2013年我国文化产品进出口总额达274.1亿美元。其中出口251.3亿美元,是2006年的2.6倍,文化产品出口主要以视觉艺术品(工艺品等)、新型媒介(游戏机等)、印刷品、乐器为主。2013年我国文化服务进出口95.6亿美元,其中出口51.3亿美元,是2006年的3.2倍,文化服务主要以广告宣传服务为主。② 2014年我国文化产业核心文化产品进出口总额为243.2亿美元,其中一般贸易129.8亿美元,加工贸易78亿美元,其他贸易方式35.4亿美元。核心文化产品进出口增速相比2013年的271.1亿美元呈负增长(-11.3%)③。从产品分类上,核心文化产品中的影视、报纸期刊、文化遗产等常

---

① 《"一带一路"贸易合作大数据报告(2017)》,中商情报网,2017年3月24日,http://www.askci.com/news/finance/20170324/15490694164.shtml。
② 商务部:《2013年我国文化产品进出口总额达274.1亿美元》,人民网财经频道,2014年3月31日。
③ 国家统计局社会科技和文化产业统计司、中宣部文化体制改革和发展办公室:《2015文化及相关产业统计概览》,中国统计出版社2015年版,第24页。

年处于贸易逆差,文化服务出口比例较低。2016年,我国文化产品进出口总额885.2亿美元,其中出口786.6亿美元,实现顺差688亿美元;文化服务出口中的文化娱乐和广告服务出口额54.3亿美元,同比增长31.8%;文化体育和娱乐业对外直接投资39.2亿美元,同比增长188.3%。

(四)我国与"一带一路"沿线国家地区文化贸易状况

2015年7月,商务部、中宣部、文化部、新闻出版广电总局、海关总署联合发布《对外文化贸易统计体系(2015)》,形成《我国文化产品进出口统计目录(2015)》《我国文化服务进出口统计目录(2015)》,将文化及相关产业对外直接投资统计纳入《对外直接投资统计制度》,2015年统计数据及其分析已经发布。① 由于一带一路对外文化贸易并没有单独被统计,目前只能以"一带一路"建设以来我国核心文化产品进出口国的数据来做初步分析。

1. 核心文化产品主要出口市场情况

从2009年至2012年的统计数据来看,我国核心文化产品前十五位出口市场主要是美国、德国、英国、日本、荷兰、澳大利亚、意大利、法国等发达国家和我国香港特别行政区,对各国出口累计金额的位次虽有变化,但整体上比较稳定,这体现出我国对外文化贸易主要面向发达国家的特征。发达国家的文化产业普遍比较发达,比如美国、英国、日本等都是创意产业的领跑者,相应地也更容易接受新文化产品。另外,这些国家成熟的贸易体系及其贸易结构也为中国文化产品出口提供了一定的市场空间。2009年至2012年美国占据我国核心文化产品出口的第一位,累计金额在60亿—75亿美元之间。2014年美国占我国核心文化产品出口的29.9%、进口的18.3%。这四年间我国核心文化产品前十五出口市场中,发展中国家主要包括阿联酋、俄罗斯、巴西、马来西亚、印度等国家,其中,阿联酋一直保持在前十位。从"一带一路"沿线国家和地区的范围来看,这四年间的主要出口市场是西欧、东亚发达国家市场及东南亚少数国家。从2013年、2014年的数据情况来看,这一格局仍然保持着相当的稳定性,比较明显的变化是,马来西亚和印度进入了前十五位。

2. 核心文化产品主要进口市场情况

从2009年至2012年的统计数据来看,我国核心文化产品前十五位发达国家和地区的进口市场与出口市场的重合度比较高,主要是美国、日本、英国、韩国、新

---

① 国家统计局社会科技和文化产业统计司、中宣部文化体制改革和发展办公室:《2015文化及相关产业统计概览》,中国统计出版社2015年版,第24—28页。

加坡、德国、法国等国家和我国香港特别行政区。各国进口累计金额的位次虽有变化,但整体上比较稳定,这体现出我国核心文化产品进口也主要来自发达国家和地区的特征,其中一个比较明显的现象是,中国台湾作为大陆出口市场从未进入前十五位,但作为中国大陆进口市场的位次都在前六位,韩国作为进口市场的位次也普遍高于作为出口市场的位次。更为明显的是,我国核心文化产品前十五位进口市场中,印度尼西亚一直位列其中,而且位次逐年提升。从"一带一路"沿线国家和地区的范围来看,这四年间的主要进口市场同样是西欧、东亚发达国家和地区市场及东南亚少数国家。从2013年、2014年的数据情况来看,泰国对中国文化产品出口增速爆发式增长,已经成为我国核心文化产品的主要进口市场,2013年达到4.16亿美元,超过美国成为我国核心文化产品进口第一位;2014年为2.1亿美元,仅次于美国。这与2013年中国成为泰国第一大贸易伙伴关系密切,但这两年作为我国核心文化产品出口市场,泰国不在前十五之列。

3. 我国核心文化产品出口商品类别情况

根据国家统计局和中宣部的统计数据,我国核心文化产品进出口的商品统计分类主要包括文化遗产、印刷品、声像制品、视觉艺术品、视听媒介等类别。2014年,我国核心文化产品商品进出口总额达到243.2亿元美元,位于前三位的是视觉艺术品、视听媒介和印刷品,进出口总额分别是120.45亿美元、63.45亿美元、37.78亿美元,占到进出口总额的91%。前三位商品的出口额占到进出口总额的92%。在视觉艺术品、视听媒介和印刷品中,"视觉艺术品"统计分为"绘画"和"其他视觉艺术品"两类,占据绝大比例的其他视觉艺术品主要是手工艺品(113.87亿美元),绘画仅有6.57亿美元。在印刷品中,图书遥遥领先,但报纸和期刊存在2.35亿美元贸易差额。在视听媒介中,新型媒介占了绝大多数(63.21亿美元,占99.7%),电影仅有0.02亿美元,当年的出口额为0。我国核心文化产品出口的商品类别情况反映了我国对外文化贸易结构的特征[①]:文化贸易发展迅速,但文化产品贸易和文化服务贸易不均衡;文化产品贸易总体规模大,贸易顺差额也比较大,但文化服务贸易额小且持续逆差;贸易结构不合理,文化产品贸易主要集中在手工艺品、图书印刷等传统领域,新兴领域主要集中在新型媒介领域。目前,中国与"一带一路"沿线国家的对外文化贸易主要集中在演艺、文化遗产、民族传统工艺、动漫网游、电视剧等领域。

---

① 参见何传添、潘瑜、黎佳韵:《中国和美国文化贸易基本状况及竞争力比较分析》,《广东外经贸蓝皮书》,2015年。

令人欣喜的是,近年来,中国文化产业参与国际分工与合作有了突破性进展,动漫游戏等新兴文化服务成为文化出口的重要增长点,文化出口结构得到优化。数据显示,2016年,全国文化产品进出口总额885.2亿美元,其中出口786.6亿美元。网络游戏海外市场销售收入达到56亿美元,较上年增长24.5%,400多家企业出口了900多款网络游戏。2017年3月,由文化部主导的手机(移动终端)动漫标准由国际电信联盟正式发布,成为我国文化领域的首个国际技术标准,成为文化领域中国科技、中国标准走向世界的重要标志。一批外向型企业积极开拓海外市场,开始通过海外投资参与国际竞争。

三、存在问题

由于文化带有较强的意识形态特点,全球化过程中各国的文化主体性意识普遍增强,文化贸易特别是民间文化贸易在加强"一带一路"沿线国家和地区人文交流合作、实现民心相通方面的功能和作用就越显得重要。通过汇总相关研究成果,分析目前我国文化贸易状况,主要存在如下方面的问题。

(一)文化产品贸易增长速度快但基数偏低、核心文化产品附加值不高

受中国2000年加入世界贸易组织、2007年以来"走出去"扶持政策,特别是2013年习近平总书记提出"一带一路"倡议的积极影响,我国文化产品及服务"走出去"步伐加快。据英国波特兰公关公司的年度研究报告,按照软实力即文化和公民价值观影响力排名,我国名列第28名,在该公司2015年的研究报告中,我国尚不在前30位。该报告认为,对很多国家来说,尤其是非洲和丝绸之路经济带附近的国家,已经能感受到中国的经济和文化影响力。我国文化产业发展迅速,2016年文化及相关产业增加值达到3.03万亿元,占GDP的4%,但是在世界文化市场的份额很小。2011年我国文化产业在全球文化市场所占份额不足4%,这不但远低于美国的43%、欧盟的34%,而且还低于同属亚太地区的日本的10%、澳大利亚的5%。① 我国出口的核心文化产品主要集中在演艺、手工艺品、设计(包括建筑模型、玻璃制品、珠宝及玩具等)等传统行业领域,印刷品中的图书出口虽然份额较大,但主要是海外中国图书公司的印刷业务,如《圣经》等基督教国家需求量大的印刷,并非以版权贸易为主,这些领域产品占到进出口总额的65%,附加值都不高。

---

① 参见《文化软实力蓝皮书:中国文化软实力研究报告(2010)》,社会科学文献出版社2011年版。

（二）文化贸易结构不尽合理

我国文化产品和文化服务出口主要集中在手工艺品和设计(包括建筑模型、玻璃制品、珠宝及玩具等)等劳动密集型领域，2010年的出口分别占世界比重的34.38%和30.73%。① 近年来视听媒介出口发展迅速，但主要是靠新兴媒介提升了份额，核心文化产品中的电影出口份额微乎其微，报纸期刊、文化遗产等常年处于贸易逆差。我国文化产品贸易和文化服务贸易结构失衡，文化服务贸易远远落后于文化产品贸易。据来自联合国贸易与发展委员会数据库资料来计算，2010年我国个人文化休闲娱乐服务、版权转让和许可服务的出口额分别占美国的0.8%、2.2%，德国的11%、5.7%，英国的3.1%、5.8%，远远落后于美国等发达国家。

（三）面向"一带一路"沿线具有重要经贸关系国家的文化贸易比重较低

传统上我们认为巴基斯坦、哈萨克斯坦、伊朗、土耳其、以色列、埃及、新西兰等国家是在"一带一路"沿线比较重要的国家，每个国家在其他领域与我国都有非常密切的经贸关系，地缘政治的重要性也很明显。但是多年来这些国家一直没有进入对华文化贸易的进出口前十五位，文化贸易水平较低。② 据相关企业介绍，我们以为东南亚国家受中国文化影响比较大，比较容易接受中国的动漫，其实不然，东南亚国家和我们有宗教、文化方面的很大差异，并不是那么容易接受我们的产品。

（四）外向型文化企业及国际贸易产品与服务竞争力不强、供给不足

文化贸易发展的核心主体是企业，文化企业在中国文化产品、服务、项目、资本"走出去"方面扮演重要角色。只有企业是第一线的、接地气的，才能真正为目标国带来资金、技术、就业。另外，文化企业"走出去"，特别是在"一带一路"沿线国家和地区，还代表着我国国家形象。据统计，"十二五"时期我国企业发生境外并购文化企业360余起，并购金额超过268亿美元，是"十一五"时期的1.52倍和10.86倍，中国本土的文化跨国企业初具雏形。2016年，文化体育和娱乐业对外直接投资39.2亿美元，较2012年增长18.6倍。万达先后收购了美国AMC院线和传奇影业，成为国际影业巨头。但从整体上看，我国外向型文化企业的规模、品牌以及产品服务的国际竞争能力还比较弱，开拓海外市场的渠道不足，对海外市场特别是"一带一路"沿线国家和地区市场了解不充分，也缺乏海外本地化运营或支持团队。

---

① 潘瑜：《中国文化贸易竞争力研究》，广东外语外贸大学硕士学位论文，2013年。
② 金巍：《"一带一路"背景下文化贸易的意义与战略维度》，载《"一带一路"背景下的中国文化战略》，中信出版社2015年版，第179页。

四、发展思路

(一) 建立"一带一路"对外文化贸易服务平台

与国内文化产业部门公共服务平台、商务部门及海关等经贸公共服务平台相衔接,坚持中国标准,发挥国家及各地对外文化贸易基地的带动服务作用,建设集专业技术、市场信息、知识产权、技术管理咨询、法律援助服务等于一体的服务平台。推进重要国际文化展会、跨境电商、商会等各种国际化、外向型经济文化交流平台的逐步建立和完善。注重提供沿线国家经济政治社会环境测评、文化市场信息等基础数据,为最大限度减少"文化折扣"、开展适销对路的文化产品和服务提供信息支撑。

(二) 加强国内文化产业新业态发展与"一带一路"对外文化贸易的对接,构建后劲充足、结构合理的对外文化贸易体系

改善面向"一带一路"沿线国家和地区的文化产品出口结构,一方面要加强传统文化产品的创意设计和服务,努力克服外国民众对中国文化产品价格低廉但做工不精的印象,同时提高产品附加值;一方面把我国快速发展的动漫、网络及手机游戏等数字文化产品转化成对外文化贸易的优势产品。在加强文化产品贸易的同时,根据有关国家文化消费需求,加强国际版权转让、艺术授权、许可服务等文化服务贸易的比重。推动沿线城市积极开展对外文化贸易,扩大沿边地区与周边国家和地区的文化贸易往来,发挥各地自贸区开展文化贸易的优势和潜力,引导中西部地区文化贸易发展,形成全方位对外文化贸易格局。

(三) 培育扶持外向型文化企业参与"一带一路"文化贸易

建立"一带一路"文化贸易重点项目库,在文化投资和基础设施建设、数字文化产业、文化创意和设计服务、演艺、工艺美术和文化旅游、文化装备等重点领域培育发展一批经济效益好、示范作用大的重点项目,培育一批国际竞争力强的文化企业和品牌。鼓励各类所有制企业发挥自身优势,深度参与国际文化产业分工协作,在优势领域加强国际标准制定和推广。

(四) 突出资本带动的整合优势

鼓励各类企业以资本"走出去"带动文化产品及服务"走出去",通过新设、收购、合作等方式在境外开展文化产业投资合作,建设国际营销网络,扩大境外优质文化资产规模。可探索设立对外文化产业基金,加强"一带一路"在文化领域的金融合作,围绕重点文化产业和重点项目,推动文化资源有效配置、生产要素合理流动、文化市场深度融合,形成丝绸之路文化产业发展金融布局。

专题报告三

文化文物单位的文化创意产品商业模式

张振鹏[*]

　　文化创意产品是依托文化资源经由创意开发而成的产品形式,能够满足消费者的精神和物质双重需求,创造社会和经济双重价值。2016年3月,国务院印发《关于进一步加强文物工作的指导意见》;5月,国务院办公厅转发《关于推动文化文物单位文化创意产品开发的若干意见》,提出"依托各级各类博物馆、美术馆、图书馆、文化馆、群众艺术馆、纪念馆、非物质文化遗产保护中心及其他文博单位等掌握各种形式文化资源的单位","开发各类文化创意产品"。加强文化创意产品开发,探索适应市场规律的经营模式,有助于促进产品形式、服务模式、市场战略等发生根本性的变革,创造新的经济增长点。[①] 2016年11月10日,联合国教科文组织在深圳召开国际博物馆高级别论坛,来自40多个国家的嘉宾一致认为,社会发展和科技进步,使得文化文物单位正在不断地被重新定义,除了收藏、保护、研究、展示文化资源之外,还应该全方位满足公众的文化需求,成为推动城市发展的新文化势力。截至2015年年底,我国共有博物馆2956个,文化馆3315个,公共图书馆3136个,其中,博物馆文物藏品约2930万件(套)。我国文化文物单位拥有丰富的可转化为文化创意产品的资源。

　　近年来,北京故宫博物院的文化创意产品受到热捧,众多学者分别从文化学、艺术学、美学、传播学等视角对其进行了阐释和分析,也有学者指出故宫的文化资源具有较高的认同度是其获得广泛市场响应的关键所在,其他文化文物单位很难复制其模式。文化创意产品的开发一方面需要利用文化资源,另一方面需要对接消费需求,如果只关注文化资源的产品转化而忽视市场需求,投资回报率不容乐观,产品开发难言成功。只有经过消费市场检验,在商业领域完成文化价值向社

---

[*] 张振鹏,博士,济南大学商学院教授,山东省文化资产评估研究中心主任,主要研究文化产业发展等。
[①] 尹宏、王苹:《创意设计促进文化产业与实体经济融合》,《西南民族大学学报(人文社会科学版)》2016年第6期。

会价值和市场价值的转化,文化创意产品才有持久的生命力。文化创意产品在商业领域的流转,需要以建构有效的商业模式为依托,任何一个与商业领域相关的组织都存在商业模式,这也是文化文物单位开发经营文化创意产品不可或缺的环节。

一、文化文物单位商业模式的内涵

商业模式是指商业组织以识别和把握市场机会为起点,配置内外部资源,建构合作伙伴关系,设计与开发产品及业务流程,进而创造、传递、获取价值的运营管理系统,描摹的是商业组织资源整合和价值网络关系的因果逻辑①,有利于组织应对外部环境所处的不确定性和风险②,有助于发挥组织运营的系统性,以提升组织和利益相关者的整体价值。③ 对于组织目标的实现和长期发展来说,商业模式比产品和服务创新更为重要。④

商业模式的概念界定主要有经济、运营、战略三种视角。经济类的概念侧重于描述商业组织获取价值的逻辑;运营类的概念强调价值创造过程中产品、组织、流程、管理等方面的设计;战略类的概念则吸收了利益相关者、差异化、愿景、价值、网络、联盟等战略要素。从表达方式上看,商业模式研究经历了用文字表述内涵的概念化、分解并列举结构的要素化、通过建模来揭示构成要素逻辑关系的模型化三个阶段。⑤ 虽然学者们解析商业模式的视角和方式不同,但存在几个基本共识:(1) 商业模式是描述商业运行系统的概念工具;(2) 商业模式揭示价值运动(价值创造、价值传递、价值获取)的因果逻辑;(3) 商业模式体现利益相关者及合作伙伴关系网络结构;(4) 商业模式涉及多个与组织管理运营相关的要素。基于此,商业模式可以看作是商业组织通过与利益相关者建构网络关系以完善组织运营管理进而谋求价值实现的商业运行系统。商业组织从事商业活动就是建构商业模式的过程,商业模式在一定程度上决定了商业组织目标的达成以及自身

---

① 江积海:《商业模式是"新瓶装旧酒"吗?——学术争议、主导逻辑及理论基础》,《研究与发展管理》2015年第2期。
② McGrath R G., "Business Models: A Discovery Driven Approach", *Long Range Planning*, 2010, 43(2—3).
③ 姚明明、吴晓波、石涌江、戎珂、雷李楠:《技术追赶视角下商业模式设计与技术创新战略的匹配——一个多案例研究》,《管理世界》2014年第10期。
④ Johnson, M W, C M Christensen., H Kagermann, "Reinventing Your Business model", *Harvard Business Review*, 2008, 86(12).
⑤ 王雪冬、董大海:《国外商业模式表达模型评介与整合表达模型构建》,《外国经济与管理》2013年第4期。

的持续发展。

传统的文化文物单位是为社会发展提供文化服务的非营利性组织。现代文化文物单位在原有功能的基础上,通常集餐饮、旅游、购物、演艺等休闲娱乐功能于一身,兼具部分商业组织的特征。文化文物单位开发经营文化创意产品,相比一般性的商业活动更为复杂,业务内容涉及文化资源利用、产品研发、对外合作、市场拓展、营销活动、客户关系管理等环节,还需要与政府部门、社会组织、研发机构、企业、投资人、消费者等外部利益相关者建立关系,并且要平衡和满足各方诉求,同时单位内部也要进行相应的组织架构与管理制度变革及人员调整。文化创意产品的开发,看似只是文化资源活化以及向产品形态转化的问题,但要获得较高的社会效益并保障一定的经济效益,文化文物单位需要建构有效的商业模式以维持其相关业务的开展,按照商业运行逻辑对组织内外部资源进行整合和配置,做出与业务活动相适应的规划布局和功能调整。

文化文物单位具有特殊的社会职能和定位,建构商业模式并不是要实现商业化转型成为商业组织,而是根据文化创意产品开发经营的需要,进行纵向的商业流程设计和横向的组织管理系统改造。这也是文化文物单位与一般商业组织商业模式的主要区别之处。

二、文化文物单位商业模式的架构

商业活动包括商业对象、商业过程、商业绩效三个方面的价值运动及增值环节[①],具有规模效应并可持续的商业活动才称其为模式。商业模式反映的就是与商业活动相关的各要素之间的逻辑关系。文化文物单位开发文化创意产品的主旨是将文化资源的价值更好地转化为社会价值,获得社会认同是检验资源向产品转化成功与否的重要尺度,对于产品的社会认同度的衡量主要依据是消费需求满意度,文化文物单位开发文化创意产品作为一种商业活动的对象是消费需求。文化资源利用、产品定位与开发、组织设计、管理制度、人员调配等文化文物单位内部的组织管理活动都以满足消费需求为中心。由于文化文物单位并非纯粹的商业组织,在文化创意产品开发与经营方面很难独立完成商业化运作的全过程,需要外部资源的整合,社会网络建构与维护,并寻求战略合作伙伴等外部商业活动来保障商业目标的实现。比如,故宫文化创意产品开发就采用了艺术授权的形

---

① 任小勋、乔晗、黄稚渊、何乐平、汪寿阳:《商业模式钻石模型——平安金融旗舰店案例研究》,《管理评论》2015年第11期。

式,由具有较强研发能力的设计公司及科研机构来共同完成,产品经营则委托给专业化的商业团队进行市场推广和产品营销,这正是商业模式内涵及价值运行的核心逻辑。文化产业具有文化与经济双重属性,产业价值体现在社会价值和经济价值两个方面。文化创意产品实现的商业绩效首先要满足消费者的精神和物质需求,即实现社会价值,由此才会创造经济价值。除此之外,由于文化创意产品具有可持续经营性,客户和品牌培育也是商业绩效体现的重要标志。

文化文物单位文化创意产品相关的商业活动是一种多维关系构成的价值网络模式。价值网络是以消费需求为中心,由核心主体与外部利益相关者建构网络关系,在保证各方获益的前提下,实现价值创造和价值共享。① 网络关系能够为核心主体提供更多获取机会和资源的途径,增加利益相关各方对互补性资源的选择和配置,使价值创造系统的整合更加灵活。② 由此可见,文化文物单位商业模式包括内部商业过程的相关活动,与外部利益相关者创造和共享价值的外部商业过程相关活动,以及与商业对象、商业绩效相关的总共 13 项构成要素,各要素之间的关系架构具有价值网络特征,是一种价值网络化商业模式,如图 2-3-1 所示。

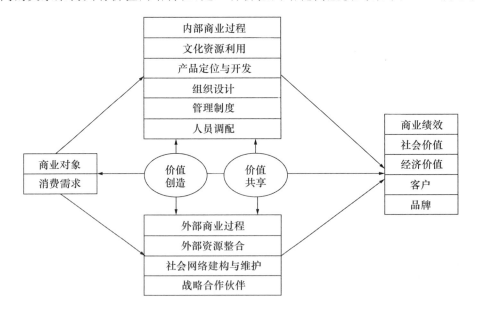

图 2-3-1　文化文物单位价值网络化商业模式

---

① 王琴:《基于价值网络重构的企业商业模式创新》,载《中国工业经济》2011 年第 1 期。
② S L Jack, Approaches to Studying Networks: Implications and Outcomes, *Journal of Business Venturing*, 2010, 25(1).

价值网络揭示的是核心主体与外部利益相关者价值创造和价值共享的关系结构。在现实世界中,任何主体都联结着一定的社会关系,存在于多种关系交叠的价值网络中,每个主体都占有一定的资源,服务于一定的目标市场,与利益相关者"共同进化"①。文化文物单位文化创意产品所创造的社会价值和经济价值,可以使其拥有相对稳定的客户群体,形成品牌效应。产品创新是商业活动拓展的重要驱动力,能够使文化文物单位与外部利益相关者建构的社会网络更加紧密、互动更加频繁,与战略合作伙伴形成共存共生的关系。文化文物单位与客户及外部利益相关者在价值创造和价值共享的基础上,在价值获取方面能够各取所需,客户的满意度和忠诚度的提升使其能够成为文化文物单位进行市场推广和营销活动的一种渠道,外部利益相关者则会更加倾向与文化文物单位强化战略合作关系并结成利益共同体,各方都成为该共同体所属的社会网络不可或缺的组成部分,由此建构起具有自洽稳定的动态协同演化性质的生态系统。② 这是一种因文化文物单位文化创意产品相关商业活动而融入,兼具文化与商业特征,价值可循环并增值的文化商业生态系统,如图 2-3-2 所示。

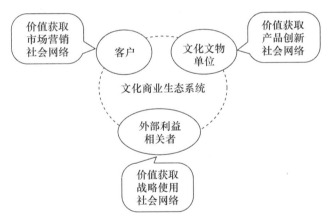

图 2-3-2　文化文物单位融入的文化商业生态系统

商业生态系统是商业世界中的有机主体以产品生产和服务为中心组成的群体生态系统,各主体虽有不同的利益驱动,但结成的价值创造、共享和获取的相互依存、互利共生关系,使得它们更加注重系统的整体价值和综合效益,共同维持生

---

① J F Moore, "Predators and Prey: A New Ecology of Competition", *Harvard Business Review*, 1999, 71(3).
② 王海兵、杨蕙馨:《从全球价值链到新产业生态系统》,《清华管理评论》2014 年第 11 期。

态系统的存续和发展。文化商业生态系统是因文化与商业领域融合，使得各相关主体建立系统和有序的共生关系而形成的。文化文物单位具有文化资源优势，但文化创意产品的设计开发需要整合外部相关主体拥有的资源和能力，产品的市场拓展和营销活动需要借助多渠道及方式以满足消费需求。文化文物单位文化创意产品的商业模式，建构了由多方利益相关主体联结的网络系统，共同创造社会和经济价值，并确保价值运行具有可持续的效率，形成文化文物单位的文化资源活化传承和产业化、商业化、社会化运作的文化商业生态系统。

三、文化文物单位商业模式的关键要素

商业模式对组织发展的影响往往存在一些超常规的关键要素，这些关键要素决定了商业模式成败及组织发展效率。① 如前所述，文化文物单位的文化创意产品商业模式包括13项构成要素（见表2-3-1）。在综合分析单位属性、文化创意产品特征、商业模式的价值运行逻辑的基础上，可以归纳出文化文物单位文化创意产品的商业模式的四项关键要素。

表 2-3-1　文化文物单位商业模式的构成要素

商业对象	消费需求
内部商业过程	文化资源利用，产品定位与开发，组织设计，管理制度，人员调配
外部商业过程	外部资源整合，社会网络建构与维护；战略合作伙伴
商业绩效	社会价值，经济价值，客户，品牌

资料来源：依据图 2-3-1 文化文物单位价值网络化商业模式结构图整理。

（一）消费需求

任何产品和服务的首要意义都在于满足人的需求，商业模式运行的基本逻辑是以发现和满足目标客户需求为基础，在满足并创造消费需求的过程中创造价值，商业绩效的所有要素都与之紧密相关，尤其是客户资源的积累和品牌的形成都有赖于此。商业模式需要客户参与生产和价值创造并共享价值②，忠诚的客户（"粉丝"）能够成为市场拓展和口碑营销的渠道及创建企业品牌的关键因素。另外，文化文物单位外部商业过程要素的资源整合、社会网络与战略合作伙伴也是以满足市场的消费需求为目的而成为商业模式的组成部分，单位内部相关的各项商业模式构成要素因此而聚合。

---

① 魏炜、胡勇、朱武祥：《变革性高速成长公司的商业模式创新奇迹——一个多案例研究的发现》，《管理评论》2015 年第 7 期。
② 罗珉、李亮宇：《互联网时代的商业模式创新：价值创造视角》，《中国工业经济》2015 年第 1 期。

目前,文化文物单位文化创意产品消费主要存在三个方面的问题:(1) 文化文物单位习惯于从自身角度来思考和决策,这种内部取向思维而非以消费者为取向的市场思维,致使文化文物单位很难吸引观众,也使得文化创意产品的市场推广受到限制;(2) 文化创意产品推向市场后,没有后续的消费跟踪调查和信息反馈,产品再设计和升级环节跟不上消费需求变化,导致文化创意产品种类多而无序并且回报率低;(3) 一旦有某种类型的文化创意产品获得成功,就会有大量的仿制品充斥市场,以满足细分客户的价值需求为目标,满足消费者的差异化诉求的产品的匮乏,严重的同质化现象使得文化创意产品消费受到抑制。出现这些问题的原因主要在于文化文物单位的事业单位属性,决定了其缺乏市场意识和知识,对消费需求的认知和把握能力不足。

文化创意产品的根基在于文化创意,文化体现为一种生活形态,创意是从某种生活形态中萃取其象征意义再转化成消费符号进而开发出生活所需的产品。优秀的创意能打动人心,给人亲近感,令人记忆深刻,这就要求文化文物单位必须站在消费者的角度构思文化创意,开发产品。优秀的文化创意产品不仅仅是追随消费者的喜好和习惯,而是能够满足市场潜在需求,或者创造新的市场需求。个性化消费是人类最满意的消费,是消费者希望按照个人的需求偏好得到效用的最大化满足。文化创意产品不同于工业化、标准化、大规模生产的产品,侧重于满足人的精神和情感需求,体现的正是个性化、差异化的需求。对于文化创意产品的开发与经营,文化文物单位亟待改变的是思维方式,以消费需求为出发点思考商业模式架构,使组织设计、管理制度、人员调配等内部安排更有益于接近消费者,使产品定位与开发更加契合消费需求。

(二) 产品定位与开发

文化创意产品不同于工艺品或文化礼品,其价值并不体现在收藏和鉴赏方面,而是通过文化元素与有形产品的有机结合,赋予产品体验性和实用性双重功能,满足和创造消费者的精神及物质双重需求。文化创意产品定位与开发需要以社会公众需求为导向,除了注重文化资源与创意元素在产品中的融入,更要关注产品本身在日常生活中的实用价值。

文化文物单位开发文化创意产品的最大优势在于拥有大量可以利用的文化资源,劣势是创意能力和消费认知能力欠缺,这也导致产品定位容易出现偏差,影响产品开发效果。目前文化创意产品的同质化问题就是定位不明、开发思路不清的体现。文化文物单位设计了许多中看不中用的产品,偏向摆件、摆饰、悬挂、装饰,突出外在形式美,但对于人们日常生活,这些花哨的产品并没有太多实用价值。另外,不知道如何在文化资源中提取文化元素,提取的文化元素流于表象,在创意方面与社会时尚及大众审美趣味脱节,也是文化文物单位开发文化创意产品中存在的主要现象。

今年中国文化遗产日的主题是"让文化遗产融入现代生活",这对于文化文物单位发展具有方向性的指导意义。文化创意产品要取得社会效益与经济效益的双赢,就必须缩短文化资源与现代生活之间的距离。比如,北京故宫博物院开发文化创意产品就秉持"从说教式的灌输转变为感染式的对话"的理念,通过广泛的社会公众需求调查,了解和分析不同年龄段消费者的差异化需求,在此基础上将文化创意产品定位于"设计生活化",不再拘泥于以往临摹复制的产品类型,力求开发兼具历史性、艺术性、知识性、实用性、故事性、趣味性的文化创意产品,其故宫娃娃系列产品因具有趣味性而受到少年观众的喜爱,耳机、手机壳、电脑包、鼠标垫、U 盘等因具有实用性而持续热销。文化创意产品的定位与开发应该在注重文化内涵深度挖掘的同时,注重通过创意元素探索现代表达方式,实现文化内涵与实用功能的结合,以求文化创意的多元呈现,让文化资源以更加生动、多样的方式融入人们的生活和现实世界,在文化传承、文化传播的同时收获社会和经济价值。

文化创意产品定位与开发可以借鉴英国学者 Tony Buzan 设计的由 5 W+1H 组成的心智图(mind maping)[①],其中,Why 是客户和消费群体使用产品的动机,Where 指生产和营销渠道,Who 指客户或消费群体,What 代表产品本身,When 是推出产品的时机,How 是指产品使用的方式及消费体验,如图 2-3-3 所示。

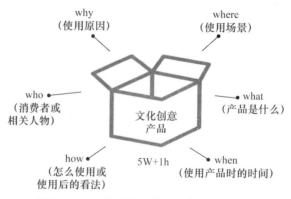

图 2-3-3 文化创意产品定位与开发心智图

---

① Tony Buzan, *The Mind Map Book*: *How to Use Radiant Thinking to Maximize Your Brain's Untapped Potential*, New York: Plume, 1996: 72—76.

通过这6个方面进行文化创意产品与市场需求的对接定位,有针对性地制定产品开发策略,是文化文物单位建构商业模式过程中价值发现、联通内外部资源、实现价值共享的前提。

(三)外部资源整合

商业模式是组织通过外部资源整合,与利益相关者在资源能力互补及价值共享基础上的关系建构,目的是弥补组织资源能力方面的短板,通过建立伙伴关系来拓展市场空间和产品营销渠道,外部资源整合的结果在一定程度上决定商业模式中价值创造的成果,外部资源整合是文化文物单位开发与经营文化创意产品的重要推动力,既有利于提高产品开发质量,又能够扩大产品推广范围,是外部商业过程中社会网络建构与维护、战略合作伙伴两项构成要素的前提和保障,是商业模式的关键要素。

文化文物单位普遍缺少文化创意产品的策划、设计、开发、生产、销售和管理经验以及相关的人才团队,这种状况在当前情境下文化文物单位依靠自身能力很难有实质性的改观,通过外部资源整合以弥补这一短板无疑是有效的方式。从实践中可以发现,整合政府、民间、商业三股力量共同投入文化资源保护、利用、开发并向产品形态转化的成功案例较多,主要做法包括:(1)产品合作研发与营销:通过聘请顾问团队、IP授权、与专业能力强的企业和团队合作等方式,深入梳理和解读文化文物藏品内涵,合理提取特色鲜明的文化元素,为文化创意产品研发确定方向,注重产品的文化价值、实用价值和质量的兼容性,制定和实施系统、科学、高效的市场营销策略。(2)多种形式的社会活动:通过举办文化创意产品设计大赛、产品服务展会,参与国内外各项文化创意交流论坛、展览及博览会等方式,广泛征集产品设计方案,寻找优秀的合作伙伴,洞悉市场消费需求,定位客户和目标消费群体,拓展产品推广渠道。(3)发挥新媒体平台的作用。国家启动的"互联网+"战略,鼓励文化文物单位借助现代数字传媒技术,开发更多文化产品和服务,满足人民群众多元化需求。新媒体平台不仅使得文化创意产品展示和推广的层次、途径、方式更加多样化,也使消费者、生产者和经营者之间可以实现无时空障碍的沟通,价值共享更加便捷。(4)多要素与业态融合。文化创意产业的特征之一就是要素与业态融合,文化文物单位通过文化、科技、金融、媒体、旅游、会展等要素与业态融合,探索文化创意产品跨行业、区域、类型的开发与经营模式,是提升产品内涵和品质、塑造品牌形象、提升市场占有率的有效途径。

外部资源整合是文化文物单位商业模式外部商业过程中的关键要素,对于文化创意产品开发与经营的成效具有重要的决定性作用,商业绩效的构成要素与之紧密相关,尤其是文化创意产品社会价值的实现。

(四)社会价值

文化创意产品作为传递意识形态、文化符号和生活方式的消费品,不仅具有经济属性,也具有社会属性,既能够满足消费者个性化需求,也具有长期的社会价值。文化创意产品只有实现隐含的社会价值,才会获得可持续的经济价值,稳定的客户群体的积累和品牌的形成都以此为基础,社会价值是商业模式中的关键要素。

文化文物单位是"事业主体、公益经营"主体,拥有大量具有公共性的文化资源和外部性的文化内容形式,承载着文化传播、公共文化服务、文化教育活动等社会化职能,开发与经营文化创意产品是履行社会化职能的一种方式。产品的物质载体虽会在消费后被损耗,但其蕴含的文化创意内容不会随之湮灭,反而可能会随着时间推移而日益彰显、影响深远。① 虽然文化创意产品也注重其功能价值和体验价值,但本质上还是通过物质载体的供给,改变人们的消费观念以传递文化创意内容,塑造社会文化价值观念,达成期望的社会效应。这既是文化创意产业的重要功能,也是文化文物单位的主要职能所在。

商业模式是一系列相互依赖的商业活动所组成的体系,这个体系涉及不同的层面、领域、主体和要素,不仅包括对组织内部治理结构和要素的调整与重构,也体现了跨越组织边界与外部利益相关者合作、共赢的行为逻辑和价值主张。创造社会价值,才会维系商业模式运行,才会延展文化创意产品的价值链,并赋予文化文物单位长期的自我发展能力。

四、结语

2016 年 11 月 16 日,国家文物局公布了全国文化创意产品开发的 92 家首批试点单位名单,文化文物单位在文化创意产品方面的实践探索将不断深入。商业模式是一种从全局和动态的角度帮助组织获得高绩效与持续发展能力的管理工具,对文化文物单位开发与经营文化创意产品具有积极意义。文化文物单位建构商业模式并不是转型为商业组织,而是根据文化创意产品开发与经营的需要,重新设计纵向的商业流程,改造横向的组织管理系统,既有内部商业过程的相关活动,又涉及外部利益相关者创造和共享价值的外部商业过程相关活动。文化文物

---

① 刘刚:《基于利益相关者关系质量改进的商业模式价值创造分析》,《商业经济与管理》2015 年第 3 期。

单位的文化创意产品商业模式是一种多维关系构成的价值网络化形态,其关键要素是消费需求、产品定位与开发、外部资源整合、社会价值。文化文物单位需要建立"外向型思维",依据市场消费需求定位并开发产品,借助外部资源整合来弥补自身短板,提升产品的内涵和质量,丰富市场推广和产品营销方式,善于发现新技术、新创意、新的经营方式、新的合作者等可以诱发商业模式构成要素创新的因子,与利益相关者建立稳定的关系结构,通过社会价值的创造以获取文化创意产品的综合效益和文化文物单位内生的可持续发展能力,使其最终形成并融入文化商业生态系统,助力文化大发展大繁荣。

专题报告四

"互联网+"时代电影产品差别定价及层级市场的构建*

张立波　胡　艳**

电影产品定价是电影产业最重要的环节之一,无论是在发行环节还是放映环节,国内电影产品定价一直普遍采用差别定价,然而,随着互联网新环境的影响和O2O电商对电影产业链的介入,电影产品的票价被分摊在不同的利益体中,理论上对不同层级市场的差别定价出现了实践上的悖论,这对于开拓中小城市的电影市场、培养中小城市的电影消费习惯是非常不利的,因此,探讨在新环境条件下的差别定价体系是具有必要性的。

一、电影产品差别定价的理论依据

根据经济学定价理论,市场中的大部分传统企业都普遍采用成本定价方法来制定产品价格,除此之外,也有许多产业由于其产品独特的市场特性而采用需求导向定价方法,在这其中包含一种特殊的定价方法——差别定价(Price Discrimination,也称价格歧视),"它是指企业以两种或两种以上并不反映成本比例差异的价格来推销一种产品或提供一项服务"[①],"这种价格并不完全反映其产品的真实价值,反映的是购买方的需求程度、对产品的价值理解和承受能力"[②],电影产业就是采用差别定价方法的典型。电影产品的差别定价属于三级价格歧视,即电影产品提供者将消费人群按照其不同的需求曲线进行划分,针对每个不同的消费群体制定不同的价格,以求实现利润最大化和经济效益最大化。电影产品的差别

---

* 教育部人文社科项目"移动互联背景下微电影商业模式创新的路径与策略研究"的阶段性研究成果。
** 张立波,中国海洋大学国家文化产业研究中心副教授、北京大学文化产业研究院副研究员,主要研究文化企业商业模式与核心竞争力、大数据与互联网文化产业等;胡艳,中国海洋大学国家文化产业研究中心文化产业管理专业硕士研究生,主要研究电影产业、互联网文化产业。
① 唐玲玲:《差别定价:电影企业增效的不归途》,《电影》2004年第2期。
② 刘藩:《电影产业经济学》,文化艺术出版社2010年版,第26页。

定价可以体现在发行和放映两个产业阶段。在发行阶段,国际和国内市场版权发行价格、国内不同地区市场版权发行价格,影院、电视和网络等不同端版权发行价格都不尽相同;在放映阶段,影片上映时间维度上的票价差别、同一部影片不同地区之间的票价差别、同一部影片不同观影人群之间的票价差别,以及不同电影产品之间的票价差别都体现了电影产业差别定价方法的普遍性。

电影产业能够实现差别定价的理论可能性在于:首先,电影产业属于内容创意产业,而内容创意产业区别于其他产业的最重要市场特征之一在于其初期成本投入较大,尤其是创意阶段的人才和知识投入,而在创意持续的产业链开发阶段的边际成本可以接近甚至等于零,尤其是电影技术领域"数字化发行放映网络的长足发展丰富了电影市场的层级"[①],因此对电影产品参考基础价格和边际成本的差别定价前提是可以实现的。其次,由于电影产品中往往蕴含着一定的文化理解和文化认同,因此电影产业存在着以文化壁垒为基础的市场壁垒,尤其是在目前国内电影市场类型化发展还未完全成熟的市场环境下,同时,同一电影产品在不同消费时间的吸引力和不同影院放映设施硬件等环节也存在明显的差异性,在这个基础考量上,电影产业的市场是可以被分割的。再次,随着电影产业价值链和资本链的整合与融合,掌握了制片、发行和放映全环节的舰队化电影企业或者企业联盟能够在电影产业"自然垄断"的基础上形成垄断竞争的态势,基本实现对电影产品进行流通渠道和发行价格等环节的控制,这是差别定价方法的理论前提。最后,结合我国目前的现实国情分析,城乡发展两极化格局趋势依旧明显,电影产业的外化表现在电影产品在城乡不同市场的市场定位不同,其代表的生活样法也不尽相同,在经济学上则表现为需求弹性不同,如在以一线城市为主的高层级市场中,电影产品作为休闲娱乐产品,具备较强的大众性和普遍性,拥有许多种类的替代品,如话剧、音乐会等,电影反倒成为高收入群体的非首要选择,而在低层级市场中,由于消费习惯和收入水平等众多因素的影响,电影产品还作为比较高等的精神消费和享受存在,尤其是三、四线城市,甚至五线城市之中,这种定位的差距也为差别定价奠定了理论基础。

电影产业之所以选择差别定价方法,目的在于实现以下的市场作用:首先,对于电影产品生产制作方来说,其针对不同消费需求采取不同的定价,能够最大限度地获得电影市场的消费者剩余,如图 2-4-1 所示:当电影产品采用一种定价机制,且价格为均衡市场价格 P' 时,根据经济学中理性人假定,需求曲线 d 上 A 点

---

① 祁勇:《电影票价的差别定价策略研究》,《北京电影学院学报》2012 年第 4 期。

上方的人群能够接受这种票价,消费者剩余为正,因此数量 Q' 的人会产生实际的电影消费行为,而需求曲线 d 上位于 A 点下方的人群则会选择退出市场,最终电影产品生产者的收益只有矩形 $P'AQ'O$;当电影产品价格呈现出一定梯度的多价格体系时,每个等级的价格 P_1、P_2、P_3 和 P_4 所对应的电影需求分别为 Q_1、Q_2、Q_3 和 Q_4,假定 P_2 为均衡市场价格,同时等于 P',则 Q' 等于 Q_2,在这种情况下,$Q_1(P_1-P_2)$ 由左图中的消费者剩余转化为了电影产品生产者的收益,同时较低的票价 P_3、P_4 又能吸引单一票价体系下的潜在消费者或非消费者转化为实际消费人群,这一部分新的观影者带来的利益是 S_1 和 S_2,因此多级票价体系最终能让生产者多获得的收益是 $(Q_3-Q_2)P_3+(Q_4-Q_3)P_4+(P_1-P')Q_1$。其次,对于电影产品发行放映方来说,利用大数据对于电影市场进行预判具备了更丰富的现实意义,不仅体现在排片活动中,更是体现在电影票价定价活动过程中,对于市场需求大的影片可以适当制定高价,对于消费能力强的城市也可以适当高于其他地区的价格,也能为其更好地与 O2O 电商购票平台合作提供依据。

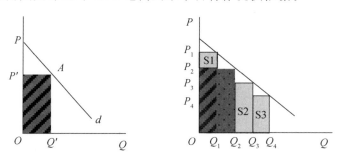

图 2-4-1　不同票价结构下电影产品生产者收益

二、电影产品差别定价的实践悖论

根据差别定价的基本原理,针对需求弹性小的高层级市场,应该实行高价格,因为高层级市场的消费者对于电影产品的价值理解、认同和承受能力较强,而针对以三、四线城市为主的过渡市场,以及更低层次的市场而言,由于院线布局的相对匮乏和单一,消费者收入结构导致的对电影产品消费需求和消费习惯的结构性缺失,电影产品需求在这些地区表现出高弹性,应该最大限度地实行低价格,相反,如果在这些地区实行高价格,只能让超出心理预期让渡价格的消费者选择退出市场。"差别定价的实质就是使指定的价格,能够使有支付意愿的消费者付诸行动,就是通过制定不同梯度的票价来达到电影观众不同的承受能力和支付意愿。"①

根据 CSM《中国电影观众测量与评估》报告,1—1499 元个人收入的观众和 0—3499 元家庭收入的观众比例低于非观众,4000 元以上个人收入观众和 8000 元家庭收入观众比例要高于非观众,这个数据说明了观众收入对于电影消费的影响巨大,居民平均收入较高的高层级市场中电影消费行为更为大众化。另一方面,只考虑 4000 元以上收入的人群,以北京王府井电影城和长沙中影今典放电影院为例,北京王府井电影城中个人收入段超过月收入 4000 元的观众比例为 8.3%,长沙中影今典放电影院中个人收入段超过月收入 4000 元的观众比例为 30.4%。这个数据显示了高层级市场观影者中高收入者比例更低,这证明了低层级市场比高层级市场对于票价因素更为敏感,低层级市场中收入较高的人群会选择电影消费,而收入较低的人群可能会因为电影票价太高而放弃电影消费。相反,在高层级市场中,由于电影消费品的替代品很多,高收入者可以选择看电影,也可以选择其他娱乐休闲活动替代电影消费,如话剧等,电影票价不会成为阻碍其选择的因素。最后,从愿意支付的票价来说,根据报告样本显示,上海、北京等城市的观众愿意支付和最高承受的票价较高,武汉、沈阳等城市的观众愿意支付和最高承受的票价较低(如图 2-4-2 所示)。

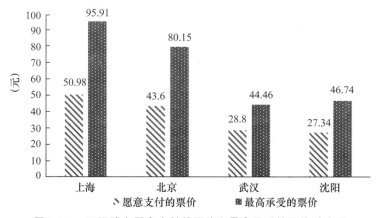

图 2-4-2　不同城市愿意支付的票价和最高承受的票价对比图

根据以上数据可以推测,假定高层级市场与低层级市场之间电影产品存在消

---

① 马珂:《电影票价梯度分析——从经济学角度分析电影票价》,《电影文学》2007 年第 21 期。

费弹性,既包括收入弹性也包括价格弹性,其中假定 E 为需求价格弹性,则:

$$E = 需求量变化的百分比/价格变化的百分比$$

即:
$$E = (\Delta Q/Q)/(\Delta P/P)$$

如图 2-4-3 所示,直线 AB 表示假定理想条件下低层级市场电影产品消费价格弹性,随着价格的变化,需求量变化明显,需求量对价格变动的敏感度较大;直线 $A'B'$ 表示高层级市场电影产品消费价格弹性,随着价格的变化,需求量变化相对较小,需求量对于价格变动的敏感度较小。因此,正如差别定价方法所要求的,对于高层级市场实行高价格、对于低层级市场实行低价格才能最大限度地利用好层级市场之间的消费弹性,实现利益最大化。

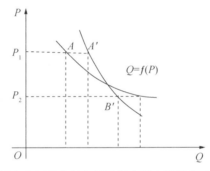

图 2-4-3　假定高层级市场与低层级市场电影消费弹性曲线模型

但是,与理论定价原理相悖,电影产业的定价现状是,高层级城市市场的电影票价往往比低层级市场的票价更为低廉。这样的现状是多方面原因综合导致的:首先,随着电影产品供应量的不断增长,电影产品在不同地区市场中高端文化消费品和一般文化休闲消费品的市场定位博弈相应增强。我国国产电影产品生产总量在经历了大幅度增长以后逐渐趋于平稳,但是由于上映比例在不断上升,因此进入市场的电影作品供应量不断增多,尤其对于高层级城市市场而言,随着院线基础设施建设的完善,电影消费市场容量较大,几乎所有上映电影产品都能进入这一市场层级,同时高层级城市市场一般伴随着创意产业发达、电影消费的替代品种类丰富等市场条件,因此电影产品反倒被定位为一般的文化消费品;而在低层级市场中,由于居民收入水平结构不平衡,平均个人收入与家庭收入相对较低,院线建设和开发都还在初级阶段,电影产品版权等投入相对较少,因此在这一市场层级的电影产品供应量也相对较少,电影消费被定位为相对高端的精神消费行为,相对高收入者才会形成实际电影消费行为,更多的是潜在消费者甚至非消费者。其次,互联网产业渗透在不同市场层级间的影响幅度具有差异。根据第

39次《中国互联网络发展状况统计报告》数据显示,"截至 2016 年 6 月,我国网民中农村网民占比 26.9％,规模为 1.91 亿;城镇网民占比 73.1％,规模为 5.19 亿,较 2015 年年底增加 2571 万人,增幅为 5.2％……城镇地区互联网普及率超过农村地区 35.6 个百分点,城乡差距仍然较大"①。互联网影响各类产业形态和企业商业模式的不断深化,电影产业也不例外,具体到电影票价方面,由于互联网普及率较低,网络购票渠道普及率也相应较低,低层级市场中的消费者无法或者较少享受到网络购票的优惠折扣,如大部分电影票团购网站都没有布局中小城镇,或者布局并不够完善,大部分低层级市场中的观影者都只能进入电影院购买,尤其是在四线,甚至五线城市中,而高层级市场中的观影者大部分通过网络提前团购预订,并完成在线选座等一系列 O2O 环节。最后,产业价值链环节融合在不同市场层级的深度实践。随着电影市场资本活力的不断增长,电影产业越来越呈现出全产业链环节融合的发展态势,同时掌握制片、发行和放映三个环节的电影企业成为行业趋势。在这种情况下,为了实现良好的票房口碑营销,制片和发行方通常会通过与电商和放映方合作进行票价补贴,使得影院增加排片比率的同时降低票价,低价优势和票房口碑的社交化营销会在电影市场中影响消费者的消费选择,通过票房数据反哺电影产品推广。当观影人次增加时,根据:

$$总票房 = 单次单人观影票价 \times 观影人次$$

最终,制片方和发行方也能够收回补贴成本并获利,然而由于低层级市场地区城市院线布局还不够完善,结构单一趋势明显,电影消费市场容量小,电影消费行为缺乏普遍性和大众性,甚至存在很多缺乏上下游产业链支持的个人投资影院,在这种情况下,它们往往忽略低边际成本,希望通过高票价收回固定成本,弥补观影人次较少的利润损失;另一方面,产业链环节之间对于票价的补贴也经常通过互联网端进行投放,因此这两个方面从不同角度阻碍了低市场层级中生产主体主动降低票价。

三、互联网格局下电影差别定价及层级市场构建的可能路径

根据前两个部分对于电影产业差别定价方法的理论和现状分析可以看到,电影产业的差别定价确实还存在着"帕累托改进"②的可能性,这种可能性依托电影产业现状发展的两个特征:首先是电影产业理论上存在电影产品生产者和电影产

---

① 中国互联网络信息中心:《第 39 次中国互联网络发展状况统计报告》,2017 年 1 月 22 日,http://www.199it.com/archives/560209.html。
② 高鸿业:《西方经济学》,中国人民大学出版社 2011 年版,第 252 页。

品消费者之间的不完全信息静态博弈。其体现在电影票价的制定上,一方面电影产品生产者希望票价能尽可能高以满足自我利润追求,另一方面电影产品消费者希望票价能尽可能低以平衡自身收入水平和精神产品需求。同时,电影产品生产者也明白低票价能够增加消费者消费次数从而在增加观影人次的基础上平衡收益总额,即使是生产者内部也存在制片、发行和放映之间的合作性价格博弈。其次是随着互联网对于电影产业的影响和介入的不断深度化,其对电影产品生产者的商业模式会带来颠覆性的破局改造,盈利模式也将随之改变,电影产品的价格组合模式具有了更大的可能性,消费者的消费模式和消费行为中会存在不同利益主体对于票价分摊的状况,然而这种分摊在低层级市场的不充分表现使得其未完全激发这一层级市场的消费潜力。

因此,电影产业要想实现合理且具有新市场竞争力的差别定价,还需要从以下几个方面进行实践的探索:第一,根据影片受众进行市场定位,最大限度地实现区域之间的版权差别发行。版权费用是低层级市场,尤其是三、四线城市影院的经营活动最大的投入之一,也是阻碍低层级市场电影票价降低的重要现实因素,因此电影产品在发行时要根据自身影片定位,最大限度地开发三、四线城市市场潜力,以相对较低的价格在低层级市场发行,并与地方影院,尤其是单一布局的非院线类电影院实现横向联盟营销,将其纳入整体产业价值链环节之中,实现共同推广和利益共生。第二,最大限度地建设和推广互联网平台。由于我国城乡之间互联网普及率的差距,很多互联网O2O模式中电商或制片方等对于电影产品的票价分担无法实现,但是在这种差距逐渐缩小之前,生产者能够做的就是建设完善自我的线上平台,不依赖单一影院或第三方票务平台,并且能够最大限度地拓展其垂直化程度,将线上平台和影片一同以整体的方式推广到低层级市场影院中,如在影院中放置在线平台购票机,不仅提供电影票价的折扣,还利用新媒体技术成为影院其他上映影片的整合推广平台,与现场购票形成互补,和影院横向协同合作。在线购票的折扣虽然分流了现场购票的消费者,但是总的消费者会随着较低的平均价格而增加,因此总体票房收入将会平衡甚至增加,可通过这样的举措弥补市场层级间互联网普及率差距,实现差别定价的布局。第三,建立多维度多梯度的电影票价差别网状体系(如表2-4-1所示),以标准化市场模式简化差别定价程序,减小差别定价难度,使得垂直化拓展低层级市场具有现实可行性,如按照影院和屏幕数量、居住人口规模、居民收入结构等要素将不同市场层级中的城市划分为更细的市场梯度,针对每一个市场梯度纵向地制定合理的票价范围,同时,针对同一市场梯度中不同时间、不同消费群体横向地制定相应的差别票价,从不同维度规范差别体系并将其规模化、标准化。第四,提高电影产品质量,增加上映率。电影产品只有具有好的内容性和故事性,才具有核心市场竞争力,才能够最大限度地消解价格因素对于电影产品消费弹性的影响,同时,好的内容也有利于培养消费者消费习惯,尤其是在低层级市场中电影消费潜力还未完全被激活的地区。

表 2-4-1　电影票价差别定价设计表

层级市场					消费群体细分	影片细分	时间细分
高层级市场	细分体系指标	影院数量	细分层级市场	一线超级城市市场			
		屏幕数量		二线城市市场			
		院线数量		三线过渡市场			
低层级市场		居民年收入		四线城镇市场			
		社会消费指数		五线城镇市场			
		常住人口数量		乡村市场			

总之,电影产业的差别定价存在新环境下理论和实践的部分背离,繁荣电影市场必须重视开发中小城市市场,这一部分市场潜力的完全激发,离不开电影产品梯度化、合理化的差别定价,也需要电影产业的市场垂直开发和相关产业的联动协同。虽然如今还存在着众多现实发展条件的制约,但是随着电影产业在新时期的整体发展,实现良性的电影产品价格体系和市场是具备充分的可能性和可行性的。

专题报告五

文化创意视角下历史文化街区的更新路径

齐骥 高国丽[*]

历史文化街区在延续城市基因、传承城市文脉的同时，开始广泛吸纳时代氛围和创意元素并展示出城市精神的文化特质，在为街区原居民提供日趋完善的文化服务的同时，开始趋于理性探索旅游消费和商业功能的实现。值得注意的是，历史文化街区的发展正日益受到经济全球化和城镇化对历史文化消解、经济快速发展对文化空间挤压的双重挑战。而文化创意视角为历史文化街区寻找空间正义、优化城市发展布局和重塑文化价值提供了新的逻辑——从延续历史中寻找时间价值，既"留住往日的时间"又"再造往日的空间"，从融入社群中拓展多元空间，重建物理空间与心理空间，从陈述历史到引领未来的供给侧创新——它们恰恰提供了走出历史文化街区当下困境的有效路径。

一、历史文化街区在城市更新中的困境

（一）街区改造孤立，原生态文化消解

历史文化街区的发展往往与城市治理能力和文化产业发展程度相关，在快速的城市化进程中，历史文化街区保护面临着巨大困境。例如，1997年列入世界文化遗产的丽江古城，其遗产价值堪与雅典、罗马、威尼斯等比肩。但其在发展中割裂了街区和原住民的关系，背离了文化发展逻辑，丽江古城的纳西族原居民从原来的4万人减少到几千人，大多数人搬离古城，使历史文化街区的文化精神不断被消解。诸如丽江古城这样的例子还有很多，究其原因，主要归结为两个方面的问题。其一，我国许多地区历史文化街区的整体发展往往难以搁置在城市更新的整体语境中，顶层设计和规划建设往往因为孤立进行而缺少与周边居民的对话，缺少与城市发展的呼应。其二，历史文化街区的治理一般实行精英决策模式，即

---

[*] 齐骥，博士，中国传媒大学经管学部副教授，城镇化研究中心主任，主要研究文化产业规划、文化街区与城镇化建设等；高国丽，中国传媒大学经管学部硕士研究生，主要研究文化产业。

由主管部门和相关领导进行主导决策,生于斯、长于斯的街区居民则完全被排除在历史文化街区决策模式之外,处于利益相关者缺席的状态,原居民的生活常常受到影响,不离本土的历史文化街区的传承与保护势在必行。

（二）背离发展初衷,管理成本缺口巨大

历史文化街区保护工作需要投入大量的公益性资金,特别是街区历史风貌保护、老旧房屋修缮、市政设施改善、人口有效疏解等资金需求量巨大。北京旧城有许多历史文化街区,如阜成门内、西四北、东四北等保护区内,多数四合院已经沦为大杂院,居住建筑质量低下,危旧破损现象严重。对其改造和运行的资金成本和政府管理成本都比较大,工作周期也相对较长,许多街区的改造一度停滞。导致历史文化街区资金短缺的原因主要有两个。其一是历史文化街区主要以政府投入为主,与保护工作的需要还有较大差距,且未能得到有效整合。其二是引入社会资金的机制和平台不够完善,吸引社会资金投入名城保护的成效不够明显。资金缺口的巨大使历史文化街区的运行往往背离发展初衷和文化愿景,而向商业化妥协,也使街区居民想住得安静踏实和商户想人多车多生意火爆之间的矛盾愈加突出。

（三）产权归属不清,过度商业化问题突出

历史文化街区的改造困难往往与其产权复杂性相关,其集中改造和创意营造既面临着巨大的资金压力,又因为街区原住民观念滞后而困难重重。以南锣鼓巷为例。作为北京著名街区,南锣鼓巷①既是核心城区、历史文化保护区,又是著名的商业旅游特色街区。但其在街区建设和创意改造中,问题十分突出。一方面,南锣鼓巷主街区与居民社区混合交织,大杂院与文保单位比邻而居,开墙打洞、挖地增高等无序建设和过度经营让本来就紧张的居住环境更加狭窄,违规停车带来交通和消防隐患;另一方面,每平方公里两万多人的人口密度,让原本宁静的居民区承载了太多元素而不堪重负。造成南锣鼓巷集中管理和规范治理困难的主要症结便是产权关系复杂。与南锣鼓巷在改造和发展中面临的产权问题相似的街区并不少见,而正是产权问题导致街区统一规划和整体治理难以实现,产权所有人因利益驱使而忽视历史文化街区整体性,使街区过度商业化和无序发展问题日益严重。

（四）主次目的颠倒,功利化开发倾向严重

历史文化街区承载着厚重的文化遗产,构成了城市文化基因的重要部分,但

---

① 南锣鼓巷北起鼓楼东大街,南至店门东大街,全长786米,宽8米,与元大都同年建成,至今已有749年历史。

改造和创意营造问题往往充斥着保护与开发之间先行目的的错位，造成文化遗产开发与原真性、整体性和活态性的目标背道而驰。以1992年被确定为旧城改造对象的福州三坊七巷为例①，其拥有众多古迹、名人文化和非物质文化遗产，当时由福建闽长置业有限公司出资改造，而目标是将其改造为集商贸、旅游、文化、娱乐和居住为一体的街区。在古建筑破坏严重、内部环境恶劣的情况下，仍以"商业开发"为主线，对文物建筑进行原貌搬迁，迁移部分古树名木，拆除改建了衣锦坊大部分区域以及林旭、林尔康和翁良毓故居，割裂化、商业化路径造成原有街坊结构破坏和整体风貌完整性缺失，古建筑、古文物等文化遗产遭受重大损失；强调建筑等物质的保护，非物质的文化遗产却被忽视而沦为"建筑躯壳"。究其原因，一方面是政府对文化遗产保护的重视和经验缺失、科学规划语境中专业人士参与缺失，以及法律对行政单位关于文化遗产开发有效约束的缺失；另一方面，改造主体在市场化运作中重开发轻保护，片面追求经济效益忽视社会责任，而政府对于改造主体的功利化开发缺乏限制。

（五）漠视开发本质，片面构建城市营销工具

历史文化街区因其承载珍贵的文化遗产而亟须改造和创意开发，但有些地区为了特定目的而进行历史文化街区的认定和修复，使其沦为城市营销的工具，造成城市更新过程中文化遗产真伪并存、鱼龙混杂。比如国家为了推进各地文化遗产保护而开展国家历史文化名城的申报工作，其中提出要申报的历史文化名城必须拥有两个及以上的历史文化街区。一方面，一些地区为达标而进行包装，例如四川省将可以成为历史文化街区的地方进行划区改造，以及哈尔滨道外历史文化街区的"伪古董"、"变味"追求而违背了文化遗产的真实性，给文化遗产的认定增加负担，还造成原可以用于文化遗产保护修缮的资金大量浪费；另一方面，一些地区的历史文化街区由于破坏严重而不符合申请标准，因此不惜花重金打造而忽视了"修旧如旧"的活态化和整体性开发，这也造成文化遗产的低效保护以及入选后用商业途径寻求效益弥补而带来二次伤害。此类以申请城市名片为"重任"而漠视文化遗产"原真性"的行政主体并不少见，正是对文化遗产开发本质的误解以及片面寻求城市营销效益形成的恶果。

---

① 三坊七巷，是福州市南后街两旁从北到南一次排列的十条坊巷的简称，始建于西晋末年，至今已有1700多年的历史。

二、文化创意视角下历史文化街区的创新逻辑

（一）延续时间：从静态到动态的设计理念

历史文化街区的核心价值在于"历史"。因此，时间逻辑是传承历史文化街区情感体验与怀旧范式的核心价值。历史文化街区的保护和发展，很难完全在特定历史时间点上对物化形态即器物层面进行机械的、被动的封存式保护，即静态保护，而是将历史的时间坐标不断拉伸，将传统文化赖以生息的原生状态不断延展，从而实现在社会历史发展的过程中，不离本土的动态保护、更迭创新。

动态历史文化街区设计理念，很好地将生活图景融入街区发展，实现了街区历史时光的延续和文化记忆的延续。以山塘历史文化街区[①]为例。作为苏州古城文化遗产由古至今延续旺盛生命力的样本，山塘历史文化街区凭借着动态化保护实现了独具历史风貌的生活图景融入创意文化业态，跨越历史与现代的局限，使民众记得住乡愁而守得住文化。其一，新旧时空通过文脉"传送带"延续城市基因，比如阊门寻根纪念地的建成开放及其相关旅游产品开发为移民后裔敞开了寄托情感归属、守望记忆的精神文化空间，代与代之间形成时间轴无限延伸的共系文脉和精神纽带。其二，在保护文化遗存形态完整基础上延续历史机理，遵循"修旧如旧"基础上的"水城古街""一街一河"的基本格局和"小桥流水""粉墙黛瓦"的传统风貌，错落有致地保留着城市文化多样性，突破时间隔层，构成城市独特文化场景和创意空间。其三，传统民俗文化的传承与创意文化形态有机融入原居民生活格局，"年味山塘"民俗风情体验季活动、"百花节"以及80%以上原居民参与历史街区文化架构，"老苏州"的缩影和"吴文化"窗口功能还将持续助力脉络动态延伸与加固。

从静态到动态的历史文化街区设计理念的提出，旨在以"时间"为核心建立一条逻辑主线，从"历史"中寻找创意萌生的灵感和传统文化的素材，通过历史与未来的对话，在"留住往日的时间"中"再造往日的空间"的过程中实现传统文化的时间价值。因此，文化创意视角下历史文化街区的"动态"设计，是避免将传统文化置身于"历史断层"中而割裂其活态的存在的有效方式。"创意"既是拉近历史和现实距离的"加速器"，又是实现传统文化风貌和现代文化业态共生的"孵化器"。文化创意视角下历史文化街区的"动态"设计，以"时间无限"弥补"空间有限"并改

[①] 位于苏州古城西北部，全长3600米，为唐代著名诗人白居易于公元825年任苏州刺史时修筑，至今已有1192年的历史。

造、重构和创造新空间,用创意视角实现文化传承,用创意营造实现空间正义,用创意阶层构建创新集群,是实现从静态到动态的传统文化传承的时间逻辑的有效方式。

(二)重构空间:从固态到活态的传承思路

历史文化街区的发展需要特定的空间载体,而作为一种独特的文化空间,它包含了"人"的特定活动方式和"人"的稳定居住状态两方面的内容,因而历史文化街区的空间兼具空间性、时间性、文化性三个维度的内涵。构建一种与城市、社区及居民日常生活图景融合的空间正义,达到一种历史和当下(游客和居民)能够相对平等、动态地享有空间权利,相对自由地进行空间生产和空间消费的理想状态,是文化创意视角下历史文化街区空间逻辑构建的目标。

我国大多数历史文化街区都为古建筑、传统手工艺、特色商铺老字号以及非物质文化遗产等文化资源的集聚区,这些都是祖辈留下的珍贵文化遗产,在脱离原始生活场景下亟须活态要素的注入来重焕生机,突破藩篱的文化遗产不只停留在固态展览,更是城市创意更新体系中文化权利实现和文化服务的构建要素。山东的青州北门里古街①演绎了非遗活态传承的文化魅力,由政府为古城商业形态定制装修与安装牌匾,古街两侧完整保存着阁老府巷、房家巷、铎楼庙巷、税课司巷、昭贤祠、房家祠堂、青年会等众多历史遗迹,已嬗变为著名的古玩书画一条街;此外,政府通过购买公共服务扶持濒危非遗艺术,在保障艺人生存空间的同时丰富了民众文化生活,说书、理发、推车打担、抖空竹玩杂耍等非遗表演重塑了空间民俗体验,沉浸式文化图景赋予了城市文化品牌和个性。政府作为主导解决了文化空间、活态传承与商业开发难题,基于活态更新而创造共享文化场景来拓宽民众参与度,而文化遗产则是唤醒民众文化自觉和延续城市文脉的有效载体。

可见,从固态到活态的历史文化街区设计理念的提出,核心在于实现居民从旁观街区发展变化到作为主体融入城市更新和参加社区发展计划。以丹麦奥胡斯老城历史文化街区的发展为例,秉持着"可沉浸的完整街区"规划理念和"传统生活场景再现"创意营造目标的奥胡斯老城步行街区,用打造"全息化的历史博物馆"的方式实现了文化的活态传承。奥胡斯老城提出的"生活博物馆"(live museum)概念旨在保留老城传统功能,并将一些现代功能进行传统化的处理。它不只是历史建筑的露天博物馆,也是丹麦传统城镇生活博物馆。街区里的商店、手工

---

① 北门里古街是南阳城(古青州主城区)的主要街道和著名商业街,北起北门,南至县十字口,全长500多米,始建于北魏初期,至今已有1500多年的历史。

作坊和博物馆,与居民的生活融为一体,75幢历经沧桑的老建筑、传统装束的书商、牧师、汲水姑娘,既是奥胡斯居民日常生活的图景,又是活态的文化场景。毋庸置疑,活态的历史文化街区,根植于文化创意理念和城市更新进程,通过历史文化空间和当代混居空间的串联和叠加,把多样的地理、自然和文化景观关联,让活跃的文化流动将历史遗产资源置于真实的空间范畴去生存和演绎,使街区从静态向动态、从单个线性空间向群体幅面空间转变,拓展了街区传统文化的空间序列。

(三)讲好中国故事:从陈述历史到引领未来的价值体验

历史文化街区是诠释传统文化时空逻辑的重要场所,其传承和发展既需要遵循历史"时空"的主线,又需要跳出时空逻辑的限制,以多样性、现代性和创意性呈现、诠释和传播历史遗产的当代内涵和文化价值。"故事逻辑"的提出,恰恰构建了一种体现时空永恒又契合消费潮流的创新路径。文化创意视角下的历史文化街区,需要以历史记忆和时空素材提供故事线索,它构成了街区形式特殊的时空魅力。以上海新天地创意营造的主题嬗变为例。上海新天地改造的第一阶段以时间为主线,旨在通过对建筑元素和人文元素的存蓄,存留上海记忆。在石库门建筑群的改造和海派文化底蕴的融入中,新天地采用了"低冲击"开发理念进行保护和修复。第二阶段则以空间为主线,着力于打造"很上海的旅游景点"来拓展旧城区的物理空间和心理空间,进而塑造"传统与现代的上海、市井与时尚的上海、中国与世界的上海"的空间主题。第三阶段则跳出了时空关系的局限,以塑造"上海会客厅"为主题,以故事逻辑为主线,以人的情感和情节绘制出"邂逅上海、体验上海、爱上上海"的故事。从上海新天地三个阶段的功能演进中,我们可以发现,以"故事逻辑"为主线的城市更新,可以将时间价值转化为可复制、可再生的非线性逻辑,将空间价值转化为可回忆、可体验的建设逻辑,在不同时间中体验不同空间片段,构成永恒的"故事逻辑"。

历史文化街区的文化遗产从广义上包含着历史区域留存下来的原生态环境、场所精神等此类无形的人文内涵构成部分,但在城市更新进程中往往简单偏向对实体历史建筑价值的汲取,而大肆引入时尚品牌的主流化、模式化套路,同质化的历史街区建设逐渐磨灭了城市文化特质,"软文化"的延续压力被时空局限性放大。在我国并不缺乏"有故事"的历史街区,缺的是"能讲好故事"的创意营造途径和串联城市品牌形象与具有"文化标识"历史文化街区的价值逻辑,"新"与"旧"成为不可回避的主体冲突。与此相对,真正将历史街区及其文化遗产融入现代化语境中,则需要赋予其通过"记忆"与"新生"的对话实现自我更新的内在动力。而成都的宽窄巷子深刻践行了"新"与"旧"两条主线交汇塑造的"老成都"故事逻辑,宽窄巷子保留原真建筑与城市格局,开辟了"院落人文情景消费空间",通过"闲生活""慢生活"和"新生活"三个主题为怀旧、精品休闲和年轻人群体提供文化归属空间,秉承古老的生活状态并融入酒吧、皮影和戏剧表演,塑造了"老成都底片、新都市客厅"的成都文化名片,完成了街区功能复原、老成都体验到文化遗产内核精神复兴的都市客厅的时代转型。

三、历史文化街区在城市更新中的创新路径

(一)根植创意思维,创新城市设计理念

历史文化街区的更新不仅要保护街区内的文物古迹、历史环境、非物质遗产,还要实现以街区为核心的区域板块的自然、经济、文化可持续发展。历史文化街区"顶层设计"的前提是有效的区域文化规划。文化规划既践行着技术的公约,以协作式、参与式、渐进式规划的技术路径,推进着城镇的有机更新,又遵守着标准的规制;既保障着土地权属和居民权益,又约定着历史文化保护、公共设施完善、公共绿地及开放空间建设、城市功能和形象提升等内容的设计,是历史文化街区发展的有效引导,也是优化街区文化结构、解决街区在城镇化和全球化语境下发展矛盾的重要指南。立足于文化可持续发展的文化规划需要协调其"有形"文物古迹与"无形"的非物质文化遗产的有机融合,这正是历史文化街区精神属性相互区别的要义所在。针对城市历史街区文化遗产的创意营造,首先要"补",在文化规划中用创意手法"活化"空间载体上的非物质文化,重塑传承机制与建立生态保护圈,在把握整体性原则的基础上修复所处区域的人文生态,补足文化权益的实现方式;其次要"养",引导创意阶层的参与及入驻,通过传承人与原居民共同的文化情怀与基底,以创新思维实现历史文化遗产精神的延续,树立和挖掘民众中文化自觉和文化自信意识的觉醒,供养原生态文化情境的再生;最后要"造",立足于时代进步和民族文化传承,以开放和包容的创意逻辑为支撑,基于文化脉络梳理而提炼精神基因,将文化遗产价值开发有机融入城市甚至国家的"文化智库"建设,构建具有样本意义的文化名片,为城市更新注入造血细胞。

文化规划引导下的历史文化街区发展实质,是"历史保护引导下的城市更新"。这一更新方式的前提是对历史城区采取分区、分类保护和更新。通过在历史城区内划定历史文化街区、历史文化风貌区以及其他有特色的场所、地段,制定不同的保护更新策略,达到通过艺术化的构建和设计来实现城市更新的目的,从而避免大规模"投资"和破坏性"拆建"的行为。这种基于创意思维的设计式更新方式,是一个循序渐进但追源溯本的"针灸"过程,它有效地推动城市由追求"量"

的快速扩张转向寻求"质"的逐渐更新。这种"润物细无声"的更新方式，其核心是将"文化创意"作为一种理念，嵌入城市产业转型和空间优化的战略规划，将"设计"作为一种思维，植入城市发展的全方位各领域，通过文化创意与产品融合、产业融合、产城融合，提高城市创新效率和创意成果转化率；通过社区、街区、园区和城区的弹性接驳，加快城市转型和产业升级，通过广义的"设计"探索人与自然和谐、城乡共荣的城市更新模式。

（二）加强创意营造，创新文化创意生态

历史文化街区可持续发展的关键在于新文化生态的营造。面对因为城市规划和城镇化的"刻板"与"趋同"而呈现出的"千城一面"，历史文化街区的当代生存必须认真回答以下问题：如何以富有创新和远见又不失科学与理性的创意营造，引导历史文化街区的原住居民与创意阶层有机融合，创造最优化的产业组织方式和要素配置方式，实现街区空间组织更加优化，产业空气更加活跃，文化生态更加健全。

文化创意视角下历史文化街区的创意营造，关键在于如何"创造情境主题，构建文化场景，再造文化磁场"，从而形成"业态主题化、商业遗产活态化、游憩节点情景化、创意活动跨界化"的历史文化街区新生态。要构建这一人居共生的生态系统，首先要探索"新旧建筑交织"和"新旧建筑互衬"。历史文化生态和现代时尚艺术结合的因地制宜模式。要将历史文化街区作为继承历史文化与反映现代功能时代特征的枢纽，结合街区历史文化和传统文化底蕴进行创意营造，打造主题性城市事件、文化展演交流和社区文化活动；其次，探索历史文化街区的历史意象恢复与文化创意营造结合的共生模式，实现从街区（景区）公共服务到社区（全民）公共服务、从基础保障服务到产品化体验服务、从传统信息服务到智慧街区建设全过程服务的全域服务体系，形成文化创意引导下的人居共生系统。再次，探索历史文化街区历史轴线、邻里单元和生态景观交融的文化蔓生模式。激发创意思维和设计理念在历史轴线、城市文脉、历史文化街区中的沉浸式蔓生，使历史文化街区成为宜居宜业宜游的功能空间，成为产、城、人、文四位一体的文化蔓生空间。

（三）融入社群发展，提高文化治理能力

历史文化街区传承和创新的根基在于文化认同。在文化认同的基础上，以文化自觉为精神纽带的文化治理模式的构建，是对历史文化街区"旧城改造""旧村改造"的开发模式的重构，其倡导的"以古为本""以民为本"的治理精神和"新旧分开、有机更新"的保护模式，构筑了以"社群"为载体的历史文化街区"社会化保护"

新场域。① 社群的本质是在"不离本土的文化传承与创新"的前置条件下,实现文化的复兴和街区的持续发展。以社群为时空坐落,必将把历史文化街区的发展带入一种新的情境模式,这种模式既标榜着城市作为一个具有想象力的恢宏作品所发挥的重塑自然的能力,又传达着城市作为人类不再依赖自然界的赐予而是试图构建一个新的、可操控的秩序的理念。

文化创意视角下历史文化街区的有效治理,关键是构建"以人为本"的文化认同。以历史文化街区的遗产传承人为主角,即是以社区中的本土居民为主角,将街区融入社群发展,是激活"人"的创意能动性,激发"人"对历史文化的诠释、对乡土文化的革新的愿景的有效方式,更能实现人、文、地、景有机融合。如果说"以人为本"的历史文化街区治理是一种"弹性"的文化机制,那么"构建适应社会转型的城市更新治理模式"则是一种"刚性"的管理要求。其基本原则的"刚性"体现为对实现城市更新中利益公平调整的基础性保证,例如必须确保多元化利益主体实质性参与而不是表面形式上的"允许式"参与;不同利益群体的诉求反映必须顺畅,以化解不同利益群体之间的矛盾;过度拆建和乱拆乱建等行为,在运行机制上必须受到刚性有效约束;历史文化街区必须在体制框架下得到切实保护,而不是靠社会呼吁保护等。② 文化认同构建的"弹性机制"和制度立法确立的"刚性公约",共同构成了提高历史文化街区文化治理水平的"双保险"。

(四)创新功能置换,提高文化体验价值

历史文化街区的基本和重要功能意义在于文化体验价值。文化体验价值的构建基于历史文化街区的有形文化遗产和无形文化遗产呈现形式与附属功能的组合,其倡导的艺术性的文化空间将沉重的历史感和文化氛围用创意文化符号以活力的方式呈现,通过对现代化文化需求的创意融入和文化遗产的创意营造,形成集原真历史形态、人文精神、新生文化等多要素并存的生机场景。这正是在历史文化街区逐渐消亡而文化遗产生命力被压抑的语境下亟须面对的重要课题,包括时尚商业业态走进老建筑形成基于原始肌理的文化景观,整体空间格局的再设计与原居民、新生社区文化延续的彼此依托,历史文化精神在商业业态进驻后保持不变味,游客的涌入对本区域人文生态和文物古迹不影响。

文化创意思维逻辑下的历史文化街区功能的创新性置换,突出表现为文化遗产在新旧时代文化表现形式和所构文化场景呈现方式的更新。首先,要对文化遗

---

① 周乾松:《加强历史村镇文化遗产保护的有效途径》,《光明日报》2012年2月1日。
② 参见姜杰、贾莎莎、于永川:《论城市更新的管理》,《城市发展研究》2009年第4期。

产进行价值评估以及修复，文化遗产类别的丰富性和内涵的差异性、表现形式的多样性亟须以"因地制宜"和"游刃有余"的原则进行功能开发前的准备工作，有形的文物古迹是空间肌理和格局形成的文化标识，无形的民俗文化和故事传说则是场所精神的主要构成部分，两者皆是创意灵感和素材的来源，历史文化街区功能的置换要通过文化主题活动和非遗传承方式有效激活被冻结的文化遗产，在恢复历史性功能的基础上和整体有机保护的前提下注入新的文化业态和内涵。其次，要引入企业、创意市民和非遗传承主体等市场化力量，将文化遗产的价值与现代化的时尚潮流有机结合，利用民俗展示、"非遗"特色店铺和时尚主题文化活动，创造具有游憩价值、文脉延续、高质量文化体验的功能创新样本，服务于多元群体对传统文化与现代文化有机融合的需求而实现各功能区人群的合理分布，均衡各个功能区对于游客、社区居民的承载能力，将可产业化的民间技艺进行文化包装并为原居民提供就业机会，形成老街坊、老手艺、老居民一体化的文化生态圈，从而实现无形文化遗产的活态传承。最后，要瞄准城市的文化品牌建设与具有标识意义的历史文化街区之间的关联性，文化遗产是城市特质和文化底蕴的重要体现，基于文化遗产的名片塑造在讲述城市故事的同时也传播着城市个性与美学特征，要通过现代数字化技术将文化遗产远程化、虚拟化、立体化和便捷化，让文化遗产的魅力在历史街区的功能更新中获得充分体现。

四、结语

文化创意视角下历史文化街区创新发展的逻辑重构过程，既是一种探索城市文化聚落有机更新的思维再造过程，又是一个寻找城市空间正义、优化城市空间布局的价值重塑过程，以及"时间无限"弥补"空间有限"并改造、重构和创造新空间的过程。在"文化创意"的作用下，历史文化街区更新的重点不仅是建筑空间的修补重建，更是街区原居民、游客和创意阶层心灵空间的再造重塑。从这一角度看，历史文化街区，不仅是一个居所、一处旅游目的地，而且是一个通过文化创意提供就业空间并实现创业理想的文化磁场，通过文化创意改善邻里关系、实现多元价值共存的文化容器。

专题报告六

中国非物质文化遗产保护传承与发展创新模式研究

何 毅[*]

我国拥有的非物质文化遗产(简称"非遗")种类之繁多、内容之丰富闻名于世界。据不完全统计,中国现有10大类1372个国家级非物质文化遗产名录。截至2016年4月,文化部已认定1986名国家级"非遗"传承人。

非物质文化遗产作为民族文化传递和保存的生动有效的手段、工具和载体,可以说既体现着人与自然的关系,又反映着现实中人与人的联系,也是我们民族物质文明与精神文明的重要载体之一。如何保护传承与发展中国"非遗",如何在当前时代背景下,充分有效地开发"非遗"资源,如何使用现代金融工具,使"非遗"资源价值最大化,是当前重要的研究课题。

一、对当下中国非物质文化遗产价值理解的维度

对于中国"非遗"价值的理解,我们至少可以从以下三个维度展开。

(一)文化传承价值维度

中国"非遗"是中华文化的重要组成部分。中华文化的复兴,除了需要国家层面的战略性引领与指导外,同时需要民间文化力量的响应。要让中国"非遗"重新回归到国民生活之中,并使其成为一种文化潮流,不断发展扩散。

非物质文化遗产体现了一个国家、地区和民族独特的表现力、创造力和感染力,展示了源远流长的独特的生产生活风俗,表达了人们对生活的美好向往,蕴含着深刻的文化基因,承载着特色鲜明的民族记忆,是民族智慧的结晶与民族发展的源泉。现代民族文化不可能建立在空中楼阁之上,传统与现代并非是水火不容的完全对立,而是辩证统一的关系。传统文化是现代民族文化的基础和来源,现代民族文化是传统文化的扬弃与发展,人类文明之光便在这种循环往复中不断向

---

[*] 何毅,北京城市发展研究院产业金融研究所所长,主要研究文化产业投融资等。

前、变化发展。

文化传承价值是"非遗"价值体系的核心价值。从历史传承方面看,非物质文化遗产中深深蕴藏着所属民族的文化基因、精神特质,这些在长期的生产劳动、生活实践中积淀而成的民族精神,是世代相传沉积下来的民族的思想精髓、文化理念,是包括了一个民族的价值观念、气质情感等在内的群体意识、群体精神,是民族的灵魂、民族文化的本质和核心。从艺术审美方面看,非物质文化遗产中有许多天才的艺术创造、无与伦比的艺术技巧、独一无二的艺术形式,能深深打动人类心灵、触动人类情感。非物质文化遗产中有大量的文化艺术创作原型和素材,可以为新的文艺创作提供不竭的源泉,当代许多影视、小说、戏剧、舞蹈等优秀文艺作品就是从其中孕育出来的,很好地发挥了非物质文化遗产的审美再造功能,充分利用了其审美艺术价值。

(二)产业经济价值维度

从经济学角度来看,只有将非物质文化遗产中有条件的文化资源转化成为文化生产力,带来经济效益,才能有更多的资金反过来用于非物质文化遗产的保护和发展。因此,对非物质文化遗产,既要保护又要发展,以保护带动开发,以开发促进保护。经济开发价值是市场经济和消费社会条件下非物质文化遗产的一种重要价值形态,是非物质文化遗产价值体系的价值利用。

"非遗"产业化一直是一个颇有争议的话题。但"非遗"蕴含的产业价值,是任何人无法否定的。根据国家文化部统计,全国现有非物质文化遗产,国家级、省级前三批"非遗"目录已达万余种,"非遗"的各种表现形式及最终形成的商品和文创衍生品更是多达 10 万多种,"非遗"产业形成的市场交易规模预估约为 3000 亿元。

"非遗"保护关键就是"这种非物质文化遗产世代相传在各社区和群体适应周围环境以及与自然和历史的互动中,被不断地再创造,为这些社区和群体提供认同感和持续感,从而增强对文化多样性和人类创造性的尊重"[①]。"非遗"归根结底属于文化范畴,创新是保护的重要手段和发展方向。

文化产业的发展历程证实了文化产业化是其发展的重要模式,"非遗"作为濒危文化,无法拒绝产业化发展这条可持续发展的道路,走向大众化、规模化,才能使其发扬光大。而且,人们的喜闻乐见是文化产品的基本要求和价值判断的主要标准,"非遗"具有较强的群众基础,是最适合市场化的精神产品。仅依靠被动式

---

① 来自《保护非物质文化遗产公约》(联合国教科文组织 32 届大会通过)。

静态保护并不适用所有"非遗"项目，对其文化资源进行合理配置和积累，进而达到规模化、市场化经营是"非遗"保护措施中具有理论和实践基础的重要而有效的途径。产业化是使"非遗"走出生存困境、焕发新的生机与活力的重要手段。

总之，在强调对非物质文化遗产进行本真性、原生态保护的同时，也要有科学的产业经济观念。对那些既能显示民族文化特色又有经济开发价值、市场开发前景的优势文化资源、"非遗"资源，要充分进行资源价值转化与操作，完成其经济开发价值。

（三）国家文化战略价值维度

当今国际社会，伴随着全球化浪潮以及信息技术的飞速发展，必然形成全球不同地区、不同民族之间的文化交流。在这个基础上，人们产生了不同文化共生共享的互动理念。无论西方文化还是东方文化，无论传统文化还是现代文化，都是人类文化的组成部分。因此，国际社会倡导文化多样性、文化遗产保护理念，就是在强调任何优秀文化都应被视为现存人类的共同财富。

从国家文化战略的角度来看，"非遗"与民族、国家紧密联系，对我国文化发展具有重要的国家战略意义。

对内而言，保护"非遗"有利于保护我国传统文化和民族文化的多样性。丰富多彩的非物质文化遗产是文化多样性的生动体现。保护"非遗"的核心内容就是保护传统文化、保护文化多样性。我国政府非常重视"非遗"保护和发展之间的重要关系，将"非遗"保护工作纳入国家的文化发展战略。保护"非遗"在促进文化认同和开展爱国主义教育方面具有重要的作用。2005年3月国务院办公厅发布的《关于加强我国非物质文化遗产保护工作的意见》强调，要充分发挥非物质文化遗产对广大未成年人进行传统文化教育和爱国主义教育的重要作用，广泛开展非物质文化遗产的宣传展示和普及教育活动。从国家战略的现实需要出发，《意见》充分表明了我们党和政府对保护中华民族非物质文化遗产的高度重视，这必将有力地促进我国年轻一代对我国文化的认同，极大地推动年轻一代对我国非物质文化遗产的了解、保护和传承。

对外而言，"非遗"是中国向世界展示中华文化的重要载体。"非遗"发端于民间，因此更容易通过民间交流的层面，对外进行文化展示，也更易于获得国际社会的接受。

从国际文化交流的发展趋势来看，除了传统的文化交流访问方式之外，文化产品和文化服务的流通和交换，已成为一个国家文化对外输出的重要方式。目前世界上文化产业发达国家对发展中国家具有明显的贸易和服务优势，这对文化多样性和发展中国家的文化主权构成了很大的威胁。总体上说,我国在世界文化产品与服务的流通和交换中同样处于被动地位。一方面是大量的西方文化产品销往国内,另一方面是大量的文化资源流往国外。要改变这种状况,就必须大力发展文化产业。

二、中国非物质文化遗产现有保护发展体系现状及存在的主要问题

(一)我国非物质文化遗产保护的现状

非物质文化遗产是以人为本的活态文化遗产,它强调的是以人为核心的技艺、经验、精神,其特点是活态流变。非物质文化遗产是各族人民世代相承、与群众生活密切相关的各种传统文化表现形式和文化空间。非物质文化遗产既是历史弘扬的见证,又是珍贵的、具有重要价值的文化资源。非物质文化遗产对于很多国家来说,对其的保护重视程度不亚于任何文化项目或是艺术作品。各国的"非遗"保护措施不同,但都以政府主导为主,成本较高,保护效果较为显著。同时值得注意的是,国外的保护形式除了保护项目本身外,更多的是希望通过增强人们的"文化自觉"意识来达到真正的长久保护效果。与其他国家的保护情况不同,我国在"非遗"保护上还处于起步阶段。目前我国的四级保护机制,处于国家重视地方忽视的困境。"非遗"保护多依赖政府的扶持,长期处于"输血"阶段,还没有具备独立的"造血"功能,我国"非遗"想要发展起来需要在保护方式和机制上进行创新。

(二)我国"非遗"保护中存在的主要问题

根据中国社会科学院发布的《中国非物质文化遗产保护发展报告(2016)》,我国"非遗"保护中存在的六个方面的问题需引起注意。其一,如何正确理解和贯彻联合国教科文组织《保护非物质文化遗产公约》精神,确保"非遗"保护不离题、不走样,仍然任重道远。其二,如何理解国家战略与"非遗"保护的关系,做到既能够适应国家战略,又能够保持"非遗"保护工作的独立性,使二者协调发展,仍然需要努力。其三,如何在实践中真正克服"重申报轻保护""重开发轻传承""重技术轻文化""重形式轻内容"的顽疾,依然是"非遗"保护实践面临的主要障碍。其四,在"非遗"研究上,如何既能摆脱本本主义,又能避免拘泥于经验主义,能从实践中概括出既有中国特色又有普遍价值的"非遗"理论,是目前"非遗"研究最大的挑战。其五,"非遗"保护的规范化工作发展仍然缓慢,《中华人民共和国非物质文化遗产法》的实施细则仍未出台,"非遗"行政法实施缺乏操作性。"非遗"保护的知识产权建设,仍然处于讨论阶段,未获得实质性进展。其六,"非遗"保护技术水平提升

仍待加强,"非遗"生产的低水平、低效率、低附加值现象依然存在,科技手段介入"非遗"生产性保护的力度有待加强。

以上内容基本涵盖了当前中国"非遗"保护体系中存在的主要问题。任何问题的解决,都要首先寻找到关键突破点。针对以上问题,我们认为创新发展是"非遗"首先要解决的问题,也是解决"非遗"保护问题的关键之道。目前我们的"非遗"保护体系总体而言仍是以"保"为主。我们对"非遗"项目缺乏一个科学有效的分级评估标准。每一个"非遗"项目都有其内在的生命力周期,就像文化产业的分类一样,对于"非遗"项目首先应该进行文化事业项目和文化产业项目两大类区分。文化事业类"非遗"项目,主要是指具有较大的文化历史传承价值,但缺乏市场商业需求的"非遗"项目。这一类项目,国家需要提供政策、财政等资源进行补贴式保护。文化产业类"非遗"项目,主要是指除了具有"非遗"文化特色之外,而且具有巨大的市场需求和产业化操作空间的"非遗"项目。对于此类项目,国家需要提供产业政策方面的支持,并充分发挥市场化机制,使其发展壮大。

三、中国"非遗"资源价值最大化的三大关键驱动力

(一)科技驱动力

文化与科技历来如影随形,科学技术的每一次重大进步,都会给文化的发展样式、传播方式、表现形式带来革命性变化,而文化与科技的融合又会对整个经济社会的发展进步产生深远的影响。在当今知识经济时代,伴随文化与科技融合进程的不断加速,文化机构的新技术研发已经成为机构核心竞争力的重要途径,并在文化创新各个环节显示出前所未有的勃勃生机。

深化文化科技融合在文化遗产保护中的运用,有利于进一步推动文化创新。要把握捕捉文化发展的新动向、新趋势,以科技的应用来创新文化业态,增强文化的表现力、感染力,满足互联网时代人们的文化需求。在文化科技深度融合时代,文化和科技正在彼此潜移默化地相互渗透,科学发明和创造融入文化艺术的想象和情感,艺术创造及美的探索又渗入科学技术的理性,文化与科技正日趋走向深度融合。文化科技融合不是简单地相加,而是有机地整合。

非物质文化遗产是涉及传统语言、传统表演、传统艺术、传统习俗、传统医学等多个方面的复杂体系,在文化全球化的影响下,我国现有的保护机制难以对非物质文化遗产的庞杂内容进行充分、有效的保护。为此,新时期我国非物质文化遗产的保护工作需从科技化保护和保护机制创新入手。文化与科技融合下非物质文化遗产保护机制的构建目标是实现非物质文化遗产的保护功能,利用文化与

科技融合的契机，逐步创设适合我国非物质文化遗产保护事业发展的新体制、新平台和新方式。目前尤其需要注重理顺行业管理、推动数字化保护、拓展公众参与和发展生产性保护，推动我国非物质文化遗产保护事业进一步发展。

（二）金融驱动力

近些年来，中国文化产业高速发展，其中最重要的一个原因就是得到了国内金融体系的大力支持。"非遗"产业作为中国文化产业的重要组成部分，其长期发展同样需要获得金融的支持。

目前中国的"非遗"产业与金融的对接仍处于初期阶段。从国家财政金融体系看，对"非遗"的支持仍主要停留在财政性补贴上。许多"非遗"传承人通过申请各个级别的"非遗"项目，获得少量的资金补助，但这对于整个"非遗"项目而言，只是杯水车薪。国有文化产业基金对"非遗"项目的投资也是非常谨慎与保守。

从市场金融体系看，本来应该作为"非遗"项目主要金融服务平台的文化产权交易所，由于政策监管以及自身的发展原因，并没有真正为我国的"非遗"项目提供充分的金融支持服务。

从民间投资来看，虽然已有一部分民间资本投入到了部分"非遗"项目之中，但无论其资本规模还是其资源整合能力，都无法有力支撑整个"非遗"产业的快速发展。

目前"非遗"产业已进入产业价值发现的高峰期，我们需要更多更好的金融工具和金融创新模式与"非遗"项目对接。

（三）设计驱动力

设计，是文化艺术与科学技术结合的产物。而"非遗"作为人类文化的一部分，展现的正是物质文明和精神文明的产物。虽然当代创意设计展现的是现代文明，但不得不承认的是传统文化如影随形，影响着我们今天设计的方方面面。因此，从本质来看今天的设计和"非遗"有着密切的关系。在这种关系下，设计与"非遗"的融合具备非常好的先天优势，设计和"非遗"艺术之间可以快速融合转换。通过今天的设计去包装"非遗"项目，展现"非遗"之美，甚至使传统的"非遗"具备现代时尚创意设计的魅力，都是对"非遗"保护方式的一种探索。只有将传统技艺与当代生活联系起来，将"非遗"手工艺通过创意设计转变为当代生活美学用品，重新回到生活中，只有被公众认识、消费、欣赏，重建中国式美学意境，才是"非遗"活态传承的最佳方式。

文化产品通过二次创意设计转化为人们喜欢的时尚文创产品，这一模式已经获得市场检验。故宫博物院将自身的馆藏文物，通过文创设计，转化为文创产品，

2015年的销售额就超过了十亿元人民币。中国"非遗"这一巨大的文化资源,要想创造出更高的商业价值,创意设计是必不可少的技术手段。

四、中国"非遗"金融创新模式探索——中国"非遗"文化产业与金融创新基地框架性思路

中国"非遗"文化产业与金融创新基地(简称"基地"),可以为"非遗"项目提供孵化培训、资源对接、政策集成以及金融支持。基地遵循"资源资产化、资产证券化"的模式,对"非遗"项目进行项目运营和资本运营。

(一)"非遗"文化金融基地项目定位、功能目标及核心特色

1. 项目定位

中国"非遗"文化产业与金融创新基地是将"非遗"文化产业链、文化金融支持系统与互联网技术平台三者融为一体的产业综合体项目。

2. 功能目标

"基地"通过业态内容与空间布局的设计,达到"可创业、可消费、可交流、可交易"的空间性能,并最终实现集聚创意阶层与创意企业、形成创意产业价值链的功能目标。

3. 核心特色

具有"文化+"属性的文化产业综合体、具有"金融+"属性的文化产业综合体、具有"互联网+"属性的文化产业综合体。

(二)"非遗"文化金融基地运作总体思路

"非遗"文化产业金融基地将与"非遗"节目、"非遗"文化电商平台共同形成"非遗"文创产业链。基地定位于全新"非遗"文创项目产业基地,通过"非遗"文创社群、创意学院和创意大赛,筛选种子项目;通过创意公社、创意银行以及创意研究院对项目进行精细孵化,通过"非遗"文创节目对项目进行商业运作与资本运作。最终项目回归基地,为基地带来综合增值收益。

(三)"非遗"文化金融基地商业模式

随着信息技术的发展,报刊、出版、广播、电视、电影、互联网、数字媒体等文化传播媒介结合成了新的信息传播媒介,为受众提供多媒介的服务。在传播"非遗"核心价值的具体内容时,应充分利用数字技术的新成果和媒介实体的聚合为当代核心价值观的多层面聚合传播提供坚实的物质基础,多种媒体融合与联动的态势,既是当前大众传播媒介互促共赢的需要,符合媒体市场化运作的规律,也是非物质文化遗产获取最大传播效应的上佳途径。

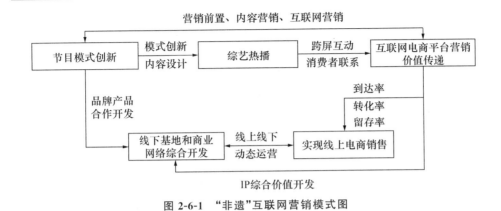

图 2-6-1 "非遗"互联网营销模式图

1. 以"非遗"节目引领"非遗"项目

以"非遗"节目为宣传推广平台,展示"非遗"产品创意设计与文化内涵,进行"非遗"产业资源整合,引导"非遗"产品时尚消费潮流。通过"非遗"文创节目,发现和搜集散落在全国各地的"中国文化""中国美学"资源。通过"非遗"文创节目参赛团队的创意设计和作品成果,展现中国文化创意力量和中国文化之美,并最终呈现出具有中国文化审美价值的创意产品,使"中国文化美学"重新回归到我们的生活中。通过对"非遗"文创节目的商业运作和资本运作,将各地文化资源进行产业化系统开发。

2. 以"非遗"电商平台推动"非遗"项目线上运营

打造"非遗"线上文化电商平台,借助"非遗"节目消费导流,进行系统运营、系统开发和互联网电商销售。"非遗"文化电商平台(以下简称"平台")将充分依托"非遗"节目优势,进行品牌化管理运营。平台将成为"非遗"节目唯一官方指定项目海选报名平台和未来"非遗"产品发布平台。平台将打造中国"非遗"电商第一品牌,集聚中国最具创意的"非遗"文创产品。平台将为"非遗"传承人、设计师、艺术家提供线上工作室,并提供整体配套的展示交易系统服务。平台将建立中国"非遗"产业研究数据库,定期发布"非遗"产业研究报告。平台将与国际相关机构合作,共同打造中国"非遗"文化和"非遗"产品的面对海外的展示和交易的窗口。平台将定期举办创意设计大赛和"非遗"文创巡展活动,为民间创意达人提供发展机会。

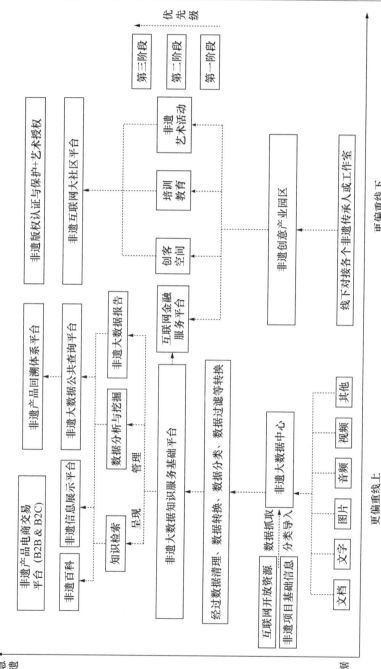

图 2-6-2 "非遗"电商平台示意图

3. 以"非遗"文化金融线下基地为基础,进行"非遗"项目全国布局

打造"非遗"线下产业基地和销售网络,结合"非遗"节目和电商平台同步推广,打造中国"非遗"产业第一品牌。

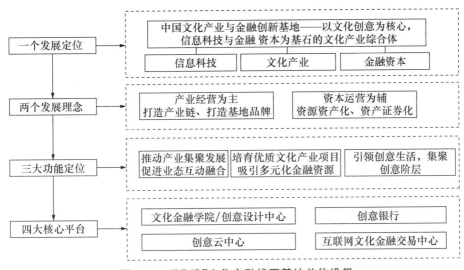

图 2-6-3 "非遗"文化金融线下基地总体设想

"非遗"文化金融线下基地定位于全新文化创意产业项目及产品孵化基地,通过文创社群、创意学院和创意大赛,筛选种子项目;通过创意公社、创意银行等对项目进行精细孵化,通过全媒体推广平台对项目进行商业运作与资本运作。最终项目回归基地,为基地带来综合增值收益。

五、对非物质文化遗产保护传承与发展创新的几点建议

(一)以市场为导向,做强做大"非遗"文化产业

必须制订"非遗"产业战略发展规划,发挥市场辐射作用。认真研究市场,有意识地培育市场,积极参与市场竞争,以文化产业运作模式,做大做强非物质文化遗产的产业项目,推动非物质文化遗产的产业化发展。

(二)建立健全有效的"非遗"保护机制

一是健全文化遗产保护机构,把对非物质文化遗产的保护提升到与物质文化遗产保护同等地位,让非物质文化还原于民间。二是加强非物质文化遗产的调研,逐步建立健全科学、高效的非物质文化遗产保护工作体系。三是要制订具体的保护非物质文化遗产的政策措施,对非物质文化遗产保护的资金安排,要专款

专用。

（三）鼓励"非遗"项目的民间传承与创新

鼓励设立各类"非遗"民间社团，使民间文化艺人得到真正的支持；积极组织民间艺人、民间艺术表演队伍，参与国内外文化交流活动，让"非遗"文化薪火相传；对当地世代相传、与群众生活密切相关的传统文化表现形式和资源，进行动态、整体和可持续保护；积极发挥民间力量，吸引民间资金，形成社会的文化自觉和文化认同，并将传统文化融入实际生活，达到在动态中保护传承"非遗"文化的效果。通过社会教育、学校教育以及讲习带徒等多种方式，加强非物质文化遗产有效传承。教育部门应将非物质文化遗产内容和相关保护知识，纳入乡土教学计划或艺术教学计划，编入教材，并在有条件的大中小学、职业技术学校开设"非遗"课程。

（四）"非遗"产业整体规划，"非遗"项目分类对待

可根据"非遗"产业的发展需要进行整体规划，并对"非遗"项目进行科学评估与分类，保证"非遗"资源有序有效地进行产业价值转化。可根据国家、省、市、县四级"非遗"名录，对"非遗"项目确定不同的发展目标。对于远离现代生活、无市场生存能力的项目（文化事业类"非遗"项目），如语言类、人生礼俗类、民间信仰类等，则主要由国家政府、社会、公民共同承担，包括政府供给、社会捐赠及保护所需的人力、物力等，由博物馆或专题展馆收藏展览。对于仍有市场需求或历史上即与市场互相依赖的项目（文化产业类项目），包括传统戏剧、曲艺、民间舞蹈、杂技、传统技艺、民间美术类，如昆曲、剪纸、雕塑等，应尽快实施生产式保护，提倡创新，生产特色文化产品，进入市场，实施全部或部分产业化运作模式进行保护，推进和实现"非遗"面向社会化、保护主体多元化，实现"非遗"保护的投入产出效益化。

（五）产业融合联动，协同配套发展

"非遗"合理、规模化的保护开发必须经历市场化，需要政府、传承人、企事业单位等社会各个层面的协调配合、共同协作。相关产业资源的配套发展，包括公共服务体系（平面、电视、网络媒体，普及基础教育，国际交流，产品评估咨询，项目研究基地和培训基地）、技术介入（提炼、制造核心文化符号的不同形态，营销经营）、实体产品（旅游景区、影视和演艺作品、博物馆或文化馆、纪念品、主题文化活动）等层面。每个层面的不同点都可以根据具体"非遗"项目的特点对接实现规模化、标准化、专业化和可持续化进程。

（六）坚持创新，科学发展

"非遗"是中国传统文化的精华和缩影，是具有强烈地域性、民族性、差异性的文化品牌，其历史文化价值、社会价值不容忽视，在逐渐从追求物质消费到崇尚精神消费的当下，文化价值与经济价值密不可分，甚至可以说，文化价值越大，其经济价值越高。传统文化与市场对接，必须依靠现代营销理念与商业模式等方面的创新。

案例报告

案例报告一

跨越海峡的书香:大陆出版物
在台湾的阅读与传播[*]

尚光一[**]

中共十八大报告指出:"我们要持续推进两岸交流合作。深化经济合作,厚植共同利益。扩大文化交流,增强民族认同。密切人民往来,融洽同胞感情。"大陆出版物入台是两岸文化交流的重要组成部分,也是两岸文化产业合作的先导领域,具有独特的地位。近年来,大陆图书入台几乎年年攀升,其中仅厦门外图集团有限公司出口到台湾的图书就达 6000 万码洋,占台湾简体图书市场的 50%。另据台湾若水堂书局统计,大陆出版物进口报关册数达 37.1 万册,同样显示了大陆图书入台的良好态势。报刊方面,也出现了一些"破冰"事件,例如《读者》在台订阅人数曾达 1 万,香港新华社所属英文报纸 China Daily 香港版一度也曾在台湾发行等。

随着两岸关系不断深入发展,对改革开放以来大陆出版物在台湾阅读传播的实际效果进行梳理,对深化两岸出版产业合作和增进两岸同胞感情意义深远。特别是,2015 年 11 月 7 日习近平总书记与时任台湾地区领导人马英九在新加坡会面,就推进两岸关系和平发展交换意见,习近平总书记指出:"要加强两岸文化和教育交流合作",并强调"两岸关系和平发展的根基在基层、希望在青年"。在这一背景下,作为两岸开展文化交流和台湾青年了解大陆的最重要载体,大陆出版物在台湾阅读传播亟需关注。

一、大陆出版物在台阅读传播的历程

大陆出版物入台是两岸文化交流的重要体现。回溯历史,改革开放三十多年来,大陆出版物在台湾传播效果不断提升,逐渐成为台湾同胞认知大陆、了解大陆发展的重要窗口。

---

[*] 国家社科基金青年项目"新形势下大陆出版传媒产品入台传播接受机制及策略研究"的阶段性成果。
[**] 尚光一,河南孟州人,博士,福建师范大学文化产业系讲师、硕士生导师,福建师范大学中华文学传承发展研究中心副研究员,中国新闻出版研究院海峡分院特约研究员,研究方向为两岸文化产业合作。

（一）大陆出版物在台解冻阶段

1978年12月，中共十一届三中全会公报中明确提出了和平统一的基本方针。1979年元旦，时任全国人大常委会委员长叶剑英发表《告台湾同胞书》。在两岸大气候趋暖的情况下，当年5月下旬起，大陆众多"伤痕文学"著作开始被台湾出版社、报刊社陆续引进。

1989年2月，第一部由海峡两岸及香港联合编撰的文化读物《岁月山河——图说中国历史》问世，是业界公认的两岸第一部合作出版物。① 此后，五南出版社、时报文化出版社、光复书局、锦绣文化出版社、淑馨出版社、汉光出版社、牛顿出版社等出版机构纷纷进入大陆寻找合作机会，众多两岸合作出版的书籍开始在台湾传播，加深了台湾民众对大陆社会的了解。

（二）大陆出版物在台蓄势阶段

1992年后，两岸出版交流合作开始形成比较稳定的模式。这一阶段，除专业书籍与文史哲经典外，台湾市场上出现众多大陆漫画与儿童文学书籍。曹文轩、秦文君、沈石溪等儿童文学作家，通过台湾童书出版机构不断发行系列图书，在台湾聚集了一定的知名度与读者群。阿城、王朔、苏南、贾鲁生等作家的小说也颇受台湾读者青睐。

1992年7月，台湾行政主管部门制定了"台湾地区与大陆地区人民关系条例"，其第37条称："大陆地区出版品、电影片、录像节目及广播电视节目，非经主管机关许可，不得进入台湾地区，或在台湾地区发行、制作或播映"，将大陆出版物进口归属许可制范畴，只允许限量进口参阅，不得公开买卖。不过，当时集中在"台大商圈"（台湾大学、台湾师范大学等高教区）附近的小微书店早已私下出售大陆简体图书，台湾众多大学、科研院所的图书馆也都通过各种途径采购大陆简体图书等出版物。由于进口渠道受限，当时简体图书等大陆出版物在台湾的售价相当高，销售者获利丰厚。在利益的驱动下，大陆出版物不断渗入台湾的大学、科研院所等机构，在知识阶层中不断传播、影响不断扩大。

（三）大陆出版物在台扩张阶段

2000年前后，众多台湾出版业者相继来到大陆，大陆出版物入台渠道也逐渐扩宽。2002年的"问津堂事件"，最终使得台湾开放大陆简体图书进口业务，大陆简体图书在台湾的销售限制实际上被解除。在这一背景下，大陆出版物入台获得了深入开拓市场的良好机遇。台湾的简体字书店也开始走出"台大商圈"，向台湾

---

① 邱各容：《台湾百年图书出版年表（1912—2010）》，台北：万卷楼图书股份有限公司2012年版，第140页。

中南部等地扩张。此外,在网络售书领域,2004年11月,台湾网络书店"博客来"简体字馆开业,引起业界关注。

2004年,台湾与祖国大陆相继加入WTO,华文出版资源出现整合趋势,跨地区重新整合的出版集团纷纷涌现。基于这一形势,大陆出版界纷纷赴台湾举办书展、期刊展,参展人数越来越多,规模越来越大。例如1994年、1997年、2000年、2002年、2003年、2006年6次在台湾举办大陆书展,而2005年创办的"海峡两岸图书交易会"更是把两岸出版业者的交流合作推向了更深层次。这些书展、期刊展的举办,对进一步深化两岸出版交流合作产生了深远影响。据统计,从2004年起台湾简体出版物入台的报关进口金额几乎年年攀升,2013年年底报关码洋更是达到了19832万元人民币。台湾数据统计的2004—2013年大陆出版物进口报关金额与册数即显示了这一趋势。

并且,这一时期大陆出版机构也开始通过各种渠道在台湾设立发行公司、书店等,直接在台湾市场推送大陆出版物,例如海峡出版发行集团在台湾设立的"台闽书城"、厦门外图集团在台湾合办的龙图腾文化有限公司,以及具有大陆资本色彩的新经典文化有限公司等。除图书零售市场外,台湾各图书馆对于大陆简体图书也一直有稳定的需求,例如台湾大学图书馆、"中央"研究院图书馆、成功大学图书馆、新竹"清华大学"图书馆等,都通过台湾圣环图书股份有限公司等从事馆配业务的出版机构,固定每半年或一年大规模采购一次大陆图书。

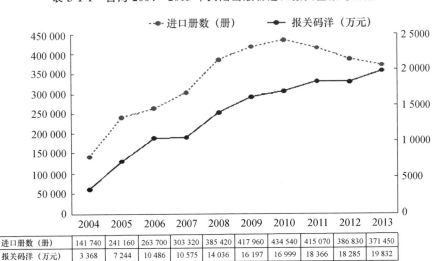

表3-1-1　台湾2004—2013年大陆出版物进口报关金额与册数

	2004	2005	2006	2007	2008	2009	2010	2011	2012	2013
进口册数（册）	141 740	241 160	263 700	303 320	385 420	417 960	434 540	415 070	386 830	371 450
报关码洋（万元）	3 368	7 244	10 486	10 575	14 036	16 197	16 999	18 366	18 285	19 832

（数据来源:若水堂书局）

期刊方面,这一阶段大陆期刊在台湾的传播力也逐渐加强、成为亮点。其中值得关注的典型事件包括:2008年9月《书香两岸》在大陆各省、自治区、直辖市和台湾、香港、澳门同步发行简体版和繁体版,并针对港澳台推出了繁体版电子杂志;2010年《海峡商业》在台湾发行量达1万份;2010年《读者》入台,台湾订阅人数达1万;2011年10月,福建日报报业集团与台湾旺旺中时媒体集团联手试办学术类专业期刊《两岸传媒》,虽然台湾合作方多次更换,但依然办刊至今;2012年,闽台合作出版了两岸第一本人文期刊《海峡画报》,全年在台阅读量达60万人次,并且每期都有800本在通行两岸的"海峡号"客轮上赠阅。

报纸方面的典型事件包括:2008年7月香港新华社所属的英文报纸 *China Daily* 香港版获准在台湾发行,但此后遭到当时台北市议员检举违反"不得从事统战"规定而提前下市;2009年6月《海峡导报》采取互换新闻版面的创新方式,开启了两岸媒体合作,其每周在台湾《民众日报》上推出五个版"两岸新闻"和一个专版"海西新闻";2012年3月17日,《今晚报·台北版》创刊号在台创刊,为四开两版,受到市场欢迎。不过,大陆报纸入台也存在一些问题。一方面,由于台湾并未向大陆开放出版相关行业的投资,大陆报纸在台湾不得不依附于台湾报纸,事实上无法独立发行。并且台湾的报业市场并不大,部分进入台湾市场的大陆报纸主要是基于政策鼓励,而非市场因素。另一方面,一些大陆报纸的内容难以引起台湾民众的兴趣。

(四)大陆出版物在台调整阶段

2013年6月《海峡两岸服务贸易协议》(以下简称《服贸协议》)签订,对两岸出版交流合作产生了巨大影响。当时台湾业界对台湾行政主管部门拟开放大陆资本进入印刷和发行业的做法形成两派意见,引起台湾社会广泛争论,此后大陆出版物在台传播进入了调整阶段,这一态势延续至今,仍未有突破。

二、大陆出版物在台阅读传播状况

(一)大陆图书在台阅读传播渠道与流变

根据对目前两岸档案的查阅,大陆图书在台正式公开阅读传播可追溯到20世纪90年代。当时,台湾大学、台湾师范大学附近的温州街、浦城街及罗斯福路陆续出现了几家专门销售大陆图书的机构,其中最早开始有规模经营并维持至今的是万卷楼图书股份有限公司。万卷楼由一批教授集资成立,主要通过邮购进口的方式在台湾发行大陆图书。这一模式也是当时台湾书店普遍采用的做法,一直持续到2002年。

2002年，台湾发生了"问津堂事件"，成为大陆图书在台的发行的转折事件。问津堂书局是在台湾发行大陆图书的代表性出版机构，其主要与厦门外图集团合作，在台湾公开销售大陆图书，在业界有着影响，因而被台湾当局查封，由此引发了台湾出版界的激烈抗争。同时，台湾学术界也以进行学术研究为理由，强烈要求全面开放大陆图书进口，引起了舆论的广泛关注。在各界压力下，台湾主管部门被迫做出让步，重新修订相关规定。2003年4月8日通过的《大陆地区出版品、电影片、录影节目、广播电视节目进入台湾地区或在台湾地区发行销售、制作播映、展览观摩许可办法》，正式开放大陆图书进入台湾市场。从此，大陆图书在台湾发行由灰色地带走出，成为合法行为。虽然该法案在名义上只是开放了学术书籍，是"有限开放"，但事实上，所有大陆图书都可以经由学术书籍的名义入台，事实上等同于"全面开放"。据万卷楼总经理梁锦兴介绍，目前台湾当局对大陆出版物入台的限制，仅限于寻找助理教授级别（相当于大陆高等院校的讲师）及以上科研人员证明进口该图书"确系学术研究需要"而已。因此，事实上大陆图书在"问津堂事件"之后就获得了在台湾合法阅读传播的权利，至于入台图书的种类，则由市场供需决定。

2004年以后，大陆图书在台湾的发行区域，走出了"台大商圈"，并逐渐不再局限于台北市。这一时期的典型案例是若水堂书局。若水堂书局2002年年底在台中成立。2003年开设网络书店，在线发行大陆出版物。2005年起又在桃园、台南、新竹、高雄相继开设专门销售大陆图书的连锁书店。2008年又介入大陆图书发行的重镇——"台大商圈"。同一时期，2004年11月台湾网络书店"博客来"简体字馆开业，2005年2月上海书店在台北开业，占地500平方米，号称"台湾岛内规模最大的中文简体字书店"，进一步把大陆出版物在台发行推向了新的阶段。此后，大陆图书在台阅读传播规模日益扩大。例如，2005年10月Page one书店（新加坡从业者在台湾地区所开书店）委托台北上海书店代理进口大陆图书，并在店内设专区销售。再如，2006年1月1日，诚品书店旗舰店正式营业，其中专门设有简体馆。这些案例都标志着台湾业界在图书发行上的转型。统计显示，2007年台湾开设了众多发行大陆图书的书店，虽大多是面积较小的专营店，并且营业额受制于台湾品牌书店挤压，但整体上大陆图书在台发行依然呈现出增长态势，并持续至今。据若水堂书局总经理宋东文介绍，目前若水堂书局已与大陆400多家出版社有业务往来，其中深度合作的出版社有124家，多集中于出版产业发达的北京、上海与江浙地区。合作业务除了协助台湾专业图书馆、大专院校图书馆引进大陆图书外，也重视为普通读者服务。宋东文称，近年来，虽然台湾大陆图书发行市场竞争激烈,但若水堂书局的营业额依然攀升,大陆图书在台阅读传播依然有着较大潜力。目前已停业的问津堂书局总经理方守仁也认为,虽然市场竞争激烈,但整体上台湾的大陆图书发行市场依然呈扩大趋势。虽然2010年以后大陆图书进口报关册数有所下滑,但产生此现象的主要原因是大陆图书制作质量改进而提高书价。

除市场的扩张和发行量增大外,大陆图书在台湾的阅读传播渠道还呈现出"北重南轻"的现象。据台湾大学访问学者万丽慧博士统计,台湾的大陆图书专卖店已达70多家,市场占有率也从原来不到1%增长到3%。大陆图书进口商约有40家,销售网点超过200家,其中台北地区占到70%以上,30%在中南部。据其介绍,由于台湾南部"大陆图书热"比北部晚,开始时虽曾掀起一股热潮,但不久就进入了平稳期,消费者倾向于根据内容和需要购买大陆图书而不盲目跟风。若水堂书局总经理宋东文也称,台湾中南部大陆图书阅读传播渠道"确实不多,或可以说基本没有"。可见,大陆图书在台湾阅读传播渠道"北重南轻"的现状十分明显。

另外,随着大陆鼓励图书出口政策的落实和网络购书模式的推广,通过网络购买大陆图书成为许多台湾消费者的选择方式。例如,许多台湾读者通过与大陆新华书店有合作的"挖书网"购书。其他销售大陆图书的台湾网络书店还有博客来网络书店、金石堂网络书店、诚品网络书店、三民网络书店、天下网络书店、新丝路网络书店、"国家"书坊网络书店、联经网络书店、若水堂网络书店等。并且,不少网络书店建有自己的社群脸书(Facebook),以更便捷地向消费者传递图书相关资讯。

就当前大陆图书在台阅读传播整体状况而言,平稳发展是主要趋势。对阅读传播大陆图书的台湾业界而言,在政策樊篱打破之后,盈利成为首要考虑的问题。为此,当前台湾业界采取了一系列扩大大陆图书发行量的举措,包括引进适合台湾市场的大陆图书种类,加强大陆图书增补速度和代订服务,在台湾强化对大陆图书的宣传等。不过,据业界反馈,当前阻碍大陆图书在台扩大发行量的主要因素在于大陆图书"不能退货"的限制。据调查,大陆图书在台湾售价仅为人民币原价的4倍到4.5倍,已低于汇率,如果承担退书费用,将不可避免遇到亏损。天龙图书公司董事长沈荣裕介绍,天龙图书公司2015年之所以敢在台湾开设多家发行大陆图书的书店,主要原因就在于合作方杭州博库书店允许退货。可见,能否退货是目前台湾业界是否扩大大陆图书发行量的关注点。除市场零售渠道外,台湾各图书馆的馆配需求目前也平稳增长。例如若水堂书局在台湾共开设有6家零售书店,但其同时致力于经营图书馆馆配业务,把馆配市场作为发行大陆图书的重要渠道。此外,一些从事馆配业务的台湾图书发行商,因图书馆招标时有采购大陆图书的要求,也与若水堂书局合作,从而进一步扩大了若水堂书局的馆配份额。可见,目前台湾馆配市场对大陆图书有稳定的需求,各类图书馆是大陆图书在台阅读传播的重要渠道。

(二)大陆期刊在台阅读传播渠道与流变

2003年之前,台湾一律不准大陆期刊在台发行。期间虽有个别大陆期刊尝试发行,但皆遭遇挫折。例如2000年7月,《中国国家地理杂志》台湾版在台上市,但因违反"台湾地区与大陆地区人民关系条例"第三十七条规定而遭台湾新闻主管部门罚款。该条规定声称"违反第三十七条规定者,处新台币四万元以上二十万元以下罚款。出版品、电影片、录像节目或广播电视节目,不问属于何人所有,没入之。依据上述条文之规定,主管机关对于未经申请许可的出版从业者,得罚款、没入。经核准在台发行之大陆图书,亦应将简体字译成正体字发行",从而迟滞了大陆期刊在台的阅读传播步伐。2003年后台湾有条件放开大陆出版物入台,并规定出版物包括新闻纸(报纸、通讯稿)、杂志、图书及有声出版物。基于此,虽然每年需要申请许可并必须以繁体版发行,但大陆期刊在台阅读传播依然进入了快速增长期,典型案例包括《海峡商业》《书香两岸》《两岸传媒》《读者》和《海峡画报》。

其中,《海峡商业》《书香两岸》《两岸传媒》属"侨刊乡讯",以CN-35(Q)刊号单列。《海峡商业》由两岸媒体人合作编辑,2007年6月开始在台湾发行。该刊以台商、港商以及华人企业家为目标受众,初期月发行量曾达3万份。2010年1月起,该刊与台湾观天下出版社合作,共同出版《海峡商业》台湾版,每月在台湾落地发行一万册,并在台北、台中、高雄和金门四个机场上柜销售,并向台湾经济主管部门人员、研究机构科研人员、高校教师等群体赠阅。《书香两岸》由厦门对外图书交流中心主办、外图(厦门)文化传播有限公司出版,以"发布两岸最新文化出版信息"为特色。2008年9月,该刊在台北"第四届海峡两岸图书交易会"上正式发刊,此后每月10日以简体版、繁体版分别在福建、台湾同步发行。并且,为扩大在台受众面,该刊还出版有繁体版电子杂志。《两岸传媒》系学术性侨刊乡讯,2011年10月由福建日报报业集团与台湾旺旺中时媒体集团联办,目前改为与台湾文化创意产业联盟协会联办。该刊关注两岸传媒产业发展,致力于拓展两岸传媒交流合作的空间及内涵,现已实现常态化运作,在大陆与台湾分别组建了编辑部,简体版和繁体版在两岸同步印刷发行。

与《海峡商业》《书香两岸》《两岸传媒》等侨刊乡讯不同,《读者》是大陆发行量最大的正式期刊。2010年8月25日《读者》获准入台发行，同年12月31日正式在台发行，是大陆第一本在台湾公开发行的正式期刊。据读者出版传媒股份有限公司总经理彭长城介绍，《读者》入台后仍使用原刊名，但改以繁体版发行，并且内容进行了重新编排，以适合台湾读者口味。其主要进入台湾高校、研究机构、县市乡镇图书馆，并在超市直接销售。据统计，在所有入台期刊中，《读者》最为成功，目前在台湾约有一万名固定读者。除了《读者》外，《海峡画报》也是在台湾阅读传播较为成功的大陆期刊。2011年起，福建画报社与《前锋招标日报》进行合作，每月两次在该报刊登以福建经济发展、人文地理、旅游风光、宗教信仰、平潭开发区为主题的图片专版，在台湾特别是南部地区受到了读者关注。鉴于此，2012年6月福建画报社与《前锋招标日报》深化合作，共同出版了《海峡画报》（双月刊），并在台湾落地发行。该刊是两岸合作出版的第一本人文期刊，主要以图片形式讲述大陆普通人故事，展示大陆当下的社会发展。同时，该刊也报道在大陆生活的台湾人，通过台湾人的视角来进一步介绍大陆。目前，该刊在台湾的全年阅读量达60万人次，并且每期有800本被放置在"海峡号"客轮上供游客阅读。

阅读传播方式上，除零售外，图书馆馆配同样是大陆期刊在台阅读传播渠道之一。据调研，目前大陆期刊在台湾的主要客户是大专院校、县市乡镇的文化中心或图书馆及相关从业者，不过多采用赠阅方式。据若水堂书局统计，其代购的大陆期刊已超过1000种，主要面向图书馆馆配。不过，由于台湾各图书馆对大陆期刊缺少稳定而长期的需要，虽然代购种类众多，但常态化期刊订单并不多。主营台湾馆配业务的台湾圣环图书公司也反馈，其客户对大陆期刊的需求很少。

整体上，大陆期刊在台湾阅读传播规模不大。究其原因，一是相关限制。台湾虽然允许大陆图书可以通过"图书出版公会或协会，办理许可大陆地区大专专业学术简体字版图书进入台湾地区销售事宜"，但并未明确允许大陆期刊可在台公开发行。与图书相比，大陆期刊在台发行数量明显偏少，并且必须以繁体版发行，受到的管制更为严格。二是台湾期刊市场狭小，从业者对发行大陆期刊缺乏动力。例如，台湾大陆简体图书业界联谊会负责人、天龙图书公司董事长沈荣裕就曾明确表示，台湾业界目前对发行大陆期刊"兴趣不大"。

（三）大陆报纸在台阅读传播渠道与流变

就大陆报纸在台发行时效性而言，据台湾大学访问学者万丽慧博士介绍，1992年以前大陆报纸需经香港转运，到台湾多为下午3点以后。1992年后，随着台湾研究机构订阅量增加，大陆报纸直接从北京搭乘上午6点的飞机到香港，再转华航上午10点半的飞机到桃园机场，抵达机场时约为中午12点，当天下午2

点即可发到读者手上。2008年后,台湾订阅大陆报纸更为方便,具体由厦门外图集团负责,由北京直飞厦门,再搭乘10点左右的飞机直飞台北松山机场,台湾读者当天中午即可阅读到大陆报纸。不过,大陆报纸在台阅读传播经历了曲折的历程,其中 China Daily 香港版即是典型案例。

2008年7月至2009年6月底,香港新华社所属英文报纸 China Daily 香港版,一度获准在台湾发行。当时该报每天在台发行量约1000份,多采用免费赠阅方式向大学、学术机构或相关机关发放。然而2009年3月,台北市有"议员"检举该报,声称 China Daily 香港版向世新大学等在校学生发行,是以"看报纸学英文为借口,行思想统战之实的渗透行为",要求警方了解侦办。此后,台湾新闻主管部门认为该报内容违反大陆入台出版物"不得从事统战"规定,迫使 China Daily 香港版于2009年5月下旬终止在台发行。

不过,此后《海峡导报》《今晚报·台北版》等大陆报纸采用灵活合作的方式,再次进入了台湾市场。其中,2009年6月《海峡导报》采取互换新闻版面的方式,每周在台湾《民众日报》上推出五个版"两岸新闻"和一个专版"海西新闻",受到广泛关注。台湾《民众日报》称,与《海峡导报》合作是因为报社业务部门希望通过两岸媒体合作来整合旅行社、观光饭店等资源,以促进彼此旅游发展,增加报社广告与发行收益,并无政治新闻。不过,台湾新闻主管部门依然认为,互相提供版面或版面交换,涉嫌违反"两岸条例"相关规定,如果未经许可,可能有违法问题,这些言论为两报未来深度合作留下了隐患。再如,《今晚报·台北版》自2003年创办首个海外版以来,已在16个国家的19座城市创办了21个海外版,其中包括一个英文海外版,每期总发行量50多万份,覆盖阅读人口150万人次以上,成为扩大中国文化影响力、促进天津与世界交流的重要窗口。2012年3月17日,为加强对台宣传,《今晚报·台北版》创刊号开版仪式在台湾《旺报》大楼举行。该专版以报道大陆新闻为主,侧重向台湾民众报道有关天津的资讯。运营方式上,《今晚报·台北版》由《今晚报》负责编辑,《旺报》负责在台湾出版发行,每周一发行,每期一版,发行量约20万份。据《旺报》社长黄清龙介绍,《今晚报·台北版》阅读率越来越高,一些重要新闻在读者中反响强烈,很多台湾民众通过《今晚报·台北版》对天津产生了浓厚兴趣。《今晚报》也表示,目前该报网站每天约有近万次点击量系来自台湾,并呈上升趋势。

整体上看,当前大陆报纸在台发行依然处于试水阶段,其主要受众是大专院校和县市乡镇的文化中心或图书馆,其次是台经院、"中研院"等科研院所以及一些台湾报社,民众接触不多。政策方面,由于台湾限定大陆报纸入台必须经过主管部门许可,并以繁体版发行,大陆报纸申请在台发行难度较大。同时,就本质而言,《海峡导报》《今晚报·台北版》都不是以独立报纸的名义在台发行,而是以专版或是特版的方式,随台湾报纸"附带"发行。市场运营方面,因为台湾报业市场不大,一些大陆报纸入台发行主要是基于政策鼓励,传播动机不强。据台湾大学访问学者万丽慧博士观察,此类报纸在取得政策资助后,事实上并没有持续在台阅读传播。

三、大陆出版物在台阅读传播的特征

(一)受众面貌发生改变

改革开放以来,大陆入台出版物受众群体逐渐扩大,同时受众的受教育程度也比较高。特别是,大陆简体版图书的受众群体已由早期的高校学者、研究生群体、图书馆读者,扩大到了一般的上班族(占 35.62%)、企业主(占 23.81%)、退休民众(占 12.01%)以及有语文应考需求的考生(占 9.52%)。年龄则集中在 30 岁至 60 岁之间,其中又以 40 岁至 50 岁之间最多。教育程度则以大学学历(42.86%)、研究生以上学历(52.38%)的民众居多。[①]

(二)畅销图书类别转型

2006 年前,大陆入台图书中数量最多的是文史哲类,约占 50%;社科、法政、军事类图书约占 10%;中医、文学艺术类约占 10%;教育、财经、理工类约占 10%。此后,由于大批退休民众的需求,书法练习、艺术欣赏等大陆出版物市场渐渐受到重视。当前,以医药卫生类图书居冠(占 55.69%),艺术类图书(占 35.54%)、文学类图书(占 28.46%)为次。

此外,因为台湾市场规模受限,百科类图书、专业类别的外文译本图书等大陆出版物与台湾市场形成了良性互补。基于在内容上补充台湾图书消费市场的考量,截至目前,台湾的出版社有 3/4 曾经购买过大陆版权,占比 75.21%。

(三)价格优势逐渐降低

近年来,随着大陆出版物制作工艺日益精良,价格逐渐攀升。据若水堂书局门市督导吴培君介绍,以前约 80% 的大陆入台图书比台版图书便宜,而现在大概降至 60% 至 70%。不过,尽管如此,大陆入台出版物的价格优势仍存在。据台湾大学访问学者万丽慧博士所作的问卷调查,结果显示当前台湾民众对于大陆图书品质持正面评价在"一般"以上的超过 60%。购买的主要原因是内容特殊,占

---

① 本章涉及的数据主要依据台湾大学访问学者万丽慧博士所作的问卷调查。

53.85%;其次是价格,占51.23%。不过,就未来而言,大陆入台图书的低价优势将不断减少,今后大陆出版物占领台湾市场的关键因素将是内容而不再是价格。

(四)销售渠道北重南轻

自"问津堂事件"至今,台湾约有40家大陆图书进口商、销售网点逾200家,其中台北地区占到70%以上,中南部则不到30%,大陆入台出版物销售渠道呈现北重南轻的态势。同时,对一般台湾民众而言,其获得大陆出版物的渠道主要是书店(占61.54%),其次是网络(占53.85%)和媒体(占15.38%)。据统计,曾购买大陆出版物的台湾民众占比42.31%,其中以直接从大陆网络书店购买的情况最多,占30.69%。其次是请朋友代购,占24.07%。另外,近4成台湾民众曾请书店代购所需大陆图书(占39.1%),并且多数(占66.57%)能在一个月内取书。2015年6月28日,台湾丽文文化公司与安徽皖新传媒图书集团合作成立了网络书店"来买书城",其图书在台湾送达时间仅需3至5天。不过,调查结果同时显示,当前仍有近半数的台湾民众(占45.66%)认为在台湾购买大陆出版物并不方便,支持大陆出版物在台公开销售的民众高达84.62%。

(五)市场仍待深度开发

自2003年大陆图书在台湾被允许公开阅读传播后,大陆图书在台湾的市场规模不断攀升。调查显示,当前有高达81.25%的台湾民众接触过大陆图书,接触渠道主要为实体书店(占69.23%)、网络书店(占69.23%)和图书馆(占46.15%)。但台湾民众对于大陆报纸接触度普遍不高,有96.23%的民众称从未接触过大陆报纸。另外,从未接触过大陆期刊的民众也达61.54%。大陆出版物在台湾市场仍有巨大的可开发空间。

四、大陆出版物在台阅读传播的策略

为增进两岸民众感情,并为两岸出版产业合作奠定更坚实的基础,今后大陆出版物入台阅读传播应秉持面向青年与深耕市场的策略。

首先,要重视培养年轻受众。青年是两岸和平统一的希望所在,但对于在台湾出生、在台湾成长的年轻一代而言,其对中华文化的认同,已和从大陆渡海来台的上一辈大不相同,正如台湾佛光大学谢大宁教授所说:"认同问题才是两岸关系深水区的核心问题。这些年来两岸在民族的、文化的认同上,正在快速地断裂之中,而且越是年轻人,断裂的速度与程度就越快、越彻底。"[①]同时,今后如何更好

---

① 谢大宁:《从反服贸学运看两岸文化协议》,《光明日报》2014年12月10日第6版。

地利用台湾青年所惯用的新媒体来增进大陆出版物的阅读传播效果,也是从业者必须面对的挑战。

其次,要针对台湾市场需求策划出版物内容。出版业一直是"内容为王"的产业,一些过于强调"统战"意图而忽视台湾市场真实需要的出版物,难以在台湾广泛传播,正如《中国出版业发展报告》在分析出版业未来发展趋势时指出的:"精品力作的生产将被放在出版业发展的首位。"①今后,应针对台湾出版市场需求,善于利用具有大陆求学和工作背景的台籍出版从业人员,针对台湾市场精心策划符合受众意愿的内容,以更好地发挥大陆出版物的在台影响力。

最后,要加强台湾中南部销售渠道的铺设。台北是台湾最大的都市,受其影响,众多商业形态,特别是文化和服务业都呈现出"北重南轻"的现象。同时,由于台湾政治版图"北蓝南绿"的特点,多数中南部民众思想"偏独",而接触大陆出版物的机会又更少。鉴于此,对大陆出版物入台而言,今后应特别加强对台湾中南部销售渠道的铺设。同时,受淘宝网等网络售书渠道的冲击,近年来台湾书店销售大陆图书的业绩不如从前,但在中南部仍有较大市场,如何进行差异化经营成为关键。例如若水堂书局清华店由于接近科学园区,大陆理工类图书销售增长迅速,而高雄店的棋牌、武术等休闲类图书也非常热销。可见,对大陆出版物入台而言,铺设台湾中南部销售渠道有着较大的潜在提升空间。

总之,就大陆出版物在台阅读传播而言,随着市场需求差异化和市场竞争激烈化,今后开展大陆出版物入台工作时应特别重视市场调查和对台湾受众需求的细分,淡化长期以来只求获得政策补贴的心态,让市场问题市场解决。可以说,只有对台湾市场"投其所好",大陆出版物入台才能发挥应有的传播效果,也才能为两岸出版产业深度合作和两岸民众彼此深入了解奠定牢固的基础。

---

① 郝振省:《中国出版业发展报告》,中国书籍出版社2012年版,第16页。

案例报告二

青岛出版集团：传统出版的业务转型

吕晓彦[*]

一、我国出版上市公司的转型路径

由于整体盈利增长缓慢，我国的传统出版业正处于加速转型中，越来越多的出版单位积极主动地采取多种路径转型。其中，出版上市公司根据各自的业务特点选择转型路径，在2016年调整结构、挺拔主业、跨界融合、布局海外、多元发展。纵观下来，绝大多数出版上市公司采取了整合升级销售渠道、多元布局文化产业、转型资本投资市场等转型路径。

表 3-2-1　主要出版上市公司的转型路径选择

公司简称	转型路径
凤凰传媒	发行体系："大中小"相结合，主要书城均已完成改造升级 游戏与影视：在智慧教育、影视、游戏、娱乐等产业拓展
中南传媒	影视：中南博集天卷与郭敬明旗下最世文化达成战略协议 基金服务：泊富基金正式投入运营并完成首个投资项目
中文传媒	新华建设："新华矩阵"成型，逐渐涉足泛文化产业布局 游戏：智明星通快速发展，自主研发游戏或购买游戏开发权
青岛出版	实体书店：构建线下阅读服务品牌，形成多个主题书店 新媒体：建立国内首个微信图书服务平台"青岛微书城" 影视：成立青岛城市传媒影视有限公司，积极寻求合作

以表3-2-1中的四家企业为例，出版上市公司在整合升级销售渠道方面，多以新华集团实体书店与新媒体来推广业务；多元布局文化产业方面，影视文化、网络游戏、在线教育等备受关注；转型资本投资市场，以成立文化产业投资基金为主要方式。通过这些举措，多数出版上市公司在转型升级中取得了一定成效，也在慢

---

[*] 吕晓彦，中国海洋大学文学与新闻传播学院硕士研究生，主要研究出版产业以及传统文化产业转型发展等。

慢探索符合本身、更具特色的转型发展之路。

二、青岛出版集团的转型探索分析

青岛出版集团是2009年由青岛出版社整体改制设立的国有独资文化产业公司,是青岛市政府直属的文化企业,是图书、报纸、期刊、电子、音像、网络、影视七大功能齐全,覆盖出版传媒产业链条上中下游,具有城市发展特色的综合性出版传媒集团。青岛出版集团所属的青岛城市传媒股份有限公司是全国首家在国内主板上市的副省级城市出版传媒企业,这也是山东文化企业主板上市实现的零的突破。因此,探讨青岛出版集团的转型与探索具有深刻的意义。

（一）转型为体验式消费文化中心

1. 文化与消费结合的体验式商业模式成主流

"体验式"的产生,是源于商业中零售行业的不断发展升级,以及消费者对于购物场所的要求日趋多元化。文化与消费结合是使人感觉到愉悦的全方位参与的购物行为方式,因此越来越多的消费者已经不能满足于仅仅在商场购物,而是呈现出对文化层面的消费诉求。商业快速扩张的过程中,各种体验式文化消费逐渐成为主流,综合商业也进入一种多元化、多业态的客观阶段,商业业态的结构正面临转变。

2. 建立线下新型商业文化业态与线上微书城两个平台

对于线下,集团提出发展新兴商业文化业态的思路,规划以城市中心区为核心,在青岛市南、黄岛和红岛3个城市核心区域,分别设立大型综合文化体验中心,打造青岛文化消费服务高地。集团在市南区建设以图书销售为主,集休闲阅读、影视欣赏、数字文化互动等功能为一体的文化商业综合体;在西海岸经济新区商业核心区的青岛数媒中心,将以图书销售和数字研发体验为主,以多元化媒体业态为补充;在高科技产业聚集的青岛红岛经济区,集团计划在红岛核心区建设文化商业中心,提供个性化的文化产品和多元化的文化服务。

线上集团打造首家微信图书服务平台"青岛微书城",是全国第一个微信书城,实现了手机选书购书与微信安全支付的最佳结合。目前,"青岛微书城"的特色在于手机购书优惠和"同城24小时送书到家"服务、图书团购、晒书社区。在2015年,青岛微书城"粉丝"接近6万人,"粉丝"购买率在30%以上,平均每单购买金额超过50元。①

---

① 《微书城打通线上线下平台 助力实体店"逆袭"》,东方文创网,2015年1月6日,http://shcci.eastday.com/c/20150106/u1a8525129.html。

3. 线下与线上平台互动优势分析

微信作为新兴社会化媒体在营销方面具有其独特的优势,能够为出版业营销提供可行性。① "青岛微书城"没有电商的优势,不适合采取价格战和电商对抗,但是借助微信的营销,可以吸引更多的人走入实体书店。所以,微书城卖的不只是书本身,而是一个个组合,比如书＋活动、书＋餐饮等,这样可以逐步把顾客吸引到线下,从而体验更多内容。在青岛出版集团线下搭建的新兴商业文化业态基础之上,微书城可以把线上的消费者带到现实的书店中去。在线支付线下商品和服务,再到线下去享受,这样一来便打通了线上和线下两个平台,使得线上平台的便捷性和线下平台的体验性实现良好互动。借助这样的优势,集团在文化消费的转型中实现了有别于其他企业的创新,同时也有利于打造整个城市的阅读氛围。

图 3-2-1　线上与线下的平台互动

4. 集团转型为体验式文化消费中心的意义分析

从线下平台来看,青岛在 2011—2020 年的城市总体规划中提出"三城联动",分别是胶州湾东岸地区、北岸地区和西岸地区。② 青岛出版集团的线下商业布局与城市的总体规划相匹配,因此新型商业文化业态的潜力和发展空间十分可观。同时根据三大区域的不同特点所构成的商业形态也有所区别,这样一方面适应了区域性的文化特点,另一方面也为体验文化的人提供了更加多样化的选择。布局合理、业态丰富的商业运作,使得青岛出版集团成为多元化文化服务商的可能性大大增加。线上的"青岛微书城"整合优质图书期刊、音像制品及文化衍生产品资源,通过微信便捷选购支付和数据挖掘优化,成为首家微信图书服务平台,为青岛和全国读者提供了最为便捷实惠的文化阅读新服务,同时通过微信优秀的互动性增加了全新的阅读交流平台,为青岛打造"阅读之都"做了铺垫。

通过线上和线下两个平台的良好互动,青岛出版集团将原本功能单一的内容资源充分利用,在现有的内容和市场优势基础上,加快服务模式的转型,推出全新

---

① 吴荆棘、王朝阳:《出版业微信营销研究》,《中国出版》2003 年第 8 期。
② 参见《青岛城市总体规划出炉 向国家重要中心城市迈进》,搜狐网,2016 年 2 月 15 日,http://www.sohu.com/a/58813674_103035。

的服务平台和服务品牌。在未来,青岛出版集团会从简单的卖场销售转变为具有引导性的文化体验消费,会从单一的内容提供商转变为多元化的文化服务商。

(二)成立影视公司,跨界进军影视行业

1. 基于转型体验式文化消费和青岛影视特色下的集团选择

一方面,现在看电影已经成为中国人的文化习俗,从大城市到三、四线城市,融入了城镇居民的日常生活,电影消费成为国民文化消费的习惯和首要选择。同时,电影作为文化产业的龙头产业,爆发式的增长还在继续。集团在转型为体验式文化消费的跨界选择上,影视行业自然排在首位。另一方面,青岛拥有红瓦绿树、碧海蓝天独特的自然条件,海滨风光、万国建筑的城市风貌,每年吸引着多个剧组来青岛拍摄。其次,青岛拥有悠久的电影发展历史和电影文化。目前,青岛市正着力打造灵山湾影视文化产业区,形成集投资、拍摄、制作、发行于一体的影视全产业链。随着《关于促进影视产业发展的若干意见》《青岛市影视产业发展基金管理使用办法》等促进政策的相继实施,青岛影视产业的强大聚集效应正在凸显。因此,青岛出版集团在积极拓展集团新业态时,从自身转型的需要和青岛的影视特色出发,选择跨界影视业。

2. 建立影视公司,取得影视许可证

青岛城市传媒股份有限公司出资1亿元设立的青岛城市传媒影视文化有限公司已于2016年取得"企业法人营业执照",青岛城市传媒影视文化有限公司正式成立,将主要围绕影视剧项目投资制作、影视IP多元化开发及影视文化培训等领域开展业务。2014年6月青岛出版集团正式获得国家新闻出版广电总局颁发的"广播电视节目制作经营许可证",标志着继图书、报纸、期刊、网络、音像等出版业态之后,青岛出版集团已获准开展广播电视节目的制作和经营业务。

3. 优质版权内容带来的影视剧本优势

近年来,青岛出版集团坚持实施走出去战略,通过版权输出与引进,开发优质版权内容资源。① 在此基础上,青岛城市传媒股份有限公司也有了一定的项目储备,覆盖影视剧、网剧、微电影等多个领域。同时,悦读纪作为国内女性首个阅读品牌,曾孵化了《何以笙箫默》《致青春》等多个现象级IP文学作品,公司在2015年实现了对其控股。

由于在影视行业中,剧本的质量直接决定着一部影片的质量,所以集团自身

---

① 《青岛出版集团:加速集聚版权资产》,中国社会科学网,2017年4月20日,http://www.cssn.cn/ts/ts_wxsh/201704/t20170420_3493298.shtml。

出版的图书可以为影视行业提供大量优秀的剧本。依托自身拥有的图书资源,公司将本土优势和文艺作品进行整合,这样就可以达到传统图书资源和影视制作剧本的优势互补,实现出版产业链深度开发和二次开发。同时,影视公司对图书的进一步开发可以更好地消化图书资源,深度开发可以为青岛出版集团提供新的利润增长点。由此可见,青岛城市传媒影视文化有限公司依托青岛城市传媒股份有限公司,本身具有的影视剧本优势是其他影视公司无可比拟的。

4. 集团影视业务开展与合作的效果分析

集团在影视业务开展方面,电影的第一次投资选择了陆川导演的《九层妖塔》,这部电影成为当年国庆档总票房的第三名。这是集团参与投资的第一部商业电影,也是集团进军电影产业的重要探索。作为影视投资行业的试水,第一次的探索成功使集团在影视投资方面拥有了良好开端。在影视教学方面,公司控股的青岛星之原影视文化传媒有限公司为北京电影学院在山东省唯一授权的影视人才艺术培训机构,将为公司的影视产业提供充足的后备人才,特色的人才建设也有利于公司影视产业的长期发展与稳定。

在影视业务合作方面,集团计划与喀什经济开发区联手在北京成立版权运营中心,这样可以打造影视版权挖掘、甄选和管理运营的服务平台,推动优质版权资源高效整合,有利于形成公司和喀什经济开发区双赢的局面。在省内的邻近城市里,集团与潍坊广播影视集团共同出资打造青岛出版社潍坊分社,以高品质出版物的策划、编辑、发行,文化产品及衍生品开发服务为主营业务。这样依托潍坊、辐射周边,一方面可以为当地提供优质的文化服务,另一方面也可以将潍坊分社打造成拉动区域文化产业发展的重要文化企业。

目前,影视公司已经制订并完成了很多影视相关的工作计划,预测未来将投资制作多部影视作品,也会与多个国内一流的影视公司、导演工作室签署合作协议,参与或主导开发影视剧及相关项目。影视产业作为文化传媒大产业中的一环,公司也会一直关注其投资和发展机会,未来的影视公司势必会立足上游IP资产的资源优势,实现影视投资收益的最大化,以跨界影视业的新业态布局带动集团的转型与发展。

(三) VR阅读与教育的探索

1. VR教育趋势下的集团探索

技术变革是竞争的主要驱动力之一,在产业结构变化以及新兴产业创造方面发挥着重大作用①,而 VR 技术则是新一轮调整产业结构及创造新兴产业的机会,广泛应用于教育、医疗、房地产、航天等诸多领域。从 VR 教育层面来看,一方面,政府对教育信息化强有力的支持,以及教育体系自身的创新需要,共同驱动着 VR 教育垂直市场的发展;另一方面,随着教育形式的多样化以及前沿信息技术在教育领域的深入应用,VR 学习环境推动越来越多的教育学者通过重塑学习方式回归教育本质,对培育创新型人才和教育普及产生了深远的影响。基于这两点,集团积极求变,向 VR 技术靠拢,致力于探索阅读、教育的新方向,也是在转型探索中的一次重要尝试。

2. VR 阅读和创新教育示范平台的建立与长远发展

2017 年 3 月,青岛出版集团与 HTC VIVE 共建"VR 阅读和创新教育示范平台",计划陆续推出海洋教育、信息技术、人文艺术、足球教育等学科系列 VR 阅读资源包和 VR 教育课程,在向山东省内合作试点小学推广使用后,拓展合作服务到全国范围更多小学、中学、职校、高校,以及各级图书馆、新华书店网络。目前,青岛出版集团与青岛海逸学校建立首个青岛 VR 海洋教室,结合海洋特色教育需求和 VR 海洋课程内容开发,架构起了海洋主题课程体系。

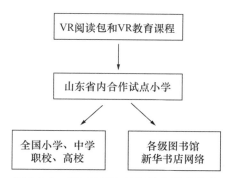

图 3-2-2　VR 阅读和创新教育示范平台

集团立足于青岛本身的城市特点,以海洋教育为突破口,打造青岛特色的 VR 教育内容,一方面有利于与其他公司的业务有所区分,凸显出本身具有地域特色的教育品牌,从而形成自身的核心竞争力,这将为后续的推广打下坚实基础,另一方面,地域特色过于浓厚的 VR 教育也可能给集团带来一定的局限。因此,集团的 VR 教育探索要在特色型和普适性之间找到良好的平衡点。

---

① 迈克尔·波特:《竞争优势》,华夏出版社 1977 年版,第 172 页。

3. 青岛出版集团进军 VR 行业的优势分析

首先,与巨头 HTC VIVE 的合作带来了技术上的独特优势。VR 头盔带来的眩晕感觉常常会影响用户体验,而作为全球智能移动设备与虚拟现实科技的创新领先企业,HTC 打造的 VIVE 是全球首款完整的虚拟现实解决方案。在 HTC VIVE 的技术、平台支持下,青岛出版集团所推广的"VR 阅读和 VR 教育"创新内容资源和创新服务模式,也会受到来自先进技术的良性影响,从而使技术起到强有力地支持内容的作用。

其次,集团的内容优势在 VR 教育领域更加凸显。对于 VR 教育来说,VR 只是手段,教育行业对于内容生产的要求较高,但是目前国内市场上出现的很多 VR 企业还是以硬件、平台商起家,内容生产成为自身的短板。而这一点对于青岛出版集团来说,恰恰相反。从教育出版的层面来看,集团已经自主开发了《数学》等国标教材和《环境教育》等地方教材;在少儿出版方面,出版了国内知名少儿文学作家的作品,将中国台湾一线少儿作家的版权资源聚集旗下,童刊也由最初的 3 本发展到目前每月出版 40 多个品种的期刊方阵。以这样优质的教育内容进军 VR 行业,将为集团在 VR 教育行业的发展奠定坚实的基础。

4. 集团在 VR 阅读与教育方面的探索成果

青岛出版集团的 VR 产品在青岛会展、山东文博会和深圳的第十三届文博会中大放异彩。特别是在第十三届文博会中,青岛出版集团展示了 VR 阅读教育示范平台和社区数字阅读。这个平台为学校、图书馆等提供 VR 阅读内容和 VR 教育内容资源。在学校,集团为学习者打造开放、可交互、沉浸式的三维学习环境,使学生可以融入课堂环境,告别以往单调的授课方式,获得比传统教科书更加清晰的教学效果,特别是 VR 一体式头盔带来的身临其境的体验让学生好评连连。在图书馆推广的社区数字阅读利用数字化的手段,打造了 24 小时无边界立体式阅读,使纸质阅读与数字阅读有机结合,满足了群众文化生活的不同需求。

集团除了内容产品的提供,同时提供硬件方案,努力把 VR 阅读与教育打造成体系化产业,积累成一个内容和产品服务的平台。同时,集团会把上市公司的重要版权内容资源 VR 化,引领 VR 阅读特别是 VR 创新教育新趋势,进而使得技术与内容构成新型文化业态,引导人们进行新型文化消费,为转型为体验式文化消费中心打下基础。

三、对其他出版上市公司的启示

青岛出版集团立足现有的版权优势,打造线上线下融合的新业态,进而进军影视业和 VR 行业，做到了在稳定中求发展。作为副省级城市中的优秀出版传媒企业，青岛出版集团的举措对其他出版上市公司具有一定的参考价值。

（一）探索出版上市公司的多元化发展路径

对于出版上市公司的发展来说，多元化经营主要是指出版集团除了涉及图书、期刊、电子出版物的经营之外，还可在其他相关联领域比如影视、教育、游戏等行业谋求发展。青岛出版集团进军影视行业，正是对多元化发展路径的尝试与探索。

1. 以盈利为前提，继续大力发展新型业务

随着社会中新兴行业的出现，传统行业在社会潮流中正面临着激烈的竞争。目前我国传统出版产业在整个出版行业占有较大比重，但其经济收益率却远远低于新兴产业。传统出版产业与软件、游戏、影视行业相比存在明显的弊端，前者投入资金多、成本高、回收慢，而后三者在产业链的环节更加具有时代特征和先进性，符合大众口味，所以营利性更强。因此，出版上市公司应充分认识到新兴产业的高效益性，大力发展符合时代特征、盈利能力强的新兴产业。例如，为满足当下大众对家庭教育、职业、学习、影视娱乐等信息的需求，可继续加大对影视、游戏、教育等相关新兴项目的投资力度，增加上述相关行业的图书发行量。只有这样与时俱进，遵循传统业务与新兴行业相结合的原则，不断提高对新兴项目的投资成效，我国的出版上市公司才能实现产业链的进一步扩展。

2. 发挥资源优势，积极拓展开发新式产业链

出版企业除了有着独特的内容资源外，还拥有人、财、物、信息以及销售、物流网络等。这些资源中的某些优良资源可以成为进入新业务领域的资本，从而获得新的经济增长点。① 随着消费群体和消费需求的扩大，新式产业链的开发与拓展迫在眉睫，将传统出版行业与各行各业联系在一起。因此，在发挥原有资源优势的基础上，完善产业结构是出版上市公司发展的重中之重。例如，青岛出版集团近几年来不断完善其产业结构，开始注重跨专业合作，并不断扩展经营地域，延伸集团产业链等，这些都是值得其他出版上市公司借鉴的地方。除了产业结构外，出版上市公司还应从产业链的形式入手，打破上游到下游的传统结构，追求产业链的多元化发展。

（二）寻找阅读、教育与 VR 技术的最佳切入点

在 VR 引领的新技术领域里，拥有内容优势的出版上市公司更要把握好技

---

① 陶丹：《中国出版企业实施多元化经营的途径与建议》，《中国出版》2011 年第 4 期。

术,寻找到阅读、教育与 VR 技术的最佳切入点。

1. 增强 VR 阅读在内容和形式方面的丰富性

VR 图书的评价并不是很高,这些负面评价主要集中在 VR 图书不够丰富、体验不好这两个方面。早在 2007 年新华书店系统、出版社发行的总销售中,中小学教材教辅共销售了 79.40 亿册,占当年出版物总销售数量的 49.26%[①],现在这种现象更加普遍。纸质书的种类有限,使得目前 VR 图书品种多集中在少儿类领域,其他领域比较少。有限的内容和受众,使得 VR 产品的口碑有很大的提升空间。其实在专业领域,这类新技术应用有着更为广阔的市场。众所周知,平面阅读往往在满足读者对获取科技类知识的需求方面存在短板,因此,着力挖掘更多可以嫁接 VR 技术的内容资源,是出版机构的当务之急。青岛出版集团及其他出版上市公司拥有丰厚的内容积累,应该挖掘市场上对 VR 阅读感兴趣的人群和 VR 技术呈现效果更好的内容,从而达到丰富 VR 阅读的目标,同时也可以考虑形式的多样性,比如线下阅读空间建设、VR 电子书开发等。

2. 要把 VR 技术落实到教育的本质

一个好的教学内容需要考虑 IP、剧本设计、与教材的紧密结合程度等问题。对于 VR 教育而言,现在很多开发者只是在"炒"技术,真正落实教育初衷的并不多。目前真正的学科教育专家、一线教师很难参与到 VR 教育课程、教育产品的开发设计中来,因此市场上的很多 VR 教育产品都存在学科教育和技术融合程度较低的问题,这就给 VR 教育的教学质量带来了很大影响。包括青岛出版集团在内的其他出版上市公司在与技术巨头合作的同时,同样要找到内容、产品与技术的契合点,把技术更合理地应用到流程改造、内容整合、丰富呈现、优化体验等环节中,根据需要,使内容、产品与技术更加合理地结合,比如各个学科、各个年级的知识点整理和编排选择更加专业的人员进行设计。出版上市公司可以着力增强这方面的互动和结合,让技术能够通过内容得到更好的呈现,利用技术使内容价值得到更充分的发挥,有效提升产品的竞争力。

四、总结

在多数出版上市公司采取整合升级销售渠道、多元布局文化产业、转型资本投资市场路径的大背景下,青岛出版集团着力在前两个方面进行转型与探索。其中线下的新型商业文化业态与线上"青岛微书城"的平台打通,极大地推动了销售

---

① 刘伯根:《出版集团战略投资论》,新星出版社 2011 年版,第 107 页。

渠道的整合与升级;在多元布局文化产业层面,集团主要进军影视行业,这是综合地域和本身所做出的战略选择,从长远来看发展潜力和空间巨大。最后,在VR技术大热的今天,集团积极寻求合作,在VR阅读与教育方面不断探索,具有一定风险性的同时,也是一次大胆的尝试。青岛出版集团的转型路径给予了其他出版上市公司一定的启示,同时自身也在转型与探索之路上越走越远。

案例报告三

《我在故宫修文物》：匠心品牌与中国故事

胡 艳[*]

一、影片概况和市场舆情分析

《我在故宫修文物》是由杭州潜影文化创意有限公司、北京故宫博物院出品的纪录片，由萧寒执导，并由在故宫博物院实际工作的文物修复师王津、亓昊楠、屈峰、王五胜、王有亮、杨泽华、纪东歌、陈杨出演。其大电影于2016年12月16日在国内上映，制作方在原有电视纪录片基础上，用了近七个月的时间，将100多个小时的素材重新剪辑成为89分钟的影片，呈现出适合年轻观影者的纪录片电影。该片主要讲述了故宫深处，书画、青铜器、宫廷钟表、木器、陶瓷、漆器等领域的稀世珍宝的复活技术，以及文物修复技艺的薪火相传，表现了人与物的相互陶冶、丰润与传承，以时间轴为主要叙事逻辑，用电视版未出现的画面着重展示了文物修复师的日常工作及生活状态。

根据猫眼电影提供的相关数据，该片的观众平均评分达到8.4分，最终累计

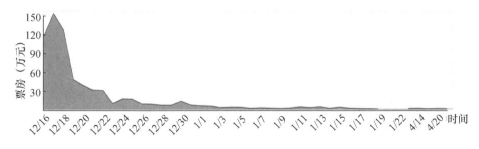

图 3-3-1 2016—2017 年日票房变化图

（数据来源：猫眼电影专业版）

---

[*] 胡艳，中国海洋大学国家文化产业研究中心文化产业管理专业研究生，主要研究电影产业、互联网文化产业。

综合票房 645.8 万元,结合成本投入、内容特殊性及纪录片市场整体形势等方面来看,已经算是实现了重要的探索和跨越。

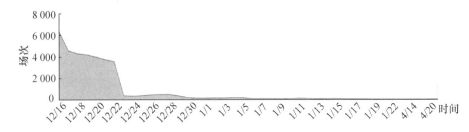

图 3-3-2　2016—2017 年日排片变化图

(数据来源:猫眼电影专业版)

从日票房和日排片趋势变化来看,由于预期受众心理期待度较高,发行和放映方在上映首日达成了相对较高的排片量,但是由于影片本身存在的一系列问题,以及纪录片小众市场的整体态势,其日票房并未达到相关方的预期,因此后续排片相对下降。随后,尽管日排片量在一周多的时间内保持稳定,但是日票房数量却逐日下降,尤其是上映第一周周末结束后的时间段,下降趋势十分明显,这样的票房表现也无法使影院有信心增加排片,最终以 645.8 万元的综合票房(累计分账票房 644.3 万元)收官。

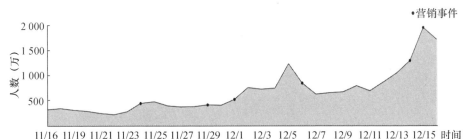

图 3-3-3　2016 年上映前营销事件和想看人数日增加变化图

(数据来源:猫眼电影专业版)

整体上来看,影片上映前的想看人数日变化量持续保持正增长,其中尤其是主题曲发布、十二城巡回路演、清华大学点映等营销事件的发酵,给想看人数日增加带来了小高峰。具体来看,11 月 28 日,《我在故宫修文物》作为广州国际纪录片节金红棉影展的开幕影片,在广州中山纪念堂举行了十二城巡回首战,即广州站的路演活动;12 月 5 日,其在清华大学举行点映活动;12 月 10 日,其在重庆举行路演;12月11日,其在西安举行点映;12月13日,在沈阳举行路演;12月14日《我在故宫修文物》十二城巡演点映最后一站在沈阳结束,片方公布了影片《大国匠心》终极预告。

从想看用户层级城市分布图来看,其中,二线城市想看用户比例最高,达到了44.9%,其次是四线城市,达到了21.9%,一线城市想看用户比例最低,这与电影产业本身的观影者城市层级结构比例基本相符,也说明了《我在故宫修文物》这一酝酿、火爆于网络视频平台的IP作品,在二线城市以及以下的市场,存在更大的潜力空间。

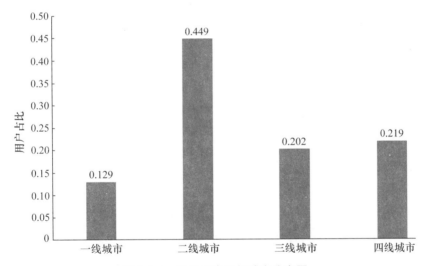

图 3-3-4　想看用户层级城市分布图

(数据来源:猫眼电影专业版)

二、影片成功与缺陷分析

整体来看,《我在故宫修文物》作为纪录片电影的重要尝试,在不少方面都表现了有价值的探索和尝试,其成功之处也不少,包括剧影联动的IP开发模式、大数据支撑下的精准发行和推广营销,以及内容选材的创新角度等,着实为纪录片电影市场带来了不少创新发展趋势。

(一) 成功之处

1. 剧影联动的IP开发模式

基于《我在故宫修文物》纪录片在互联网平台的迅速火爆,片中的文物修复师和各类稀世珍宝的实际修复过程,吸引了一大批的年轻受众,这一人群在弹幕网站完成二次创作,再通过社交平台的传播效应,为电影的创作和上映提供了原始的核心受众群。与其他剧影联动的IP开发模式一样的地方,就在于这一部分核心受众群不仅仅是电影创作过程中的重要市场参考,也是影片发行放映过程中口碑酝酿过程的主力军。

剧影联动的IP开发模式在商业电影中运用较为广泛,但是质量上依然良莠不齐,与国外成熟的电影市场相对比,国内的系列开发和IP开发确实还存在较大的不足,这也是《我在故宫修文物》作为纪录片电影,探索剧影联动,在已有的电视纪录片受众基础之上,开发院线大电影,培养品牌IP方面迈出的重要一步,实现了有参考价值的探索过程。

2. 大数据支撑的精准发行

从制作发行公司的角度来看,《我在故宫修文物》这部影片的互联网基因十分强大,包括猫眼电影、哔哩哔哩弹幕网、微鲸等公司在内,都为其大数据精准发行模式提供了重要的支撑。具体来看,包括以下几个方面:首先,从影片制作来看,猫眼电影、哔哩哔哩和微鲸,利用自身平台作为采集来源,为制片方提供票房、排片、收视率的精准数据,纪录片中哪些片段弹幕密集、被观看次数最多、哪几位修复师被谈论了多次,这一系列的受众取向都成了全部的原始素材中哪部分会被选入电影进行二度创作的重要参考。

制作公司	发行公司
清华大学清影工作室	天津猫眼文化传媒有限公司
故宫博物院	杭州潜影文化创意有限公司
天津猫眼文化传媒有限公司	故宫博物院
哔哩哔哩影业(天津)有限公司	
微鲸科技有限公司	
广州弘光电影投资合伙企业	
无锡光电影投资合伙企业	

图 3-3-5　影片制作发行公司一览表

其次,从影片发行营销来看,猫眼电影根据平台大数据对影片做了热度分析,据此为影片设计详细的路演路线图,根据影片受关注程度和与该片文化底蕴相符程度等最终确定了北京、广州、南京、西安、成都等12个城市,并在上映前的半个月内展开12城巡回路演,为该片宣传造势。根据制定的发行计划,在包括路演城市在内的全国一、二线城市展开排片沟通,在大片密集的档期,为《我在故宫修文物》积极争取排片。

表 3-3-1 上映前营销事件整合

时间	营销事件
11.24	陈粒献唱并发布电影主题曲《当我在这里》
11.29	广州观影会及路演
12.01	继深圳、武汉等地,在南京进行第四站路演
12.06	清华大学点映会
12.14	发布终极预告,十二城巡回路演结束
12.15	导演萧寒微博发布长文回应"卖情怀"

3. 内容选材的创新化角度

《我在故宫修文物》作为展现故宫风采的纪录片,并非首创,早在 2005 年播出的 12 集纪录片《故宫》就已经从建筑艺术、实用功能、馆藏文物等多方面展示了故宫的形象。而与之不同的是,《我在故宫修文物》这部影片是唯一一部系统化地以文物修复师为视角[①]、全方位展示故宫稀世珍宝的修复过程的纪录片,这是影片在选材上的最重要创新点。

与这一选材角度相反,其受众是基于互联网平台,尤其是哔哩哔哩弹幕网等娱乐化平台成长起来的群体。按照普遍的逻辑来看,这一内容与受众需求并不契合。然而事实上,恰恰相反的是,正是由于这一群体日常接触的都是最为流行的娱乐文化,当传统文化以一种较为轻松的方式呈现在其面前时,审美疲劳的受众群体会对此产生格外的兴趣,并且尝试用解构化的网络语言对其二次创作。弹幕文化既是一种表达评论,也是用户对《我在故宫修文物》的二次创作,同时是在利用用户群体进行自发内容营销和自觉推广,口碑效应再次放大,最终形成传统文化艺术与互联网亚文化的合理交融。这也意味着,在新的年轻群体占据观影市场主流时,如何恰到好处地契合其内容需求点,才是影片赢得这部分市场最重要的一点。

---

① 杜诗画:《〈我在故宫修文物〉网络走红的传播学分析》,《新闻世界》2016 年第 11 期。

此外，除了选材的创新角度，内容的合理呈现方式也显得尤其重要。与传统的纪录片不同，《我在故宫修文物》这部影片放弃了刻板严格的教条化方式，以年轻化和生活化的表现手法，为受众呈现出故宫深处的文物修复师的日常工作和生活，同时将他们的价值观理念用平淡的语言表达传递给受众，消解纪录片的严肃性和内容上的神秘性，使得整体影片的艺术语言更加亲切，并富有情感性，更容易为受众所接纳。

4. "后"院线阶段的衍生开发

一部影片从院线下映后，即进入"后"院线阶段的再发行过程，随着互联网产业与电影产业的深度交融，目前一般的院线电影，在下映后都会与视频播放平台合作，进行新一轮的网络发行。由于版权监管的逐步完善，以及用户付费消费习惯的逐步养成，院线电影的互联网发行也呈现越来越规范的态势，用户点击播放分账或版权买断成为除了票房以外，片方十分重要的收入方式之一。

就《我在故宫修文物》这部影片来说，其"后"院线阶段的衍生开发，呈现出一种成熟可借鉴的模式，不仅仅是针对纪录片电影市场，对于部分商业影片来说更是如此。首先，其与优酷实现了独播合作，从日播放指数趋势来看，影片刚下映时，播放量不断上升并达到峰值，在随后的一个月，逐渐呈现下降的趋势，但依然保持稳定的日播放数据，截至2017年6月，其总播放量约120万次。

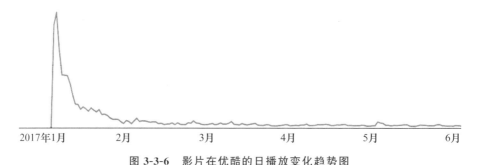

图 3-3-6　影片在优酷的日播放变化趋势图

（数据来源：优酷视频网站）

从播放用户画像来看，受众年龄占比最高的是 18—29 岁，职业占比最高的是白领，其次是学生，学历占比最高的则是本科。从这一画像就可以看出，《我在故宫修文物》这部影片的目标受众定位应该是十分明确和具体的——年轻并且具备一定购买力的中坚青年群体，其倾向于网络消费，受过良好的知识教育，乐于表达自我并且具有一定个性特征。

基于此，优酷与淘宝网的互动协同就显得更加顺理成章，这也是《我在故宫修文物》"后"院线阶段衍生开发的另一重要方面。在影片播放的第 8 分钟和第 30 分钟分别嵌入了电影限量版仿珐琅和仿剔红的笔记本购买链接,点击链接即可直接进入故宫博物院的天猫文创旗舰店。值得注意的是,这两个电影限量版周边产品均与影片内容相关,一是珐琅和剔红都是影片中出现过的修复文物类型,二是其产品本身还包含了受到观众喜爱的修复师的剧照,因此,对于大部分观影者来说依然具有较大的吸引力。

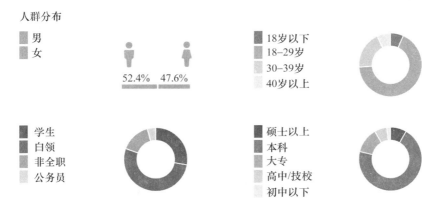

图 3-3-7　影片在优酷的播放用户画像

(数据来源:优酷视频网站)

(二)影片缺陷分析

另一方面,影片也存在受众定位缺乏质化分析、电影叙事方式转化不合理等缺陷,应该为其他同类或不同类影片,在生产制作和发行销售过程中引以为戒。具体来看:

1. 受众定位过于脸谱和机械

正如前文所述,《我在故宫修文物》这部影片是典型的观众电影[①],而非传统的作者电影。这一产品定位使得其在影片制作发行放映全过程中,都是以目标受众取向为最重要的参考信息。从电影内容可以看出,制片方预设了电影的观影者均为已经看过纪录片的人群,因此其对于片中的人物和背景十分熟悉,在这种大前提下,制片上舍弃了线性叙事而选择了碎片化呈现方式,甚至在影片中,对于故宫文物修复的各个组别及其成员也没有过多介绍。另一方面,片方通过一系列的用户行为大数据,分析出了观影者可能更感兴趣的片段和主角,并以此为影片剪

---

① 参见《〈我在故宫修文物〉上海路演:这是一部观众电影》,和讯新闻,2016 年 12 月 4 日,http://news.hexun.com/2016-12-04/187189182.html。

辑参考,受到观众普遍喜爱的钟表组王津师傅在电影中的时长就明显更多。这样的影片制作方式可以更容易地迎合受众取向,但是也存在一个矛盾点,那就是通过这样的方式,选择的二次剪辑素材,会给已经看过纪录片的这部分观众带来没有惊喜、东拼西凑,甚至是炒冷饭的感觉,与之对比,未看过纪录片的观众则呈现另一极端,那就是走进影院却看不懂这部影片。对这两类观影者来说,或许都未能达到更好的效果。

因此,无论是纪录片还是商业电影,采用类似方式进行制作时,应该尤其注意,除了参考用户围绕原 IP 的观看次数、弹幕条数甚至评论次数等这些表面的量化因素以外,更重要的一点是,要对观众群体做一定深入的质化分析。比如,在给出好评的观众中,是被修复师的人格魅力吸引的比较多,还是被修复文物的过程以及文物本身吸引的比较多,这或将决定电影叙事的切入点和落脚点。总的来说,无论是 IP 电影还是"粉丝"周边,其本质都是艺术语言和画面的再创作,而不是大数据分析出来的素材堆砌。

2. 电影叙事转化的不合理性

相比电视、网络,特效突出、故事性强的影片会更适合在影院这个大环境下放映。正是在这一市场大条件下,纪录片在国内电影市场通常很难打开局面,需要面对市场受众面小、影院预期排片少等一系列现实问题,其原因就在于纪录电影大部分偏向纪实,叙事节奏和方式相对比较琐碎,缺乏情节铺垫等因素,因此,在影院放映反而难以展示自身的一些优势,也无法引发观影者的共鸣。尽管近年间小众类型片市场的不断探索发展,包括《我们诞生在中国》等一系列优秀的纪录片开始在电影产业中被关注,也有一些市场表现相对优秀的作品出现,但是市场的不成熟依然是纪录片电影难以逾越的一个困难。

基于此,《我在故宫修文物》这部影片重新架构了一个区别于电视版纪录片的审美体系[①],正如前文提到的,从电视到电影的叙事转化,新意主要体现在剪辑的取舍,相比原版近似于科教专题片的形态,大电影的画面语言将落点更多置于文物修复师身上,而非文物本身,组织上区别于原纪录片按器物门类、工种甚至是渐次登场的各个人物来编排的逻辑,全片以故宫文物展筹备周期内的文物修复师群像描摹为主,换句话来说,电影的叙事从生活化的角度,对电视版的纪录片做出了相当多的补充。

---

① 参见《〈我在故宫修文物〉B 站爆红 为何进电影院却冷了》,网易科技,2016 年 12 月 23 日,http://tech.163.com/16/1223/10/C8VB3D3600097U7R.html。

但是,这一叙事集中度和节奏感上的差异,也正是影片未达到预期市场效应的重要影响因素之一。影片虽然回归到对修复师本身的聚焦,但相比原纪录片重点突出、内容翔实的画面节奏而言,包括观察角度的散点化、放弃旁白讲述方式等在内,都将纪录片题材本身的院线上映弱势,在转化后的叙事手法表达中放大,使得观影者在体验过程中无法适应这种不合理的转化方式,最终只能归咎为影片质量未达到电视纪录片的水平。因此,站在电影叙事手法这一层面看来,《我在故宫修文物》这部影片的可看性和包容性或许还未达标,对影像语法的结构性转变的轻视直接抑制了这一种转化的可能性,更遑论通过重构有限的电视素材来寻求创新的视角变化,毕竟电影剪辑素材正是按照电视纪实的创作初衷拍摄的原始素材,或许这一内容本身难以匹配电影叙事的要求。

三、中国电影的未来:匠心品牌与中国故事

《我在故宫修文物》这部电影作为一部剧影联动的 IP 式纪录片电影,对于中国电影市场的创新性价值不言而喻,而其成功的探索也不仅仅值得其他纪录片电影借鉴,对于大部分商业电影来说,也值得参考学习。总的来看,这部影片给中国电影的未来提供的思考或许是多方面的。

(一) 内容质量为本,讲中国故事

作为文化创意产业的核心产业领域之一,电影产业本身同其他文化创意产业领域一样,以创意内容为本,内容创新的竞争是市场竞争的本质,内容质量的高低是衡量市场核心竞争力的重要标准。因此,无论客观条件如何变化,保证内容创造的周期性和有效性,是电影产业生产制作中最重要的环节之一。

另外,讲中国故事是未来中国电影市场发展的重要趋势,包括纪录片和其他类型的商业电影在内。影片内容质量的高低,简单来说就是故事讲的好与不好,好的故事不仅叙事逻辑清晰,而且能够通过良好的叙事节奏,将观影者带入影片描述的场景,同时好的故事也能给观影者带来自由的情感共鸣,也正是因为如此,国产电影市场最需要的就是讲好中国故事,民族的也是世界的,在国内市场普遍认可的基础上,再思考如何走向国际,而不是简单地用好莱坞大片模式生搬硬套,最终只得到一个不伦不类的产品。事实上,包括《西游记之大圣归来》《湄公河行动》等口碑与票房俱佳的影片,都呈现出一个共同的特点,那就是讲了一个好的中国故事,或取材于中国传统文化艺术,或取材于真实的社会现实事件,经过电影艺术语言和叙事方式的加工,最终以颇具效果的情感共鸣,赢得了观影者口碑,也实现了较好的票房市场。《我在故宫修文物》也是如此,虽然电影版存在诸多不足之

处，但是其 IP 影响力的基础正是来源于其纪录片，对故宫文物修复这一中国故事的讲述，在互联网平台上实现了口碑的发酵，极大地增加了故宫本身的品牌价值和《我在故宫修文物》这一内容 IP 的市场影响力。

因此，总的来说，未来中国电影市场在经历了 2016 年的低增长之后，需要在影片内容方面更加关注，随着资本泡沫的不断挤出，观影者消费选择和需求表达自主性的不断增强，内容质量为本的中国故事，或将成为最大的趋势。

（二）大数据和技术手段为辅

随着互联网技术的不断发展成熟，互联网产业介入其他产业的程度不断加深，电影产业也是如此，"互联网＋电影"的融合模式逐渐成为市场主流。具体来说，互联网给电影产业带来的深刻变革表现在多方面：首先，互联网技术改变了传统的电影制片方式，影片内容的生产不再是封闭而专业化的，任何用户都可以通过互联网平台对影片内容的创造产生影响，或通过用户行为和用户取向，或直接选取用户创造内容，《我在故宫修文物》正是利用前者作为制片过程中素材剪辑的重要参考。其次，互联网技术改变了电影产业发行和营销方模式，随着网络视频行业市场结构的不断成熟，互联网发行成为院线电影的重要后续发行渠道之一，并且产生了新的网络大电影市场领域，形成了新的产业业态。最后，互联网技术使得影片观看体验提升具备更大的可能性，包括影院建设、设备硬件、影片拍摄技术、后期技术等在内的一系列技术手段，都可能为观影者更好的观影体验提供条件，这是电影消费不可忽视的重要方面之一。

要注意的是，虽然大数据和其他技术手段极大地改变了电影产业市场结构，但也依然只能作为辅助，内容为本的原则不能被忽略，正如《我在故宫修文物》所体现的一样，一味依赖用户大数据，忽略了其内容和叙事的兼容性，就很容易出现适得其反的结果。不仅仅要利用大数据看到用户的基本行为规律，更需要的是质性分析，是对用户行为背后的动机和价值观的探索。

（三）匠心打造内容 IP 品牌

与成熟的好莱坞电影市场相对比，国内电影市场最大的一个缺陷就是 IP 品牌和系列电影的开发，包括《哈利波特》系列、《速度与激情》系列等在内，好莱坞诸多系列电影都拥有较长的市场生命周期，以及稳定的观影受众群体，能够保证其续作的基本市场产出。因此，打造电影内容 IP 的品牌性，是国内电影市场的重要发展方向之一，这也是目前国内游戏、文学、电影、电视剧等内容联动协同开发的目标，《我在故宫修文物》也是从电视纪录片向电影纪录片的转化，未来也存在继续开发相关续作的可能性，甚至向游戏等其他领域拓展。

但是，要注意的是，在内容 IP 品牌系列化开发的过程中，要根据实际平台、载体、渠道的不同及时调整合理的叙事方式。举个例子来说，电视叙事语言与电影叙事语言的区隔就是剧影联动 IP 开发过程中，要面对的最重要的问题之一。电视叙事和电影叙事呈现两种全然不同的发展路径，其核心的区别在于电视是允许碎片化叙事的，观众也在长期的产业环境中，逐渐养成散点式的观看习惯，这在强调立意的电视纪录片领域表现得更为明显，相比电视剧或真人秀的叙事，纪录片的戏剧冲突在很大程度上会受到客观现实的制约，戏剧性终究不是它的立身之本；而电影叙事则全然不同，观影者对其叙事结构具有相当的要求和期待，因此，任何剧影联动 IP 开发都应该在内容制作过程中，对叙事方式再三推敲，力图实现最准确和最合理的叙事转化。

总的来说，与其他文化内容产品一样，电影产品也不是一次性消费品，对于品牌性的要求也十分高，只有更高的影片质量才能保证电影品牌和市场号召力，为内容 IP 品牌的系列化开发奠定基础。

（四）"后"院线衍生开发的不断深化

一部影片在院线上的生命周期并不长，在国内电影生产数量能够满足市场需求的情况下，"后"院线发行过程就显得尤其重要。对于受众市场相对较小的影片来说，互联网视频平台能够实现市场长尾效应，弥补院线阶段无法达到的市场效益；对于受众市场较大的影片来说，如果其本身已经在院线获得了较好的票房成绩，那么更应该利用已经累积起来的受众基础，强化衍生开发，包括与视频播放平台的合作、衍生周边产品的开发销售等。

降低对票房收入的依赖，增强衍生开发是目前电影产业市场重要的发展趋势之一，正如《我在故宫修文物》一样，文创产品的规范化开发，能够成为片方的重要收入来源之一。随着用户消费观念和消费行为的不断成熟，衍生品市场越来越呈现出新盈利点的发展态势，甚至包括各大在线售票平台在内，纷纷布局衍生品商城，最典型的如时光网。"后"院线阶段的开发，不仅能够为影片的市场表现提供发展空间，也为电影市场整体产业生态，以及产业链合理拓展创造了良好的基础，是各市场主体不可忽视的重要阶段。

（五）准确定位市场核心受众

准确定位市场核心受众，是电影产品获得市场产出的重要前提。目前国内电影产业市场最基本的核心受众，是年轻的社会人和学生群体，这一群体具备一定的电影消费能力，享受文化体验过程，青睐网络购买形式，并且经常使用社交平台，以此进行需求的自我主张和自我表达。因此，对于《我在故宫修文物》这种传统内容型文化产品来说,实现与年轻受众群体的自由共鸣,并且在形式上、内容上等使用户获得良好的情感体验,或许是其创作和推广过程中最重要的原则之一。

要注意的是,连接创造和消费两端的内容、营销、受众等环节事实上都十分重要,并不是简单地迎合用户口味就能实现市场效益,内容质量合格但缺乏创新性的作品,仍然难以打开受众市场;在新的互联网市场条件下,强大的交互性和平台属性不容忽视;即使准确定位了影片的目标受众,也要依靠优质的内容和刺激消费痛点的推广营销,激发目标受众的消费欲望。换句话说,就是不仅仅要知道市场核心受众喜欢什么类型的内容,以什么样的方式来呈现,观众为什么愿意付费消费等,此外,最重要的还有在不同时间、平台、地点和细分人群之间,这些问题有何不同,以及为什么会发生这样的变化,只有这样,才能真正抓住核心受众群体。

案例报告四

阅文集团：立足内容构建商业帝国

罗潇丽[*]

一、强强联合——阅文发展史

阅文集团是国内首屈一指的网络文学企业，作为引领行业正版数字阅读平台和文学 IP 培育平台，旗下拥有 1000 万部作品储备、400 万名创作者，覆盖 200 多种内容品类[①]，占据国内 IP 改编市场优势份额，成功推出《步步惊心》《鬼吹灯》《盗墓笔记》《琅琊榜》《择天记》等大量优秀改编作品。阅文集团涵盖众多知名品牌：起点中文网、创世中文网、小说阅读网、潇湘书院、红袖添香、云起书院、榕树下、起点国际等文学网站；QQ 阅读、起点读书等移动阅读 APP；天方听书网、懒人听书 APP 两款有声读物产品；中智博文、聚石文华、华文天下等图书策划出版公司。

阅文集团的发展历程也是网络文学产业的发展史。2002 年，吴文辉等人创立起点中文网，策划并主导网络文学界第一套完整的付费阅读支付系统、内容管理系统的建设，并进行成功推广，使网络文学商业逻辑得以确立。千字两分的 VIP 收费制度以及与签约作者三七分成的全新模式，一举解决了网络文学网站经营、作者激励、作品质量的问题。在收费实行一年后，起点在 2004 年拥有注册会员达 100 万，作者团队达 2 万，月均盈利额超 10 万元。[②] 这一突破性的革新也引爆了整个网络文学界，"千字两分""按比分成"和后来的"月票"被其他网站争先效仿，甚至成为网络文学行业规则。

2004 年 10 月，盛大网络全资收购了起点中文网。2008 年 7 月，盛大文学宣

---

[*] 罗潇丽，中国海洋大学国家文化产业研究中心文化产业管理专业硕士研究生，主要研究出版传媒、文化经济等。

[①] 任晓宁：《阅文集团推介成熟 IP 积极构建泛娱乐产业链》，《中国新闻出版广电报》2016 年 3 月 21 日第 3 版。

[②] 韦伟：《传"网文教父"吴文辉将执掌腾讯文学 携起点团队回归》，中国经济网，2014 年 4 月 4 日，http://finance.ce.cn/rolling/201404/04/t20140404_2600769.shtml。

布成立。当时盛大文学占整个原创文学市场72%的市场份额。① 运营的原创文学网站包括起点中文网、红袖添香网、小说阅读网、榕树下、言情小说吧、潇湘书院六大原创文学网站以及天方听书网、悦读网、晋江文学城(50%股权)。同时还拥有华文天下、中智博文和聚石文华三家图书策划出版公司,是国内最大的民营图书出版公司。

2013年3月,由于盛大文学内部经营管理出现矛盾,吴文辉带领起点中文网主创团队从盛大文学离职,另起炉灶创办创世中文网,后归入腾讯文学;同年9月,腾讯文学正式亮相并于一年后宣布以子公司形式独立运营,吴文辉担任首席执行官。

2015年3月,由腾讯文学和盛大文学联合成立的新公司——阅文集团正式挂牌。阅文集团统一管理和运营原本属于盛大文学和腾讯文学旗下的起点中文网、创世中文网、小说阅读网、潇湘书院、红袖添香、云起书院、榕树下、QQ阅读、中智博文、华文天下等网络文学品牌。阅文集团是目前全球最大的正版中文电子图书馆、国内最大的网络文学IP源头。

2017年3月,在腾讯2016年全年业绩发布会上,腾讯总裁刘炽平确认,阅文集团即将从腾讯内部分拆上市,目标的上市地点是香港。4月,阅文集团与亚马逊正式达成合作,亚马逊Kindle书店首次推出网络小说专区。5月,阅文集团旗下起点国际正式上线。起点国际是起点中文网的海外版,旨在为海外读者提供最全面内容、最精准翻译、最高效更新及最便捷体验,阅文集团迈入全球发展阶段。在6月阅文生态大会上,阅文集团宣布,接下来一年将投入两亿元人民币②,设立基于阅文集团内容合作领域的产业基金,在优质出版内容引进、内容商业扶持、内容品牌传播和优秀青年作家创作扶持四个方面给予投入和支持。

由盛大文学和腾讯文学合并而来的阅文,其成立与发展可以被形容为"站在巨人的肩膀上"。一方面,盛大文学拥有众多文学网站和知名作家,积累稳定了的网络文学用户;另一方面,腾讯集团影视、动漫、游戏资源众多,具备成熟的产品推广能力。阅文集两者优势为一体,既拥有大量原创网络文学内容,又具有开发后续衍生产品的实力。阅文从成立之初,发展目标就十分明确:依托旗下文学网站内容资源,全版权运营优质作品,在网络文学原创内容、IP运营和数字出版领域

---

① 彦飞、晓明:《盛大文学招股书概要:占据七成市场份额》,新浪科技,2011年5月25日,http://tech.sina.com.cn/i/2011-05-25/08325567661.shtml。

② 《阅文集团:2亿基金投入+五大品类开拓+50部独家首发,壮大"互联网+出版"》,2017年6月8日,https://mp.weixin.qq.com/s/r_8-JkNh1QFG3IdMfOMlJg。

强势领跑。

二、内容为王——盈利模式分析

网络文学产业的竞争能够充分体现文化产业内容为王的特质,内容创意在整个产业链中占据绝对核心的地位。网络文学作品庞大的基数决定了竞争激烈,网络文学作家想要占有市场一席之地,就要依靠作品来吸引用户。网络文学产业盈利的源头是优质的故事内容,以文字的方式进行生产,投入到市场中接受用户的检验,用户会通过点击量、评论和付费的方式反馈对作品的接受程度,好的故事会拥有极高人气,聚集大批的"粉丝",为后续的版权运营打下基础。如果没有好的故事,吸引不了用户,网络文学作品在网上连载这一阶段就已经失败,后续也不会有机会开发其他衍生产品。

阅文集团的盈利模式是以优质网络文学作品为核心,从付费阅读、图书出版、影视、动漫、游戏改编等环节获得多元经济收入,网络文学作品全版权运营无疑是将内容价值最大化。而"一意多用"的开发形式能够较好地规避市场风险。改编拥有稳定"粉丝"群体的作品,市场份额可以被预估,比起将全新内容推向市场,资本市场更倾向于投资前者。现阶段的阅文集团盈利由三部分构成:主要收入来源付费阅读,增长较快的版权运营收入,值得进一步开辟的"蓝海"数字出版。

图 3-4-1　阅文集团盈利模式图解

(一)主要收入——付费阅读

虽然目前 IP 的概念炒得火热,但是能够像《盗墓笔记》《择天记》在图书、影视、动漫、游戏等领域全版权运营的网络小说,在数量众多的网络文学作品中仅占极小部分。目前阅文集团最主要的收入来源依然是文学网站的付费阅读。阅文集团发布的《2016 网络文学产业》报告显示,2016 年度整个集团稿酬发放近 10 亿元,一般文学网站与作者的分成是四六开,保守估计阅文集团 2016 年付费阅读收入至少 7 亿元。

付费阅读收入具体可以分为三种:第一是 VIP 章节收入。作者在网站上发表新作品时,先通过免费的章节阅读吸引读者关注和积累人气,等作品的关注量、收藏量及评论量到一定的数据标准,之后更新的章节成为 VIP 章节,需要付费才能阅读。第二是打赏收入,用户可以充值人民币兑换成网站虚拟货币,额外对作品和作者进行犒劳。第三是包月收入,按月扣除一定费用之后,用户就可以自由阅读网站付费章节或是以低于一般收费标准的费用阅读 VIP 章节。以上三种收入都是签约作者和文学网站之间按比例分配,签约作者等级越高,分配比例越高。

(二)快速增长——版权运营

阅文集团作为网络文学 IP 最大的源头供应商,在保持内容优势的基础上,积极介入全产业链发展,打通上下游产业链的平台。阅文集团在版权运营时更注重如何让用户获得全程式内容体验。阅文集团的版权运营通常是有组织、有目的的逐步推进式,并非简单粗暴地出售作品版权,而是在生成潜力 IP 后,就将服务前置,积极寻找影视、动漫、游戏等相关方面的公司合伙,规划未来衍生作品及运营,收益由所有合作的作者及团队共享。阅文集团不仅是内容提供方,更是一个资源聚合的平台。

以阅文旗下的作品《择天记》的版权运营为例。《择天记》是著名网络文学作家猫腻加入阅文集团后的首部作品,于 2014 年 5 月开始连载。在文学作品连载 6 个月后,与巨人网络合作的网游《择天记 OL》就上线内测。一年以后,《择天记》推出第一季动画版,成为国内网络文学作品成功改编动画的首例;同时舞台剧也在上海艺海剧院公演。2017 年 4 月《择天记》电视剧播出,截止到 6 月,全网播放量突破 260 亿。① 针对这部拥有众多"粉丝"的作品,阅文集团先后推出图书、游戏、动画、舞台剧、影视剧,并借助营销手段始终保持作品的话题热度,在全产业链上有条理地联动"粉丝",实现网络文学"粉丝"经济的可持续化发展。

(三)潜力无限——数字出版

实现全民阅读是阅文集团未来发展的重要目标,因此阅文集团大幅度地扩充内容,投入上亿资金,重点增加网络文学之外的文学作品,致力于建设一个中国最大最全面的正版内容线上阅读基地。数字出版领域主要是借助渠道+海量内容实现盈利,如今阅文集团的内容分发渠道有:移动阅读产品 QQ 阅读 APP、社交化阅读产品微信读书、移动门户阅读产品手机腾讯网书城、PC 端阅读产品阅文集

---

① 李晓丹:《猫眼专业版数据显示〈择天记〉大结局再创收视高峰》,消费日报网 2017 年 6 月 5 日,http://www.xfrb.com.cn/html/zixun/shenghuoxiaofei/jingxuanyaowen/113946.html。

团文学官方书城、移动社交平台手机 QQ 的垂直业务手机 QQ 阅读中心、QQ 浏览器的垂直业务 QQ 浏览器小说书架、移动应用市场应用宝下属的应用宝图书专区、腾讯新闻客户端中读书栏目板块。阅文集团 2017 年 6 月最新推出 QQ 电子书阅读器，功能方面类似于亚马逊 kindle，目前可以无缝对接 QQ 阅读 APP，以后还将对接更多阅文旗下的网络文学网站。有了众多的传播渠道，阅文集团还需要提供更丰富的内容，供用户选择消费。内容方面不再局限于网络文学，更多地将传统文学转化为数字出版，才能满足不同用户群体的阅读需求。

在数字出版领域，阅文集团盈利现在是以软件 QQ 阅读 APP 中的付费图书为主。QQ 阅读 APP 中不仅有网络文学作品，也包含大量正版的传统图书作品，用户通过充值获得"阅点"或成为 VIP 会员，来购买应用中的正版图书。QQ 电子书阅读器作为付费硬件推向市场时间尚短，市场和用户的接受度如何还有待考证，或许将来阅文在数字出版领域能够形成软件硬件并驾齐驱的局面，共同盈利。

三、勇往直前——阅文的挑战

艾瑞咨询 2016 年 7 月发布的《2016 年中国独角兽企业估值榜》中，阅文集团以 20 亿美元估值位列第 29 名，也是前 100 名中唯一的网络阅读企业。阅文集团在网络文学内容供应和版权开发领域都形成了较为稳定的商业模式，数字出版和海外市场拓展也开始初现成果。但是，阅文集团还是存在一些问题和隐患，如何应对这些挑战，关系到未来的发展之路。

（一）内容供应

网络文学产业的竞争实质是内容的竞争，无论是阅文集团、百度文学还是阿里文学，都是在优质内容的基础上进行版权开发，打造属于自己的文学品牌。阅文集团的核心竞争力来源于旗下 400 万名作者源源不断创作的内容，优质内容成为付费阅读和版权运营的前提。

阅文集团下一步将继续在内容优化方面有所动作，首先要巩固网络文学板块的优势。网络文学内容的直接生产者是网络文学作家，因此如何吸引和留住更多作者来平台发展、鼓励作者写出更好的作品，是文学网站的首要考虑。起点中文网推出针对签约作者的"星计划"，建立起较为完善的签约作者扶持、激励和保障措施，例如为作者提供扶持基金、设立每月最低固定薪酬、对更新稳定的作者提供全勤奖励、为所有年满 18 周岁签约作者提供人身意外保险等措施，旨在通过经济奖励和保障措施鼓励签约作者积极投身创作。阅文集团还不断举办各种类型的征文比赛，挖掘有潜力的新人作者，不断扩大签约作家储备。除了巩固网络文学领域已有的内容优势之外,阅文集团还将在数字出版领域扩大合作,投入两亿元基金将更多传统出版内容引进互联网平台。只有保持住内容方面的优势,阅文集团打通文化产业上下游的商业布局才能够实现。

（二）版权保护

在培育优质内容的同时,阅文集团面临的一大难题是版权保护。只有艾瑞咨询《2016中国网络文学版权保护白皮书简版》中数据显示,2016年全年,盗版网络文学如果全部按照正版计价,PC端付费阅读收入损失将达到29.6亿元,移动端付费阅读收入损失达50.2亿元,合计79.8亿元。抄袭和盗版等侵犯版权的行为对网络文学产业危害巨大。网络文学本来就具有数量多、质量低和同质化严重的问题,如果放纵抄袭行为,对于网络小说创作将是一种毁灭性打击。通过复制粘贴就能完成一部小说,轻轻松松获得收入,越来越多的作者选择走"捷径",创作热情将大大降低,内容和题材方面的创新将不断减弱。盗版行为直接影响到作者的经济收入。无偿的创作活动难以长久,作者或许刚开始可以凭借热情去写作,但是好的作品必定要投入相应的时间精力,从兼职写作到全职写作,较为稳定的收入可以鼓励更多人投身网络文学创作,让网络文学创作更加职业化、专业化,提高网络文学作品的质量,为文化产业其他部门提供更多内容创意来源。

保护版权需要政府、企业和个人的共同努力。对于阅文集团来说,首先可以建立起查重系统来控制网络文学内容抄袭,类似于学术论文查重系统,作者在上传新作品时,每一章都自动和系统中已有的网络小说进行内容比对,一旦发现重复率超过一定比例,本章自动返回给作者不予发布或由人工介入进一步审查。其次需要建立维权部门,帮助签约作者维护合法权益。很多作者对于版权知识知之甚少,很多时候不能合理运用法律武器保护自身的权利,再加上现在作品商业化运营一般采取版权分割出售的方式,更是为维权增加难度。由专业法律人士组成维权部门,能够更好地开发版权和保护版权。最后还是需要落脚到提升内容质量,吸引用户自觉付费。艾瑞咨询发布的《2016中国网络文学版权保护白皮书简版》显示,2015年、2016年两年连续调查表明,作品质量始终是用户选择看正版小说的主要原因;合理的定价、方便的付费方式也逐渐成为用户选择看正版的因素。"内容为王"始终是网络文学作品最吸引读者的地方,阅文集团文需要不断优化用户体验,带来更多优质内容和便捷的付费方式,逐步培养用户的付费阅读习惯。

（三）内部管理

阅文集团成立之初,整合了旗下诸多文学网站品牌,在拥有多元化资源的同时,也带来隐患——如何处理子品牌与母品牌之间的关系。盛大文学的内乱就是前车之鉴，祸起萧墙正是因为子品牌起点中文网与母品牌盛大文学之间利益分配不均，导致起点管理高层集体出走，进而催生腾讯文学。2016年，包括潇湘书院CEO鲍伟康、小说阅读网CEO刘军民、红袖添香CEO孙鹏在内的阅文集团子公司管理层集体离职，已经为阅文集团的内部管理敲响警钟。内部管理如果频频出现问题，很容易导致文学网站直接带领签约作者出走、另立山头或者投靠其他网络文学企业。

对于阅文集团来说，文学网站不仅是内容提供者，也是作品走向版权运营的第一道检验关卡。网络文学网站都已经形成了各自的特色和相对成熟的运营模式，可以筛选出一部分有潜力的网络文学作品，推选到阅文集团全产业链版权运营的名单之中。阅文集团和文学网站之间是一种分工合作的模式，由阅文集团来完成作品的渠道推广和版权运营，有利于营销策划的完整性和专业性，避免文学网站花费精力在衍生品开发方面，可以更好地集中于内容培育。在处理集团和旗下网站关系时，阅文集团应当给予网站充分的资金支持，用来挖掘更多的优质内容，同时要把作品版权开发的决定权掌握在手中，统一以阅文集团的名义进行版权运营，牢牢把握衍生产品开发渠道。这样既能节约交易成本，实现专业化版权管理，也能预防文学网站带走优质网络文学IP脱离集团另起炉灶。阅文集团想要进一步整合实现规模效益，还需要和更多网络文学、出版、影视、动画、游戏产业的企业加强合作，最好可以入股或收购，真正把阅文集团打造成涵盖上中下游各个产业的大平台，使网络文学传播和衍生产品开发离不开阅文集团。

（四）走向世界

随着网络小说在外国的读者逐渐增多，阅文集团也迫不及待开始海外布局。起点国际的上线是一种全新的尝试，把中国网络文学推销到海外，扩大全球市场，打造世界级的文化品牌。阅文集团计划海外内容的投放将于2017年年底达到总量300部。如果网络文学作品能打开国外市场，那么接二连三的影视、动漫、游戏等文化产品也会更为顺利地进入国外市场。阅文集团的海外试水非常具有必要性，现阶段是传播我国的网络文学作品，也许未来有可能签约外国的作者，拓展整个网络文学产业的版图。

但是网络文学作品走出去并不容易。想要吸引海外粉丝，语言翻译首先要过关，目前起点国际仅支持英语，虽然英语是世界通用语言，但是东亚和东南亚文化圈对我国的文化认同高于欧美文化圈，因此日语、韩语、泰语和越南语服务应当加快上线，更有助于网络小说走出国门。此外，文化差异也会为外国人阅读我国的网络小说带来障碍。如何让外国人理解"修仙"是悟道，理解"落花掌"和植物没有关系,理解"龙"是守护神而不是破坏神……文化差异短时间内难以消除,那么在翻译作品的同时,也应加入注释,来帮助国外用户更好地理解故事内容。阅文集团还应当积极和当地出版传媒企业开展合作,进行推广宣传,帮助作品更好地传播。

四、内容＋平台——对互联网文化企业的启示

网络版权产业研究基地发布的《2017 中国网络版权发展报告》显示,2016 年中国网络核心版权产业的行业规模突破 5000 亿元,比 2015 年增长了 31.3%。其中,网络游戏行业规模达 1827.4 亿元,网络文学产业规模为 100 亿元,网络视频行业规模达到 521 亿元,网络音乐产业行业规模突破 150 亿元。随着版权保护加强以及用户版权意识普及,互联网文化企业发展渐入佳境。阅文集团探索出相对稳定的商业模式,遵循着内容＋平台的商业逻辑,对其他文化企业的发展有一定的借鉴意义。

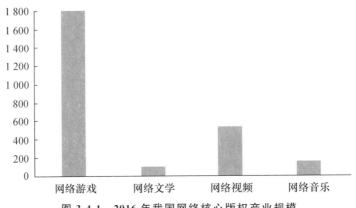

图 3-4-1　2016 年我国网络核心版权产业规模

(一)内容是核心

阅文集团的发展始终紧扣"内容",无论是付费阅读、版权运营还是数字出版,内容价值贯穿阅文发展的核心和主线。拥有优质的内容,才有转化创意为产品的可能。文化产业的消费是精神消费,是对内容的消费。因此文化企业发展还是要以打造内容为核心,独一无二的内容产品是差异化竞争的根本。阅文集团对内容的投入体现在不断挖掘有潜力的网络文学新人、帮助知名作家实现商业价值和开放平台扩充内容资源。阅文集团与百度文学、中文在线、阿里文学的竞争归根结底是内容的竞争,因为这几家公司的商业模式基本没有什么差别,都是依托网络

文学内容实现盈利。而哪一家企业的内容更优质，显然会吸引更多用户。

文化企业在发展之时，要把更多投入放在提升内容方面。好的剧本即使没有明星加盟依然能大获成功，但是缺乏内容吸引力的文化产品注定会失败。内容是无形的，产品是有形的，一种内容可以和多种产品相结合，实现内容价值的增值。一部网络文学作品能演变出多种文化产品，优质内容本身具有巨大的商业潜力，文化企业对精品内容的投入往往能获得丰厚回报。内容对文化产业发展的重要性不言而喻，互联网文化企业想要在未来迎来用户的付费，必须在内容方面做到人无我有或者人有我优，才能在竞争中占据市场份额。

（二）平台是优势

阅文集团本身就是一个大平台，汇集了众多文学网站、出版公司和移动阅读APP。互联网时代平台的优势显而易见，能够最大限度地汇聚用户，方便内容传播。阅文的发展战略是在内容的质量和数量方面双管齐下，数字出版领域的一系列投资，就是为了将平台上的内容，拓展到网络文学之外，涉及更多其他领域，满足不同用户的阅读需求。为文学作品提供商业机会、为投资方和制作方提供内容来源、为用户提供阅读选择是阅文作为平台的发展方向。

文化产品影响力的大小不仅取决于内容质量，还受到传播渠道的影响，平台的优势就是控制传播渠道。现阶段由于传媒运营商的垄断地位，使文化产品"酒香也怕巷子深"。内容提供方只有与大平台进行合作，才有可能将文化产品价值最大化。注重平台传播看似与内容为王相违背，实际上由于内容提供方远多于传媒平台，因此平台在选择合作伙伴时还是会以内容作为判断依据。最理想的状态是像阅文集团，本身既是内容创作者也是平台提供者，内容和平台相辅相成。对于中小互联网文化企业则要通过增强自身内容竞争力，积极寻求和大平台合作的机会，更广范围地推广自己的产品，把平台优势化为己用。

五、前途无限——简要总结

阅文集团的成立，对文学网站和腾讯来说都是利大于弊。首先腾讯对网络文学本身或许兴趣并不大，但网络文学能够改编成游戏、影视、动漫等衍生产品，这一点对腾讯拥有巨大的吸引力。腾讯的"泛娱乐"战略正是要占据娱乐产业的上游，以版权价值衡量网络文学作品，打造 IP 品牌。对文学网站来讲，背靠大树好乘凉，文学网站需要的是资金和渠道，这些正是腾讯能够提供的。阅文集团整合成立使得版权运营更加专业化，大大节省了交易成本，版权保护和打击盗版也初见成效。

阅文作为一个新兴的网络文学企业，能够充分发挥自身内容优势，把握文化产业"内容为王"的发展趋势，打造全产业链的版权运营模式。同时不满足于现状，积极开拓新领域，在数字出版和海外业务两方面做出多种尝试。阅文发展前景十分光明，因为它把企业自身的盈利和企业社会责任较好地结合在一起：提高网络文学质量和推出更多数字出版产品有利于培养全民阅读氛围，丰富精神文化世界；布局海外、拓展市场可以看作是发扬我国文化、增进合作交流的良好方式。阅文集团现在正在积极寻求上市机会，以获得更多资金支持。相信未来它能够为网络文学产业发展带来更多可能性。

案例报告五

黑晶科技：中国 VR/AR 教育领军品牌*

朱 萌 张立波**

一、黑晶科技与 VR 超级教室

作为国内较早从事 VR/AR 应用开发的技术公司，黑晶科技通过多年的积累，具备了软硬件一体化开发能力，打通了 VR/AR 开发全技术链条。近几年，公司瞄准"VR+产业"的发展机会，重点打造 VR 教育、VR 文旅、VR 营销培训等三个 VR+垂直领域，通过两次融资，与资本合作形成了"文化＋科技＋金融"的新型战略生态体系，其中，虚拟现实教育成果——VR 超级教室的发展最为耀眼。

（一）黑晶科技

黑晶科技官网显示，黑晶科技有限公司成立于 2008 年，是国内一家专注于增强现实、虚拟现实及互动体感技术研发应用的公司，其主营业务主要分为三类：VR 互动商业（VR 智慧地产、VR/AR 商业项目定制开发）、VR 互动教育（神卡王国 AR 早教系列产品、VR 超级教室、VR SuperClass 云平台）及 VR 主题公园（Pangolin 重沉浸 VR 主题公园"超级好玩"儿童亲子互动主题乐园）。

（二）黑晶与 VR 超级教室

1. 公司谱系

根据黑晶科技官网相关资料，黑晶 CEO 为徐强，员工人数尚不明确，截止到 2017 年 6 月，融资总额为 2500 万元，分别为 2016 年 3 月利亚德光电 A 轮投资 1500 万元及 2016 年 7 月长石资本 A+轮 1000 万元。其竞品主要为 10 大公司的相关产品，如 IDEALENS 虚拟世界、神兔未来、威阿科技、和茂科技、摩象网络等。

---

* 本文是在经过数次实地项目及企业调研基础上完成的，是中国海洋大学教学工程项目"文化产业项目策划毕业设计改革研究"（2017KY84）的阶段性研究成果。

** 朱萌，中国海洋大学国家文化产业研究中心文化产业管理专业研究生；张立波，中国海洋大学国家文化产业研究中心副教授，北京大学文化产业研究院副研究员，主要研究文化企业商业模式与核心竞争力、大数据及互联网文化产业等。

2. 虚拟现实教育成果——VR超级教室1.0版

（1）VR超级教室

AR/VR超级教室将虚拟现实技术与教学相融合，以优质教学资源为核心，集终端、应用系统、平台、内容于一体，将抽象的概念情景化，为学习者打造高度仿真、沉浸式可交互虚拟互动学习场景的一体化解决方案。①

（2）发展背景

教育部颁发的《教育信息化十年发展规划》明确提出，各级政府在教育经费中按不低于8%比例列支教育信息化经费，勾勒出教育信息化蓝图。② 教育部最新印发《2017年教育信息化工作要点》，启动基于VR的实验实训平台建设，完成互联网+智慧教育示范基地建设。未来AR、VR教育将是每个学校的标配。

（3）市场渗透

黑晶VR超级教室广受权威媒体及博览会的关注和好评。根据黑晶宣传册资料显示，在产品及市场扩展方面，黑晶VR超级教室3个月已签约全国30多个省级和市级代理。VR超级教室在全国众多学校落地，如上海君莲学校、青岛崂山区育才中学、青岛市崂山区第二实验小学、青岛市李沧区枣山小学、重庆西南大学等；携手海尔打造VR超级教室国际版，多语言版本输出到海外40多个国家，如美国、加拿大、墨西哥、巴西、俄罗斯、印度等。联合海尔参加2017年1月英国伦敦国际教育展——BETT，与全球顶级教育装备同台竞技。

二、"软件+硬件+内容应用"为一体的生意经

整体而言，在VR/AR教育方面，有资本或渠道的公司在丰富内容体系搭建平台或提供一站式VR教室解决方案。以黑晶VR超级教室为代表，"产教研"融合课程内容开发完备的课程体系，提供软件、硬件及内容应用于一体的"内容+技术"的VR教学整体解决方案。选择代理制主攻B端消费市场，AR早教系列产品面向C端内容来解决教育市场分散化及资金回笼的压力。作为首批VR教育国标参与制定企业，黑晶科技以其成熟、可落地的课程体系及VR教学整体解决方案，在国家"教育信息化"政策支持下，正在领跑VR教育行业。

---

① 昳甜：《黑晶科技VR超级教室亮相〈创业英雄汇〉》，雷锋网，2016年7月19日，https://www.lei-phone.com/news/201607/9wP5ABUigS9MEjCS.html。

② 余胜泉：《推进技术与教育的双向融合——〈教育信息化十年发展规划（2011—2020）〉解读》，《中国电化教育》2012年第5期。

(一) 企业核心竞争力

1. VR 技术融合"产教研"课程内容,开发成熟、完备的课程体系

黑晶 VR 超级教室联合国内外知名教研、学校机构组成教研团队,联合开发课程,"产教研"融合模式,打通虚拟现实技术和专业教育内容之间的通道。在专业技术与内容资源的结合下,VR 教育课件制作流程成熟、科学,形成知识提炼、难点解析、脚本编撰、VR 技术呈现、课堂实地测试、方案优化迭代的系统性教研方法(见图 3-5-1)。

图 3-5-1 业内成熟、科学的 VR 课件制作流程
(资料来源:根据黑晶科技 VR 超级教室宣传册进行整理)

在产品体系方面,覆盖教育全部需求:K12、素质教育及高校职教。VR-K12 教育版拥有全沉浸、交互式的幼儿园、小学、初中、高中课程。幼儿教育,结合儿童用户特点选择 AR 教育,如黑晶神卡王国系列早教产品,是针对三岁以上儿童自主研发的早期教育科技品牌,将 AR、三维实时渲染技术与儿童语言学习、事物认知、美术启蒙等儿童早教课程结合,激发孩子的创造力,实现寓教于乐的教育目的。小学、初中、高中课程,包含语文、科学、地理、生物、物理、化学、历史众多学科,针对学科难点进行突破。在高校职教层面,进行艺术、工业与技能 VR 教育,如建筑专业、汽修专业、大型危险实验等的模拟教学;专业技能方面,如模拟驾驶、模拟机械操作等。在素质教育层面,分为校内及校外两个教育场景,校内如 STEAM 创客教育,让学生变成 AR/VR 创作者,制作自己的 VR/AR 作品,与普教知识、3D 打印、无人机、影视等进行学科融合。校外利用 AR 增强现实技术可以模拟灾害自救、人文历史、自然生态等,用于科技馆、博物馆、图书馆等场景,进行安全教育及知识普及。

2. 集硬件集成、技术研发、内容应用于一体的 VR 教学整体解决方案

硬件方面,定制型 VR 一体机联合酷开定制全球顶级一体化 VR 头显,夏普单眼 1440 分辨率高清护眼屏,高通 820 芯片,超强运算,TYPE C 接口,外接手势捕捉,扩展性强。2017 年,公司自主研发加入手势捕捉,提升互动性。以定制型 VR 一体机为代表的硬件制作方案国际领先。VR 超级教室硬件有智慧黑板、超级上课系统电脑、控制学生头显的 VR 控制器、学生端每个学生配备的一个 IPAD 及 VR 头盔(如图 3-5-2)。学生通过 VR 一体头显、AR 互动 pad 突破时空限制,多感官参与沉浸在虚拟现实学习情境中,教师通过 VR 控制器及多功能 AR Copy 台实施一键资源分发管控。

图 3-5-2　VR 超级教室硬件方案

(资料来源:黑晶科技官网 VR 教育,http://www.vrsuperclass.com/superclass.php)

在内容应用方面,黑晶 VR 超级教室"产教研"融合课程内容,开发成熟、完备的课程体系,其开发的海量 VR 课件适用性强,目前包含文、理科全体系课程,120 节课,200 课时,并以每周十余节新增开发课程速度推进,K12 教育体系内容覆盖小学、初中、高中全年级,以教学大纲为基础,整合全国 22 个教材版本知识难点形成系统化 VR 课程研发。

逾百人研发团队,九年实战经验,软硬件全方位人才,3D、全景拍摄等全面制作能力造就了 VR 顶级研发团队,形成 VR 教育技术产业链。在出售软硬件教育产品的同时,提供师生培训、系统维护、课程升级、售后服务增值服务。黑晶超级教室一体化标准系统解决方案,已申请实用新型发明专利。

图 3-5-3　VR 教学整体解决方案

3. 品牌优势

黑晶 VR 超级教室荣登央视一套晚间新闻、央视二套经济新闻联播专题报道、中国十大创业榜样等。央视及各类新闻媒体的专业报道使其在国内教育及 VR 领域拥有极强号召力,助力产品推广,如受邀参加广州"双创"、贵安虚拟现实峰会等引发消费者及品牌商关注和青睐;国家工信部虚拟现实产品联盟的加盟,增强了品牌公认度,使得该项目更易获得各地政府的支持和认可,比如贵安新区与黑晶签订战略合作协议,推进 VR 超级教室在贵州省普及,受邀参加 2017 年亚洲 VR&AR 博览会暨高峰论坛,并举办"利为天下者谋"主题教育论坛,获得"亚洲 VR 技术创新品牌""VR 教育最佳沉浸奖"。

(二) 合作及产品生态体系圈

黑晶 VR/AR 教育主要分为两部分,一部分是 VR 超级教室,另一部分是 THINK 加速想象力进行 VR/AR 人才培训。其中,加速想象力教育咨询有限公司是由黑晶与 ARinChina 联合创办的专业 AR/VR 技术开发教育品牌,是国内首家在美国建立商务中心的 AR/VR 工程师职业教育机构,目前较为成熟的为 VR 超级教室。

1. 教育合作生态体系圈

黑晶科技与首都师范大学教育技术系、中央美术学院、清华大学、重点实验中学等数十家权威教育机构共建 VR 教研组,合作开发教程,共建 VR 教育大资源平台,如中央美术学院进行 AR 美术设计、青岛市实验高级中学建设一所 VR 教室、首都师范大学教育技术系某 VR 项目教授担任企业顾问等;汇集 Realmax、酷开、大朋、乐视等硬件厂商合作,共同运营 C 端市场,目前两个运营商共有 500 万 VR 用户,积极与大朋、酷开、暴风、爱奇艺等进行接洽,进行全网铺设[①];与清华同

---

① 参见青岛黑晶科技公司 VR 超级教室宣传册。

方、海尔等全国乃至海外资源方共同推广 VR 超级教室,共建 VR 教育合作生态圈。

图 3-5-4　AR/VR 教育合作生态圈

(资料来源:根据公开资料整理)

2. "创意+云+网+端"构建 VR 超级教室生态体系圈

切实解决实际教学难点是 VR 教育核心。教育是个万亿级市场,VR 教育能够突破传统教学形象的极限——图片和图表的限制,比如面对复杂的天体物理学,学生可以借助 VR 置身银河系中,看两个行星之间的运动轨迹及由于引力而发生的自然现象,原本需要极强空间想象能力的知识,通过 VR 可以具象化表达,降低学生学习和掌握的难度。VR 技术将知识型学习变成体验型学习,学生可以在虚拟世界里组装线路、解剖动物、进行化学实验,甚至翱翔太空,规避现实生活中创造体验式学习的成本、安全等问题。另外,VR 带给教育的是一种个人化的体验,学生根据自己的进度来调整学习的节奏,减少了传统教育中老师一个教学进度适用于全班每个同学的安排,忽视个体接受程度及学习能力的差异化水平。这些定向要素不仅极具价值性,而且对每个个体而言满足独特性的存在需求。

Super Class 云平台为其提供优质 VR 教育内容资源,支持 PC 和移动终端。K12 教育体系内容、素质教育、高职教育等海量教学资源终端呈现一键式下载应用。现阶段,由于缺乏统一的软硬件产品标准,个人消费者硬件设备的高购买成本、Super Class 云平台在面向 C 端的线上教育方面心有余而力不足,希冀打造面向 C 端的全球优质 VR 教育内容资源分发平台,分得全球线上教育市场的一杯羹。短时间内,相比于 C 端的线上教育,Super Class 云平台在整合升级 VR/AR 超级教室上发挥的作用更大,也来得更为实际。学校(如 K12 学校或教育机构)

借助云平台进行教学考核,教师利用多种资源进行授课,学生利用资源平台进行自习,并整合教师及学生使用数据反馈到 VR Super Class 云平台进行统计实时分析,形成了完整的产品生态体系:教研资源整合、课程体系开发、硬件系统集成、云分发平台及移动端和 PC 端支持的 VR 超级教室生态体系圈(如图 3-5-5)。

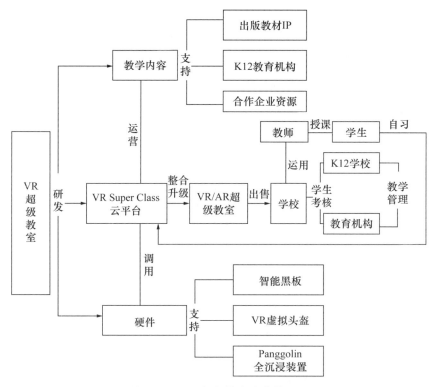

图 3-5-5　VR 超级教室生态体系图

(资料来源:黑晶科技官网 VR 教育,http://www.vrsuperclass.com/superclass.php)

(三)盈利方式

黑晶 VR 教育盈利方法主要为"自建渠道+战略合伙人"模式,即内延式渠道自建发展与外延式市场代理复制与扩张发展,构建了北方、南方两个销售网络,以北京、广州、青岛三个销售团队为核心,联合黑晶战略合伙人体系,共同开拓区域代理、学校终端。在北京、广州及青岛地区进行展厅宣传,核心城市逐步建设样板学校,这一点在青岛地区率先实施落地。在客户维护方面,提供完善的客户服务支持体系。在全国代理方面,采用全国区域代理模式,优选各省、市具备资源优势及一定能力素质的教育装备机构联合开拓市场。其次,个人代理模式主要分为战略合作及经纪人,区域代理除省、市代理外,还有一般代理。

表 3-5-1　代理模式

个人代理模式	战略合作
	经纪人
区域代理模式	省级代理
	市级代理
	一般代理

(资料来源:根据黑晶科技 VR 超级教室宣传册整理)

再具体来看,产品体系采用"课程+硬件+服务"一揽子收费。笔者实地调研,从相关负责人口中得知,目前已经签约的几所学校,每所购买标准产品包价格大约在 60 万元。具体来看,青岛市崂山区目前已有 4 所学校与黑晶签订相关购买协议。除了硬件及云平台分发开发外,值得注意的是 VR 课程中素质教育与高校职教在标准化产品基础上,进行模块组合,内容定制。在 K12 教育标准产品包基础上根据学校的需求来定制相关方案,即根据具体教学需求进行相关内容的定制化研发及对应需求的不同设备软件的采购研发,最后整合打包出售给定制院校,在丰富教育产品的同时扩大了市场维度,又获得了价格溢价。

三、VR 超级教室发展启示

黑晶 VR 超级教室的成熟落地,不仅在于其"产学研"内容制作方面的核心竞争力,更为重要的是前期入局及布局的战略思考,面向未来的战略及战略性思维,有效"半步"入局。定位、取舍与组合的竞争战略,整合内容、技术、平台及渠道资源,合力掘金万亿级教育市场。

(一)内容+渠道进行市场定位

目前阶段,线下 VR 体验馆与 VR 看房被视为最有可能盈利的细分行业应用领域,作为具备 9 年技术积累的软件技术公司,黑晶科技创始人对这两者看法独特,考虑到 VR 线下小型体验馆易展开,竞争激烈,大型体验馆在高流量商超运营面临太大运营风险的特点,黑晶并没有在此方面布局过多。对于 VR 看房,一单一单接项目、不能模块化、不能产生垄断的创业项目即使很有市场,能赚钱,但是技术壁垒低,可扩展性弱,做出来的内容差异化程度小,所以 VR 看房存在经营天花板,黑晶将其作为 VR 互动商业中的保有业务,发挥持续盈利的作用。

与此同时,VR 主题公园与 VR 教育是突破点,分别是黑晶的两大核心业务。其中,VR 教育开发初始便逆向思考,从内容+渠道进行市场定位。教育市场前景广阔并面临智慧教育信息化的时代转变背景,中国学校从20世纪90年代开始普及的计算机教室,到后来发展为"三通两平台",下一个变革教育的科技将会是VR/AR教室,VR教育带给学生的是区别于传统多媒体教室的独特的体验价值。对于产品,课程内容是VR教育的核心内容,课程研发不单纯靠技术,需要考虑学校、老师及学生的需求,联合众多高校一线骨干教师、教研人员,形成优质教育IP资源,共同开发可落地、可实际教学运用的VR课程。对于产品渠道扩展,地方相关教育装备公司往往垄断相关教育产品进入学校,市场分割严重,黑晶在其他公司拿产品进行发布会的时候便做好区域代理及渠道打通工作,内容和渠道两手抓,并通过复制化实现扩展,如产品及运营模式,采用代理模式实现业务复制,提供一体化解决方案模式支持。

(二)面向未来的战略与战略性思维

在价值观层面,做正确的事。面向未来的价值观及思维方式:未来学校使用VR上课会像电脑一样普及。对于教育这个可持续发展及具有整体价值的行业进行前瞻性的思考创新,教育方式由文字到图片到多媒体再到虚拟现实教育既把握了产业内在规律,又洞察了受教育者对文化需求的转变,即单纯的资讯需求到娱乐需求到审美需求再到自由需求即实现自我提升。

在目标层面,作为行业领跑者,黑晶VR教育,一开始目标定位于"中国VR教育领军品牌"。除了VR互动商业及VR主题公园两大业务实现盈利外,VR教育更加关注企业整体价值最大化,战略导向机制领先,关注VR教育市场的持续成长性和未来趋势,不以一时盈利和得失为标准,短期见利见效与长期可持续发展相结合。

(三)提前半步入局:行业领跑者与标准制定者

教育部在"十三五"规划中明确指出,VR教育是"发展未来学校和智慧课堂改革"的重要内容,VR教育已上升到国家高度。在政策支持的东风下,2016年作为VR教育窗口期,黑晶科技依靠技术积累、研发实力提前"半步"布局,根据波特率先行动者优势部分的阐述,VR超级教室作为成熟产品强势投放到市场,不仅获得权威媒体认可获得品牌声誉、抢占有利定位,还作为国标与国际标准行业领跑者探索标准制定。在国内标准上,黑晶VR超级教室身为VR教育领军企业,与中央电教馆、首都师范大学技术系、北京师范大学智慧研究院教育专家共同担负VR课题研究、标准制定、样板校建设等工作;在国际标准上,2017年黑晶VR超级教室亮相全球最大教育展——英国BETT教育展,成为首个亮相国际舞台的中国VR教育品牌,与全球教育科技同台竞技,受到国外教育专家的认可,黑晶

VR超级教室国际版布局海外40多个国家。

（四）整合内容、硬件及渠道资源，产、研、销合力掘金

依靠"产教研"共同研发VR教育课程，整合公司自有团队、高校及权威教育机构，酷开、大朋等硬件厂商，海尔、清华同方、寓乐湾等渠道资源，构建AR/VR教育合作生态圈。VR超级教室是目前国内课程体系最完善、落地程度最高的VR教育产品，K12教学体系内容已充分满足国内绝大部分教学需求。构建"创意＋云＋网＋端"VR超级教室生态体系圈，形成了完整的产品生态体系：教研资源整合、课程体系开发、硬件系统集成、云分发平台及移动端和PC端支持。

总之，在业界，黑晶是少有的提供一体化教育解决方案的技术公司，软件、硬件及内容三位一体的整体思维框架模式，呈现给老师的是"一键式"超级好用的教学工具，带给受教育者的是"一个可以被体验被感知的充满未知和探索的世界"，带给合作伙伴的是一个共享的万亿级教育市场。

四、黑晶科技VR教育面临的挑战

黑晶科技VR教育通过成熟的课程体系及一体化教学解决方案在VR教育领域抢得先机，然而目前VR行业尚处于成长阶段，即使有国家政策的支持，除了VR技术的优化升级外，黑晶科技仍面临内容、渠道、成本等挑战，需要不断探索。

（一）政策及方针主导型风险

"教学信息化"给以黑晶VR教育为代表的VR教学打了强心剂，但同时需要注意的是，国家教育事业发展"十三五"规划指出：要积极发展"互联网＋教育"，综合利用互联网、大数据、人工智能和VR技术，探索未来教育教学新模式。这意味着在国家规划层面，支持的不仅仅是VR技术，也就是说，黑晶VR超级教育不仅面临传统教学的固有竞争，在教学经费预算固定的情况下，还将与众多新型教学配备展开新一轮比武。此外，"教学财务准则"这一点决定了教学市场的特色是以方针为主导。校园的教学财务不是完全自由，一切经费核算需要上报审批。另外，VR教育项目作为大投资项目，连经费拨款较多的高校也需要在招标引进时进行项目招标，走流程，对于企业而言，进驻学校存在一定的门槛且入驻后回款周期长，而VR教学是个重资产的项目，对现金流要求高，先行的B端用户都给黑晶教育带来资金运营的压力。基于此，黑晶科技VR超级教室引入代理制，和全国代理商合作，在解决回款难题的同时，压缩了利润空间。

（二）技术与教学实际需求的匹配成本

教育机构对VR的需求或者说期待是"VR内容如何满足我的实际教学需

求?"而在市场培育期,VR教育公司往往承担着市场教育者的角色,花费时间、金钱及人力来说服教育机构"我们生产的内容能帮助你们实现更好的教学目的"。VR内容生产切实解决教育用户痛点是其可持续发展的关键,技术是工具,内容是重点。技术人员如何根据教师教学的引导来走,教师又如何与技术人员合作,将他们的实际教学需求转化为VR教学内容?基于最终呈现的完整落地产品,双方的沟通合作不是简单的割裂式的"你负责教学,我负责制作"的分工,而是贯穿制作开发过程的紧密联系和深入持续探讨,双方怎么结合以及如何有效结合是难点。技术人员和教师团队充分合作、打磨体系化的产品的过程需要大量的人力、精力和资源投入,面临着对应的成本增加、开发周期相对较长的问题。与市场上偏多的创客、STEM、科学等科普及实训内容开发相比,黑晶科技VR教育囊括幼儿园、小学、初中、高中的K12教育产品体系是其核心竞争力,也是其面对的巨大挑战。

(三)渠道掌控和内容分发影响生存

全国高校区域分布,不同地区不一样的教育装备公司操纵进入校园的途径。另外,校园方面,决策链上副校长等级决议规划信息化机制。由此导致教学市场无法独大,渠道市场切割严重。渠道对VR教育公司十分重要,因为教育是关系型资源,VR教育公司掌握的优质教育机构资源不仅有利于优质教育IP的制作,在后续的VR内容的渠道铺设和分发方面更是影响深远,关系到公司实际的盈利水平。

(四)局限在线下的课堂教育,线上教育空间有待开拓

从用户及用户需求角度看,目前,VR教育市场多为B2B,以教育机构为代表的VR教育主要用户的需求当然是"可用"的VR教学内容。在此情况下,各家VR教育公司的商业模式和盈利方式大同小异,围绕线下教学内容进行软硬件打包服务,通过出售整体解决方案实现盈利。艾瑞咨询的数据显示,2016年在线教育市场规模超1560亿元,市场容量不会因为载体技术的升级而出现太大的变动,VR线上教育是值得进一步扩展的空间,提供线上教育VR解决方案也是未来VR教育的另一战场。

五、黑晶科技VR教育的破局之道

对于VR教育这个万亿级市场,黑晶能否成为VR教育领域的"苹果",笔者认为需要在以下几个方面下功夫:坚持内容与平台为王的理念,即东西做得好,渠道占领速度快;与教学结合更紧密,将整个VR教学、数字生态搭建起来;携手全

国相关部门落实好VR教育国家标准;谋划未来线上线下教育市场的融合。

（一）融合大数据、AI等智能设备技术

智能设备从本质上来说，就是将日常生活中用到的各种"电子产品""随身设备""电器"都植入嵌入式的计算能力、传感器的探测能力和近场通讯能力，再通过手机或家庭中控设备进行信息的收集汇总和监控。① 这种智能化使用户通过行为反馈数据，也被各种数据信息包围，带给我们的将是信息过载。在现实的大数据工作中，用户的行为信息化、收集并存储花费很多精力，虚拟现实类产品可以通过融合智能设备，实现0—1、1—n的扩展，基于大数据、AI方面的联动，如看到智能设备通过云端传回的传感器指标（温度、湿度、工作进度等），在虚拟设备中直接操作或者借助对AI的操控，来控制现实世界中的智能设备。这种互动和融合才是虚拟现实技术区别于其他智能设备作为用户信息中心的计算平台为用户带来的独特价值。在虚拟现实类产品里，所有的动作、反馈、内容都被数字化，并更加容易记录和分析，从信息获取到反馈形成完全闭环的同时不需要现实空间的占据。

（二）"以赛代销"及内容创意众筹降低运营成本

黑晶科技VR超级教室作为央视推荐品牌，在VR教育行业领域具备一定的权威和品牌优势，结合教育信息化背景可以举办相关的竞技比赛，吸引参赛院校购买相关产品并加强校企合作。比如，2017年，台州职业技术学院与沃赢科技、华渔教育合作举办的"虚拟现实（VR）设计与制作"竞赛，以校企合作方式提升了高职学生在VR设计与制作中的技能与职业素养，以此推进VR这一新兴专业在高职院校的普及，促进社会对VR技术及人才的认可及了解。在综合要素的影响下，带动VR教育产品在学校、专业人才、社会中的普及，通过比赛实现销售产品的目的。

此外，黑晶VR超级教室Super Class云平台跳出整合升级VR/AR超级教室的局限范围，直接对接一线优秀教师及创意人才。于前者，黑晶可以绕过学校直接与骨干教师签约，减少手续与流程，加快权威教育内容的持续高效生产；于后者，借鉴影视、文学等领域的"全民创作"理念，进行创客及素质科普教育的内容分包，内容创意众筹，丰富VR教育内容的多样性与独特性。创意人群的管理往往具备特殊性，如何化无法量化的创意资本为实际产出，重点在于管理之道，这一点不妨借鉴洛可可的"细胞团队管理"方案：7个人为一组的小团队，每个团队都是

---

① 王赓：《VR虚拟现实：重构用户体验与商业新生态》，人民邮电出版社2016年版，第71页。

一个"管理细胞",拥有独立的财务体系、目标管理体系、杠杆管理体系、制度管理体系,"细胞管理"团队内部又分为 7 个管理层,公司呈现蜂窝构架,①以创意共建、利益共享、管理自主的方式实现"平台＋部分内容自制＋外包"的综合商业模式。

(三)重点关注内容,渠道抓大抓优

在教育领域,盈利靠渠道,优质的渠道资源会产生示范效应和影响力。从战略布局上进行渠道上的抓大抓优,在整体解决方案的盈利模式下通过优化和调整,将重心和重点放在优质教育内容和服务的提供上,而不是间接沦为硬件的代销商,提升 VR 教育内容的影响力,逐渐树立 VR 教学的规范化,从而进一步打开产品的渠道市场,形成良性循环,最终占据 VR 教育市场的主导权。

具体来看,在线上分发渠道方面,在加强自身 Super Class 云平台内生性建设基础上,一方面继续在区域教育市场上攻坚克难实现破局,另一方面不可不谋划的是做大教育市场,进一步提高与硬件厂商,如目前汇集的 Realmax、酷开、大朋、乐视等在硬件及内容分发上的 C 端市场合作深度,特别要注意一些自带应用商店的硬件厂商,以及不少近年来出现的专业的 VR 内容分发网站,比如乐客 VR、87870、VR China 等。借鉴苹果公司采取的与电信运营商合作的方式——苹果把手机送给电信运营商,电信运营商把手机送给消费者,苹果借此变身电信运营商②,共享手机上产生的所有收入。黑晶科技出让一些内容资源给平台扩展其内容受众面积并共享下载收入,专业 VR 内容分发平台基于此丰富其平台内容,提高用户留存率,在内容下载的过程中还会促进硬件销售的增长,一举而多得。在行业尚处于成长期阶段,双方既有合作的必要,也有合作的可能。黑晶与硬件厂商及专业分发平台形成舰队式合作,以 VR 教育内容为核心,以各种软硬件为作战工具,以分发渠道资源为武器形成对用户的全方位"包围"。VR 线下体验店与主题公园是 VR 线下分发平台③,黑晶也在其三大业务中的 VR 主题公园方面提供了 VR 教育科普模块,主题公园的互动体验及多样性的娱乐需求往往能够带来更大的客流并实现业务协同效应。

(四)线下 VR 教育先行,线上 VR 教育紧随其后

在教育产品层面,黑晶 VR 线上教育可以借鉴传统在线教育的发展历程,从 20 世纪末的兴起到 21 世纪初的初具规模,再到近十年的迅猛发展,传统的互联

---

① 陈少峰、张立波、王建平:《中国文化企业品牌案例》,清华大学出版社 2015 年版,第 273 页。

② 陈少峰:《以文化和科技融合促进文化产业发展模式转型研究》,《同济大学学报(社会科学版)》2013 年第 1 期。

③ 丘靖:《VR 虚拟现实:技术革命＋商业应用＋经典案例》,人民邮电出版社 2016 年版,第 137 页。

网教育差不多用了20年,历经PC端到移动端的变革,形成一个被大众熟知并认可的较为成熟的教育体系。同样,VR线上教育也不是一蹴而就的,在VR线下教育铺路阶段,线上VR教育固然不成熟,但作为长线投资的VR教育企业而言,现阶段,黑晶可以与在线教育平台进行合作,尝试开发线上VR课程产品。以"不可思议"科技为例,"不可思议"科技与在全国200多个城市设有分校的中国最大的远程基础教育机构和在线社区——北京四中网校合作,把握线上资源渠道。"不可思议"科技帮助北京四中网校完成VR大语文的内容生产,而VR大语文课程将融入北京四中网校的全国渠道的创新教学,实现基于合作的双方资源及成果的互换,互惠互利。未来,在内容体量扩大的同时,在摩尔定律下,产品价格降低,适配性增强,VR教育可以通过2B&2C的形式走向C端,校内学习和校外学习的场景打通,线下VR教育为线上VR教育培养用户黏性和信任感,线上VR教育丰富用户体验并提高体验效率,VR教育实现数据打通、市场共享的O2O融合发展。

案例报告六

西山居:历久弥新的游戏品牌

路新杰[*]

金山软件公司子公司西山居1995年5月成立于珠海,是国内最早的游戏开发公司。1996年1月,西山居发布了中国第一款商业游戏——《中关村启示录》,同时也标志着金山正式进入游戏领域。[①] 在接下来的二十多年成长期间,西山居凭借其雄厚的研发实力以及对游戏文化内涵、画面、音乐等方面的深刻理解,制作了多款经典游戏产品,特别是被媒体称为"中国游戏第一品牌"的《剑侠情缘》系列,在国产游戏中更是拥有极强的生命力和号召力。

一、发展历程与企业文化

西山居自成立以来一直创作着优质的游戏产品,既有早期的"中关村启示录""中国民航"这些管理类游戏,也有"抗日—地雷战""决战朝鲜"这种策略类游戏,更创立了"剑侠情缘"这个中国的武侠网游品牌。2003年,西山居第一部国产网游巨作"剑侠情缘网络版"面市,当即就在社会引起不凡反响,获得了玩家的大量好评。随后开发的"剑侠情缘网络版2""剑侠世界"也都取得了网游市场业界的高度赞誉和玩家的一致好评,"剑侠情缘网络版3"更是在研发阶段就受到众多玩家的持续关注,引发了一轮中国武侠风网游的流行。

西山居作为国内历史最悠久的游戏公司之一,见证了中国游戏产业从起步到繁荣的发展过程,经历了从单机游戏到网络游戏的两大阶段。而西山居发布的每一款产品,也几乎都引领了民族游戏产业走上新的发展方向。西山居在二十多年的发展中形成了独具特色的企业文化,官网显示其"用户第一,铸造精品"的产品理念,"以游戏的方式,创造快乐,传递快乐"的使命,"致力于成为世界一流游戏企

---

[*] 路新杰,中国海洋大学国家文化产业研究中心文化产业管理专业研究生,主要研究新媒体与游戏产业。

[①] 参见"西山居"百度百科词条。

业"的愿景,"热爱游戏,志存高远,脚踏实地,梦想,正直,责任"的价值观,和"以客户为中心,专注,极致,口碑,快"的行为准则。

西山居依托金山软件公司,具备强大的软件研发实力,拥有坚实的资金基础。同时仍在持续加大研发投入力度,在网络和虚拟现实等方面投入极大的人力物力。进入网络时代之后,西山居深知要想可持续地发展国内网游,需要依托自己强大的自主研发能力,只有这样才能抗衡国际知名游戏公司对中国网游市场的冲击,打造独具特色的中国网游品牌。

二、特色产品与核心竞争力

"剑侠情缘网络版3"(简称"剑网3")是由西山居开发、金山运营的3D武侠角色扮演电脑客户端游戏,也是西山居最具特色与影响力的代表作品。"剑网3"凭借地形植被渲染技术、场景光影特效和SpeedTree等引擎特效来展现中国传统武侠文化,将诗词、歌舞、音乐、酒文化和茶文化等多种具有中国传统文化特色的元素融入游戏中,展现给玩家一个气势恢弘、壮丽华美的武侠世界。

表 3-6-1 2014—2016年西山居游戏营收与增长状况

年份	2014年	2015年	2016年
营收(亿元)	12.528	13.688	25.457
同比增长(%)	14%	9%	86%

表 3-6-2 2014—2016年"剑网3"营收与增长状况

年份	2014年	2015年	2016年
营收(亿元)	7.053	8.933	13.928
同比增长(%)	54%	27%	56%

由表3-6-1与表3-6-2可以看出,西山居游戏在2014年至2016年营收相当可观,而其中最主要来源是"剑网3"。西山居作为国内最早成立的游戏公司,以强大的研发实力著称。在端游时代,凭借"剑侠情缘网络版"系列,西山居在国产游戏中奠定了地位。目前,这一产品的辉煌战绩还在持续,2014年西山居"剑网3"达到营收7.053亿元,较上年增长54%,三年复合增长率为81%,占整体收入的56.3%。金山软件全年业绩显示,西山居"剑网3"2016年收益达到13.928亿元,同比增长56%。剑侠情缘这个IP在移动游戏市场也证明了其巨大价值,金山软件2016年全年在游戏方面的业绩大幅增长除了旗舰端游的优秀表现外,与"剑侠

情缘"系列手游的表现也密不可分。

总的来说,西山居特色产品"剑侠情缘"系列游戏具备以下几点核心竞争力。

(一)对武侠文化的创新应用

在对中国传统武侠文化的借鉴上,西山居打破了以往武侠游戏给大众留下的血腥暴力等负面印象,形成了对武侠文化的创新应用。先前的武侠游戏虽然使用了中国武侠故事的形式,但却没有从文化内涵的角度去进行挖掘和展现,只是纯粹的打打杀杀,致使武侠游戏在社会上颇受诟病,甚至与暴力低俗相关联。而西山居给予了游戏中的武侠故事更多的文化内涵,不仅仅是将历史作为故事背景出现,还让玩家在游戏的同时对中国的历史文化有所了解。西山居游戏中重视武侠文化底蕴的体现,例如在 NPC(非玩家角色)给玩家交代任务时,适当引入武侠文化中值得称颂的侠义原则和伦理道德观,借助游戏宣扬传统文化。这体现了西山居在游戏策划环节对中国武侠精髓的深入研究和提炼,以及对武侠题材游戏的发展之路有着清晰的认识。

(二)原创 3D 图形处理技术

"剑侠情缘"系列游戏另一大核心竞争力是西山居自主研发的 3D 图形处理技术。该技术完全是自主研发,并获得了国家 863 计划的支持。[①] 由于制作技术的自主,促成了创作的自由和伸缩自如,所以当玩家看到"剑侠情缘"系列的游戏画面时,无不被游戏中充满东方韵味的画面所打动。游戏画面层次丰富,各类树木岩石、亭台楼阁具有典型的中国风特点,尤其是角色的造型设计,更是一改国产游戏长期的 Q 版或日韩形象,取而代之的是中国传统服饰和人物造型,给人耳目一新之感。西山居凭借多年从事软件开发的经验,立足自主创新,完全自主研发图形 3D 引擎技术,走在了国内其他同行的前列,也为国内其他游戏公司做出了优秀示范。

(三)合理的平衡系统

游戏公司的最终目的是通过市场获得利润,所以在游戏的设计过程中,盈利被放在首要位置。因此,很多国产游戏为了谋求更多收益,往往会打破游戏设计的规则,鼓励玩家通过充值现实货币购买虚拟货币,进而购买高级装备或提升等级来享受更好的游戏体验。这无形中打破了游戏的公正原则,使那些没有过多现金购买高级装备的玩家无法完全体验游戏世界的乐趣,因此被平民玩家反感,继而口碑变差。而西山居在"剑侠情缘"系列游戏中,把企业文化塑造和产品品质紧

---

① 王成宇:《剑侠情缘网络 3 背后的文化意识觉醒》,《才智》2012 年第 5 期。

密联系起来,在游戏中规避了短视牟利行为,鼓励玩家在游戏中通过公平的原则来实现自我提升,注重玩家在游戏中的体验性,从而在广大玩家心目中确立了良好的企业形象,为西山居打造了良好口碑,这值得其他游戏公司学习与借鉴。

三、企业转型与发展策略

西山居在 20 余年来探索与发展的道路中,形成了数项关键的转型战略与发展策略。得益于战略的前瞻性与策略的正确性,西山居历经二十年岁月磨炼后仍处于中国游戏行业领军地位。

(一) 战略转型

《世界商业周刊》在 2004 年评说道:作为全新的朝阳产业,游戏产业已成为全球 IT 业新的增长点,正处在高速发展之中。中国市场将成为全球最大的网络游戏市场,通过价值链的传递,有近 5000 亿元人民币的发掘潜力。正是看中了这巨大的市场发展潜力,也得益于 2003 年"剑侠情缘网络版"的成功运营,2004 年 3 月金山公司决定进行战略转型,并在京召开了"技术立业,决胜网游"的新闻发布会。从此,金山将发展网络游戏列为公司的重要战略业务,旗下西山居工作室颇受重视。首先重新调整了按产品划分的事业部结构,在公司整体平台上形成了 OAG(办公软件和电子政务业务事业群)、SUG(信息安全和工具软件业务事业群)、DEG(数字娱乐事业群)三个全新的事业群,新架构中进一步突出了网络游戏在整体业务中的重要性。① 金山总裁雷军亲自上阵担任 DEG 总经理,副总裁王峰在主管金山营销总部的前提下同时兼管数字娱乐群组的市场推广工作,张志宏担任数字娱乐业务群执行副总经理。其次,三年之内,金山将投入 2 亿元的资金用于开发网络游戏产品,从销售向服务进行战略转型。雷军给出的网游市场任务为两年内进入网游运营商前三名,三年后要成为国内最大原创网游研发商。

(二) 股份改制

2011 年 1 月 24 日,金山软件公司正式宣布完成对旗下最大的游戏工作室"西山居"的股份改制工作。公告显示,金山软件将对若干附属公司及业务进行重组,归入新成立的"西山居"。26 名核心员工以每股 1.1834 港元的价格认购了新"西山居"1.6 亿股股份,总价值约 1.89 亿港元②,获得新"西山居"20% 的股份,金山集团则享有剩余的 80% 股权。用于本次 MBO(管理层收购)的 1.89 亿港元并

---

① 陶如军:《金山:民族文化中"淘"生》,《电子商务》2005 年第 7 期。
② 舒石:《金山游戏股改第一步:宣布西山居完成 MBO》,2011 年 1 月 24 日,http://tech.sina.com.cn/i/2011-01-24/17435126282.shtml。

非全部由 26 名核心员工个人筹集,其中有 80%(约 1.5 亿港元)来自金山集团的贷款,但该笔贷款并未标注还款期限。金山游戏 CEO、新"西山居"行政总裁邹涛表示,金山集团将每年考核新"西山居"的业绩,决定是否收回贷款——若年净利率低于 9000 万,新"西山居"团队需在 5 个工作日内还清全部贷款。这个对赌协议相对宽松,因为 2010 年西山居净利润已经超过 1 亿。①

此前在 2009 年到 2010 年,很多老员工陆续离开金山,或创业或加入其他公司,直到 2011 年进行股份改制才有所好转。独立出来的西山居等同于体制内创业,西山居管理层开始与金山公司共同承担经营风险,在游戏业务上带来了中兴。西山居在游戏项目方面,对于优秀的团队会给予一定比例的股份,而研发、推广资金全部由西山居承担,这一举措对创业团队有相当的吸引力。

MBO 完成后,新"西山居"拥有金山集团旗下若干游戏工作室,并在公司内部实行项目公司化。金山软件董事长兼 CEO 求伯君表示看好本次西山居 MBO,认为金山软件通过西山居 MBO 的完成,将从体制上改善研发人员的流失问题。通过改制为管理者提供直接运营公司的机会,推动他们为西山居做出更多贡献,继而提升西山居的整体价值。这也是企业重视人力资本、提升管理价值的一种激励模式。改制后的西山居,将更有利于研发团队的稳定和发展,同时更能保障项目周期的合理性和产品的优良品质,以更好地适应当前的互联网发展速度。

西山居正式宣告 MBO,这是金山游戏自上而下的一次内部革命,增强了管理层和核心人员的创新意识,给了西山居充分的自主权,同时让西山居团队承担了更大的企业经营责任。西山居实现了为公司创造价值和证明自身价值,MBO 一年后的成绩是明显的。2012 年第一季度,金山游戏业务收入 1.91 亿元,同比增长 17%②,而增长正来自于西山居旗下的"剑网 3",该游戏持续两个季度的破纪录增长说明西山居竞争力之强劲。西山居自完成 MBO 并实施研发运营一体化战略以来,其运营效率和盈利能力大幅提升,并开始在网页游戏和手机游戏领域展开布局,这证明金山 MBO 举措是正确的选择,取得了成功。

(三)开展合作

为拓宽营销渠道,进而在移动游戏领域有所作为,西山居先后协同小米公司和腾讯公司开展合作,以弥补自身在游戏发行传播渠道上的短板。

---

① 浩宇:《西山居工作室完成 MBO 计划 与金山对赌业绩》,2011 年 1 月 24 日,http://tech.163.com/11/0124/17/6R6BFHG8000915BF.html。

② 《剑网 3 连续 2 季增长:今日发布新版》,开服网,2012 年 7 月 13 日,http://www.kaifu.com/articlecontent-18390-0.html。

1. 与小米公司合作

2013年开始,西山居与小米展开合作,称为"小米化改造"。西山居"小米化改造"的核心理念是做一款由玩家主导的游戏,并专注细节,建立口碑。在营销上,西山居表示将借鉴小米的营销经验,将论坛、微博、微信、QQ空间作为西山居新游戏的营销主战场,让产品与用户产生更多的互动。

2014年2月14日,西山居获得小米2000万美元投资入股,占股4.71%。[1] 通过此次交易,小米意在入股强化游戏研发和渠道能力,并在已有的软件、硬件生态基础上扩大内容生态的建设。这是2011年西山居MBO后首度对外融资。本轮融资完成后,金山、西山居管理团队、小米将分别占股西山居76.47%、18.82%、4.71%。[2]

此轮融资主要用于西山居移动战略的布局。引入小米投资后,西山居除了在端游方面将与小米合作、继续发力外,还将利用小米的渠道优势,在移动游戏领域有所布局,入驻MIUI游戏商店,基于MIUI平台进行游戏开发和推广。

小米的入股,无疑是双方优势资源的互换:西山居通过小米的产品、渠道和实力来使旗下产品获取更大资源空间;小米利用西山居游戏增加自己在行业中的竞争力,巩固和丰富小米业务及生态体系。例如,"剑侠世界"手游就是由小米互娱代理,并在竞争异常激烈的MMO手游领域占据了一席之地的西山居作品。

2. 与腾讯公司合作

2017年4月21日,腾讯战略入股西山居1.426亿美元,总共持有约9000万股西山居股份,占其已发行总股份比例的9.9%。其中,腾讯收购西山居母公司金山软件4.3%的股份,作价6220万美元,收购西山居其他三个股东5.6%的股份,作价8000万美元,总计约1.43亿美元。[3] 这次腾讯战略入股西山居,实则看重西山居的游戏开发能力以及旗下重磅IP"剑侠情缘"的品牌效应,以期通过强强联手共创佳绩。金山软件CEO邹涛表示,此后将与腾讯加强游戏业务合作,双方在产品的研发、发行、运营等领域将会有更加深入的合作。为保证产品的一贯特色,西山居仍然保持独立的业务开发和决策管理权力。

金山软件公告显示,西山居与腾讯拟于交易完成同日或之前订立合作协议,

---

[1] 王晶:《小米2000万美元入股金山旗下公司西山居》,2014年2月17日,http://money.163.com/14/0217/10/9L9DOQK400253B0H.html。

[2] 《小米横向切入手游市场,2000万美元战略入股西山居》,36Kr网,2014年4月2日,http://36kr.com/p/209734.html。

[3] 《腾讯1.43亿美元入股金山旗下游戏公司西山居》,环球网,2017年4月28日,http://hlj.people.com.cn/n2/2017/0428/c358416-30105566.html。

这也是腾讯购股协议的先决条件。根据业务合作协议,西山居若决定不自行发行和运营的自有新游戏,腾讯对该等自有新游戏的简体中文版在中国的发行和运营享有独家优先合作权;若西山居拟向任何外部第三方出售与其自有游戏有关的若干知识产权,则腾讯在同等条件下有优先购买权。

腾讯与西山居之所以能进行这次意义重大的战略合作,离不开双方近年来在业界所获得的巨大成功。2016年腾讯凭借端游、手游及其他数字平台,为企业带来了219.03亿美元的总收入,比去年同期增长48%,而腾讯增值服务业务的收入同比增长27%。[①] 由此看来,手机游戏给腾讯所带来的利润仍然有巨大的发展空间。西山居依靠在游戏行业中二十余年的经验,逐步发展成为国内集制作、发行于一体的数字化互动娱乐公司,与腾讯在游戏分发及运营领域合作,促使双方企业强强联手,在游戏领域展开全方位、多元化的业务合作,共同发挥互补优势。

未来,西山居与腾讯双方将在游戏业务合作层面进行升级,西山居可以充分利用腾讯的资源优势,继续扩充核心用户、提高市场份额。同时腾讯通过西山居的优质自研产品,提升市场竞争力。具体来说,一方面,西山居现有的"剑侠"系列产品在继续保持增长的同时,其武侠题材+MMORPG(大型多人在线角色扮演游戏)可以对腾讯游戏产品陈列进行快速补充,西山居的"剑侠"系列IP,历经二十多年已经积累了大量的"粉丝",而"剑网3"则吸引了大量的年轻玩家,其IP品牌价值及背后的用户价值相当强大。另一方面,与腾讯合作,西山居可以借助腾讯强有力的发行能力。腾讯的发行能力也已经在"剑侠情缘"手游上体现出来,该游戏上线一个月就贡献了5.07亿元。腾讯对西山居提供很多支持,双方未来无论是在内部流程还是在团队配合上,都会进行更深层次的融合。

总而言之,腾讯入股西山居,双方将在产品研发、发行、运营领域进行更加深入的合作。腾讯强大的运营发行能力、完善的用户分析体系、海量的用户资源是西山居迈上新台阶的强大助力。腾讯入股后,西山居仍然保持独立的业务发展与决策管理,但西山居与腾讯达成的产业战线联盟,将使西山居站在更高的起点,拥有更广阔的舞台。

(四)拓展海外市场

除在国内市场表现突出外,西山居"剑侠情缘"系列无论是在端游或是手游时代,在海外也有强大的品牌影响力,尤其是全球华人武侠市场。西山居海外子公

---

① 《腾讯1.426亿美元强势入股西山居意味着什么》,17173网,2017年5月19日,http://news.17173.com/content/05192017/112708815.shtml。

司积极拓展市场,先后进军韩国、越南、马来西亚、新加坡等多个国家及港澳台地区,不仅受到广泛好评,而且为西山居收入增长做出了许多贡献。尤其在越南,"剑侠"系列游戏用户基数庞大,甚至成为越南的"国民游戏"。目前,西山居正在向全球范围内的更多国家传播作品,并积极寻求海外合作机会,将自主研发的同类产品推向海外市场。

十几年来,西山居在国际化拓展方面取得了显著成果:

2004年,剑网品牌首度进军我国台湾地区和马来西亚等海外市场。

2005年6月,剑网登陆越南,迅速占领越南网游80％市场份额。

2008年6月,在越南成立合资公司,专注于软件产品的制作和分销。

2009年1月,"剑侠世界"海外版进入马来西亚游戏市场。"剑侠世界"这款线上游戏继承了西山居剑侠系列的一贯武侠特色,并采用了全新引擎技术和画面风格。采用了单机游戏玩法,推出120万字"电影放映式"任务剧情模式,让玩家完全融入游戏世界。

2009年11月,"剑网3"在马来西亚开始运营,运营团队致力于为所有玩家提供稳定、流畅的游戏平台。为了让马来西亚玩家享受更好的游戏体验,运营团队特意赠送迅游加速账号缓解跨国网络延迟问题。

2010年7月,"剑侠世界"台湾地区公测,官方也特别在游戏内举办庆祝活动。

2011年12月,"剑侠情缘3"韩国公测,通过华丽的游戏画面和庞大的内容获得了韩国玩家的好评,还曾占据韩国国内大型搜索网站搜索排行第一。①

西山居正在更加宽广的范围内极力拓展网络游戏海外市场。与此同时,也在积极寻求从海外引进适合中国市场的优秀网络游戏产品,并推荐给广大热情的中国网络游戏玩家。

四、美中不足与未来展望

正所谓"成也萧何,败也萧何","剑侠情缘"这个巨型IP在给西山居带来惊人收益的同时也日渐成为束缚企业向前发展的枷锁。西山居目前游戏产品呈现出过度依赖"剑侠"超级IP的趋势,端游仅凭借"剑网3"发力,而在新兴市场手游领域,也呈现剑侠系列一枝独秀的局面。2016年,西山居推出两款"剑侠"IP的MMO(大型多人在线)类型手游产品:一是"剑侠情缘"手游,与腾讯合作,5月底

---

① 参见"西山居"百度百科词条。

上线；二是"剑侠世界"手游，与小米互娱合作，9月底上线。虽然类型相同，两者却瞄准不同的玩家群体，游戏排名一直稳居畅销榜前列，"剑侠情缘"手游上线次月的交易额便超过了5亿元。

西山居是以游戏IP为依托的内容型企业，而一定内容的有限性和不可持续对企业来说构成了困境。在移动互联网飞速发展的当下，公司决定在继续发展端游的基础上与时俱进开拓新兴手游市场，这固然是一大进步，但除剑侠系列手游外，其他作品的反响不容乐观。2015年，西山居就联合影视IP"西游降魔篇"推出了"西游降魔篇3D"，2016年推出基于小说IP"灵域"的同名手游、二次元手游"装甲少女"和"少女咖啡枪"、日系动漫风手游"天域幻想"，以及三国题材的"锤子三国""问鼎天下""全民神将"、休闲棋牌产品"牌乐门"等多种手游产品，但均没有形成口碑品牌，随着手游寿命周期而淡出公众视野，即便是借助大热IP的《西游降魔篇3D》，也在电影热度过后风光不再，持续性不强。

目前来看，西山居在产品布局方面对"剑侠情缘"这一巨型IP的依赖程度非常高，因此西山居在与腾讯、小米进行战略合作时，除了应充分发挥自有产品的特色之外，还可以进一步拓展游戏细分市场，开发出更多适应手游时代的产品，逐渐拓宽自己的业务范围和竞争力，争取在手游市场中占据更多空间和更高地位。除了国产手游产品中备受期待的武侠方向以外，西山居还可以进军二次元手游市场，如网易"阴阳师"手游就是一个很好的范例。在二次元手游领域，西山居推出"少女咖啡枪"等作品，已经具备一定的经验，应再接再厉，通过深入的市场调研，分析当今青少年喜爱的游戏类型，开发更多符合受众期待的游戏作品。

总之，成立二十多年来，西山居以领先的技术作为坚实的基础，以独特的本土化产品为玩家提供时尚化服务，形成了独有的特色产品与核心竞争力，并开拓创新进行企业战略转型与发展。在未来，西山居应以端游和手游为主打产品，不断研发新类型的游戏、进军新兴市场，逐步发展成为国内最优秀的集制作、发行于一体的数字化互动娱乐公司。

案例报告七

虎扑体育:体育产业 O2O 之路

曹志杰　何文义[*]

一、体育产业发展的基本背景

近年来,国家政策把重点放在了发掘整体体育产业链的巨大潜力上。2014年 10 月,国务院发布了《关于加快发展体育产业促进体育消费的若干意见》(国发[2014]46 号),将进一步加快发展体育产业、促进体育消费上升至国家战略高度。这使得体育产业成为下一个风口,体育产业的空间和格局发生了很大的变化。

(一)"互联网＋体育"

2015 年年初,国务院总理李克强提出制定"互联网＋"的行动计划。在"互联网＋"时代,互联网将对所有行业和产业进行颠覆和重构。中国企业将利用互联网平台和终端、软件、网络等技术,把互联网和各个行业结合起来,创造出新的经济形态。在体育产业领域,以"互联网＋体育"模式为代表的一批体育企业,包括阿里体育、腾讯体育、乐视体育、PPTV 体育等,迅速展开"互联网＋"布局。

不仅互联网巨头积极布局体育产业,以互联网平台起家的体育企业如虎扑体育,也依靠自己平台积累的用户、技术和经验,向传统体育产业领域布局,重塑传统体育行业的组织架构、产业链关系和发展进程。艾瑞咨询数据显示,2015 年,我国 PC 端互联网体育月度平均覆盖人数超 2.7 亿,人均月浏览时长 52.8 分钟;PC 互联网体育用户渗透率达 30％,体育 APP 用户渗透率达 26％。在"互联网＋"时代,传统的体育产业模式将会发生深刻变化。

(二)全产业链生态型布局

体育产业链大致可分为上游赛事内容、中游媒体传播和下游衍生产业。在"互联网＋"时代,体育巨头企业纷纷通过互联网实现跨产业链垂直整合:在体育

---

[*] 曹志杰,中国海洋大学国家文化产业研究中心文化产业管理专业研究生,主要研究体育产业发展等;何文义,北京大学中国体育产业研究中心执行主任、研究员,主要研究体育产业。

产业链上游,介入赛事 IP 开发和运营;中游打造全赛事、差异化体育媒体平台;下游开发多元的衍生产品和智能化设备。

图 3-7-1 体育产业链

未来,中国体育行业可能会呈现两种企业形态:体育平台型企业和体育专家型企业。体育平台型企业拥有强大的资本实力、丰富的赛事版权、强大的媒体传播渠道、海量业务和客户,使消费者可以在体育产业链内部完成参与运动、观看比赛、享受服务、购买产品等各个消费环节,有能力进行体育与旅游、会展、游戏、影视等产业跨界融合。专家型企业则在体育某一领域特别专注,积累起足够的竞争优势,拥有一定的不可替代性。

(三) 争夺赛事版权,深度开发和运营

随着体育产业的兴起,无论在中国还是在世界范围内,对于顶级头部赛事资源的争夺变得越来越激烈。2015 年,中国体育企业掀起赛事 IP 抢夺热潮。1 月万达收购马德里竞技足球俱乐部 20% 的股份;接着腾讯斥资 5 亿美元拿下 5 年 NBA 在中国的网络独播权;2 月 10 日,万达集团牵头三家知名机构及盈方管理层以 10.5 亿欧元成功并购盈方体育传媒集团,控股 68.2%;9 月 22 日,乐视体育以 27 亿元代价获得香港英超 2016—2019 年三个赛季英超转播独家权益;9 月 25 日,体奥动力以 80 亿元巨资拿下中超 5 年版权。

在头部赛事资源激烈的竞争中,不具备资本实力的其他体育企业,纷纷通过自建赛事 IP 向产业链上游发力。如虎扑体育利用自己获取的体育资源,开发一系列明星体育赛事和大众体育赛事,扩大品牌影响力,丰富企业盈利模式。

(四) 体育科技深度融合,开放平台作用凸显

在资本推动下,现代科技正以前所未有的速度应用于中国体育市场,将迅速改变国内体育产业竞争格局。在 2017 年和更远的未来,体育市场的发展将在很大程度上依赖技术红利。

第一,科技的发展,特别是大数据技术在体育分析中的运用,将会改变运动员的选拔训练方式、教练员的指导方式等,这些改变有助于提高运动员的竞技水平,提高体育赛事的精彩程度。

第二,直播、VR/AR 等新技术的出现,改变了体育内容的呈现方式,让体育赛事更加丰富,更加多元化,更加立体。随着社交媒体平台变成人们的第一屏幕,新兴的网络平台正在打破传统的商业模式,年轻观众越来越追求内容的个性化。

第三,以移动社交、移动支付、各类体征监测设备、智能体育运动设备、智能体育设施等为代表的新兴技术迅速与体育行业结合,将使人们更好、更便捷、更愉悦地参与体育运动,深刻地改变用户的消费习惯,并进一步影响整个行业的商业模式与竞争态势。

二、"虎扑体育"的发展历程

"虎扑体育"从最初的篮球论坛到体育综合网站,再到覆盖线上线下的体育整合营销服务公司,业务逐渐丰富,规模不断壮大。近年来,公司不断拓展服务类型和体育品类,加强科技在体育产业中的应用,力求进行全产业链布局。纵观其发展历程,也正是互联网时代中国体育产业化进程的体现。

(一) 初创阶段(2004—2006 年):内容制胜

2004 年 1 月 1 日,程杭在美国芝加哥创立 hoopCHINA 篮球论坛,通过翻译外媒 NBA 资讯,提供综合、准确的 NBA 赛事和球队信息。由于当时大多数中文媒体对于国外体育新闻报道不够重视,缺乏信息渠道,缺乏专业性和及时性,使得虎扑的很多信息成为国内"独家新闻",一定程度上填补了市场的空白,而迅速受到很多 NBA 球迷的关注。论坛的形式可以让众多球迷深度参与,还提供 NBA 比赛视频下载。由于其综合性、准确性、及时性和互动性,虎扑在这一时期逐步成长起来。

(二) 发展阶段(2007—2011 年):迈入全体育领域

这一阶段,由于许多网站开始重视 NBA 比赛报道,虎扑在 NBA 方面的优势逐渐减弱,因此虎扑开始创建足球、F1 和网球、娱乐等非篮球频道。2007 年 11 月,虎扑在上海成立雷傲普文化传播有限公司,开始公司化运营。虎扑体育板块、体育频道向多元化、娱乐化发展,虎扑体育迈入全体育领域,从论坛向门户网站转型。

公司在 2007 年完成 A 轮融资,金额 200 万美元,投资方为晨兴资本(Morningside Venture Capital)。此后,越来越多的品牌客户选择在虎扑网投入广告。2007 年,虎扑全年广告销售额为 100 多万元,2008 年达到 500 多万元,到了 2009

年广告总销售额突破千万元,2010年是1700多万元。① 2011年,虎扑体育成为国内访问量最大的体育网站。

(三)扩张阶段(2012—2014年):PC端+移动端,体育+电商,线上+线下

2012年,虎扑体育将公司域名缩短为hupu.com,同时将hoopCHINA、GoalHi和HelloF1三个不同品类的体育网站统一至hupu.com,打造综合型体育门户网站。

在移动互联网迅速发展的时代,虎扑体育开始向移动端布局。2012年5月"虎扑体育"APP上线,现已成为虎扑旗下最权威、发展最好的移动客户端产品。2012年6月,虎扑针对特定的消费群体打造了一个体育商品消费决策平台——识货,虎扑正式涉足电商。

虎扑从线上推广、线下活动和赛事营销三个方面提供整合营销服务。线下活动包括球迷活动,在高校成立篮球及跑步俱乐部等;赛事营销方面,虎扑体育打造了多个线下体育赛事品牌,在球迷及当地民众之间产生了很大的影响力。

这一阶段,公司资产规模随着业务的发展持续增长。虎扑体育招股书数据显示,2013年、2014年虎扑体育总资产分别为11282.5万元、17461.29万元,增长率为54.77%;实现营业收入分别为9837.53万元、14150.10万元,营业收入增幅为43.84%。同时,虎扑体育加快融资进程。2012年9月1日,完成B轮融资,金额约4000万元,投资方是海通证券/海通开元;2014年7月1日,完成C轮融资1亿元,投资方是景林投资。②

(四)整合上市阶段(2015年至今):加快投融资进程

2015年1月20日,虎扑完成D轮融资,总金额约2.4亿元,直接投资方为泉晟投资,其背后实际投资人为A股上市公司贵人鸟。虎扑逐渐发展壮大,截至2015年12月31日,公司全平台月活跃用户数约4500万,虎扑体育现已成为国内活跃用户数量最大的体育平台之一。

2015年7月,贵人鸟股份有限公司先期出资10亿元,联合虎扑体育、景林投资共同发起创立体育产业投资基金——动域资本,该基金总规模为20亿元。1个月内,基金落实投资的项目已经达到10余个,其中包括智慧运动场、虎扑跑步、懂球帝等,投资方向囊括了O2O体育服务、智能设备、体育培训、场馆服务、赛事组织和媒体等体育产业细分领域,投资总规模超过2亿元。

---

① 郭思敏:《互联网时代虎扑体育网发展策略研究》,上海体育学院2016年硕士学位论文,第15页。
② 参见《虎扑体育募资4.2亿申请上市,贵人鸟曲线成"第二大股东"》,2016年4月26日,http://www.sohu.com/a/71813978_197955。

2016年4月22日,证监会披露虎扑体育首次公开发行股票招股说明书。但是由于虎扑体育盈利模式单一,2017年3月22日,虎扑体育已正式终止IPO进程。

三、公司主要产品及服务

虎扑体育经过多年的经营和发展,培育出了完整覆盖线上线下的体育内容与服务平台。虎扑拥有"虎扑体育网""虎扑体育移动客户端""识货网"等线上平台,以及各种商业赛事等线下产品。虎扑体育充分发挥了线上线下业务之间的协同效应,进行体育生态圈的布局。公司通过线上平台向用户提供赛事资讯、线上广告、线上增值等服务,公司还在线下为客户提供立体整合营销手段和赛事策划。线上资源集聚的庞大用户群体为线下业务带来消费者,而线下业务的新增用户同时反哺线上资源,实现了平台规模和商业价值的逐步提升,完成了体育O2O布局。

(一) 公司主要运营的互联网平台

虎扑主要运营的互联网平台包括"虎扑体育网""虎扑移动客户端""识货网""识货移动客户端"等。

1. 虎扑体育网:体育垂直网站

虎扑体育网是一个专业的体育媒体,网站提供的主要服务包括新闻资讯、社区板块、合作官网等,内容涵盖足球、篮球、赛车、网球等多个体育品类,涉及NBA、CBA、欧冠、中超、世界杯等几十项国内外重大赛事。

"虎扑体育网"采用全职记者编辑采编并配合UGC模式。全职团队拥有专业的新闻编辑,与国内外诸多通讯社、媒体和球队保持着合作关系,能够及时挖掘有深度、有价值的资讯内容。虎扑还建立了体育社区,采用用户原创、用户投稿等方式,鼓励用户采写并发布体育新闻、分析、讨论等内容,经过全职编辑团队的筛选和审核后发表。社区以用户黏性强、活跃度高为突出特点,这些以UGC模式产生的内容,深受体育迷的喜爱,使得"虎扑体育网"内容更加丰富精彩、专业有趣。

2. "虎扑体育"APP:布局移动互联网

从2012年开始,虎扑开发过多款APP,经过不断的改进和整合,"虎扑体育"APP成为虎扑旗下最权威、发展最好的移动客户端产品。"虎扑体育移动客户端"提供的主要内容和服务有新闻资讯、比赛互动、用户社区、视频播出和增值互动等,其中文字直播是"虎扑体育移动客户端"中活跃人数最多、访问频次最高的栏目之一。

目前,移动互联网逐渐成为人们接收信息的主要媒介。虎扑体育APP作为虎扑的移动端入口,承担着连接线上客户和线下资源的重要角色。与虎扑体育网相比,"虎扑体育移动客户端"综合传统体育赛事播出、主播自主内容播出及球迷互动等多种内容呈现方式,更加强调平台的互动性,强调对体育赛事内容的二次开发;虎扑体育APP与其他新媒体平台如微博、微信公众号等一同形成了虎扑体育的移动端布局系统,扩大了虎扑体育的受众范围,增强了传播效果。

3. 识货:体育垂直电商

虎扑"识货"业务开始于2012年6月,2014年上半年,www.shihuo.cn独立域名上线,下半年"识货移动客户端"正式上线。同年,识货海淘频道上线,向网购用户推荐海外主流商城的优惠商品。至此,识货全面覆盖国内外主流购物商城折扣商品,除了提供运动鞋导购,还提供生活电器、服装、食品、家居等全品类优惠信息,设置"晒物"频道供网友对商品信息进行分享。

"识货网"和"识货移动客户端"是虎扑体育流量变现的一个重要渠道,电商增值业务也是虎扑体育重要的收入来源。"识货"业务通过提供优质、专业的导购服务,满足了虎扑体育用户对增值内容和服务的需求,完善了虎扑体育的业务结构,使虎扑体育形成了对其他体育互联网平台的差异化竞争优势。

(二)线下产品和服务

1. 大型商业赛事管理

虎扑体育引进国外体育资源,通过赛事品牌策划、赛事整合营销、赛事版权售卖、票务销售、赛事执行、赛事效果监测等环节,在全国各地举办赛事活动。2012年9月虎扑与艾伦·艾弗森等多名著名球星签约,重金打造世界篮球明星赛;2013年7月,虎扑在国内的体育营销版图进一步扩大,在全国各地举办了多场大型体育赛事——"华丽之旅"世界篮球明星赛、中美篮球对抗赛、"星耀传奇"欧洲足球经典明星赛等。虎扑举办的部分大型赛事活动,取得了很好的市场效果和品牌效应。

大型商业赛事管理是虎扑充分发挥线上线下业务协同效应、进行体育生态圈布局的重要环节,虎扑通过提高赛事服务质量来提升自身以及赛事本身的知名度和声誉,是有效的营销方法。由于虎扑缺乏大型赛事版权,所以希望利用自身体育资源,通过自建赛事IP,向体育产业链上游发展。通过对大型赛事的深度运营,为线上、线下各种衍生产品和服务提供核心内容,树立起赛事品牌,构建企业核心竞争力。

表 3-7-1　虎扑举办的部分大型赛事①

赛事名称	现场观看人数(人)	赛事页面浏览数(次)	赛事媒体(家)	原创报道(篇)
华丽之旅—2012 世界篮球明星赛	23700	15863200	30	150
华丽之旅—2013 世界篮球明星赛	40700	30723300	50	260
华丽之旅—2013 世界篮球巡回嘉年华	56300	45051300	90	300
星耀传奇—2013 欧洲足球经典明星赛	18600	52536900	120	350
2014 豪门中国赛—米内罗竞技中国行	78243	94457910	150	390
2014 世界篮球明星赛	441800	64655800	120	570
2014 荣耀米兰传奇球星中国赛	17800	1045800	50	170
2015 "终极一战"麦迪篮球明星赛	552500	132655800	330	660

2. 线下活动管理

虎扑体育的线下活动管理主要是指公司提供大型路演、明星访华、球迷活动、发布会训练营等活动策划与执行。通过各种线下活动，公众可以亲自参与到品牌活动中，有利于宣传品牌产品，提升线上推广网站的直接流量，线下活动为线上推广提供了坚实的后盾，线下推广效果一定程度上决定整个营销方案最终实际效果。如 2011 年 7 月 21 日，虎扑体育为雪碧策划"雪碧天地一斗 炫灵感之夜"暨明星篮球表演赛等。

四、公司盈利模式分析："广告＋赛事＋流量"多维变现

虎扑目前形成了广告业务、赛事营销业务和增值业务等公司主要收入来源。

图 3-7-2　虎扑体育业务模式

(资料来源:虎扑体育招股书)

在虎扑体育的营业收入构成中，广告业务占的比重较大，赛事营销收入和增值业务收入基本持平。虽然虎扑体育依靠广告、赛事、流量形成了多种收入来源，

---

① 郭思敏:《互联网时代虎扑体育网发展策略研究》,上海体育学院 2016 年硕士学位论文,第 36 页。

但是，在体育产业核心内容直接盈利方面尚有所欠缺。

表 3-7-2 虎扑体育主营业务收入结构

营业收入	2015 年度		2014 年度		2013 年度	
	金额（万元）	占比	金额（万元）	占比	金额（万元）	占比
广告业务	12188.04	60.78%	7860.13	55.55%	5473.57	55.64%
赛事营销	2757.21	13.75%	3343.24	23.63%	2076.85	21.11%
增值业务	4123.41	20.56%	2946.73	20.82%	2287.11	23.25%
其他	985.46	4.91%	—	—		
合计	20054.12	100.00%	14150.10	100.00%	9837.53	100.00%

（资料来源：虎扑体育招股书）

（一）广告业务盈利模式

虎扑体育的广告业务服务主要分为两种：媒体广告投放服务和体育整合营销服务。媒体广告投放服务主要指虎扑体育依托于"虎扑体育网""虎扑体育"APP 的广告媒体价值和用户资源，为客户在网站主页及各体育频道、论坛上，或"虎扑体育移动客户端"界面提供广告投放服务。其盈利模式为吸引广告客户在虎扑体育媒体平台投放广告，并向虎扑体育支付广告投放费用。

体育整合营销服务是指虎扑体育综合各种形式的传播方式，为客户提供定制化全程体育营销解决方案的策划与执行服务。体育整合营销包括线上与线下多平台结合联动的多种营销方式；线上整合营销除了为客户采购媒体资源进行不同表现形式的广告投放外，还包括运营 Minisite、组织用户社区活动、社交媒体推广等多种线上营销服务；线下整合营销手段包括线下媒介传播、线下营销活动、签约球星出席代言等。广告客户支付的整合营销费用形成虎扑体育广告业务板块的重要收入来源。

（二）赛事营销业务盈利模式

虎扑体育通过自身在行业内的影响力签约国内外知名球员、球队及体育组织来华进行赛事表演，根据球员、球队以及体育组织本身的特点进行赛事产品的设计，向有意向的各地承办商销售赛事产品。比赛前数月，在通过资质评估后，虎扑会确定当地赛事承办商，双方签订承办合同，按照合同约定启动办赛审批、场馆安排、招商、售票和媒体宣传等。相对小型的赛事，由于风险较为可控，一般由当地承办商买断具体赛事承办、市场开发、门票销售等，虎扑向当地承办商收取固定金额的赛事承办权费用。大型赛事由虎扑与当地承办商洽谈商定收益分成比例，共同承担赛事承办、组织、推广等具体工作。赛事营销业务盈利主要取决于获取球队、球员资源的成本及赛事承办商承办该项赛事愿意支付的对价。

（三）增值服务业务盈利模式

虎扑依靠"虎扑体育网"和"虎扑体育"APP等线上平台集聚的体育用户群体，为具有同类用户群体的网站或平台提供导流服务，同时为虎扑的体育用户群体提供全方位的体育娱乐和体育消费服务。

增值业务中的电商业务主要业务模式为公司通过"识货网"和"识货移动客户端"，提供其他商家平台的体育商品资讯导购与购买链接，虎扑用户通过点击该链接至电商网站进行消费，虎扑体育按照用户消费金额向商家收取一定比例的佣金，商家平台每月通过电子支付平台进行佣金支付。

虎扑从事的其他增值业务还包括体育游戏联运等，体育游戏联运业务模式为由虎扑利用自身平台进行游戏推广，由虎扑与被代理方协商约定具体佣金比例，按照最终销售金额与佣金比例收取佣金费用。

五、虎扑体育发展存在的问题

虽然虎扑体育近年来扩张步伐很快，但是其目前的发展却已经走到了一个瓶颈期，这也是虎扑体育力争上市的主要原因。依靠营销和服务不能支持企业继续做大做强，长期缺乏赛事版权、盈利模式单一且增长空间有限，虎扑体育也未能在移动互联网时代取得先机。

（一）缺乏体育核心资产

对于体育产业而言，赛事版权是企业核心资产。近年来，腾讯体育、乐视体育、PPTV以及央视体育等，纷纷寻求在体育产业链上的转型与布局，已经几乎将头部IP资源瓜分完毕。受资本等条件限制，虎扑体育一直未能获得大型体育赛事版权，虎扑体育提供播放和下载的视频，许多是链接到其他公司的网站上，使其在市场竞争中处于不利地位。

虎扑体育长期处于体育产业链的中游，上游是各类体育资源提供方，下游是具有体育营销需求或以体育人群为目标客户的企业客户，以及虎扑体育直接服务的广大体育用户。由于缺乏体育赛事资源的掌控权，其发展很大程度上受到上游资源的限制。

图 3-7-3 虎扑体育在体育产业链中的位置

(二) 移动端发展薄弱

目前虎扑体育在移动端并没有强势的入口。虎扑开发的 APP,如识货、虎扑跑步、赛车、虎扑问吧、虎扑看球,类型涉及体育社交、体育电商、体育视频等,发展状况都不是很好。"虎扑体育"APP 是虎扑旗下发展最好的移动客户端产品。虎扑一方面在移动客户端上尽可能实现网页版的内容,另一方面也希望根据移动客户端的特质而提供差异化、分众化的服务。不过虎扑体育客户端分众化做得不到位,客户端数量多,但功能有所重合,且缺乏特色。

(三) 对广告业务依赖较大,盈利模式比较单一

虎扑依靠"虎扑体育网"和"虎扑体育移动客户端"等线上平台的访问量,形成了广告业务、赛事营销业务和增值业务,其中广告业务是公司目前主要的收入来源。

2013 年至 2015 年,公司的广告业务收入占公司营业收入比重分别为 55.64%、55.55%、60.78%;赛事营销业务收入占公司营业收入比重分别为 21.11%、23.63%、13.75%;增值业务收入占公司营业收入的比重分别为 23.25%、20.82%、20.56%。公司收入过度依赖广告业务,导致公司承受风险的能力不足,收入增长空间也有限。

六、对虎扑体育未来发展的建议

在"互联网+"时代,内容仍是产业融合发展的核心与纽带。一方面,虎扑体育必须重视对赛事版权的争夺和自建;另一方面,在现有资源的基础上,拓展业务版图。虎扑还必须在体育产业链上找到新的利润增长点,丰富自己的盈利来源。

(一) 赛事 IP 资源的获取和深度运营

体育赛事 IP 具有稀缺性强、爆发力强、培育周期长、生命周期长、收入稳定性强等特点,是行业核心资源。虎扑要力争向产业链上游发展,获取赛事 IP 资源。比如赛事转播权和直播权,虎扑可以与国内拥有赛事转播权的企业合作,生成自主版权的视频资源,而不用再让用户跳转到其他网站页面;在未来,虎扑也应该自

主购买部分赛事版权,扩大用户规模,增强用户黏性。

对于虎扑运营和自建的赛事,要以体育平台为核心,通过深度传播和运营赛事IP,培育泛用户群,放大赛事IP价值。通过赛事IP,对产业上下游资源进行整合,并将观赛用户导入自身其他产品体系进行生态化,可进一步放大赛事IP价值。虽然虎扑在争夺赛事版权的竞争中没有获得优势地位,但是在赛事IP培育的竞赛中要努力发挥自己在平台、技术和营销方面积累的优势。

(二)拓展业务版图,实现体育产业布局

首先,在"互联网+"时代背景下,信息技术逐渐成熟,传统体育领域服务得以迅速接入互联网,围绕赛事观赏、运动器械、大众健身、体育培训、娱乐社交、智能设备等各类体育在线与O2O服务市场的空间正在逐步打开,从而引发服务模式的升级和产业链条的变革。在这一行业变革的过程中,虎扑体育应进行全产业探索,在O2O核心技术方面加强研发,在全民健身、体育培训、装备器材和场馆服务等领域进行业务拓展和布局,成为线下体育服务互联网化大趋势中的核心平台,实现多元化服务功能的拓展。

其次,伴随人们收入水平提高、运动人口基数的日益庞大、移动互联网的前进与演变,国民对于体育文化娱乐产品的消费需求加速释放,大众体育兴趣将向多元化演变。虎扑体育在未来应致力于进行体育品类拓展,最大化现有线上资源与用户在不同体育品类上的潜在商业价值。

最后,众多学者在考察和研究传统媒体、新媒体及云计算、移动互联网等最新技术手段后,论断未来的媒体终端是移动终端,这是一种集合以前所有媒介形式的合成终端,换言之,无论是传统媒体还是新媒体,最后的形态都离不开移动终端。① 移动端和移动互联网是未来发展的方向,所以,虎扑应该加强在移动端的布局,加强技术研发和内容生成。

(三)加强技术研发,打造去中心化开放性平台

虎扑体育应该坚持用户创造、传播并消费内容的核心原则,打造富有创造力和活跃度的UGC平台。加强技术创新能力,建立各类体育服务通道并营造良好交易环境,降低交易成本,使用户不但能在虎扑体育平台上产出和传播体育资讯内容,还能够为其他用户提供体育培训、装备导购、赛事组织等多样化的体育服务,并换取相应回报。

另外,通过视频捕捉、内容制作等工具的研发,以及优秀内容激励机制的优

---

① 范周:《重构·颠覆:文化产业变革中的互联网精神》,知识产权出版社2016年版,第323—324页。

化,积极推动 UGC 的水平提升,使得数量众多的 UGC 中,能够竞争催生出具备 IP 开发价值的体育内容产品。设计协作机制,与行业内各企业合作,共同促成体育产业的去中心化生态。

（四）升级收入模式与规模

在广告业务上,虎扑体育要持续开发自身媒体价值与外部媒体资源,提升对全国性品牌客户的服务,致力于对区域型客户和电子商务客户服务模式的升级,以获得更高的广告收入。在赛事业务上,首先扩展地方销售渠道和团队,其次探索完善赛事市场开发和运作模式,实施品牌战略,打造全国性、区域性品牌赛事。在互联网增值业务上,持续拓展体育服务功能及项目品类,复制成熟的增值收入模式,例如电商导购等,同时积极创造新的盈利模式。

虎扑体育不应只局限于做服务和技术,应该主动向体育赛事内容延展,建立专业的体育赛事内容开发和运营团队,使赛事内容直接变现,丰富盈利模式,增加营业收入。

案例报告八

网易云音乐:打造"音乐+社交"新生态

余 爽[*]

一、发展历程

网易云音乐依托专业音乐人、DJ、好友推荐及社交功能,在线音乐服务主打歌单、社交、大牌推荐和音乐指纹,以歌单、DJ节目、社交、地理位置为核心要素,主打发现和分享。[①] 2017年3月8日,网易云音乐版本更新,在原有功能基础上增加了泛娱乐内容社区和短视频功能。

(一)发展史

作为网易的战略级移动新产品,网易云音乐于2013年4月23日正式发布。仅两年时间,2015年7月14日,网易云音乐宣布其用户数突破1亿,并且累计产生1.2亿条乐评和2亿次的音乐分享;2016年7月25日,网易云音乐宣布该平台用户数量已在7月初超过2亿,比2015年同期增长100%。网易云音乐在2014年5月推出PC端和iPad适配版本,于2014年8月30日上线Windows Phone平台,2016年5月25日,网易云音乐上线国内在线音乐应用中首个Linux版,产品涉及多个平台客户端。TalkingData移动数据研究中心发布的数据显示,2014年1月至9月,网易云音乐以36.5%的用户月增长率居所有音乐类APP首位,超过QQ音乐、酷狗音乐等同行业产品。

(二)其他举措

2015年1月16日,网易云音乐荣膺百度中国好应用"年度优秀视觉设计奖"。网易云音乐上线前三年,仅现金投入就超过10亿元,其他各项投入近20亿元;2017年4月11日,网易云音乐已确定获得A轮融资,融资金额为7.5亿元,

---

[*] 余爽,中国海洋大学国家文化产业研究中心文化产业管理专业研究生,主要研究音乐产业、文化产业园区发展等。

[①] 参见"网易云音乐"360百科词条。

此轮融资后,网易云音乐估值为 80 亿元。① 网易云音乐此次融资的目的在于向硬件、演出等多元化方向发展。

二、网易云音乐的运作之道

网易云音乐经过近几年的发展,已经积累了大批用户和口碑,其用户数两年破 1 亿,三年破 2 亿,增长率居音乐类 APP 前列,网易云音乐发展如此迅猛,离不开带有其自身特点的运作之道。

(一)年轻用户群体定位

速途研究院发布的《2016 年 Q2 移动音乐市场分析报告》中针对"移动音乐用户年龄分布"的调查结果显示,移动音乐用户的年龄主要集中在 20—29 岁以及 30—39 岁的用户群体,占比分别为 39%、36%,表现出明显的年轻化趋势(见图 3-8-1)。由此可见,移动音乐用户群体以大学生、IT 从业者及企业基层员工为主。

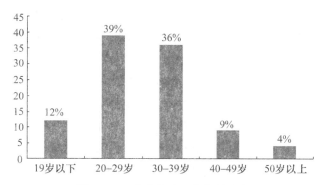

图 3-8-1　移动音乐用户年龄分布

(数据来源:速途研究院)

速途研究院报告显示,大学生群体主要关注以下几点:首先是音乐资源是否丰富,其次是朋友推荐程度,再次是界面设计。此外,社交功能必不可少,创新设计也平添几分亮色。网易云音乐本身具备的功能和特点正好满足了年轻用户群体的需要,同时,清晰的年轻用户群体定位也促进网易云音乐功能的不断改进和创新。

网易云音乐根据自身产品特点以及一系列运营活动成功吸引与培养了一批

---

① 韩依民:《网易云音乐获得 7.5 亿 A 轮融资估值 80 亿 SMG 领投》,腾讯科技,2017 年 4 月 11 日,http://tech.qq.com/a/20170411/024891.htm。

高素质、引领时尚的年轻人群,并以这些用户为核心,强化用户 UGC 社交属性,快速拓展口碑,实现 UGC 内容最大化。根据当下移动音乐用户的年龄分布情况,网易云音乐将用户群定位为大学生、都市白领、时尚人群、IT 精英等热爱音乐、对音乐有较高要求的高素质人群。

(二)运作模式

网易云音乐的发展不仅仅专注于歌单,更注重用户情感的表达、传递与抒发;此外,还重视与独立音乐人的合作,为其音乐创作与发行提供平台;同时,网易云音乐通过线上线下相结合的实体活动运营,联动线下资源,吸引众多人群关注。

1. 分众市场的深耕,打造音乐社区

分众市场的深耕,是对音乐社交的延续。据有关统计分析,大部分用户听歌数量有限且具有固定的偏好,加上移动音乐用户主要集中于年轻用户群体,曲库数量已不能支撑当下用户的音乐需求。人们听音乐,一方面需要满足自身情感,另一方面需要表达感情,这种对音乐的输入和输出恰恰表现为情感的传递和交流。网易云音乐 CEO 朱一文在一次演讲中提到这一点,用户在听歌时已经不仅仅满足于听歌,对情感的传递和抒发,社交成了重要切入口。

网易云音乐的产品构成主要体现在以下几个方面:一是"发现音乐",包括"个性推荐""主播电台"以及"排行榜"等多个栏目,多维度满足用户发现音乐的需求;二是"我的音乐"界面,提供便捷化的用户个人音乐管理;三是"朋友"界面,提供对音乐的点赞、评论、转发及分享功能,以及对熟人和具有相同偏好的陌生人的关注;四是"账号"界面对数据及相关设置的管理。网易云音乐的重要特点,是在社交关系链中进行分享并构建个人音乐主页。

与其他音乐 APP 不同,网易云音乐立足于对每位用户的个体分析,针对每位用户的音乐偏好进行精准化推荐,通过"私人定制"满足用户的个性化需求。此外,用户可以将喜欢的音乐分享到个人主页,并进行配图与评论分享感受,参与话题讨论与交流;同时可以对其他用户的分享进行评论与点赞,维系社交。网易云音乐关系链的建立,不仅包括熟人关系圈,还可关注与自己音乐偏好相同的陌生人,通过关注,双方可以进行互动交流,形成自己的音乐社区。网易云音乐对分众市场的精耕细作,体现了对用户行为与用户需求的精准分析,通过用户个性化音乐社区的创建,成功地将音乐场景化,用情感联结代替传统的机器算法。

2. 与独立音乐人的合作

网易云音乐分众市场的深耕,体现在与独立音乐人的合作上。与平台合作的独立音乐人,不一定需要全国知名,他们主打的小众路线,只要能吸引一部分用户群体的关注,就相应形成音乐社区。截至 2016 年 11 月,网易云音乐独立的原创音乐人已入驻超 2 万人,上传原创音乐作品超过 40 万首,好妹妹乐队、李志等音乐人已成为与"粉丝"互动的热门人物。① 对独立音乐人的扶持,网易云音乐计划一年投入 2 亿元,包括音乐人的投资、音乐人的唱片、巡演、产品推出、赞赏功能以及音乐人的周边等。②

网易云音乐与独立音乐人的合作,是为音乐人的音乐创作与发行提供平台,双方没有合约限制,各取所需。网易云音乐既不是独立音乐人的雇主,也不是幕后主导者,而是作为服务者对独立音乐人进行扶持。音乐平台期望更多独立音乐人的入驻、创造更多的作品参与音乐平台间的竞争;独立音乐人期望通过平台收获更多的"粉丝"、关注度与影响力。两者互惠互利,各取所需。音乐版权资源是网易云音乐目前的短板,与独立音乐人的合作能够一定程度上弥补这方面的不足,增加线上内容资源。

3. 线下实体活动运作

除了线上音乐社区的建立以及与独立音乐人的合作,网易云音乐还注重线下实体活动的运营。举办校园歌手大赛、音乐大战等音乐活动,是网易云音乐联动线下资源的重要举措。

2015 年 8 月 11 日,网易云音乐"音乐大战"以 O2O 形式成功举办,吸引众多用户与"粉丝"的关注,于线上线下同步开展。这档音乐赛事,以 78 万最高同时在线人数、超 1500 万投票数和超 100 万弹幕发布数,刷新了演唱会直播互动新纪录。③ 网易云音乐通过"音乐大战"直播,尝试采用"粉丝"付费投票新模式,吸纳了较高人气,是其未来发展商业化路径的新探索。

从 2014 年 9 月第一届校园歌手大赛举办至 2016 年 9 月,网易云音乐用户数从 4000 万猛增超过 2 亿,两年时间用户数增长了 4 倍,远高于同行增长水平。④ 网易云音乐通过举办校园歌手大赛,为年轻人提供线下展现自我的平台,从海选、晋级赛到总决赛,校园歌手的去留问题主要由"粉丝"决定,校园歌手大赛着力挖掘潜力新星,参与网易云音乐发起的音乐新星养成计划,最终有望打造成为专业

---

① 卢扬:《网易云音乐能否弯道超车》,《北京商报》2016 年 11 月 17 日。
② 姜红:《网易云音乐欲大数据突围》,《北京商报》2016 年 11 月 28 日。
③ 穆磊:《过亿用户基数引爆网易云音乐"化学反应"》,《中国广告》2015 年第 9 期。
④ 参见《网易云音乐启动第三届全国校园歌手大赛》,网易娱乐,2016 年 9 月 2 日,http://ent.163.com/16/0902/21/C004AUQ7000380CJ.html。

艺人。校园歌手大赛的举办也使网易云音乐的校园市场份额获得大幅提升,年轻用户占比越来越高,在同行位居前列。大赛的举办一方面有利于吸引年轻目标用户群体,另一方面也促进了线上内容资源的丰富,并形成了线上线下的音乐互动社区。

三、核心竞争力——"音乐＋社交"模式

美国音乐流媒体软件公司 Rdio 的首席执行官 Drew Larner 较早提出"音乐社交"的理念,他认为,音乐在本质上是社交的,数字音乐的未来也将由社交体验的有效传递来推动。① 网易云音乐在国内市场最早提出了"音乐社交"的理念。

（一）重视用户体验

据有关统计显示,网易云音乐通过算法进行个性化推荐、UGC 歌单以及音乐社交等方法对歌曲的多元化利用起到重要作用,而不只是热门歌曲被使用,其曲库利用率将近 80%,大多数其他移动音乐 APP 平台的曲库利用率仅有 20% 左右。② 面对众多移动音乐 APP 的强大竞争压力,不同于传统的"播放器＋曲库"模式,网易云音乐独辟蹊径,关注用户间的音乐互动与情感表达,从增强用户体验着手增强用户黏性。

网易云音乐的体验主要从两方面使用户获得情感满足。首先是以黑胶唱片为代表的人性化视觉设计、个性化推荐及歌单创建满足用户的视听享受；其次是用户可以将喜欢的音乐进行分享与评论,记录心情,也可与具有相同音乐偏好的人进行话题交流,表达情感。网易云音乐的"动态"一栏,用户既可以配以文字和图片分享歌曲,也可以对其他人的音乐进行点赞、评论与转发,用户通过情感表达和 UGC 形成互动关系,体现出"音乐＋社交"的模式。UGC 形式的"动态"与"评论"两大功能使用户创造力得到发挥,维持了音乐社区的正常运转。网易云音乐不论在个性化介绍、创建私人歌单,还是查看关注的人,或与"粉丝"私信交流等方面,都体现出这个音乐社交平台对用户体验的重视与实践。

（二）关系链＋口碑推广

社交媒体中的分散化个人网络关系圈可以分为以下几种类型：熟人关系圈、业缘关系圈、名人明星圈、公共组织圈。网易云音乐以音乐为纽带,通过以上几种

---

① 王路：《从网易云音乐看"音乐社交"生态的建设》,《传媒》2017 年第 3 期。
② 参见《QQ 音乐已经盈利 网易云音乐出路在哪里？》,浙江产经网,2016 年 7 月 28 日,http://www.360doc.com/content/16/0802/10/22791500_580192083.shtml。

关系引导用户搭建出自己的音乐社交关系链。一方面,用户可以通过"好友"功能和"附近"功能建立自己的好友圈;另一方面,用户还可以关注明星用户与音乐达人,与他们建立联系,完善自己的关系链。网易云音乐正是将这些分散化网络用户通过社交平台进行互动等方式形成个人独特的音乐社交关系链,组成集体化的音乐网络生态圈。

关系链的建立唤醒了社交诉求,网易云音乐的口碑好,通过熟人间的口碑推广使网易云音乐这一平台迅速被认知。网易云音乐仅用两年时间,宣布其用户数破 1 亿,三年内破 2 亿,相比于其他音乐 APP,如酷狗音乐用户数突破 7500 万用了六年,天天动听用户数突破 7000 万用了四年[①],网易云音乐社交关系链下的口碑营销使用户数量在短时间内取得巨大突破。

与传统移动音乐 APP"播放器+曲库"模式不同,网易云音乐"音乐+社交"模式的打造,使用户行为由"被动搜歌"转变为"主动听歌",并且进行精准个性化新歌推荐,培养用户使用习惯,才能更好留住用户,通过社交关系链形成社交关系网,并最终构建起庞大的音乐社交生态圈,这是网易云音乐区别于其他移动音乐 APP 的核心竞争力。

四、与其他移动音乐 App 对比分析

2015 年 9 月,QQ 音乐用户宣布已覆盖 8 亿用户,日活跃用户突破 1 亿。2014 年,先后联合周杰伦、Adele、李宇春等多位歌手发行数字专辑,2014 年 12 月至 2016 年 6 月,数字专辑累计销售量近 1800 万张,销售额突破 1 亿元。[②] QQ 音乐的定位主要以"粉丝"为切入点,着力打造听看玩唱的音乐生态,数字专辑和 O2O 成为其服务特色功能。QQ 音乐的盈利模式主要在于会员收入、音乐付费、广告、演出 O2O 等。

酷狗音乐的定位在于打造涵盖听歌、电台、直播、K 歌等功能的一体化娱乐服务平台,直播为其服务特色功能,其主要盈利模式在于直播收入、广告、游戏联运收入、音乐收费、衍生产品销售等方面。

虾米音乐人平台目前主要面向独立唱片公司和独立音乐人,其目标在于完善互联网音乐产业链。成为虾米音乐人后,其自有的版权音乐可以通过虾米平台得

---

① 卢扬,《网易云音乐能否弯道超车》,《北京商报》2016 年 11 月 17 日。
② 艾瑞咨询:《2016 年中国在线音乐行业研究报》,2016 年 7 月 19 日,http://report.iresearch.cn/report/201607/2617.shtml。

到推广并取得收益;通过虾米音乐平台,音乐人可以设置单曲售卖价格,与歌迷直接沟通,取得唱片、周边产品或门票展示广告位,并且能在后台统计表中看到自己音乐的试听量、下载量、分成收入以及"粉丝"互动量等各种数据。

相比于QQ音乐、酷狗音乐和虾米音乐等移动音乐APP,网易云音乐是侧重发现和分享的社交音乐产品,以其差异化定位优势、创新用户服务方式以及先天移动基因为特征,通过一系列功能设置,为用户提供基于音乐的社交平台,强化移动音乐APP的社交属性,在同类音乐产品中形成"音乐+社交"的独特生态模式。

五、面临的挑战

网易云音乐的下载量在众多移动音乐APP中虽不是最高,但其用户评分却排在前列,可见,基于"音乐+社交"新模式,用户对网易云音乐有较高的满意度。尽管网易云音乐在近年发展中已取得不小成就,然而作为一个新兴音乐产品,对于其未来发展,仍存在一些挑战。

(一)音乐版权资源有限

从音乐版权资源占比来看,中国新音乐集团(QQ音乐、酷狗音乐、酷我音乐)的版权音乐在整体版权音乐中占比均达到90%以上,网易云音乐的版权音乐歌曲量占整体版权音乐的70%左右,阿里音乐的版权音乐歌曲量在整体版权音乐中比例低于20%。表3-8-1是2015年中国典型在线音乐企业拥有版权情况,从中可以看出,中国新音乐集团和阿里音乐几乎涵盖了华语、欧美韩语以及一些热门综艺等主流音乐曲库。

表3-8-1 2015年中国典型在线音乐企业拥有版权情况

公司	音乐产品	版权	相关版权及音乐人
阿里音乐	虾米音乐 阿里星球	授权公司:滚石、相信等	华语歌手:李宗盛、周华健、张震岳、辛晓琪、梁静茹、任贤齐、刘若英、莫文蔚、伍佰、陈升、五月天、丁当、SHE、飞轮海、林宥嘉、倪安东、周惠、动力火车、信等 音乐综艺:《中国好声音3》等

(续表)

公司	音乐产品	版权	相关版权及音乐人
新音乐集团	中国酷狗音乐酷我音乐	授权公司：索尼、华纳、环球、韩国CJ、海蝶、孔雀廊、丰华种子音乐、天浩盛世、太合麦田、通力唱片、极韵文化、中国唱片公司等 转授权公司：杰威尔音乐、福茂唱片、英皇唱片、韩国YG娱乐等	华语歌手：黎明、陈小昀、吴奇隆、小虎队、杨千嬅、陶喆、品冠、柯有伦、林俊杰、后弦、杨宗纬、戴佩妮、黑豹乐队、杨坤、沙宝亮、谭维维、许嵩、黄雅莉、吉克隽逸、李荣浩、范冰冰、李冰冰、何润东、戚薇、徐浩、童可可等 欧美韩歌手：张根硕等 音乐综艺授权：《蒙面歌王》等
	QQ音乐	授权公司：索尼、华纳、杰威尔、英皇娱乐、华谊、福茂唱片、乐华娱乐、梦响当然、少城时代、CUBE、韩国YG娱乐、LOEN等	华语歌手：张学友、庾澄庆、周杰伦、蔡依林、谢霆锋、容祖儿、范玮琪、A-lin、张靓颖、周笔畅、萧敬腾、李荣浩、韩庚、鹿晗、张敬轩等 欧美韩歌手：Justin Timberlake、席琳·迪翁、艾薇儿、林肯公园、鸟叔等 音乐综艺授权：《我是歌手3》《中国好歌曲2》《中国好声音》

（数据来源：艾瑞咨询：《2016年中国在线音乐行业研究报告》）

2015年，腾讯的营业收入为158.41亿美元，阿里为122.93亿美元，网易仅35.20亿美元。一方面，2013年创立的网易云音乐难以从两家音乐巨头中瓜分这批主流音乐版权资源；另一方面，相比于互联网巨头BAT，网易在购买版权上的资金实力仍有待提高。有限的音乐版权资源成为网易云音乐的一块短板，然而，艾瑞咨询发布的《2016年中国在线音乐用户特征总结》显示，用户对音乐的外延服务具有较高的使用兴趣，超过六成用户从收听音乐向更愿意享受音乐发展，网易云音乐"音乐＋社交"的体验性模式有望在这方面取得突破。

（二）盈利模式模糊

缺乏清晰可靠的盈利模式是当下众多移动音乐APP面临的问题，网易云音乐也不例外。2017年4月，网易云音乐已获得7.5亿元A轮融资，期望向音乐硬件及线下演出等更多元化方向发展，有关这些方面的盈利模式仍值得探索。网易云音乐副总裁丁博介绍，目前网易云音乐收入主要由会员、数字专辑销售、流量包收入、周边销售及广告组成。[①] 这与其他音乐平台并无明显差异。当下众多移动

[①] 参见《网易云音乐获得7.5亿A轮融资估值80亿 SMG领投》，腾讯科技，2017年4月11日，http://tech.qq.com/a/20170411/024891.htm。

音乐 APP 斥巨资抢占音乐版权,网易云音乐在这方面并无明显竞争优势;加上中国音乐市场早期以免费来吸引用户,虽然已经积累了庞大的用户群,但目前国内音乐付费市场尚未成熟,即使占有大量版权也难以获得相应回报。

六、网易云音乐的未来式

针对上述面临的挑战,对于网易云音乐的未来发展,有以下几点可供参考。任何一款音乐产品的发展模式都不是一成不变的,网易云音乐也是如此,只有紧跟时代脚步,不断尝试,创新自身发展模式,才能在激烈的市场竞争中立于不败之地。

(一)"互联网+音乐"新盈利模式

2015 年,我国网民规模达到 6.9 亿,手机网民规模达 6.2 亿,较 2014 年底增加 6303 万人。其中,网民中使用手机上网的人群比例由 2014 年的 85.8% 上升至 2015 年的 90.1%(见图 3-8-2、3-8-3)。① 智能手机的普及、中国移动网民规模的扩大等因素影响着中国音乐行业与互联网产业的融合发展。互联网的出现,对音乐的制作方式以及推介模式都产生了重要影响。音乐的传播不再依靠磁带、光碟等介质,互联网时代下的音乐产业,其传播与推广方式,在时间上更加便捷,在形式上更加多元。

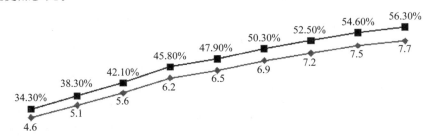

图 3-8-2 2010—2018 年中国整体网民规模及互联网普及率

(数据来源:艾瑞咨询:《2016 年中国在线音乐行业研究报告》)

---

① 《2016 年中国在线音乐行业研究报告》,艾瑞咨询,2016 年 7 月 19 日,http://report.iresearch.cn/report/201607/2617.shtml。

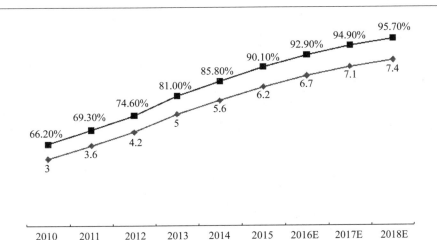

图 3-8-3　2010—2018 年中国手机网民规模及在网民中占比情况
（数据来源：艾瑞咨询：《2016 年中国在线音乐行业研究报告》）

目前，网易云音乐已依托互联网大数据对音乐的个性化推荐作出相应的实践并产生良好的口碑效应。大数据时代下，音乐版权资源的数量已相对变得不再重要，网易云音乐曲库的高利用率，对用户偏好的把握或许更具竞争力。此外，大数据时代下，版权代理商需要更灵活的授权协议，对版权享有更大的自主权，才能吸引更多词曲创作者与独立音乐人，进而获取收益。

互联网与音乐产业的结合，还有诸多途径有待挖掘。例如，音乐的个性化推荐不仅适用于个人用户，还可以通过音乐平台的大数据分析，对独立音乐人在当地的受众基础及影响力进行评判，进而能对相应的线下实体活动作出较为合理的安排。依托互联网技术，不仅能够精准判断用户需求，还可以针对这些需求用线上指导线下，线下反馈线上，形成双向互动。"互联网＋音乐"新盈利模式，是对音乐产业的升级，大数据的推广与变现能力和音乐产业的结合，将贯穿整个音乐产业链，使音乐产业的未来发展产生一种全新的商业模式。

（二）发力"粉丝经济"付费新模式

从网易云音乐的产品组合来看，包括个性化推荐、主播电台、创建及收藏歌单、社交分享等多重功能；从其收入构成来看，主要由会员、数字专辑销售、流量包收入、周边产品销售等组成。不论是产品组合还是收入构成，网易云音乐都旨在培养一批忠诚度高的"粉丝"并刺激以"粉丝"为核心的消费。由于国内市场为音乐付费的用户还比较少，用户付费习惯的培养仍需较长时间；对"粉丝"的关注并使之产生付费行为则成为移动音乐APP收入来源的重要着力点。

张嫱在《"粉丝"力量大》一书中将"粉丝"经济定义为:"粉丝"经济以情绪资本为核心,以"粉丝"社区为营销手段,不断增值情绪资本。"粉丝"经济以消费者为主角,由消费者主导营销手段,从消费者的情感出发,企业借力使力,达到为品牌与偶像增值情绪资本的目的。网易云音乐"音乐+社交"模式已吸引过亿用户,其中包括大批活跃度高的"粉丝",用户黏性较高。大数据时代下的"粉丝"数量,不仅意味着影响力还意味着经济价值,相比普通用户而言,"粉丝"成为更可靠的消费者,这类群体虽然不一定具备最强大的购买力,但他们更愿意为自己喜欢的内容付费。因此,对于网易云音乐的未来发展,"粉丝"所产生的经济效益不容小觑。未来发展中,网易云音乐可以继续对"粉丝"的行为偏好进行挖掘,引导"粉丝"行为向其业务组合的多元化方向发展。

案例报告九

"得到":新媒体下终身学习引领者

宋 菲[*]

社会的进步一直都需要靠大脑去驱动,知识经济的提法没有过时。这个时代的快速变化,使有志者对知识抱以极大的期望,这种期望是随时随地的,摒弃垃圾信息的纷扰,抛开不专业知识的洗脑,有这么一个人群需要精准的判断和权威的知识者帮助他们开辟一处清净的学习环境,只听有价值的声音、尊重时间。这些知识产品成为传统教育培训领域的重要的市场缝隙填充者。"得到"通过移动互联网打破了空间和时间的限制,提供了一种更好的教育服务。

一、"得到"当红的背景

"得到"APP 的图标很有意思,汉字得到,"得"字中"日"字里面的一横用一个闪电的符号代替,汉字直观让用户一目了然,在这里你一定能得到点什么,闪电的符号让人们联想到快速、及时的抽象概念。

"得到"APP 的定位不管是知识付费平台还是内容提供商,其本质还是与其他平台有所区别,喜马拉雅是平台服务商,分答是知识互动社区,"得到"提供的精细精致的信息内容决定了其碎片化教育的本质。"得到"为用户提供知识产品,这种产品既是媒体也是出版物,还是教育产品。从某种意义上讲,这是集合了媒体、出版和教育的知识产品。这些教育产品的内容把世界进行抽象,再抽象,最后变成大众认知水准能够理解得了的信息。"得到"的产生是:互联网引擎+时间碎片+精神生活+终身学习+跨界学习五个要素作用的结果。

(一)学习型社会对智慧学习的需要

学习型社会使人们从求生的状态逐渐变为对追求美好生活的渴望,"知识改变命运,教育改变未来",人们集中接受教育培训的时间和空间有限,把终身学习

---

[*] 宋菲,河北传媒学院讲师,主要研究文化形象管理、教育培训产业。

的口号变为现实需要新的学习方式和适合新方式的内容。终身学习已经成为部分精英人群和学习爱好者的生活习惯,就像吃饭喝水一样。一般性的学习需要付出较长的持续性时间或需要固定地点,知识内容多,连贯性强,这一类学习需求人们可以在学校或是培训班来解决,但条件有很多限制,时间和空间资源的稀缺使得一部分人群没有办法学习,这时需要有人帮他们筛选精致的知识内容,既节约时间,又让自己得到及时学习的满足感,而"得到"则使"无时无处不学习"成为可能。

(二)内容爆炸与消费升级,高品质知识难以提炼

今天的时代,不缺乏内容,缺乏的是专业的、有深度的内容,优质内容的稀缺性也恰恰是知识(内容)付费发展的基础。互联网时代意味着信息爆炸,眼花缭乱的信息内容让真正的知识学习者无从下手,注意力分散造成时间的浪费,碎片化时间的无效利用,让很多人产生焦虑。消费升级使得大量有钱有更高精神需求的中产阶级不知道自己消费什么,包括知识,这个时候如果出现知识学习的引领者,必将成为知识网红,激发这部分人群的知识消费愿望。在体验时代,知识是最具体的利益,让自己变得更好。

(三)时间成为新的商业维度

移动互联网市场时间节奏不断加快,知识越来越碎片,视频越来越短。互联网造就了一个巨大的内容消费场——中国一个典型网民的行为特征是,他平均每天要在互联网上待 3.78 个小时(根据 CNNIC 最新数据),中国有 7.31 亿手机网民,他们每天在网上要花 27.6 亿个小时。这 27.6 亿个小时中,除了交易和社交外,其余都可以算得上消费内容的时间。在这么大一个内容需求的漩涡中,优质内容的价值能得到凸显。① 罗振宇在今年的媒体沟通会上谈到"人的时间的碎片化,这是过去的知识交付不曾遇到的难题。你看过去我们的出版业在交付知识的时候,一出版动不动就二三十万字,而教育业在交付知识的时候,动不动就上四年学,短训班也有几个月,我们并没有应对时间碎片化时代进行知识交付的解决方案,这是产业遇到的问题"。

(四)双创背景下大众对商业知识的渴求

这个时代人们懂的越来越多,很多时候都需要跨界学习才能解决自己领域的一个专业问题。商业知识已经不是商业人士的专属需求,随着国家对大众创新创业的鼓励和要求,商业知识逐渐变为常识被人们需要,传统的商业知识高深复杂,

---

① 参见《"得到"的典型用户,是在不断提速的社会中,害怕被抛起的知识阶层》,刺猬公社,2017 年 3 月 9 日,http://www.sohu.com/a/128283142_141927。

学习门槛较高,让很多人不知道从何入手。"得到"发布的商业知识既不艰深,又不枯燥,还是由某位知名人士提供的,有说服力,有针对性。任何一个领域的学习者为了补充自己的商业知识,每天只花几分钟的时间就可以听"得到"上刘韧、李翔的专栏。

(五)互联网引擎下的融合与改造

移动互联网,打破时空的限制,可以提供一种更好的教育服务,或者提供一种需求面更广、更便捷的知识服务。互联网让我们尽可能地发挥想象力,像引擎一样改造着一切可能与互联网结合的产业环节。"得到"正是发挥自己所长,用一个知识梳理者的技能通过互联网向更广大的群体输出自己制造的教育产品,在发挥媒体优势的同时改造着出版业,融合着教育业。

二、"得到"的商业细节

互联网消费行为的产生总结起来有几个要素:页面美观有眼缘,产品雅俗共赏的平视关系,有福利或附加价值,使用方便节约时间成本,付费简单没有陷阱,消费时看到消费后的价值等。这些要素都是基于人和人的变化来作出分析的。

(一)眼缘

眼缘,指短暂的认同愉悦,终身眼缘不苛求,在相亲时,眼缘是两个人一切交往的可能。第一印象的好坏影响着用户今后的选择和在口碑传播中的正负能量。"简单粗暴"其实是最温柔最体贴的服务,懂得用户要什么直接拿来,不做所谓的推销。比起需要"高智商"才能玩转的应用,"得到"的APP界面明显友好很多,所有的知识产品都可以在指尖的上下滑动过程中看到,就像走进一个货品陈列整齐、相对精致的超市一样,人们可能会因为超市环境和对货品的设计陈列而去消费一款产品。

购买前的愉悦、消费知识时的尊严、貌似看得到自己改变的希望感都能够得到体验。在付费的那一刻,你把自己想象成了另外一个人,一个比你现在要好得多的自我,这是产生知识消费的主要动因,也是服务营销的到位。对于知识阶层用户来讲,更喜欢的是自然选择,而不是被强作推荐,在知识购买面前用户显得尤为高贵。因此,"得到"在运营活动过程当中,不去想流量,不追求流量,就追求用户是不是一眼看到产品觉得会让自己变得更好。"得到"的产品从标题上看都是一目了然,不高深,不晦涩,但又显得专业,看标题介绍就可以知道文章内容是在帮助我们解答什么问题,商业、管理、方法、技能、互联网、创业、心理学、艺术、文化、职场等关键词在标题中出现,让用户一眼看到自己想要的产品。

(二)姿态

"向终身学习者致敬""和你一起终身学习","得到"APP应用打开后第一眼看到的界面是这两句口号,把打开应用的每一位用户当作受尊敬的朋友。

将知识变为朋友才会让更多的人亲近,如何把自带距离感的知识包装成邻家大哥大姐,既有引导作用、榜样作用又可以变为放松亲近的对象,这需要方法和技巧。在知识产品的输出方式上进行把握,声音的亲和、语言的生动、讲述的技巧等,用轻松的语言将专业知识信息进行解读,既能理解也能直接拿来做谈资,对普通人来说,实用性强,知识利用效率高。将知识的姿态放低,让人们去亲近和熟悉,终会诱发喜欢。

(三)福利

"得到"中有部分免费产品,如《罗辑思维》《李翔知识内参》等,这些免费产品的质量和影响力不比其他付费产品差,反而"得到"的打开率可能早期还需要靠免费产品的吸引力。免费产品的存在一是充当着用户福利的作用;二是保持或提高流量,将一部分流量转化为付费行为;三是为未来战略留有变化空间;四是就像电视讲曝光率、互联网讲点击率一样,多培养群众基础,方便为自己的合作伙伴做站台广告,也为自己未来的产品发布做好铺垫。

(四)节约与利用

"得到"的碎片化学习提供一些新知,或者说这些"支离破碎"的新知为这个世界做出了创新性的贡献。和菜头在得到《槽边往事》专栏里面说,"不计成本地去做研究,那是专业学者的事,但是我们绝大多数人都不是专业学者。我们是为了自己人生的某个特定目的才要跟知识打交道,我们每一个人就像是在海滩上伏击登陆战的一个战士,知识的天空一颗照明弹升上去,照亮了一小片地方,你现在唯一要做的事情,有炮开炮,有枪开枪,没有枪抓一把沙子撒过去"。有很多对碎片化学习的怀疑者,不买账,认为碎片化学习不系统,实际上不会产生有效的知识应用。其实,每个人关注的点不一样,"得到"最大的贡献是为节约时间和时间的立体、有效应用提供了解决方案。罗振宇解答过关于碎片化学习是不是有用的问题,他认为:"知识是不是碎片不重要,重要的是我们每个人是在自己的人生当中,是在自己要生活、要生存的目的当中去整合知识。碎片化知识、碎片化学习,对于有自己目标感的人会有用。"①

---

① 参见《为"碎片化学习"辩护,罗振宇详解为何放弃流量生意专心做产品(内附老罗演讲全文)》,钛媒体,2016年3月8日,http://www.myzaker.com/article/58c008561bcBe067ze000001/。

（五）产品与交付

"得到"要求自己的产品要给用户提供的是一种确定性的服务，这种服务在用户下单那一刻就可以有较为美好的预期。

1. 产品

2017年5月18日，"得到"发布了12款知识产品，订阅专栏包含了两种类型：一类是"把人类已有的存量知识再用新技术再生产一遍"，包括《李翔知识内参》《薛兆丰的北大经济学课》《宁向东的清华管理学课》《严伯钧·西方艺术史》；另一类是"把人类从来不曾被生产过的增量知识生产出来"，如《徐小平·创业学》《罗永浩·干货日记》这两个"创业学"专栏。"知识工程"为两大独创的产品形态：分别是"每天听本书（年卡）"和"家庭背景声"。每天听本书（年卡），一年为用户精选365本书，进行人格化的精华提取和语音转述。罗振宇表示，"得到"对该产品的目标是"做中文市场最大的转述知识库"。家庭背景声是通过知名"声音表演者"朗读经典著作、名人演讲等内容，为家庭亲子环境提供有价值的背景声音。这些"声音表演者"包括《舌尖上的中国》配音李立宏、《甄嬛传》甄嬛配音季冠霖、央视主持人欧阳夏丹、演员何冰等。

"得到"赋予自己的产品定位是提供高密度、小颗粒度的知识，这个定位把知识信息进行分解并合理深入，让每一个产品变为某一知识体系中的一个较为完整的单元，每个知识产品都能对应用户在生活、工作和学习中遇到的问题。知识点多，知识时间长短选择多，单价低，不会让用户产生价不副实的消费心理。产品所包括的知识内容在其他渠道无法找到相同的特征，包括选题、文字编排、讲述角度、传递效率、实用性等。

2. 交付

"得到"借用了"罗辑思维"积攒起来的社群和建立的生态，即"媒体＋社群＋电商"的形式，而完成了产品交付的闭环，实现收入。"得到"的交付模式建立在"罗辑思维"的基础之上，产品明码标价，有产品说明，还有试听服务，这种闭环交付模式简单，但需要依靠自己强大的知识生产能力才能持续。

（六）角色

"得到"与业内顶尖内容生产者合作，找到这个行业里顶级的老师，为用户提供独家、持续更新的优质内容服务。在社交媒体时代，内容本身就是垂直平台，明星和头部媒体就起到了平台的作用和价值。"得到"自豪地说过：知识生产者和用户会因他们而牛。

1. 经纪人

合作和协作的概念有何区别？合作可以理解为多人为一件事共同努力共同获益；协作可以解释为一部分人帮助另一部分人获益，同时自己也受益。"得到"与各界知识"大咖"的关系是"得到"负责运营，"大咖"负责内容生产，本质上是一起站台，作为经纪人为"大咖"做好平台服务、包装和推广。"得到"给了知识分子恰如其分的尊重，让每一位合作的知识"大咖"体面地赚钱，让他们也发现了自己的无限价值，这是在自己的原单位得不到的一种"财富"，这里的财富指的是金钱，是荣誉感，是工作的专注，是影响力的含金量，是一个知识分子的最大社会价值和经济价值。"财富"的作用在这样的环境下很大程度上激发了这些知识生产者的生产力，一个良性循环就这样不断优化和推进。

2. 组织者

"罗辑思维"和"得到"非常善于利用"粉丝"，利用好"罗辑思维"的原始社群。付费会员在"罗辑思维"发展过程中的一些重要节点上，非常主动地去帮助"罗辑思维"传播，让他们迅速达到了上百万的用户量。"罗辑思维"组织了很多线下活动，鼓励用户参与，增强互动性和感情交流，通过组织有内容有收获的线下活动，这些会员用户经常帮他们做宣传，把"罗辑思维"和"得到"的知名度迅速做大。

（七）高位

使命决定企业的高度和未来，"得到"越来越清晰地向外界传达自己的使命和价值："用技术重新生产知识"，"为用户提供单位时间价值最大化的学习解决方案，以回应当前时间高度碎片化、跨界学习成为必须、终身学习缺乏解决方案的挑战"，"抓住时代给我们的'古腾堡级'的机会，探索知识服务的边疆"。以上三条是"得到"赋予自己的使命。从使命中可以看出，"得到"其实是一个教育科技服务应用，集合了朝阳产业的基本特点，为人提供最好的服务。

（八）支撑

技术已经是互联网企业无法略过的一个重要环节，换句话说，技术决定着互联网企业的成败，当然，技术是为产品服务，是帮助用户更好体验产品的关键。"得到"是技术性内容公司，以数据为驱动，帮用户节约时间和增加时间的利用价值。"得到"在技术驱动与数据驱动的道路上一直深入，支撑起整个应用的台前幕后。

（九）标准

透明的生产线和生产标准，就像透明厨房一样让用户放心。《得到品控手册》是"得到"员工的工作原则和工作说明，将"得到"团队所想所思所做的全部内容公开。这里想讨论的不是勇气的问题,而是商业逻辑,知识在今后的时代作为消费品犹如做菜一般,如何烹饪,酸甜苦辣咸,大菜还是小吃,都会越来越考究,用户的口味和需求越来越挑剔,但只有一个原则不变,那就是做菜的过程是否让用户放心,是否有过程把关和监控,至于味道,那就要看知识生产者的功力和见识水平了。

三、关于"得到"的思考与趋势分析

2017年3月8日下午,在"罗辑思维"的媒体沟通会上,罗振宇公布了内容付费产品"得到"上线以来的最新数据:APP总用户数超过558.48万人,日均活跃用户数超过45.45万人,专栏累计销售144万份,专栏周打开率为63.1%,专栏日打开率为29.3%,单个内容,日打开率是29.3%,接近30%,现在的免费的微信公众号,不花钱的打开率不足5%。这些数据证明了"得到"的实力,证明了它一定是做对了什么。了解自己,知道自己的能力范围,了解市场,最知道现在的知识阶层想要什么,了解用户,建立在"罗辑思维""粉丝"的基础之上,了解模式,最简单的最实用,最单纯的最笼络人心。

(一)六个刺激

一是新理念,二是新形式,三是新方法,四是新营销,五是新群体,六是新政策,六者之间任意的合理结合就有可能形成新的商业逻辑。

(二)发展方向

1. 平衡碎片学习与系统学习的搭配

稀缺的内容将是知识(内容)付费产品发展的基础,此外回归内容,回归知识本身,专业细分的、深度垂直专注某一领域的知识产品将越来越多,想要持续地生产优秀的内容,这个门槛还是很高。如果知识(内容)付费想做成一个长久的产业,特别是有深度的教育类产业,最核心的问题还在于,如何解决碎片化学习与系统性的学习需求之间的矛盾,知识(内容)付费产品只是完成了理论知识的归纳总结,不成体系。[①] 今后的发展方向可能在这一方面有所作为,会有一个解决方案,两者不是对立,而是配合。内容跟平台肯定是一个互相输血的关系,不存在正面博弈,如何在一个平台上实现搭配,而不会扰乱原有的套路,是今后的一个讨论重点。

---

① 猎豹全球智库:《分答走红靠八卦,得到走红靠老罗,2017知识付费能否一直美下去》,36氪网,2017年1月13日,http://36kr.com/p/5061921.html。

2. 同一内容多语言输出

外语学习者和外国人这两个群体可能会是知识付费的庞大潜在用户。需要同样的知识,但听不懂,或是时间利用上不能重叠(对于外语学习者,想边学习知识边练习听力),解决这一需求,或将为平台带来全球性的用户。

(三)产品以不变应万变

教育培训的本质是做知识服务,为用户、消费者提供知识信息,帮助受教育者成为更好的自己,这是教育培训的最高目标。"得到"知识产品,像罗振宇自己说的是值得付费的知识产品,应该能帮助用户完成"人格跃迁",能够使用户成为期待中的"更好的自己"。"得到"的定位取决于自己,取决于市场,取决于真实用户,考虑自己的目标,是想做最好的内容;考虑市场就一定是大众化,就像雅俗共赏一样,如果能够共赏一定是雅就着"俗",否则俗欣赏不了"雅";考虑真实用户,不敢轻举妄动,把自己的思想装进别人脑子里的生意很难做。基于上述考虑,还是回归做好内容本身,做好选题,做好文字,做好听觉美。想起一句话,人无我有,人有我优,这是在任何行业做强做精的必然选择。

(四)智能内容

Mode Media 的首席执行官萨米尔·安伦拉介绍了关于智能内容的未来:"未来十年,依赖机器学习技术的内容将会变得非常智能,它们会找到喜欢'自己'的受众读者。在机器学习技术的驱动下,很多产品服务变得更加智能。机器学习技术能让内容提供商知道哪些内容对哪些读者的胃口,以及如何利用新内容再次吸引同一批受众读者。"我们将会进入依靠机器学习技术的时代,它不仅会带来下一代的媒介革命,也会让用户的体验更加人性化。

知识是取之不尽、用之不竭的,只要有人的存在,知识就可以被发现、被创造和被需要。教育培训业永远是朝阳产业,产业内不断大浪淘沙,但留下痕迹的终将会是曾真正改变过人类认知的人、行为和组织。

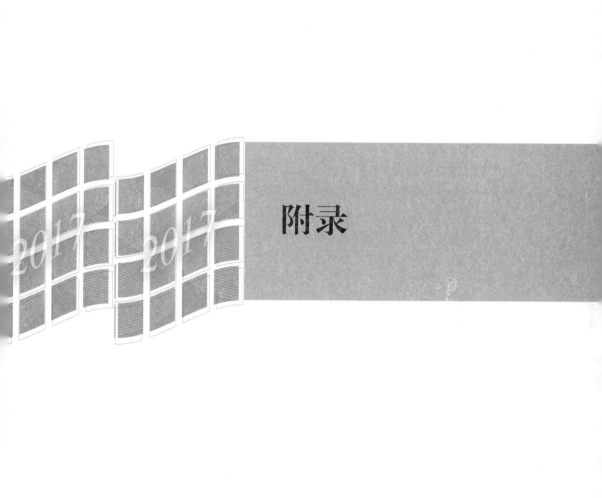

附录

2016—2017年度文化产业大事记[*]

2016年1月

中共中央办公厅、国务院办公厅印发了《关于全国性文艺评奖制度改革的意见》。该《意见》指出,中央宣传部、中央网信办、文化部、新闻出版广电总局、中国文联、中国作协等,可举办常设全国性文艺评奖。此外,所有评奖一律不准向参评者收取报名费、参评费和任何形式的赞助,以保持文艺评奖的独立性和公正性。

财政部印发《中央补助地方公共文化服务体系建设专项资金管理暂行办法》,《办法》规定,专项资金用于支持地方提供基本公共文化服务项目,改善基层公共文化体育设施条件,加强基层公共文化服务人才队伍建设等。具体支持范围包括提供基本公共文化服务项目、公共文化体育设施维修和设备购置、基层公共文化服务人才队伍建设以及基本公共文化服务其他项目。

北京市重点产业知识产权运营基金在北京市经济技术开发区正式设立,这只基金采取有限合伙的形式,存续期为10年,计划规模10亿元。首期4亿元已认购完毕,其中,中央、北京市、部分中关村分园区管委会三级财政体系投入政府引导资金9500万元,引导重点产业企业、知识产权服务机构和投资机构等投入社会资本30500万元。基金首期重点关注移动互联网和生物医药产业。

国家互联网信息办公室表示,所有利用网络技术开展服务的网站,都应对其传播的内容承担法律责任,这是中国互联网发展和治理的根本原则。"依法治网、依法办网、依法上网",已成为互联网业界和全社会的普遍共识,大家必须共同遵守。

《国务院关于支持沿边重点地区开发开放若干政策措施的意见》正式下发。该意见要求,提升基本公共服务水平,加强沿边重点地区基层公共文化设施建设,着力增加弘扬社会主义核心价值观的优秀文化产品供给;要求引导服务贸易加快发展,逐步扩大中医药、服务外包、文化创意、电子商务等新兴服务领域出口;要求

---

[*] 本附录主要由中国经济网文化产业频道积累与整理。作者成琪系中国经济网文化产业频道主任。

拓宽融资方式和渠道，规范发展符合法律法规和国家政策的矿产权、林权、碳汇权和文化产品等交易市场。

国务院办公厅印发《关于推进农村一二三产业融合发展的指导意见》，提出加强统筹规划，推进农业与旅游、教育、文化、健康养老等产业深度融合。

上海市委宣传部副部长、上海文化广播影视管理局局长胡劲军表示，"十二五"期间，上海市持有信息网络传播视听节目许可证的企业增长到32家，从播出平台、内容创意、智能终端、互动营销到用户授权等，构成了一条打通上下游的网络视听产业链。

国家文物局指定北京市文物进出境鉴定所等13家机构为第一批涉案文物鉴定评估机构，开展妨害文物管理等刑事案件涉及的文物鉴定和价值认定工作。

根据中宣部等六部门制定的《2016—2017年全国文艺业务骨干和管理干部培训工作规划》，将有约13万文艺骨干接受培训。

1月13日，国务院总理李克强主持召开国务院常务会议确定，修订现行的《高新技术企业认定管理办法》，更多向中小企业倾斜，包括适当放宽认定条件；简化认定流程，缩短公示时间；扩充重点支持的高新技术领域。会议要求将文化创意、电子商务与现代物流等领域的相关技术纳入支持范围。

1月14日，文化部发布通知，公布了2016年度中国非物质文化遗产传承人群研修研习培训计划首批参与院校名单。包括清华大学、中央美术学院等在内的57所院校将参与该研修研习培训计划。

1月19日，文化部、财政部2016年文化产业创业创意人才扶持计划在北京启动。2016年文化产业创业创意人才扶持计划由中央文化产业发展专项资金资助，财政部文资办、文化部文化产业司指导，中央文化管理干部学院组织实施。

1月21日，深圳召开全市宣传文化工作会议，会上正式印发了《深圳文化创新发展2020（实施方案）》。方案提出：在未来五年，逐步将深圳打造成为精神气质鲜明突出、文化创新引领潮流、文艺创作精品迭出、文化活动丰富多彩、文化设施功能完备、文化服务普惠优质、文化传媒融合发展、文化产业充满活力、文化形象开放时尚、文化人才群英荟萃的国际文化创意先锋城市，努力建设与现代化国际化创新型城市相匹配的文化强市。

1月29日，国务院办公厅印发了《国家标准化体系建设发展规划（2016—2020年）》，《规划》要求，以优化公共文化服务、推动文化产业发展和规范文化市场秩序为着力点，建立健全文化行业分类指标体系，加快文化产业技术标准、文化市场产品标准与服务规范建设，完善公共文化服务标准体系，建立和实施国家基本公共文化服务指导标准,制定文化安全管理和技术标准,促进基本公共文化服务标准化、均等化,保障文化环境健康有序发展,建设社会主义文化强国。

"十二五"期间,北京市文创产业稳步发展,成为首都经济中仅次于金融业的第二大支柱产业。

2016 年 2 月

文化部办公厅发出通知,上海城市演艺有限公司、天津市西青区文化发展有限责任公司已正式停止经营活动,广东省揭阳市阳美宝玉石有限公司已不具备正常运营能力,安徽省合肥安美置业投资发展集团主营业务已脱离文化产业发展方向,上述4家单位在文化产业领域均不再具备示范作用,根据《国家文化产业示范基地管理办法》规定,撤销以上4家单位"国家文化产业示范基地"命名。

文化部印发了《文化市场黑名单管理办法(试行)》,在全国试行文化产品黑名单制度,在河北、天津、上海、浙江、湖南、广东、广西、重庆、云南等省(自治区、直辖市)试点文化市场经营主体黑名单管理,试点期限为一年。

文化部公布了修订后的《艺术品经营管理办法》。《办法》适应行业发展实际,将"美术品"改为"艺术品",对艺术品市场实行全方位内容监管,将网络艺术品、投融资标的物艺术品、鉴定评估等纳入监管范围,取消对"装裱""比赛""咨询"等这些与艺术品内容关系不大的活动的管理。

文化部发布《关于进一步做好为农民工文化服务工作的意见》,《意见》提出,到2020年,全面实现农民工平等享受城镇基本公共文化服务,为农民工文化服务的内容和手段更加丰富,服务效能显著提升,政府、企业、社会共同参与为农民工文化服务的工作格局基本形成,农民工基本文化权益得到更好保障,农民工群体融入城镇的文化隔阂进一步消除,基本公共文化服务均等化水平稳步提高。

北京市印发《关于积极推进"互联网+"行动的实施意见》。《意见》提出,发展数字内容产业,鼓励互联网企业以并购、股权合作等形式进入传统文化传媒领域,打造以数字化产品、网络化传播、个性化服务为核心的国家级数字内容文化产业集群,培育一批具有国际竞争力的互联网文化企业。

国家新闻出版广电总局公布《新闻出版许可证管理办法》,该办法于2016年3月1日起施行。

国务院办公厅印发《关于加快众创空间发展服务实体经济转型升级的指导意见》,要求在文化创意和现代服务业等重点产业领域发展众创空间。

2016年,北京市将在文化体育事业领域安排资金77.1亿元,主要用于推动基层公共文化建设,支持文物及历史文化保护;开展文博会、国际音乐节等文化交流活动;实施农村电影放映工程;加快推进宗教房产政策落实;保障北京冬季奥运会顺利筹办;支持三大球建设,以及全民健身活动场馆、体育生活化社区建设等。

中国政府网发布《中医药发展战略规划纲要(2016—2030年)》,明确提出推动中医药与文化产业融合发展,探索将中医药文化纳入文化产业发展规划。

2月1日,中共中央办公厅、国务院办公厅印发了《关于加大脱贫攻坚力度支持革命老区开发建设的指导意见》,支持革命老区发展特色文化产业。

2月24日,国务院总理李克强主持召开国务院常务会议,部署加强文物保护和合理利用,传承文化根脉,凝聚民族精神。

2月29日,国家统计局发布《中华人民共和国2015年国民经济和社会发展统计公报》。年末全国文化系统共有艺术表演团体2052个,博物馆2956个。全国共有公共图书馆3136个,总流通58339万人次;文化馆3315个。有线电视用户2.39亿户,其中有线数字电视用户2.02亿户。

2016年3月

中共中央印发《关于深化人才发展体制机制改革的意见》,提出要研究制定商业模式、文化创意等创新成果保护办法,加强创新成果知识产权保护。

3月8日,《国务院关于进一步加强文物工作的指导意见》正式发布。意见明确指出,要健全国家文物登录制度,建立国家文物资源总目录和数据资源库。加强革命文物、大遗址、水下文物和珍贵濒危、材质脆弱馆藏珍贵文物抢救保护,注重日常养护巡查。重视城市改造和新农村建设中的文物保护,加强历史文化名城、村镇、街区和传统村落整体格局和历史风貌保护。通过文物保护补偿、公益性基金等,加强私人产权不可移动文物保护维修。实施文物平安工程,完善文物防火、防盗、防破坏设施。制定鼓励社会参与文物保护的政策措施,培育以文物保护为宗旨的社会组织,鼓励民间合法收藏文物,提高公众参与度,形成全社会保护文物的新格局。

中国电影发行放映协会网站3月16日发布了国家电影事业发展专项资金管理委员会的《关于奖励优秀国产影片海外推广工作的通知》。根据该通知,国家电影事业发展专项资金管理委员会决定,对在海外市场票房收入达到100万元以上的国产电影给予奖励。

2016年4月

国家知识产权局印发《2016年国家知识产权示范城市工作计划》。《计划》提出了编制实施城市知识产权"十三五"规划、推进专利行政执法体系建设、扎实推进企业知识产权工作、加强知识产权金融服务工作、大力提升专利申请质量、持续提升专利信息分析利用能力、积极开展知识产权运营工作、大力培育知识产权服务业等八项具体任务。

北京市政府办公厅发布《关于加快发展对外文化贸易的实施意见》。《意见》制定了加快发展对外文化贸易的战略目标：到2020年，培育一批具有国际竞争力的外向型文化企业，形成一批具有核心竞争优势的文化产品和服务，打造一批具有国际影响力的文化品牌，使对外文化贸易额在北京市对外贸易总额中的比重明显提高，文化整体实力和竞争力显著增强。

《中国城市创新指数》发布。研究显示，深圳和北京分别凭借其远超其他城市的产业化能力和科技研发能力，城市创新水平领跑全国。

国务院批转国家发展改革委《关于2016年深化经济体制改革重点工作的意见》，其中要求深化文化、体育改革。其中包括加快构建现代公共文化服务体系，推进基本公共文化服务标准化均等化；推动中央各部门各单位已转企改制的出版社、非时政类报刊社重组整合，组建若干出版传媒集团；落实足球改革发展总体方案。

国务院批复知识产权局，同意建立由国务院领导同志牵头负责的国务院知识产权战略实施工作部际联席会议制度。

全国首个知识产权投贷联动基金在上海浦东启动，基金规模1.315亿元，同步启动的还有浦东新区知识产权增信增贷计划。

中共中央办公厅、国务院办公厅印发了《关于进一步深化文化市场综合执法改革的意见》，完善文化市场信用体系。

由河北省知识产权研究会、首都知识产权服务业协会和天津科学研究所共同发起的京津冀知识产权发展联盟在北京正式成立。

在中宣部和财政部的组织和指导下，中国资产评估协会制定并发布了《文化企业无形资产评估指导意见》，该《指导意见》自2016年7月1日起施行。

国家新闻出版广电总局发布了《专网及定向传播视听节目服务管理规定》(6号令)，将于2016年6月1日起施行。同时，2004年7月6日发布的《互联网等信息网络传播视听节目管理办法》(39号令)废止。按照6号令要求，从事内容提供、集成播控、传输分发等专网及定向传播视听节目服务,应当取得《信息网络传播视听节目许可证》。外商独资、中外合资、中外合作机构不得从事专网及定向传播视听节目服务。

《体育发展"十三五"规划》发布。到 2020 年,全国体育产业总规模超过 3 万亿元,体育产业增加值的年均增长速度明显快于同期经济增长速度,在国内生产总值中的比重达到 1%,体育服务业增加值占比超过 30%。体育消费额占人均居民可支配收入比例超过 2.5%。

根据中国文化产业投融资数据平台统计,2016 年 4 月,我国文化产业股权融资共有 90 起案例,规模为 98.08 亿元,与去年同期相比,融资规模有近两倍的增幅,文化产业整体规模的发展可见一斑;但环比而论,却有略微下滑,使得 2016 年一季度的整体融资状况呈显著的波动态势。

4 月 1 日起文化部启用新版文化市场经营许可证。

4 月 18 日,深圳文化产权交易所"文化四板(教育专板)"正式上线,将为文化企业提供挂牌宣推、投融资服务和辅导专板上市等全套金融服务。

2016 年 5 月

国务院办公厅发布通知,转发文化部等部门《关于推动文化文物单位文化创意产品开发若干意见》,对推动博物馆、美术馆、图书馆等文化文物单位文化创意产品开发工作作出部署。

国家新闻出版广电总局发布通知,实施《"十三五"国家重点图书、音像、电子出版物出版规划》。据了解,首次遴选的"十三五"出版规划项目共 2171 种,未来五年"十三五"出版规划总体规模为 3000 种左右。

北京市文化局、天津市文化广播影视局、河北省文化厅日前在京签署《京津冀三地文化人才交流与合作框架协议》,全力推进三地文化人才交流与合作。根据协议,三地将建立长期的文化人才互派工作机制。

国家新闻出版广电总局办公厅印发《关于移动游戏出版服务管理的通知》。该《通知》将于 7 月 1 日起正式实施,自施行之日起,未经国家新闻出版广电总局批准的移动游戏,不得上网出版运营。

财政部、国家税务总局发布通知,补充完善营业税改征增值税试点有关文化事业建设费政策及征收管理。根据该通知,缴纳义务人应按照提供娱乐服务取得的计费销售额和 3% 的费率计算娱乐服务应缴费额,其中,娱乐服务计费销售额为缴纳义务人提供娱乐服务取得的全部含税价款和价外费用。此外,未达到增值税起征点的缴纳义务人，免征文化事业建设费。

《出版物市场管理规定》经国家新闻出版广电总局局务会议审议通过，并经商务部同意，自2016年6月1日起施行。单位、个人通过互联网等信息网络从事出版物发行业务的，应当依照相关规定取得出版物经营许可证。

日前，北京市正式发布实施《"十三五"时期加强全国文化中心建设规划》。北京市首次将加强全国文化中心建设规划列为市级重点专项规划，将构建现代化的新型首都圈和以首都为核心的世界级城市群，建设包含核心层、拓展层、辐射层的层层演进、圈层结合文化中心新型发展格局。

由中宣部、国家新闻出版广电总局、财政部等11个部委联合制定并印发的《关于支持实体书店发展的指导意见》提出，要对实体书店创新经营项目和特色中小书店转型发展通过奖励、贴息、项目补助等方式给予支持，重点扶持一批具有示范引领作用的品牌书店做优做强。

住建部等部门发布通知，公布了2016年列入中央财政支持范围的中国传统村落名单，北京市门头沟区雁翅镇碣石村等750个中国传统村落入选。

5月6日，文化部在北京成立文化产业专家委员会，由来自立法机关、行政机关、高校、科研机构等的首批18名聘期两年的专家组成。据了解，自1998年文化部文化产业司成立以来，这一"智库"的成立还属首次。

5月12日，文化部部长助理于群率调研组在广东深圳开展"文化产业促进法"相关调研，并主持召开"文化产业促进法"起草工作座谈会。

2016年6月

国务院知识产权战略实施工作部际联席会议办公室发布《2016年深入实施国家知识产权战略加快建设知识产权强国推进计划》全文，明确2016年重点任务和工作措施。

工商总局网站公布了《广告产业发展"十三五"规划》。规划指出，打造具有国际化服务能力的大型广告企业集团，服务国家自主品牌建设，提高对自主品牌传播的综合服务能力，争取能产生年广告经营额超千亿元的广告企业集团，20个年广告经营额超百亿元、50个年广告营业额超20亿元的广告企业。

国家旅游局透露，据统计，全国已有16个省份成立旅游发展委员会。

近日，国家新闻出版广电总局印发《关于进一步加快广播电视媒体与新兴媒体融合发展的意见》。《意见》提出，力争两年内，广播电视媒体与新兴媒体融合发展在局部区域取得突破性进展，形成几种基本模式。

由西藏自治区文化厅、西藏唐卡画院、中国标准化研究所、西藏大学联合起草的《西藏唐卡分类地方标准》公布实施。该《标准》是西藏唐卡艺术标准体系建设中的开篇之作，规定了唐卡的定义、分类原则及基本分类方式，适用于唐卡的绘制、制作、科研、教学、销售、宣传、管理及相关领域。

文化部办公厅发布《关于做好第三批政府与社会资本合作示范项目申报筛选工作的补充通知》，明确了具体政策扶持措施，即按照项目投资规模给予以奖代补奖励，其中最高奖励 800 万元。

国务院批复同意在中新广州知识城开展知识产权运用和保护综合改革试验，提出将中新广州知识城打造成为"立足广东、辐射华南、示范全国"的知识产权引领型创新驱动发展之城，为建设知识产权强国探索经验。

6 月 7 日，文化部网站公布了第一批国家文化消费试点城市名单，北京市、天津市等 26 个城市入选。

6 月 18 日，全国中小企业股份转让系统正式发布了进入创新层企业的初始名单，有 920 家企业进入创新层，占比所有挂牌企业数量的 12％。这 920 家企业中，筛选出来文化传媒类企业共 50 家。

2016 年 7 月

国家文物局消息，为加强文物保护行业标准化建设，国家文物局决定开展 2016 年度行业标准申报工作，补助经费原则不超过 30 万元/项。

中央文明办在《关于商请将文物工作纳入全国文明城市测评体系的函》的复函中表示，将进一步把文物工作作为文明城市创建的重要内容，纳入文明城市测评的指标项目，强化对文物工作的指标要求。

第 26 届全国图书交易博览会在内蒙古自治区包头市落下帷幕。3 天时间里，近 71.6 万人次参观了本次书博会，实现了逾 40 亿元的码洋。

为贯彻落实中央关于文化改革发展的战略部署，加大文化领域供给侧结构性改革力度，财政部下达 2016 年文化产业发展专项资金 44.2 亿元，支持项目 944 个。

国务院批复福建省人民政府、国家发展改革委，同意平潭国际旅游岛建设方案。

2016 年度国家文化创新工程项目评审工作完成。7 月 20 日，文化部网站公示了拟立项项目名单，共有 12 个项目入选。

住房和城乡建设部、国家发改委、财政部 18 日公布《关于开展特色小镇培育工作的通知》,明确提出,到2020年,我国将培育1000个左右各具特色、富有活力的休闲旅游、商贸物流、现代制造、教育科技、传统文化、美丽宜居等特色小镇。

7月19日,中国新闻出版研究院在2016中国数字出版年会上发布《2015—2016中国数字出版产业年度报告》。报告显示,2015年我国数字出版全年收入规模为4403.85亿元,比2014年增长30%,继续保持强劲增长势头。数字出版产业收入占新闻出版产业收入的总比由2014年的17.1%提升至20.5%。

7月25日,2017年"东亚文化之都"评选活动终审工作在北京举行,长沙市当选2017年"东亚文化之都"。

7月28日,四川省与中国人民大学联合创办的四川文化创意产业研究院挂牌成立,并向社会公开发布了中国西部文化产业发展指数和中国西部文化消费指数。数据表明,2015年西部地区各省(自治区、直辖市)文化产业发展综合指数均值为71.21,比全国低3.3%。而在西部各省市中,四川、陕西、云南、重庆、内蒙古位列前五,高居第一的四川省明显高于西部其他省(自治区、直辖市)。

2016年8月

财政部消息,2016年中央财政一般公共预算安排相关资金208.62亿元,积极支持加快构建现代公共文化服务体系,促进基本公共文化服务标准化均等化。

农业部会同发展改革委、财政部等14部门联合印发了《关于大力发展休闲农业的指导意见》。

2016年,中央财政安排国有资本经营预算资金11.53亿元,支持54家中央文化企业联合重组和促进传统产业转型升级。

文化部办公厅下发了《关于进一步完善国家级文化产业示范园区创建工作的通知》。明确文化部暂不再开展国家文化产业示范基地申报命名工作。

8月22日,全国文化市场管理工作联席会议第一次全体会议在京召开,全国文化市场管理工作联席会议制度正式建立。会议审议通过了《全国文化市场管理工作联席会议工作规则》《〈关于进一步深化文化市场综合执法改革的意见〉落实情况督查方案》,安排了近期推进文化市场综合执法改革,加强文化市场管理重点工作。

8月22日,第八届中国国际影视动漫版权保护和贸易博览会在广东省东莞市闭幕。本届展会吸引了海内外参展企业503家,5天吸金34.6亿元。

8月27日,工信部与江苏省共建首个国家级大数据产业基地正式签约,力争建成千亿级产业集群,为全国大数据产业发展探路。

2016年9月

文化部印发《关于推动文化娱乐行业转型升级的意见》,鼓励在大型商业综合设施设立涵盖上网服务、歌舞娱乐、游戏游艺、电子竞技等多种经营业务的城市文化娱乐综合体。

国务院批复住房城乡建设部,同意自2017年起,将每年6月第二个星期六的"文化遗产日",调整设立为"文化和自然遗产日"。

9月20日,首届丝绸之路(敦煌)国际文化博览会在甘肃敦煌举行。

2016年10月

由中国文物学会、中国建筑学会联合公布的"首批中国20世纪建筑遗产"名录在北京公布。人民大会堂、民族文化宫、上海外滩建筑群、重庆人民解放纪念碑等98个项目入选。

北京文投集团联合中国恒天集团、中国文化产业发展集团等机构成立了国内第一家以文化资产融资租赁为主业的融资租赁公司——北京市文化科技融资租赁股份有限公司,注册资本21.9亿元。

京津冀三地旅游局(委)发布《京津冀旅游协同发展行动计划(2016—2018年)》,从发展壮大旅游产业、加快建设旅游市场、着力建设旅游服务新网络、逐步完善旅游行业管理体系四个方面,明确提出三年内京津冀三地旅游协同发展的21项重点任务。

由京津冀三地文化厅局共同主办的"京津冀文化协同发展区",达成三地5项重点合作项目的签约。未来3至5年,三方不仅将共同修复一批有影响力的电影作品,还将在这些实践的基础上,共同探讨4K超清电影数字化修复保护的标准制定、人才培养、教材出版等事宜。

10月14日,国务院总理李克强主持召开国务院常务会议,确定进一步扩大国内消费的政策措施,加大旅游、文化等领域有效供给。

10月14日,住建部根据《住房和城乡建设部 国家发展改革委 财政部关于开展特色小镇培育工作的通知》精神和相关规定,在各地推荐的基础上,经专家复核、会签国家发展改革委、财政部,认定北京市房山区长沟镇等127个镇为第一批中国特色小镇。

10月18日,国家文物局发布的《关于促进文物合理利用的若干意见》明确,文物利用必须以确保文物安全为前提,不得破坏文物、损害文物、影响文物环境风貌。

10月24日,第十届杭州文化创意产业博览会落下帷幕。共有33.95万人次参与本届文博会展会及各项活动,其中主会场观众人数达22.6万人次,专业观众占比70%以上,各分会场观众人数达11.35万人次。本届文博会共计完成签约项目135项,实际成交及意向成交(含项目融资)金额达67.38亿元,比上届文博会增加了一倍多。

10月26日,文化部在安徽铜陵举办国家公共文化服务体系示范区创建工作交流活动,浙江省嘉兴市、河北省廊坊市和重庆市北碚区等32个市(区)正式成为我国第二批国家公共文化服务体系示范区。

10月28日,北京朝阳国家文化产业创新实验区与北京股权交易中心正式签署战略合作协议,北京股权交易中心文创板块正式落地国家文创实验区,这标志着北京专门针对文化创意产业的股权交易平台"文创四板"建设正式启动。

10月30日,中国人民大学发布"中国省市文化产业发展指数(2016)"和"中国文化消费发展指数(2016)"。中国省市文化产业发展指数(2016)结果表明,从综合指数排名来看:北京超过上海,再次位列第一;天津的科研环境、公共环境、文化资源得分上升幅度较大,时隔三年再次进入全国前十名;辽宁也进入前十,其中辽宁的文化资源、文化资本、社会影响排名靠前;综合指数排名前十的省市中,除四川、江西以外,其余省市都位于东部地区。从数值来看,全国省市文化产业的均值达到了73.71,比去年的73.65略有上升,文化产业发展态势是保持上升的。从增速来看,2016年指数增速相对2015年基本持平。

10月30日,第十一届中国北京国际文化创意产业博览会圆满落幕。据不完全统计,本届文博会期间,共签署文化创意产业的产品交易、艺术品交易、银企合作等协议总金额958.33亿元。

2016年11月

国家文物局消息,《文物拍卖管理办法》制订并审议通过。《办法》围绕"简政放权、放管结合、优化服务"改革这一主线,旨在厘清政府与市场的关系,在加强规范管理、确保文物安全的前提下,激发企业经营活力,增加市场有效供给,推动文物拍卖活跃有序发展。明确了文物拍卖管理的范围、文物拍卖经营许可审批的条件和程序、文物拍卖标的审核备案的要求、国家优先购买权行使的方法、文物拍卖企业及专业人员信用信息记录等内容。

文化部文化科技司组织的文化艺术智库项目集体开题会在贵州举行,首批4

个文化艺术智库项目集体开题,标志着"文化艺术智库体系建设工程"正式启动。

中国人民大学创意产业研究院、四川文化创意产业研究院联合发布了中国西部省市文化产业发展指数(2016)和中国西部文化消费指数(2016)。这两项指数,以西部12个省、自治区和直辖市为研究对象。两项指数结果显示,四川的文化产业发展和文化消费综合状况均位列西部第一。

11月1日,习近平主持中央深化改革小组第二十九次会议,审议通过《关于进一步加强和改进中华文化走出去工作的指导意见》。

11月3日,武术文化产业投资基金的首期投资项目签约完成,基金正式落地:河北省沧州市、河南省登封市、陕西省宝鸡市金台区、海南省定安县和河南省洛阳市伊滨区五个区县(市)将建设环球功夫小镇,以功夫文化为主题的国际旅游文化小镇项目的用地规模达到1500亩,总投资120亿元。

11月7日,《电影产业促进法》获全国人大常委会通过,将于2017年3月1日实施。《电影管理条例》也将依据《电影产业促进法》进一步修订完善。

2016年11月16日,第三届世界互联网大会在中国浙江桐乡乌镇召开。来自全球110多个国家和地区、16个国际组织的国际嘉宾齐聚于此,围绕"创新驱动造福人类——携手共建网络空间命运共同体"这一主题,展开对话交流。中国国家主席习近平通过视频发表讲话。

11月16日,国家版权局发布了《关于加强网络文学作品版权管理的通知》,《通知》进一步明确了通过信息网络提供文学作品以及提供相关网络服务的网络服务商在版权管理方面的责任义务,细化了著作权法律法规的相关规定,是国家版权局加强网络文学版权保护的一项重要举措,对规范网络文学版权秩序具有重要的意义。

11月17日,由广东省委宣传部牵头,以南方报业、广东广电整合财经类媒体的经营性资产,共同发起组建的广东南方财经全媒体集团股份有限公司正式挂牌。

11月22日,财政部官网显示,新设立"文化司",原来的"教科文司"更名为"科教司"。将原来财政部教科文司的"文化处"与"中央文化企业国有资产管理办公室"职能进行合并,形成"大文化司"。财政部表示,专门设立文化司,将文化行政、产业、事业纳入一体,统一管理宣传、文化、体育、旅游等相关部门的预算和相关财政资金、资产管理工作。

11月26日,国家文物局网站发布《大遗址保护"十三五"专项规划》。该《规划》明确了开展考古工作、整合信息数据、编制保护规划、实施重点工程、提升服务能力、建设遗址公园、加强科学研究、规范日常管理、发挥片区优势9项主要任务。

11月28日,国务院办公厅发布《关于进一步扩大旅游文化体育健康养老教育培训等领域消费的意见》,其中特别明确了责任分工。在旅游消费方面,意见提出,2016年年底前再新增100家全域旅游示范区创建单位。研究出台休闲农业和乡村旅游配套设施建设支持政策。制定出台游艇旅游发展指导意见。有序推动开展粤港澳游艇自由行,规划建设50—80个公共游艇码头或水上运动中心,探索试点游艇租赁业务。在文化消费方面,稳步推进引导城乡居民扩大文化消费试点工作,尽快总结形成一批可供借鉴的有中国特色的文化消费模式。出台推动文化娱乐行业转型升级的意见。出台推动数字文化产业发展的指导意见。

埃塞俄比亚当地时间11月30日上午,联合国教科文组织保护非物质文化遗产政府间委员会经过评审,正式通过决议,将中国申报的"二十四节气——中国人通过观察太阳周年运动而形成的时间知识体系及其实践"列入联合国教科文组织人类非物质文化遗产代表作名录。这是第31个列入代表作名录的项目。

2016年12月

文化部印发的《网络表演经营活动管理办法》将于2017年1月1日起施行。《办法》要求,网络表演经营单位应向省级文化行政部门申请取得网络文化经营许可证;表演者要使用有效身份证件实名注册,并采取面谈、录制通话视频等方式核实。

《2016年度中国游戏产业年度报告》显示,2016年移动游戏收入819.2亿,同比增长59.2%;端游582.5亿,端游同比下降了4.8%;2016年中国游戏实际收入1655.7亿元,其中电竞游戏收入504.6亿;中国上市游戏企业158家;总局批准出版国产游戏约3800款;进口游戏约260款,游戏直播用户突破1亿。

国务院印发了《"十三五"国家战略性新兴产业发展规划》,对"十三五"期间我国战略性新兴产业发展目标、重点任务、政策措施等作出全面部署安排。《发展规划》提出,以数字技术和先进理念推动文化创意与创新设计等产业加快发展,促进文化科技深度融合、相关产业相互渗透。到2020年,形成文化引领、技术先进、链条完整的数字创意产业发展格局,相关行业产值规模达到8万亿元。此外,《发展规划》还从创新数字文化创意技术和装备、丰富数字文化创意内容和形式、提升创新设计水平、推进相关产业融合发展等四个方面说明了"十三五"时期我国数字文化创意产业的发展方向。

国家新闻出版广电总局印发了《全民阅读"十三五"时期发展规划》,旨在推动全民阅读工作常态化、规范化，共同建设书香社会，提出了要举办重大全民阅读活动等十项主要任务，这也是我国制定的首个国家级全民阅读规划。

国家新闻出版广电总局电影局透露，2016年，中国全国电影总票房达457.12亿元，同比增长3.73%；观影人次为13.72亿，同比增长8.89%；国产电影票房为266.63亿元，占票房总额的58.33%；国产电影海外票房和销售收入38.25亿元，同比增长38.09%。中国电影产业在国民经济新的发展形势下实现了稳健增长。

12月7日，《2016中国网络视听发展研究报告》发布，报告的调查结果显示，截至今年6月，我国网络视频用户规模达5.14亿。与2015年相比，网络视频用户增长1000万人，网络视频消费全民化，视频收看设备、视频内容来源多样化等趋势明显。

12月8日，科学技术部、文化部、国家文物局联合发布了《国家"十三五"文化遗产保护与公共文化服务科技创新规划》。这是国家在文化遗产保护与公共文化服务领域的专项规划，是我国"十三五"时期加强文化遗产保护与传承、提升公共文化服务能力的行动指南。

12月25日，十二届全国人大常委会第二十五次会议表决通过了《中华人民共和国公共文化服务保障法》等3部法律，公共文化服务保障法将于2017年3月1日起施行。

12月29日，第四届北京惠民文化消费季结束各项统计工作，亮出了自己的"成绩单"。自8月中旬至11月中旬，消费季共开展21000余场次文化惠民消费活动，吸引北京地区消费者7776.2万人次参与，累计实现直接消费金额160.8亿元。

2017年1月

文化部公布第二批文化部重点实验室名单，此次入选的12家重点实验室分别是"书画保护""沉浸式交互动漫""公共文化服务大数据应用""传统工艺与材料研究""文化品牌评测技术""建筑文化遗产传承信息技术""互动媒体设计与装备服务创新""古陶瓷多元信息提取技术及应用""木印版画材料与技术研究""丝绸文化传承与产品设计数字化技术""沉浸式媒体技术"和"数字舞台设计与服务"。

《文化部"一带一路"文化发展行动计划（2016—2020年）》经推进"一带一路"建设工作领导小组审议通过，为"一带一路"文化建设工作的深入开展绘制了路线图。行动计划以"政府主导，开放包容；交融互鉴，创新发展；市场引导，互利共赢"为基本原则，重点任务是健全"一带一路"文化交流合作机制、完善"一带一路"文化交流合作平台、打造"一带一路"文化交流品牌、推动"一带一路"文化产业繁荣发展、促进"一带一路"文化贸易合作。

新一批国家知识产权试点示范园区名单出炉。试点示范工作周期为2017年1月至2019年12月。沈阳高新技术产业开发区等16个园区确定为国家知识产权示范园区,天津市东丽区华明高新技术产业区等19个园区确定为国家知识产权试点园区。

国家工业和信息化部、财政部联合下发《工业和信息化部财政部关于推进工业文化发展的指导意见》。《指导意见》提出,将凝聚发展工业文化的社会共识,整合工业文化各类资源,加强与相关部门协同,培育和发展工业文化产业,建设各类主体共同参与工业文化发展的良好环境;聚焦突出问题,重点抓好工业设计、工业遗产、工业旅游、企业征信以及质量品牌、企业文化建设等领域工作,形成竞争新优势。

2017年全国书店经理人年会发布了《2016年中国图书零售市场报告》,2016年,中国图书零售市场总规模为701亿元,较2015年的624亿元同比增长12.30%,延续了2015年的增长势头。少儿类是细分市场中增速最快的,同比增长28.84%,整体市场的增长几乎一半是来自于少儿类图书市场。

中共中央办公厅、国务院办公厅印发了《关于实施中华优秀传统文化传承发展工程的意见》。《意见》提出,到2025年,中华优秀传统文化传承发展体系基本形成,研究阐发、教育普及、保护传承、创新发展、传播交流等方面协同推进并取得重要成果,具有中国特色、中国风格、中国气派的文化产品更加丰富,文化自觉和文化自信显著增强,国家文化软实力的根基更为坚实,中华文化的国际影响力明显提升。

2016年中国游戏实际销售收入达1655.7亿元,同比增长17.7%,增速有所放缓;其中移动游戏市场销售收入为819.2亿元,同比上涨59.2%。移动游戏市场2016年实际销售收入占比首次超过客户端游戏市场,在年度游戏销售中占比达49.5%。而中国游戏用户规模达5.66亿人,行业人口红利已接近尾声,手游将成为未来游戏行业核心增长点。

文化部、知识产权局、旅游局、文物局等16个部委联合下发《关于促进老字号改革创新发展的指导意见》,《指导意见》指出,推动老字号传承与创新,提高市场竞争力。支持老字号传承和创新传统技艺、线上线下融合发展、创新经营管理理念。加强老字号经营网点保护,优化发展环境。加强老字号原址风貌保护,促进老字号集聚发展。推进老字号产权改革,增强企业自主发展能力。深化老字号企业产权改革,注重发挥老字号品牌价值,推动老字号积极对接资本市场。

中共中央办公厅、国务院办公厅印发了《关于实施中华优秀传统文化传承发展工程的意见》。《意见》提出,到2025年,中华优秀传统文化传承发展体系基本形成,研究阐发、教育普及、保护传承、创新发展、传播交流等方面协同推进并取得重要成果,具有中国特色、中国风格、中国气派的文化产品更加丰富,文化自觉和文化自信显著增强,国家文化软实力的根基更为坚实,中华文化的国际影响力明显提升。

1月3日,2017年全国文化厅局长会议在京举行。文化部部长雒树刚发表重要讲话,以下为讲话重点:有序推动文化文物单位文化创意产品开发;发展数字文化产业,制定推动数字文化产业创新发展的指导意见和动漫游戏产业"一带一路"国际合作行动计划,推动手机动漫标准成为国际标准;加强各类文化产业园区建设,建立健全动态管理评估机制;推广政府与社会资本合作模式,引导社会资本进入文化产业;制定并发布京津冀文化产业协同发展规划纲要。

1月9日,文化部文化市场司会同文化产业司组织召开文化产权交易所艺术品经营管理工作座谈会。会议要求文交所规范艺术品经营活动,防范艺术品金融风险。

1月13日,2017年全国旅游工作会议上,国家旅游局局长李金早表示,当前全域旅游发展得如火如荼,现代旅游治理机制建设取得突破。目前,有关部门已经分两批确定全国500个全域旅游示范区创建单位,包括海南、宁夏两省(区),91个市(州),407个县(市),覆盖全国31个省、自治区、直辖市和新疆生产建设兵团。

北京市文化局和北京动漫游戏产业联盟于2017年1月13日统计得出,2016年北京动漫游戏产业产值约达521亿元,相比上一年的455亿元,增长约15%。2016年也是动漫网游行业垂直细分快速发展的一年,IP依旧是泛娱乐产业发展的重点,众多公司海外市场飘红,由90后掌门的新公司成为不容小觑的新力量。

1月14日,万达集团2016年年会在合肥召开,万达文化集团收入641.1亿元,完成年计划的103.3%,同比增长25%。其中,电影产业收入391.9亿元,完成年计划的105.8%,同比增长31.4%;2016年万达全球新增影城677家、屏幕6788块,其中国内新增影城154家、屏幕1391块;万达全球累计开业影城1352家、屏幕14347块,约占全球12%的票房市场份额;万达电影会员全球新增近5000万,国内新增3800万;万达在北美、欧洲、中国全球前三大电影市场票房均排第一。

1月22日中国互联网络信息中心（CNNIC）发布第三十九次《中国互联网络发展状况统计报告》显示，截至2016年12月，我国网民规模达7.31亿，互联网普及率达到53.2%，超过全球平均水平3.1个百分点，超过亚洲平均水平7.6个百分点。《报告》显示，我国2016年全年共计新增网民4299万人，增长率为6.2%，我国网民规模已经相当于欧洲人口总量。其中，手机网民规模达6.95亿，占比达95.1%，增长率连续3年超过10%。而台式电脑、笔记本电脑的使用率均出现下降，手机不断挤占其他个人上网设备的使用。

2017年2月

《住房和城乡建设部、国家开发银行关于推进开发性金融支持小城镇建设的通知》正式下发，《通知》主要工作目标为加快培育1000个特色小镇，大力支持3675个重点镇建设，优先支持住房和城乡建设部公布的第一批127个特色小镇。重点支持内容为：博物馆、体育馆、图书馆等公共服务设施建设；展示馆、科技馆、文化交流中心、民俗传承基地等展示平台建设；休闲旅游等服务平台建设，以及促进特色产业发展的配套设施建设；支持传统街区修缮、传统村落保护、非物质文化遗产活化等文化保护工程。

国家发改委会同多个部门，对《战略性新兴产业重点产品和服务指导目录》2013版作了修订完善，形成了《目录》2016版。《目录》2016版依据《规划》明确的5大领域8个产业，进一步细化到40个重点方向下174个子方向，近4000项细分的产品和服务。在数字创意产业方面，共分为数字文化创意、设计服务、数字创意与相关产业融合应用服务三个重点方向，数字文化创意内容制作、工业设计服务等八个子方向。

国家统计局数据显示，据对全国规模以上文化及相关产业5万家企业调查，2016年，上述企业实现营业收入80314亿元，比上年增长7.5%（名义增长未扣除价格因素），增速比上年加快0.6个百分点。文化及相关产业10个行业的营业收入均保持增长，文化服务业快速增长。其中，实现两位数以上增长的3个行业分别是：以"互联网+"为主要形式的文化信息传输服务业营业收入5752亿元，增长30.3%，文化艺术服务业312亿元，增长22.8%，文化休闲娱乐服务业1242亿元，增长19.3%。

国家版权局正式印发《版权工作"十三五"规划》。《规划》指出，到2020年，版权法律制度体系更加完备，版权工作法治水平进一步提高；版权执法监管力度不断加大，版权保护环境明显改善；版权社会服务体系更加完善，版权产业又好又快发展;版权创作、运用、保护、管理和服务能力显著增强,全社会版权意识大幅提升;版权国际交流合作不断拓展,我国在国际版权体系中的话语权和影响力进一步提高,基本实现版权治理体系和治理能力现代化,初步建成中国特色的版权强国。

国家文物局发布了2017年工作要点,要点共分为六部分,其中,在着力拓展让文物活起来的有效途径中提到,将鼓励社会力量参与,全面梳理社会力量参与文物保护利用的探索实践,研究制定社会力量参与文物保护利用规范性文件;支持各方力量参与"互联网+中华文明"三年行动计划。推动扩大全国博物馆文创产品开发试点单位范围,适时扩大至地市级博物馆,召开全国文博单位文化创意产品开发工作推进会。

《文化部"十三五"时期文化发展改革规划》正式发布。这是指导"十三五"时期文化系统发展改革工作的总体规划,包括9个专栏的63个重大工程和重大项目。规划提出,到2020年,社会主义文化强国建设取得重要进展,国家文化软实力进一步提高。

科技部、文化部、国家文物局联合印发《国家"十三五"文化遗产保护与公共文化服务科技创新规划》。《科技创新规划》聚焦文化遗产的价值认知、保护修复、传承利用和公共文化服务4个重点方向,补强短板、创新发展,计划到2020年基本建成我国文化遗产保护与公共文化服务的科技创新体系。

商务部正式发布《关于规范和促进拍卖行业发展的意见》。《意见》提出将引导传统拍卖与新技术的融合,推动"拍卖+互联网"建设,进一步拓展拍卖行业发展的新空间,为更多的社会机构和个人提供便利、优质服务。《意见》首次提出建立拍卖企业经营异常名录、服务失信"黑名单"等制度,逐步实施拍卖企业分类管理,将拍卖企业违规失信记录作为行业管理的重要依据之一。

根据《文化部财政部关于开展引导城乡居民扩大文化消费试点工作的通知》要求,文化部办公厅公布了第一批第二次国家文化消费试点城市名单。加上第一批第一次26个试点城市,全国范围内共有45个城市确定为国家文化消费试点城市。

从国家版权局获悉,2016年我国著作权登记总量达2007698件,突破了200万件大关,同比增长22.33%。其中,作品登记1599597件、计算机软件著作权登记407774件、质权登记327件。这是继2013年我国著作权登记总量首次达到100万件后,再创历史新高。

国务院对外公布《"十三五"推进基本公共服务均等化规划》。针对"十三五"

期间文化、体育领域基本公共服务均等化，规划明确提出将构建现代公共文化服务体系和全民健身公共服务体系，促进基本公共文化服务和全民健身基本公共服务标准化、均等化，更好地满足人民群众精神文化需求和体育健身需求，提高全民文化素质和身体素质。

2月7日，国家文物局下发《关于加强尚未核定公布为文物保护单位的不可移动文物保护工作的通知》，《通知》要求，应重视一般不可移动文物的保护利用工作，将其纳入文物事业整体规划，纳入区域经济社会发展规划；协调做好城市发展和新农村建设中的一般不可移动文物保护工作，明确审批程序、保护原则和要求；进一步加大督察力度，完善一般不可移动文物保护利用情况通报和问责制度。

国家文物局于2月21日发布《国家文物事业发展"十三五"规划》。根据规划，到2020年，将打造出一个主体多元、结构优化、特色鲜明、富有活力的博物馆体系，全国博物馆公共文化服务人群覆盖率达到每25万人拥有1家博物馆，观众人数达到8亿人次/年。

法国艺术品行情公司Artprice于2月27日发布年度报告，报告指出2016年全球艺术品拍卖成交额大幅下降，而中国重新成为全球最大艺术品市场。报告显示，2016年中国市场的艺术品拍卖成交额达48亿美元，占全球拍卖额的38%。中国此前曾连续5年蝉联全球最大艺术品市场，直到2015年排在美国之后名列第二。报告还显示，2016年全球艺术品拍卖成交额为125亿美元，与2015年的161亿美元相比下降22%。成交额下降的主要原因是价值在1000万美元以上的艺术单品去年只售出80件，而2015年这一数字为160件。

2017年3月

国家旅游局发布了《"十三五"全国旅游公共服务规划》。《规划》提出"十三五"期间旅游公共服务体系建设的发展理念、发展目标，明确了主要工作任务、重点建设工程，是统筹推进未来五年我国旅游公共服务发展和改革的综合性、纲领性文件，是指导各地加快推进旅游公共服务建设的行动指南。

上海会展研究院编纂的新版会展蓝皮书《中外会展业动态评估研究报告2016》发布。报告根据公开资料对我国会展场馆现有室内展览面积进行了全面评估，首次公开发布中国会展城市实力排名：上海、广州、重庆位居全国前三，其中，位于上海的国家会展中心拥有40万平方米的室内展厅和10万平方米的室外展场，是目前世界上最具规模、最具水平、最具竞争力的会展综合体。

从商务部获悉，2016年，我国对外文化贸易和投资增长迅速，中华文化的国际影响力持续增强。全年文化产品进出口总额885.2亿美元,其中出口786.6亿美元,实现顺差688亿美元;文化服务出口中的文化娱乐和广告服务出口额54.3亿美元,同比增长31.8%;文化体育和娱乐业对外直接投资39.2亿美元,同比增长188.3%。

阿里影业与控股股东阿里巴巴集团订立战略合作框架协议,双方将就各自所拥有的影视内容的衍生权利开发业务进行深度合作,其中阿里巴巴大文娱板块下优酷、阿里文学、阿里游戏等拥有的版权内容,阿里影业将获得优先合作权。此外,阿里影业将与阿里巴巴大文娱旗下业务围绕影视作品的营销宣传进行合作,并与优酷土豆合资成立艺人经纪公司,联合优酷土豆、阿里文学共同出资开发网络大电影。

文化部、工业和信息化部、财政部联合印发的《中国传统工艺振兴计划》已经国务院同意并转发。该《计划》明确了10项主要任务:建立国家传统工艺振兴目录,扩大非物质文化遗产传承人队伍,将传统工艺作为中国非物质文化遗产传承人群研修研习培训计划实施重点,加强传统工艺相关学科专业建设和理论、技术研究,提高传统工艺产品的设计、制作水平和整体品质,拓宽传统工艺产品的推介、展示、销售渠道,加强行业组织建设,加强文化生态环境的整体保护,促进社会普及教育,开展国际交流与合作。

国家艺术基金"十三五"时期资助规划发布。"十三五"期间,国家艺术基金坚持"突出导向、控制数量、提高质量、加强管理"的工作思路,推动艺术事业繁荣发展,出精品、出人才、出"高峰"。中央财政对艺术基金的投入为25亿元,立项资助项目总数量控制在4000项左右,每年资助800项左右。

国家知识产权局网站公布新一批国家知识产权强县工程、传统知识产权保护示范、试点县(区)。共有36个(市、区)为国家知识产权强县工程示范县(区)、福建省武夷山市为国家传统知识产权保护示范县,66个县(市、区)为国家知识产权强县工程试点县(区),8个县(市、区)为国家传统知识产权保护试点县(区)。

DataEye&S+最新发布的《2016年中国泛娱乐行业报告》显示,2013年至2016年中国文化娱乐产业投资一直保持向上增长态势,在2016年11月投资额已经达到7032亿元,可以看出资本市场看好文娱产业的市场成长空间及相对良好的未来回报。特别是游戏行业,2016年,中国游戏市场实际销售收入达到1655.7亿元,同比增长17.7%,其中移动游戏市场更是同比大增近六成。

3月7日,北京市旅游委力推的京郊旅游政策性保险正式启动,首批农户签署投保协议。

3月8日,国家发展改革委员会透露,发改委、国土部、文化部等单位日前联合印发了《"十三五"时期文化旅游提升工程实施方案》。针对文化旅游发展面临的突出矛盾,方案提出,着力解决广播电视覆盖、民文出版等突出问题,到2020年,在公共文化服务、遗产保护利用、旅游设施方面取得显著提升。

3月22日,文化部公布了首批艺术品市场行政处罚案件,北京海艺会文化艺术有限公司、连云港市伟奇诺文化艺术传播有限公司等8家单位因违反《艺术品经营管理办法》的规定,被有关地区文化市场综合执法机构依法查处。

3月29日,中国拍卖行业协会与商务部流通业发展司在京联合发布2016年拍卖业蓝皮书——《2016年中国拍卖行业经营状况分析及2017年展望》。这是该年度报告第九次面向社会发布。报告显示,2016年拍卖行业成交额5192.28亿元,比2015年增长12.02%,行业发展稳中向好。

编 写 说 明

《中国文化产业年度发展报告2017》(以下简称本年度报告)是由北京大学文化产业研究院和国家文化产业创新与发展研究基地为主发起人,联合国内文化产业领域内的众多文化产业研究学者和企业家共同编撰而成的年度报告。本年度报告秉承以往年度报告的编撰原则,继续以文化产业各行业领域发展脉络及其相关案例为关注重点,特别注意考察那些充满创新精神与进取意识的文化企业和企业家的经营行为。此外,为了全面反映我国文化产业的发展现状和发展趋势,我们还在报告中重点探讨我国文化产业领域在2016年全年以及2017年年初比较有代表性的创新行为和商业模式。我们希望本年度报告不仅能够作为学术界和政府管理部门的参考工具,而且可以成为企业进行文化产业投资决策的重要依据。

1. 报告的研究对象

我们本着突出核心内容产业、兼顾外围文化产业,突出核心内容生产环节、兼顾外围产业环节的原则,继续围绕着文化产业的几大主要门类进行分析论述。这些门类包括新闻出版传媒产业、电影产业、广播电视产业、动漫产业、游戏产业、网络新媒体产业、广告创意产业、创意设计产业、艺术品经营业、演艺产业、会展产业、文化旅游产业、教育培训产业、体育产业等14个行业。本年度报告不仅反映出我国文化产业的发展现状和发展趋势,还在一定程度上反映出我国文化产业和相关政策的发展轨迹。

由于本年度报告是产业的年度发展报告,因此我们不仅要在报告中体现出对我国的文化产业进行年度盘点的特色,还应该体现出对我国的文化产业进行跟踪研究和系统研究的特点。为此,我们专辟研究板块对年度文化产业热点案例或现象进行了微观细化研究和专题深度研究,这样有助于读者对年度文化产业发展进行全方位、多维度的了解和把握。

2. 报告的数据来源

为了更加准确和全面地反映我国文化产业的发展现状和发展趋势,我们在本年度的报告编撰过程中引入了更为多样化的数据采集渠道。此外,间接方式中除了公众公司的各类定期报告外,还包括了非公众公司网站上所披露的数据以及2016年内各种图书、报纸和期刊中的相关数据。此外,本年度报告在编撰过程中还更多地采用了北京大学图书馆的各类专业数据库。截稿时还有一些领域尚无法获得截至2016年年底的最终统计数据,从而多少会对我们的分析和考察带来一定的影响。以下为行业分类方法:

文化产业行业分类(参见下表),将文化产业所涉及行业按不同产业侧重分为"内容""互动""设计""策划"及"传统"五大类,试图兼顾或解决行业分类中内容与渠道交错的问题。

表　文化产业行业类别内容及渠道分布矩阵图

内容＼渠道	内容_视觉,声音				互动	设计		策划				传统	
						广告	设计						
纸媒	书报刊					广告	设计						
现场		电影	演出	音乐				旅游	会展	节庆		教育	体育
播出		电视	动漫	广播									
发行											艺术品经营		
网络/手机					游戏	网络/手机							
独立媒介													

从横向看,"内容类"包括"视觉"与"声音"两大部类,其核心在于内容原创的能力,即讲故事的能力;"互动类"的核心在于渠道运营、盈利模式创建;"设计类"包括广告和设计,核心在于创意;"策划类"的主要考量核心是其项目创意与流程控制中的运作管理;"传统类"的主要考量核心在于对传统产业的延伸与资源的整合。

从纵向看,主要归纳了各个部类下各行业的不同实现渠道的运用,由此对应考察产业链环节的运作情况。如从上表中可了解"电影"行业通过"现场""播出""发行"与"网络/手机"几个多元实现渠道进行产业链环节的运作,而相对传统的"图书、报刊"则通过"纸媒"这一主要实现渠道进行产业运作。

3. 上市文化公司的年度数据来源

随着经营业绩的不断改善,很多文化产业类公众公司都在本年度报告截稿时公布了自己的年度数据,因此本课题组在报告中引用的公众公司的年度数据将尽量采用其经过审计的年度报表中的数据。当涉及多家公众公司之间的比较时,如果尚有比较对象还没有公布其年度数据时,我们将依然采用上一年度报告中的年度数据计算公式,也就是,该公司的年度数据是根据该公司半年度报告和第三季度报告计算出来的加权数据。这种加权计算方法为:年度加权数据=(1~6月的数据×2+7~9月的数据×4)/2。当然,这种计算方法将不可避免地会带来一定的误差。

4. 产业政策的选取依据

由于本年度报告的考察具备一定的连续性,因此我们在本年度报告的编撰过程中将不再对特定行业的产业政策进行回顾式的分析和考察,而是将分析重点放在2016年内出台的,同时又是全国性的且对整个产业的发展起着重大影响和作用的法律和规章。如果要对某一特定门类的产业政策进行历史比较的话,读者可以参阅以前年度的报告,从而能对该产业内的政策有一个全景式的认识。

5. 报告的编撰团队

在本年度报告的编撰过程中,既得到了来自国家文化部的领导以及文化产业司的领导的大力支持,也得到了众多顾问和专家的帮助和指导(名单请参见本年度报告的编委会名单)。在本年度报告的编撰过程中,课题组采取的分工程序为:总报告、行业报告、专题报告和案例报告由执行主编负责的课题组内的子团队分工负责调研,然后通过六次集中研讨,在团队通力合作的基础上完成各部分的编撰,最后由北京大学文化产业研究院相关研究人员完成相关部分的修改、统稿和编辑工作。

本年度报告是在许多相关研究成果的基础上完成的,报告大量引用了相关研究机构、研究人员和业内机构的数据和研究成果,在此对相关机构和人员表示感谢。限于编写人员的水平和编写时间仓促,本年度报告的不足之处还望读者多多指正,以利于在以后年度报告的编写工作中进一步改进和提高。此外,由于篇幅较大和引用的资料、数据繁多,引用标注如有差错和遗漏之处,还望有关人士批评指正。